NADA A INVEJAR

A marca FSC® é a garantia de que a madeira utilizada na fabricação do papel deste livro provém de florestas que foram gerenciadas de maneira ambientalmente correta, socialmente justa e economicamente viável, além de outras fontes de origem controlada.

BARBARA DEMICK

Nada a invejar
Vidas comuns na Coreia do Norte

Tradução
José Geraldo Couto

COMPANHIA DAS LETRAS

Copyright © 2009 by Barbara Demick
Copyright do mapa © 2009 by Mapping Specialists, Ltd.

*Grafia atualizada segundo o Acordo Ortográfico da Língua Portuguesa de 1990,
que entrou em vigor no Brasil em 2009.*

Título original
Nothing to Envy: Ordinary Lives in North Korea

Capa
Julia, www.julia.uk.com

Foto de capa
Eric Lafforgue

Preparação
Silvana Afram

Revisão
Ana Maria Barbosa
Jane Pessoa

Dados Internacionais de Catalogação na Publicação (CIP)
(Câmara Brasileira do Livro, SP, Brasil)

> Demick, Barbara
> Nada a invejar : vidas comuns na Coreia do Norte / Barbara
> Demick ; tradução José Geraldo Couto. — 1ª ed. — São Paulo : Companhia das Letras, 2013.
>
> Título original : Nothing to Envy : Ordinary Lives in North Korea.
> ISBN 978-85-359-2273-8
>
> 1. Coreanos — Coreia (Norte) — Condições econômicas — Século 21 — Estudo de casos 2. Coreanos — Coreia (Norte) — Condições sociais — Século 21 — Estudo de casos 3. Coreia (Norte) — Condições econômicas — Século 21 — 4. Coreia (Norte) — Condições sociais — Século 21 I. Título.

13-03868	CDD-306.095193

Índices para catálogo sistemático:
1. Norte-coreanos : Condições econômicas : Sociologia 306.095193
2. Norte-coreanos : Condições sociais : Sociologia 306.095193

[2013]
Todos os direitos desta edição reservados à
EDITORA SCHWARCZ S.A.
Rua Bandeira Paulista, 702, cj. 32
04532-002 — São Paulo — SP
Telefone: (11) 3707-3500
Fax: (11) 3707-3501
www.companhiadasletras.com.br
www.blogdacompanhia.com.br

Para Nicholas, Gladys e Eugene

Sumário

Mapa 9

Nota da autora 11

1. De mãos dadas no escuro 13

2. Sangue manchado 32

3. A fanática 55

4. Escuridão 81

5. Romance vitoriano 103

6. Crepúsculo do deus 123

7. Duas garrafas de cerveja por um soro 139

8. O acordeão e o quadro-negro 157

9. Os bons morrem primeiro 178

10. Mães da invenção 196

11. Andorinhas errantes 212

12. Doce desordem 229

13. Rãs no poço 244

14. O rio 261

15. Epifania 277

16. A noiva comprada 290
17. Abra os olhos, feche a boca 306
18. A terra prometida 317
19. Estrangeiros em sua terra 334
20. Reencontros 347
Epílogo — À espera 370

Agradecimentos 385
Notas 390
Créditos das fotos 413

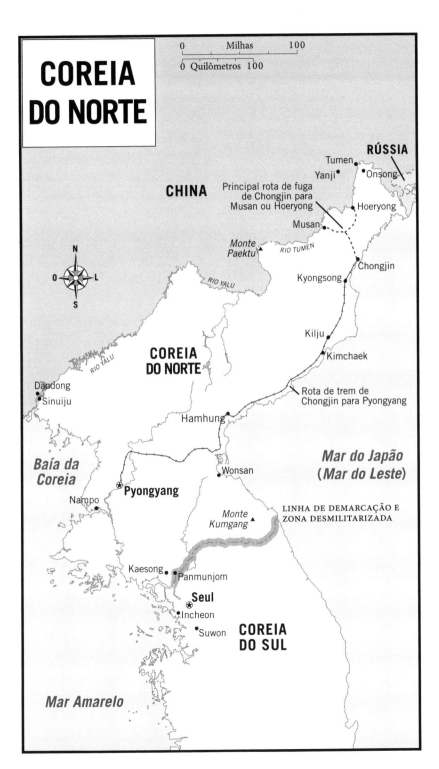

Nota da autora

Em 2001 mudei-me para Seul como correspondente do *Los Angeles Times*, cobrindo as duas Coreias. Na época era extremamente difícil para um jornalista americano visitar a Coreia do Norte. Mesmo depois de conseguir entrar no país, descobri que fazer reportagens ali era quase impossível. Jornalistas ocidentais eram acompanhados por "guarda-costas" cujo trabalho era garantir que nenhuma conversa não autorizada ocorresse e que os visitantes se restringissem a um itinerário de documentos cuidadosamente selecionados. Não era permitido nenhum contato com cidadãos comuns. Em fotos e na televisão, os norte-coreanos pareciam autômatos, marchando a passo de ganso em desfiles militares ou fazendo ginástica coletiva em homenagem à liderança. Contemplando as fotografias, eu tentava discernir o que havia por trás daqueles rostos sem expressão.

Na Coreia do Sul, passei a conversar com norte-coreanos que tinham desertado, fugindo para a Coreia do Sul ou para a China, e um retrato da vida real na República Democrática Popular da Coreia começou a emergir. Escrevi para o *Los Angeles Times* uma série de artigos concentrados em ex-moradores de Chongjin, uma cidade localizada no extremo norte do país. Julgava poder verificar os fatos com mais facilidade se conversasse com numerosas pessoas a respeito de um só lugar. Queria que esse lugar fosse distante dos bem maquiados cenários que o governo norte-coreano mostra a visitantes estrangeiros — mesmo que isso significasse que eu estaria escrevendo sobre um local que estava fora do meu alcance. Chongjin é a terceira maior cidade da Coreia do Norte e um dos lugares atingidos mais duramente pela crise de escassez de alimentos de meados dos anos 1990. É quase inteiramente fechada a estrangeiros. Tive a sorte de conhecer muitas pessoas maravilhosas de Chongjin, que eram articuladas e também generosas com seu tempo. *Nada a invejar* nasceu dessa série original de artigos.

Este livro se baseia em sete anos de conversas com norte-coreanos. Alterei alguns nomes para proteger aqueles que ainda vivem na Coreia do Norte. Todos os diálogos foram extraídos dos relatos de uma ou mais pessoas presentes. Procurei por todos os meios confirmar as histórias que me contaram e cotejá-las com eventos noticiados publicamente. As descrições de locais que não visitei pessoalmente provêm de dissidentes, de fotografias e de vídeos. Tanta coisa a respeito da Coreia do Norte permanece impenetrável que seria tolice achar que acertei em tudo. Minha esperança é de que um dia a Coreia do Norte se abra e estejamos aptos a julgar por nós mesmos o que realmente aconteceu lá.

1. De mãos dadas no escuro

Foto de satélite das Coreias do Norte e do Sul à noite.

Se você examinar fotos de satélite do Extremo Oriente à noite, verá um grande borrão em que não há luz. Essa área de escuridão é a República Democrática Popular da Coreia.

Nas proximidades desse misterioso buraco negro, a Coreia do Sul, o Japão e agora também a China resplandecem nitidamente de prosperidade. Mesmo a centenas de quilômetros de altitude, os anúncios luminosos, os faróis dos carros, as luzes das ruas, os néons das cadeias de fast-food, aparecem como minúsculos pontos brancos significando indivíduos envolvidos em suas ocupações. Consumidores de energia do século XXI. Então, no meio disso tudo, uma extensão de negrume quase do tamanho da Inglaterra. É desconcertante que uma nação de 23 milhões de

13

pessoas possa parecer tão desabitada quanto o oceano. A Coreia do Norte é simplesmente um vazio.

A Coreia do Norte escureceu no início dos anos 1990. Com o colapso da União Soviética, que sustentava seus velhos aliados comunistas com petróleo barato, a emperrada e ineficiente economia da Coreia do Norte entrou em colapso. As centrais de energia enferrujaram. As luzes se apagaram. Gente faminta passou a escalar postes de transmissão para surrupiar pedaços de fio de cobre e trocar por dinheiro. Quando o sol se põe, a paisagem se dissolve no cinza e as casinhas baixas são engolidas pela noite. Vilarejos inteiros desaparecem na penumbra. Mesmo em partes da capital-vitrine Pyongyang, é possível caminhar pelo meio de uma avenida à noite sem conseguir ver os prédios de nenhum dos dois lados.

Quando forasteiros contemplam o vazio que é a atual Coreia do Norte, pensam em aldeias remotas da África ou do Sudeste Asiático em que a mão civilizadora da eletricidade ainda não chegou. Mas a Coreia do Norte não é um país subdesenvolvido; é um país que despencou para fora do mundo desenvolvido. Evidências do que houve um dia e se perdeu podem ser vistas balançando ao longo de qualquer estrada norte-coreana de certo porte — os esqueletos de fios da enferrujada rede elétrica que um dia cobriu o país inteiro.

Os norte-coreanos que estão na meia-idade ou já passaram por ela se lembram muito bem de quando dispunham de mais eletricidade (e de mais comida também) que seus primos pró-americanos da Coreia do Sul, e isso intensifica a humilhação de passar as noites sentados no escuro. Nos anos 1990, os Estados Unidos se ofereceram para ajudar a Coreia do Norte a suprir suas carências de energia se o país desistisse de seu programa de armas nucleares. Mas o acordo desmoronou depois que o governo Bush acusou os norte-coreanos de trair suas promessas. Os norte-corea-

14

nos se queixam amargamente da escuridão, pela qual eles ainda responsabilizam as sanções dos Estados Unidos. Eles não podem ler à noite. Não podem ver televisão. "Não podemos ter cultura alguma sem eletricidade", disse-me uma vez um corpulento guarda de segurança, em tom de acusação.

Mas o escuro também tem suas vantagens. Especialmente se você é um adolescente namorando alguém com quem não pode ser visto.

Quando os adultos vão dormir, às vezes, no inverno, antes das dezenove horas, é bastante fácil sair de casa escondido. A escuridão propicia doses de privacidade e liberdade tão difíceis de conseguir quanto a eletricidade na Coreia do Norte. Envoltos numa capa mágica de invisibilidade, você pode fazer o que quiser sem se preocupar com os olhares inquiridores de passantes, de vizinhos ou da polícia secreta.

Conheci muitos norte-coreanos que me contaram o quanto tinham aprendido a amar a escuridão, mas o que mais me impressionou foi a história de uma adolescente e seu namorado. Ela tinha doze anos quando conheceu um rapaz três anos mais velho de uma cidade vizinha. A família dela ocupava uma camada baixa no sistema bizantino de controle social em vigor na Coreia do Norte. Serem vistos juntos em público comprometeria as perspectivas de carreira do rapaz, bem como a reputação de garota virtuosa dela própria. Por isso seus encontros consistiam inteiramente em longas caminhadas na escuridão. De todo modo, não havia outra coisa a fazer; na época em que eles começaram a namorar sério, no início dos anos 1990, nenhum restaurante ou cinema estava funcionando por causa da falta de energia.

Eles se encontravam depois do jantar. A garota tinha instruído o namorado a não bater na porta da frente, para não correr o risco de ouvir perguntas de suas irmãs mais velhas, do irmão mais novo ou dos vizinhos bisbilhoteiros. Moravam todos apertados num prédio comprido e estreito atrás do qual havia um banheiro compartilhado por uma dúzia de famílias. As casas ficavam separadas da rua por um muro branco, de altura pouco acima do nível dos olhos. O rapaz encontrou um lugar atrás do muro onde ninguém o percebia quando a luz abandonava o dia. O ruído dos vizinhos lavando louça ou usando o banheiro abafava o som de seus passos. Ele às vezes esperava duas ou três horas por ela. Não importava. A cadência da vida é mais lenta na Coreia do Norte.

A garota aparecia logo que conseguia se desembaraçar da família. Pondo o pé para fora de casa, ela perscrutava a escuridão, incapaz de vê-lo num primeiro momento, mas sentindo nitidamente a sua presença. Ela não se preocupava com maquiagem — ninguém precisa disso na escuridão. Às vezes vestia simplesmente o uniforme da escola: recatada saia azul-escura até abaixo dos joelhos, blusa branca e gravatinha vermelha, tudo feito de um tecido sintético enrugado. Ela era jovem o bastante para não se inquietar muito com a aparência.

Começavam a caminhar em silêncio, depois suas vozes iam subindo gradualmente dos sussurros a níveis normais de conversa à medida que deixavam o vilarejo e mergulhavam na noite. Mantinham-se a meio metro de distância um do outro até ter certeza de que não seriam percebidos.

Mal saindo da cidade, a estrada atravessava uma mata fechada e chegava a uma estância de águas termais. Foi no passado uma estância de certo renome; suas águas à temperatura de mais de 50°C costumavam atrair ônibus lotados de turistas chineses em busca de cura para artrite e diabetes, mas hoje opera raramente. A entrada exibia um espelho d'água retangular, cercado por um muro de pedras. As trilhas que cortavam o terreno eram margeadas por pinheiros, bordos japoneses, e as árvores favoritas da garota, as ginkgo bilobas, que no outono deixavam cair delicadas folhas amarelo-mostarda na forma de perfeitos leques orientais. Nas montanhas ao redor, as árvores tinham sido dizimadas por pessoas que as usavam como lenha, mas as árvores na estância termal eram tão lindas que os locais as respeitavam e as deixavam em paz.

De resto, a área era mantida precariamente. As árvores não eram podadas, os bancos de pedra estavam rachados, o calçamento de pedras tinha falhas, como uma boca banguela. Em meados dos anos 1990, quase tudo na Coreia do Norte estava estragado, quebrado, funcionando mal. O país tinha conhecido dias melhores. Mas as imperfeições não eram tão gritantes à noite. A piscina de águas termais, escura e entupida de algas, ficava luminosa com o reflexo do céu.

O céu noturno da Coreia do Norte é uma visão e tanto. Talvez seja o mais brilhante do Nordeste Asiático, o único lugar poupado pela poeira de carvão, pela areia do deserto de Gobi e pelo monóxido de carbono que sufocam o resto do continente. Nos velhos tempos, as fábricas norte-coreanas contribuíam com sua cota para a camada de poluição, mas não mais. Nenhuma iluminação artificial compete com a intensidade das estrelas pregadas no céu.

O jovem casal caminhava noite adentro, espalhando folhas de ginkgo à sua passagem. Sobre o que conversavam? Suas famílias, seus colegas de escola, livros que estavam lendo — qualquer que fosse o tema, era inesgotavelmente fascinante. Anos depois, quando perguntei à garota sobre as lembranças mais felizes da sua vida, ela me contou sobre aquelas noites.

Não é o tipo de coisa que aparece numa fotografia de satélite. Seja no quartel-general da CIA em Langley, Virgínia, seja nos departamentos de estudos do Leste Asiático de uma universidade, as pessoas geralmente analisam a Coreia do Norte à distância. Não param para pensar que no meio daquele buraco negro, naquele país desolado e obscuro onde milhões já morreram de fome, também existe amor.

Na época em que conheci aquela garota, ela já era uma mulher de 31 anos de idade. Mi-ran (como vou chamá-la para os propósitos deste livro) tinha desertado seis anos antes e estava morando na Coreia do Sul. Eu pedira uma entrevista com ela para um artigo que estava escrevendo sobre desertores norte-coreanos.

Em 2004 fui nomeada chefe da sucursal do *Los Angeles Times* em Seul. Meu trabalho era cobrir toda a península coreana. A Coreia do Sul era fácil. Era a 13ª potência econômica, uma democracia floresçente, embora às vezes turbulenta, com um dos mais agressivos contingentes de jornalistas em ação na Ásia. Autoridades governamentais davam seus números de celulares aos repórteres e não se incomodavam ao serem chamados tarde da noite. A Coreia do Norte era o extremo oposto. As comunicações na Coreia do Norte com o mundo exterior restringiam-se em grande parte a discursos despejados pela Agência Central de Notícias Coreana, apelidada de "O Grande Vituperador", por sua linguagem bombástica contra os "bastardos imperialistas ianques". Os Estados Unidos tinham lutado a favor da Coreia do Sul na Guerra da Coreia de 1950-3, a primeira grande conflagração da Guerra Fria, e ainda tinham 40 mil soldados estacionados lá. Para a Coreia do Norte, era como se a guerra nunca tivesse terminado; a animosidade seguia vívida e inflamada.

Cidadãos dos Estados Unidos só eram admitidos raramente na Coreia do Norte, e jornalistas americanos com uma frequência menor ainda. Quando consegui por fim um visto para visitar Pyongyang, em 2005, eu e um colega fomos conduzidos por um itinerário batido de monumentos à gloriosa liderança de Kim Jong-il [morto em 2011 e sucedido pelo filho Kim Jong-un (N.E.)]

e seu falecido pai, Kim Il-sung. O tempo todo fomos acompanhados por dois homens magros de terno escuro, ambos chamados sr. Park. (A Coreia do Norte toma a precaução de designar dois "guarda-costas" para visitantes estrangeiros, para que um vigie o outro de modo a impedir que sejam subornados.) Os guarda-costas falavam a mesma retórica empolada da agência oficial de notícias. ("Graças a nosso querido líder Kim Jong-il" era uma frase inserida com estranha regularidade em nossas conversas.) Eles raramente faziam contato olho no olho quando falavam conosco, e eu me perguntava se eles acreditavam no que diziam. O que estariam pensando de fato? Será que amavam seu líder tanto quanto diziam amar? Tinham comida suficiente para se alimentar? O que faziam quando voltavam para casa depois do trabalho? Como era viver no regime mais repressivo do mundo?

Se eu queria respostas a minhas perguntas, estava claro que não as conseguiria dentro da Coreia do Norte. Eu tinha que falar com gente que tinha saído de lá — os desertores.

Em 2004, Mi-ran estava morando em Suwon, uma cidade a pouco mais de trinta quilômetros ao sul de Seul, animada e caótica. Suwon é o lar da empresa de eletrônica Samsung e de um punhado de complexos industriais que produzem objetos que a maioria dos coreanos teria dificuldade de identificar: monitores de computador, CD-ROMs, televisores digitais, cartões de memória eletrônicos. (Uma estatística citada com frequência diz que a disparidade econômica entre as duas Coreias é pelo menos quatro vezes maior do que a que existia entre as Alemanhas Ocidental e Oriental na época da reunificação, em 1990.) O lugar é barulhento e caótico, uma cacofonia de cores e sons desencontrados. Como na maioria das grandes cidades sul-coreanas, a arquitetura é um amálgama de horrendos cubos de concreto encimados por placas e luminosos espalhafatosos. Arranha-céus de apartamentos se irradiam ao longo de quilômetros a partir de um centro congestionado, pontuado por filiais de Dunkin' Donuts e Pizza Hut e uma miríade de lojas de artigos piratas. As ruas mais afastadas estão repletas de motéis com nomes como Eros Motel e Love-Inn Park que oferecem quartos por hora. O estado habitual do tráfego é o engarrafamento total, em que milhares de Hyundais — mais um fruto do milagre econômico — tentam abrir caminho entre seus lares e os shopping centers. Como a cidade está num perpétuo estado de congestionamento, tomei o trem em Seul, uma viagem de trinta minutos, e em seguida me arrastei de táxi até um dos poucos locais tranquilos da cidade, um restaurante de grelhados diante de uma fortaleza do século XVIII.

Não identifiquei Mi-ran de imediato. Ela não se parecia nem um pouco com as outras norte-coreanas que eu conhecera. Havia na época uns 6 mil expatriados norte-coreanos morando na Coreia do Sul e geralmente eles portavam sinais eloquentes de sua dificuldade de assimilação — saias curtas demais, etiquetas ainda pregadas nas roupas novas —, mas Mi-ran era indistinguível de uma sul-coreana. Estava vestindo um elegante suéter marrom e uma calça de malha que combinava com ele. Deu-me a impressão (que, como muitas outras, se mostraria errada) de ser bastante acanhada. Seu cabelo estava penteado para trás e preso por uma tiara de strass. Sua aparência impecável só era maculada por uma pequena espinha no queixo e certo volume na cintura, resultado de três meses de gravidez. Um ano antes ela se casara com um sul-coreano, um funcionário civil do Exército, e eles esperavam o primeiro filho.

Eu tinha convidado Mi-ran para almoçar porque queria saber mais sobre o sistema de ensino na Coreia do Norte. Nos anos que antecederam sua deserção, ela trabalhara como professora de jardim de infância numa cidade de mineração. Na Coreia do Sul ela estava tentando conseguir o diploma em educação. Foi uma conversa séria, às vezes dura. A comida em nossa mesa permaneceu intocada enquanto ela descrevia como tinha visto seus alunos de cinco e seis anos morrerem de fome. Enquanto as crianças morriam, esperava-se que ela lhes ensinasse que eles tinham a bênção de ser norte-coreanos. Kim Il-sung, que governou da época em que a península foi dividida, no fim da Segunda Guerra Mundial, até sua morte, em 1994, devia ser venerado como um deus, e Kim Jong-il, seu filho e sucessor, como o filho de um deus, uma figura semelhante a Cristo. Mi-ran se tornara uma crítica severa do sistema norte-coreano de lavagem cerebral.

Depois de uma hora ou duas desse tipo de conversa, derivamos para o que poderia ser visto depreciativamente como um típico papo de mulherzinha. Havia algo no autocontrole e na franqueza de Mi-ran que me permitia fazer perguntas mais pessoais. O que os jovens norte-coreanos faziam para se divertir? Havia momentos felizes na vida dela na Coreia do Norte? Tinha um namorado lá?

"É engraçado você me perguntar", disse ela. "Sonhei com ele uma noite dessas."

Ela descreveu o rapaz como alto e ágil, com cabelo desgrenhado caindo na testa. Depois que ela saiu da Coreia do Norte, ficou encantada ao descobrir que havia um ídolo adolescente sul-coreano chamado Yu Jun-sang que era muito parecido com seu ex-namorado. (Como resultado, usei o pseudônimo Jun-sang para identificá-lo.) Ele era inteligente também, um futuro cientista estudando numa das melhores universidades de Pyongyang. Esse era um dos motivos pelos quais não podiam ser vistos em público.

Não havia motéis na Coreia do Norte. A intimidade casual entre os sexos era desestimulada. Ainda assim, tentei inquirir com delicadeza até que ponto ia o relacionamento deles.

Mi-ran riu.

"Levamos três anos para pegar na mão. Outros seis para dar um beijo", disse. "Eu nunca sequer tinha sonhado em fazer mais do que isso. Na época em que deixei a Coreia do Norte, estava com 26 anos e era professora, mas não sabia como os bebês eram concebidos."

Mi-ran admitiu que pensava com frequência em seu primeiro amor e sentia pontadas de remorso pelo modo como partiu. Jun-sang tinha sido seu melhor amigo, a pessoa a quem ela confidenciava seus sonhos e os segredos de sua família. Mas mesmo assim ela sonegou a ele o maior segredo de sua vida. Nunca lhe contou o quanto tinha aversão à Coreia do Norte, o quanto desacreditava a propaganda que transmitia a seus alunos. Acima de tudo, ela nunca lhe contou que sua família estava acalentando um plano de fuga. Não que ela não confiasse nele, mas na Coreia do Norte todo cuidado era pouco. Se ele contasse a alguém que contasse a alguém... Bem, nunca se sabia, havia espiões por toda parte. Vizinhos denunciavam vizinhos, amigos denunciavam amigos. Até amantes se denunciavam mutuamente. Se alguém na polícia secreta ficasse sabendo de seus planos, toda a sua família seria enviada para um campo de trabalho nas montanhas.

"Eu não podia correr o risco", ela me contou. "Não podia sequer me despedir."

Depois de nosso primeiro encontro, Mi-ran e eu conversamos frequentemente sobre Jun-sang. Ela era uma mulher feliz em seu casamento e, quando a reencontrei, uma zelosa mãe, mas sua fala ainda se atropelava e seu rosto corava toda vez que o nome dele vinha à tona. Eu tinha a sensação de que ela gostava quando eu abordava o assunto, como se fosse algo que ela não podia discutir com nenhuma outra pessoa.

"O que aconteceu com ele?", perguntei.

Ela deu de ombros. Cinquenta anos depois do fim da Guerra da Coreia, os coreanos do Norte e do Sul ainda não têm uma comunicação decente entre os dois lados. Nesse aspecto, não é nada parecido com o que ocorreu nas Alemanhas Ocidental e Oriental ou em qualquer outro lugar. Não há serviço telefônico entre as Coreias do Norte e do Sul, nem serviço postal, nem correio eletrônico. A própria Mi-ran tinha várias perguntas não respondidas. Estaria ele casado? Será que ainda pensava nela? Será que a odiava por ter partido sem se despedir? Será que Jun-sang considerava Mi-ran uma traidora da pátria por ter desertado?

"De algum modo acho que ele compreendeu, mas realmente não tenho como saber", respondeu ela.

Mi-ran e Jun-sang se conheceram quando estavam no início da adolescência. Moravam na periferia de Chongjin, uma das cidades industriais do nordeste da península, não muito longe da fronteira com a Rússia.

A paisagem norte-coreana é descrita perfeitamente pelas pinceladas negras das pinturas orientais. É espantosamente bonita em alguns lugares — para usar um parâmetro norte-americano de referência, podemos dizer que se parece com a costa do Pacífico, no noroeste —, mas de algum modo desprovida de cor. A paleta tem uma extensão limitada; vai dos verde-escuros dos abetos e zimbros ao cinza leitoso dos picos de granito. O viçoso verde da colcha de retalhos dos arrozais, tão característico dos campos asiáticos, pode ser visto apenas durante uns poucos meses da estação das chuvas. O outono traz um breve lampejo de folhagem. No resto do ano é tudo amarelo e marrom, as cores estão como que diluídas e desbotadas.

A desordem que se vê na Coreia do Sul está totalmente ausente. Quase não há anúncios e sinalização, os automóveis são poucos. A propriedade privada de carros é amplamente ilegal, e mesmo que não fosse não seriam muitos os que teriam condição de ter um. Até tratores são coisa rara de se ver, só esparsos bois puxando arados. As casas são simples, utilitárias e monocromáticas. Há pouca coisa datada de antes da Guerra da Coreia. A maior parte dos blocos de casas foi construída nos anos 1960 e 1970, com tijolos de cimento e calcário, e as moradias distribuídas às pessoas de acordo com seu emprego e posição hierárquica. Nas grandes cidades há "pombais", prédios baixos de apartamentos de um dormitório, enquanto no interior as pessoas geralmente vivem em construções térreas chamadas "gaitas", fileiras de casas de um dormitório, grudadas uma na outra como as caixinhas que formam as câmaras de uma gaita de boca. Ocasionalmente, batentes de portas e caixilhos de janelas são pintados de um surpreendente turquesa, mas em geral tudo é caiado ou cinza.

Na distopia futurista imaginada em *1984*, George Orwell escreveu sobre um mundo em que a única cor existente era a que estava nos cartazes de propaganda. É esse o caso na Coreia do Norte. Imagens de Kim Il-sung são representadas nas vívidas cores apreciadas pelo estilo de pintura do realismo socialista. O Grande Líder aparece sentado num banco sorrindo de modo bondoso para um grupo de crianças vistosamente vestidas, aglomeradas à sua volta. Raios amarelos e alaranjados emanam de seu rosto: ele é o sol.

O vermelho é reservado para as letras dos onipresentes cartazes de propaganda. A língua coreana usa um alfabeto ímpar, feito de círculos e linhas. As letras vermelhas saltam dramaticamente da paisagem cinzenta. Marcham pelos campos, dominam os rochedos de pedra, pontuam as estradas como placas de sinalização e dançam no alto das estações de trem e outros edifícios públicos.

VIDA LONGA A KIM IL-SUNG.
김일성 만세!

KING JONG-IL, SOL DO SÉCULO XXI.
21세기의 태양 김정일 장군 만세!

VIVAMOS DO NOSSO PRÓPRIO JEITO.
우리 식으로 살자.

FAREMOS O QUE O PARTIDO MANDAR.
당이 결심하면 우리는 한다!

NADA TEMOS A INVEJAR NO MUNDO.
세상에 부럼 없어라.

Até o início da adolescência, Mi-ran não tinha razão alguma para não acreditar nos cartazes. Seu pai era um humilde mineiro. Sua família era pobre, como todo mundo que eles conheciam. Uma vez que todas as publicações, filmes e transmissões do exterior eram proibidos, Mi-ran presumia que em nenhum lugar do mundo as pessoas estivessem melhor do que eles, e que provavelmente estivessem até muito pior. Ela ouviu muitas e muitas vezes no rádio e na televisão que os sul-coreanos estavam infelizes sob o governo do líder fantoche pró-americano Park Chung-hee e, depois, de seu sucessor, Chun Doo-hwan. Aprendeu que a modalidade diluída de comunismo da China era menos bem-sucedida do que a praticada por Kim Il-sung e que milhões de chineses estavam passando fome. Tudo somado, Mi-ran sentia que tinha muita sorte de ter nascido na Coreia do Norte sob o amoroso cuidado do líder paternal.

Na verdade, o vilarejo onde Mi-ran cresceu não era um lugar tão ruim nos anos 1970 e 1980. Era uma aldeia norte-coreana típica, de uns mil habitantes, modelada pelo planejamento central para ser indistinguível de outras aldeias similares, mas sua localização era afortunada. O mar do Leste (o mar do Japão) ficava a apenas dez quilômetros de distância, de modo que seus habitantes podiam comer ocasionalmente peixes e siris frescos. A aldeia ficava pouco depois das chaminés de Chongjin e assim tinha as vantagens da proximidade com a cidade grande e ao mesmo tempo do campo aberto onde se cultivavam hortaliças. O terreno era relativamente plano, uma bênção num país onde o solo horizontal para o plantio é escasso. Kim Il-sung mantinha uma de suas muitas casas de férias na estação termal vizinha.

Mi-ran era a mais nova de quatro irmãs. Em 1973, quando nasceu, isso era uma calamidade tão grande na Coreia do Norte quanto na Inglaterra do século XIX, quando Jane Austen escreveu *Orgulho e preconceito* sobre o infortúnio de uma família com cinco filhas. Tanto os coreanos do Norte como os do Sul estão imersos em tradições confucianas segundo as quais os garotos dão prosseguimento à linhagem familiar e cuidam dos pais idosos. Os pais de Mi-ran acabaram escapando da tragédia de não ter filhos homens com o nascimento de um menino, três anos depois de Mi-ran, mas isso fez com que sua filha mais nova virasse a criança esquecida da família.

Eles moravam numa casa "gaita", correspondente ao status do pai de Mi-ran. A entrada conduzia diretamente a uma cozinha pequena que servia também de central de aquecimento. Jogava-se lenha ou carvão numa fornalha. O fogo produzido por ela era usado tanto para cozinhar como para aquecer a casa por meio de um sistema subterrâneo conhecido como *ondol*. Uma porta de correr separava a cozinha do cômodo principal, onde toda a família dormia em esteiras que ficavam enroladas durante o dia. O nascimento do menino aumentou para oito o número de membros da família: os cinco filhos, seus pais e uma avó. Então o pai de Mi-ran subornou o chefe do comitê do povo para que lhes desse uma unidade residencial adjacente e lhes permitisse abrir uma porta na parede divisória.

Num espaço mais amplo, os sexos foram separados. Na hora das refeições, as mulheres se amontoavam em torno de uma mesa baixa de madeira perto da cozinha, comendo mingau de farinha de milho, que era mais barata e menos nutritiva que o arroz, o prato básico preferido dos norte-coreanos. O pai e o filho comiam arroz numa mesa só para eles.

"Eu achava que a vida era naturalmente assim", me diria mais tarde o irmão de Mi-ran, Sok-ju.

Se as irmãs mais velhas notavam, não faziam alarde, mas Mi-ran se debulhava em lágrimas e protestava contra a injustiça.

"Por que Sok-ju é o único que ganha sapatos novos?", ela queria saber. "Por que a mamãe só cuida do Sok-ju e não de mim?"

Mandavam-na calar a boca e não respondiam.

Não era a primeira vez que ela se rebelava contra as restrições impostas às garotas. Na Coreia do Norte da época, as meninas não deveriam andar de bicicleta. Havia um estigma social — as pessoas achavam que era feio e sexualmente insinuante — e periodicamente o Partido dos Trabalhadores emitia decretos formais que tornavam o ciclismo feminino tecnicamente ilegal. Mi-ran ignorava a regra. Desde os onze anos ela utilizava a única bicicleta da família, um modelo japonês usado, e pedalava pela estrada até Chongjin. Precisava escapar da opressão de sua pequena aldeia, ir para qualquer outro lugar. Era uma jornada árdua para uma criança, cerca de três horas morro acima, numa estrada asfaltada apenas em parte. Homens tentavam ultrapassá-la com suas bicicletas, xingando-a por sua audácia.

"Você vai rasgar a sua xoxota", gritavam para ela.

Às vezes um grupo de rapazes adolescentes fechava sua passagem tentando derrubá-la da bicicleta. Mi-ran gritava de volta, respondendo às obscenidades com obscenidades. Com o tempo, aprendeu a ignorá-los e a seguir pedalando.

Havia um único alívio para Mi-ran em sua cidadezinha natal — o cinema.

Cada cidade da Coreia do Norte, mesmo a mais minúscula, tinha uma sala de cinema, graças à convicção de Kim Jong-il de que o filme é um instrumento indispensável para instilar a lealdade nas massas. Em 1971, quando tinha trinta anos, Kim Jong-il obteve seu primeiro trabalho, supervisionando o Gabinete de Propaganda e Agitação do Partido dos Trabalhadores, que dirigia os estúdios de cinema do país. Ele publicou um livro em 1973, *Sobre a arte do cinema*, em que expunha sua teoria de que "a arte e a literatura revolucionárias são meios extremamente efetivos para inspirar as pessoas a trabalhar pelas tarefas da revolução".

Sob a direção de Kim Jong-il, o Estúdio de Longas-Metragens Coreanos, nos arredores de Pyongyang, passou a abarcar uma área de 3 milhões de metros quadrados. Produzia quarenta filmes por ano. Os filmes eram predominantemente dramas com um tema recorrente: o caminho para a felicidade era o autossacrifício e a supressão do individual em prol do coletivo. O capitalismo era pura degradação. Quando visitei as instalações do estúdio em 2005, vi um cenário do que supostamente seria uma rua típica de Seul, em que se enfileiravam fachadas de lojas caindo aos pedaços e bares de prostituição.

Não importava que os filmes fossem pura propaganda. Mi-ran adorava ir ao cinema. Tanto quanto possível para alguém que cresceu numa cidadezinha da Coreia do Norte, ela era uma cinéfila. Desde que chegou a uma idade em que podia ir ao cinema sozinha, implorava à mãe que lhe desse dinheiro para os ingressos. Os preços se mantinham baixos — apenas meio won, ou uns poucos centavos, mais ou menos o mesmo que custava um refrigerante. Mi-ran via tudo o que podia. Alguns filmes eram considerados picantes demais para as crianças, como *Oh, meu amor*, de 1985, no qual era insinuado que um homem e uma mulher se beijavam. Na verdade, a mocinha baixava recatadamente sua sombrinha, de modo que os espectadores não vissem os lábios se tocarem, mas isso bastou para que o filme fosse proibido para menores de dezessete anos. Os filmes de Hollywood obviamente estavam banidos da Coreia do Norte, assim como quase todos os outros filmes estrangeiros, com exceção de um ou outro lançamento vindo da Rússia. Mi-ran gostava especialmente dos filmes russos porque eram menos propagandísticos e mais românticos do que os norte-coreanos.

Talvez fosse inevitável que uma garota sonhadora que ia ao cinema para ver romance na tela encontrasse ali, por conta própria, o verdadeiro romance.

Eles se conheceram em 1986, quando ainda havia eletricidade suficiente para fazer funcionar os projetores de cinema. O salão cultural era o edifício mais imponente da cidade, construído num estilo popular bastante grandioso nos anos 1930, quando a Coreia foi ocupada pelo Japão. Com dois andares de altura e espaço suficiente para acomodar um mezanino, o teatro tinha um enorme retrato de Kim Il-sung cobrindo sua fachada. As dimensões eram ditadas pelo regulamento segundo o qual todas as imagens do Grande Líder deveriam ser proporcionais ao tamanho do prédio. O salão cultural servia como auditório de cinema, teatro e conferências. Nos feriados públicos, como no aniversário de Kim Il-sung, abrigava concursos para escolher os cidadãos que melhor seguiam o exemplo do Grande Líder. No resto do tempo a sala exibia filmes, uma nova produção chegando a cada poucas semanas de Pyongyang.

Jun-sang era tão louco por cinema quanto Mi-ran. Tão logo ficava sabendo que havia um novo filme em cartaz, corria para ser o primeiro a vê-lo. O filme, naquela ocasião particular, era *Nascimento de um novo governo*. Era ambientado na Manchúria durante a Segunda Guerra Mundial, onde os comunistas coreanos, comandados por um jovem Kim Il-sung, tinham se organizado para resistir à ocupação colonial japonesa. A resistência antinipônica era um tema tão familiar ao cinema norte-coreano quanto índios e caubóis aos primórdios de Hollywood. Esperava-se que o filme atraísse grandes multidões, pois era estrelado por uma atriz muito popular.

Jun-sang chegou ao cinema cedo. Comprou dois ingressos, um para si próprio e o outro para o irmão. Estava fazendo hora do lado de fora do cinema quando a avistou.

Mi-ran estava em pé atrás de uma multidão, abrindo caminho em direção à bilheteria. O público de cinema na Coreia do Norte tende a ser jovem e desordeiro. Aquela plateia era especialmente agitada e bruta. Os rapazes maiores tinham aberto caminho até o início da fila e formado um cordão impedindo a chegada dos mais jovens à bilheteria. Jun-sang entrou no cinema para ter uma visão melhor da garota. Ela batia os pés no chão em sinal de frustração e parecia prestes a cair no choro.

O padrão norte-coreano de beleza valoriza a pele pálida, quanto mais clara melhor, um rosto redondo e uma boca em forma de arco, mas aquela garota não tinha nada daquilo. Seus traços faciais eram longos e pronunciados, seu nariz era aquilino e suas maçãs do rosto eram bem definidas. Para Jun-sang, ela parecia quase estrangeira e um pouco selvagem. Seus olhos faiscavam de raiva diante da bagunça na bilheteria. Ela não se parecia com as outras garotas, que faziam gestos recatados e cobriam a boca quando riam. Jun-sang percebeu nela uma impaciência vivaz, como se ela não tivesse sido abatida pela vida na Coreia do Norte. Ficou imediatamente encantado.

Aos quinze anos, Jun-sang era obrigado a reconhecer que estava interessado em garotas de um modo geral, mas nunca havia concentrado sua atenção numa garota em particular — até então. Tinha visto filmes o bastante para ser capaz de sair por um segundo de si mesmo e imaginar como seria aquele primeiro encontro se acontecesse na tela. Mais tarde ele recordaria aquele momento num sonho em tecnicolor, com uma incandescência mística ao redor de Mi-ran.

"Não posso acreditar que exista uma garota assim nesta cidadezinha", disse para si mesmo.

Ele margeou algumas vezes o perímetro da multidão para dar uma olhada melhor e decidir o que fazer. Era um estudante, não um lutador. Não adiantaria tentar abrir caminho na marra de volta à bilheteria. Então uma ideia se alojou em sua mente. O filme estava para começar, e seu irmão ainda não tinha chegado. Se ele vendesse a ela seu ingresso extra, ela teria que sentar perto dele, já que os bilhetes eram numerados. Ele a rodeou de novo, formulando na cabeça as palavras exatas que usaria para lhe oferecer o ingresso.

No final, não conseguiu juntar a coragem necessária para falar com uma garota que não conhecia. Esgueirou-se para dentro do cinema. Enquanto a tela era preenchida pela imagem da heroína do filme galopando por um campo nevado, Jun-sang pensava na oportunidade que deixara escapar. A atriz encarnava uma impetuosa combatente da resistência que usava cabelos curtinhos e cavalgava pela estepe da Manchúria proclamando slogans revolucionários. Jun-sang não conseguia parar de pensar na garota do lado de fora do cinema. Quando os créditos desceram, ao final do filme, ele correu para fora para procurá-la, mas ela já tinha ido embora.

2. Sangue manchado

Refugiados da Guerra da Coreia em marcha.

Aos quinze anos, Jun-sang era um garoto desengonçado e estudioso, que desde a infância vinha obtendo as melhores notas da classe em matemática e ciências. Seu pai, uma espécie de intelectual frustrado, tinha grandes ambições em relação aos filhos, especialmente o seu talentoso primogênito. Seu sonho era que o rapaz saísse da província e completasse seus estudos em Pyongyang. Se Jun-sang chegasse em casa depois das nove da noite ou se atrasasse nas lições de casa, seu pai não demorava a lançar mão de uma vara que mantinha com o expresso intuito de surrar filhos desobedientes. O garoto precisaria manter as melhores notas ao longo do ensino médio e passar por duas semanas de exames rigorosos em Chongjin para conquistar uma vaga numa escola competitiva como a Universidade Kim Il-sung. Embora estivesse apenas começando seu primeiro ano de ensino médio, Jun-sang já estava numa trajetória de carreira que não deixava espaço para namoro ou sexo. Os imperativos da puberdade teriam que esperar.

Jun-sang tentava deixar de lado os pensamentos errantes que perturbavam sua concentração nos momentos mais inconvenientes. Mas, por mais que tentasse, não conseguia suprimir a imagem da garota de cabelos curtos que batia os pés no chão. Não sabia nada sobre ela. Qual era o seu nome? Seria mesmo linda como ele se recordava dela? Ou a memória estaria lhe pregando uma peça? Como poderia pelo menos descobrir quem ela era?

No fim das contas, foi surpreendentemente fácil rastreá-la. Mi-ran era o tipo de garota que os rapazes notavam, e seus cabelos curtos eram característicos o bastante para que uma descrição a alguns amigos desvelasse sua identidade. Um rapaz da aula de pugilismo de Jun-sang por acaso morava no mesmo conjunto habitacional que ela, a duas casas de distância. Jun-sang passou a conversa no rapaz, incitando-o a conseguir cacos de informação sobre ela e recrutando-o como espião particular. A vizinhança fervilhava de mexericos sobre Mi-ran e suas irmãs. As pessoas geralmente comentavam que cada uma era mais linda que a outra. Eram altas, qualidade muito valorizada na Coreia do Norte, e também talentosas. A mais velha era cantora, outra pintava. Eram todas atléticas, brilhando no vôlei e no basquete. Garotas lindas e espertas. Era uma pena, então, acrescentavam os comentários, que o passado da família delas fosse tão infame.

O problema era o pai delas, um homem franzino e calado que, como muitos outros na vizinhança, estava empregado nas minas. Ele trabalhava como carpinteiro, consertando as estruturas de madeira no interior de uma mina que produzia caulim, uma argila usada para fazer cerâmica. A única coisa que chamava a atenção naquele homem brando era sua abstinência. Enquanto os outros mineiros engoliam enormes quantidades de uma bebida ordinária feita de milho e, quando podiam se dar ao luxo, de *soju*, a aguardente de arroz coreana, o pai de Mi-ran nunca colocava uma gota de álcool na boca. Não queria consumir nada que soltasse sua língua e o fizesse falar sobre o passado.

O pai de Mi-ran, Tae-woo, nasceu em 1932 num lugar que mais tarde se tornou parte da Coreia do Sul, o estado inimigo. Não importa há quanto tempo estejam longe, os coreanos descrevem seu lar como o lugar onde seus antepassados paternos nasceram. Tae-woo vinha da província de Chungchong do Sul, no outro extremo da península, perto da costa do mar Amarelo. É uma zona rural aprazível, de arrozais verde-esmeralda, um território tão hospitaleiro quanto Chongjin é inóspita. Sua aldeia, nos arredores de Seosan, se resumia a pouco mais de uma fileira de casas ao longo de uma crista de terra seca que cortava o tabuleiro de xadrez dos arrozais. Nos anos 1940, tudo era feito de barro e palha, até mesmo as bolas que os garotos chutavam pela rua. O arroz era a alma e o sustento da aldeia. O cultivo do arroz era um trabalho extenuante, em que todas as etapas — arar, semear, transportar — eram feitas manualmente. Ninguém na aldeia era rico, mas a família de Tae-woo estava um ou dois pontos acima das outras. Sua casa com telhado de sapê era um pouco mais ampla. A família tinha 2 mil *pyong* de terras, uma medida coreana equivalente a pouco mais de meio hectare. Eles completavam sua renda explorando um pequeno moinho no qual os vizinhos podiam moer arroz e cevada. O status do avô de Mi-ran era elevado o bastante para que ele tivesse duas esposas, uma prática que não era incomum na época, embora apenas o primeiro casamento fosse reconhecido por lei. Tae-woo era o primogênito da segunda esposa e o único filho homem. Tinha duas irmãs mais novas que o adoravam e costumavam segui-lo pela aldeia, para seu desgosto, mas para a alegria de seus amigos, sobretudo quando elas se tornaram lindas adolescentes.

Tae-woo não era o maior garoto da turma, mas era um líder natural. Quando os rapazes brincavam de guerra, Tae-woo era o general. Seus amigos o chamavam de pequeno Napoleão. "Ele era franco e decidido. Dizia as coisas com firmeza e as pessoas ouviam", disse Lee Jong-hun, um amigo de infância que ainda vive na aldeia. "Era esperto também."

Tae-woo frequentou o ensino básico e depois o médio até os quinze anos, como era o padrão para os filhos de agricultores. A língua de ensino era o japonês. O Japão anexara a Coreia em 1910 e depusera o último dos imperadores coreanos, buscando depois disso erradicar sistematicamente a cultura coreana e impor a sua própria cultura. Durante os primeiros anos da ocupação, os homens mais velhos da aldeia tinham sido forçados a cortar as longas tranças que os coreanos usavam tradicionalmente, amarradas num topete e cobertas por um chapéu preto. Eram obrigados a adotar nomes japoneses. Os japoneses cobravam pesados impostos, levando 50% ou mais da colheita de arroz, alegando que aquilo era necessário para sustentar a guerra que eles travavam no Pacífico. Rapazes e moças eram embarcados para o Japão para contribuir com o esforço de guerra, enquanto garotas eram obrigadas a se prostituir, tornando-se o que era conhecido eufemisticamente como "consoladoras", que serviam sexualmente às tropas. Os plantadores de arroz odiavam os japoneses. Não podiam fazer nada sem a aprovação deles.

Em 15 de agosto de 1945, o imperador Hiroíto anunciou pelo rádio a rendição do Japão. A notícia demorou vários dias para chegar à aldeia. Quando os rapazes ouviram a novidade, correram para as barracas onde os japoneses estavam aquartelados e descobriram que eles tinham caído fora às pressas, deixando para trás seus pertences pessoais. A ocupação tinha chegado ao fim. Os aldeões não tinham dinheiro para uma comemoração, mas correram em júbilo pelas ruas, congratulando-se e festejando.

"*Mansei Chosun*", gritavam. Vida longa à Coreia!

Os coreanos acreditavam que estavam de novo no controle de seu próprio destino. Iriam retomar seu país.

Enquanto o imperador japonês lia sua declaração pelo rádio, do outro lado do globo, em Washington, dois jovens oficiais do Exército se debruçavam sobre um mapa da National Geographic Society, perguntando-se o que fazer com a Coreia. Ninguém em Washington sabia muito sobre aquela obscura colônia japonesa. Enquanto planos elaborados tinham sido traçados para a ocupação da Alemanha e do Japão no pós-guerra, a Coreia tinha ficado para uma consideração posterior. Os japoneses a tinham governado por 35 anos, e com sua abrupta retirada haveria um perigoso vácuo de poder. Os Estados Unidos estavam preocupados com a possibilidade de que a União Soviética tomasse a Coreia como um ponto estratégico para a conquista do muito mais importante Japão. Apesar da aliança na Segunda Guerra, a desconfiança com a União Soviética estava crescendo em Washington. Tropas soviéticas já haviam entrado na Coreia pelo norte na semana anterior à rendição japonesa e estavam em posição de avanço. Os americanos tentaram saciar os soviéticos dando-lhes a metade norte da Coreia para controlar, naquilo que supostamente deveria ser uma administração temporária. Os dois oficiais, um dos quais era Dean Rusk, que mais tarde se tornaria secretário de Estado, queriam manter a capital, Seul, no setor norte-americano. Por isso buscavam um modo conveniente de dividir a península. Riscaram desleixadamente uma linha no mapa à altura do paralelo 38.

A linha não tinha relação com coisa alguma da história ou da geografia da Coreia. O pequeno dedo que se projeta da China formando a península da Coreia é uma área de terra bem delineada, com o mar do Japão a leste, o mar Amarelo a oeste, e os rios Yalu e Tumen formando a fronteira com a China. Não há nada na península que sugira um lugar natural para dividi-la em duas partes. Ao longo dos 1300 anos anteriores à ocupação japonesa, a Coreia tinha sido um país unificado, governado pela dinastia Chosun, uma das monarquias mais duradouras da história mundial. Antes da dinastia Chosun, houve três reinos em disputa pelo poder na península. As divisões políticas tendiam a rachar o país de norte a sul, com o leste gravitando naturalmente em torno do Japão e o oeste em torno da China. A bifurcação entre Norte e Sul foi uma criação totalmente estrangeira, maquinada em Washington e imposta aos coreanos sem qualquer participação deles. Conta-se que o secretário de Estado da época, Edward Stettinius, teve que perguntar a um subordinado onde ficava a Coreia.

Os coreanos ficaram furiosos ao ser repartidos do mesmo modo que os alemães. Afinal de contas, eles não tinham sido agressores na Segunda Guerra Mundial, e sim vítimas. Coreanos da época descreviam a si próprios com uma expressão autodepreciativa, dizendo-se "camarões em meio a baleias", esmagados pelas rivalidades das superpotências.

Nenhuma das superpotências estava disposta a ceder terreno para permitir a existência de uma Coreia independente. Os próprios coreanos estavam fragmentados em mais de uma dúzia de facções rivais, muitas delas com simpatias comunistas. As demarcações temporárias no mapa logo se concretizaram em fatos no território real. Em 1948, a República da Coreia foi criada sob o comando do septuagenário Syngman Rhee, um conservador empedernido com doutorado em Princeton. Kim Il-sung, um combatente da resistência antinipônica apoiado por Moscou, logo entrou na dança declarando seu estado a República Democrática Popular da Coreia — Coreia do Norte. A linha ao longo do paralelo 38 acabaria se solidificando numa faixa de 250 quilômetros de comprimento e quatro quilômetros de largura de arame farpado, obstáculos para tanques, trincheiras, barragens, fossos, peças de artilharia e minas terrestres.

Com cada um dos lados alegando ser o governo legítimo da Coreia, a guerra era inevitável. Antes do romper da aurora do domingo, 25 de junho de 1950, as tropas de Kim Il-sung romperam a fronteira com tanques fornecidos pelos soviéticos. Rapidamente capturaram Seul e avançaram para o sul até que o que sobrou da Coreia do Sul não passasse de um bolsão em torno da cidade costeira de Pusan, no sudeste. O arrojado desembarque anfíbio de 40 mil soldados norte-americanos em Incheon em setembro, sob o comando do general Douglas MacArthur, reverteu a vantagem comunista. Além dos Estados Unidos e da Coreia do Sul, soldados de quinze países — entre eles Grã-Bretanha, Austrália, Canadá, França e Holanda — engrossaram uma coalizão das Nações Unidas. Recapturaram Seul e avançaram para o norte, rumo a Pyongyang e além. Quando se aproximavam do rio Yalu, porém, forças da China comunista entraram na guerra e os empurraram para trás. Mais dois anos de combates só produziram frustração e impasse. Na época em que um armistício foi firmado, em 27 de julho de 1953, quase 3 milhões de pessoas tinham morrido e a península estava em ruínas. A fronteira permanecia mais ou menos ao longo do paralelo 38. Mesmo pelos duvidosos padrões bélicos do século XX, era uma guerra fútil e insatisfatória.

Tae-woo tinha dezoito anos quando os comunistas invadiram o país. Era a principal fonte de sustento de sua mãe e de suas irmãs, pois seu pai tinha morrido antes de a guerra começar. Os sul-coreanos estavam mal preparados para a invasão, com apenas 65 mil homens armados — cerca de um quarto do contingente militar dos norte-coreanos. Iriam precisar de todos os homens fisicamente aptos com que pudessem contar. Alguns dos plantadores de arroz eram simpáticos ao Norte porque tinham ouvido rumores de que os comunistas lhes dariam terra de graça. Sua situação econômica não tinha melhorado desde a derrota dos japoneses. Mas a maioria dos jovens era apolítica. "Não sabíamos distinguir esquerda e direita naqueles dias", recordou Lee Jong-hun. Quaisquer que fossem suas inclinações políticas, eles não tinham escolha senão se alistar no Exército sul-coreano.

Tae-woo acabou promovido à patente de sargento. A última batalha de seu pelotão teve lugar perto da aldeia de Kimhwa, quarenta quilômetros ao norte do paralelo 38. Kimhwa (mais tarde rebatizada de Kumhwa) era um dos pontos que formavam o que o Exército norte-americano apelidara de "Triângulo de Ferro", um vale estratégico cercado de montanhas de granito. (Pyongyang e Chorwon eram os outros dois pontos.) A região testemunhara alguns dos combates mais pesados naquele último estágio da guerra, em que os chineses tentaram empurrar a linha de frente para o sul, na expectativa do armistício. Na noite de 13 de julho de 1953, três divisões de tropas chinesas — cerca de 60 mil soldados — desfecharam um ataque surpresa contra tropas da ONU e da Coreia do Sul. Por volta das 19h30, as forças comunistas começaram a bombardear as posições da ONU; em torno das 22 horas acenderam tochas para que os soldados vissem "as montanhas e vales ganharem vida com milhares de soldados inimigos", conforme um soldado norte-americano relembrou. Soaram clarins de todos os lados e eles puderam ver as tropas chinesas se precipitando contra eles. "Estávamos incrédulos. Era como uma cena se desenrolando num filme", disse o ex-soldado norte-americano. Tinha chovido sem parar por uma semana e nas montanhas "escorriam sangue e água".

Tae-woo, àquela altura servindo numa unidade médica, carregava um soldado sul-coreano numa maca quando a unidade foi cercada pelos chineses. Duas semanas antes da assinatura do armistício, ele, junto com aproximadamente quinhentos outros soldados da Divisão Principal do Exército sul-coreano, foi feito prisioneiro de guerra.

Sua vida como sul-coreano tinha efetivamente acabado. O

pai de Mi-ran nunca falava sobre o que tinha acontecido com ele no cativeiro. Presume-se que suas condições não eram melhores do que a dos outros prisioneiros de guerra dos comunistas. Huh Jae-suk, um colega de prisão que mais tarde fugiria, escreveu em suas memórias que os homens eram alojados em acampamentos imundos em que não tinham permissão nem de tomar banho nem de escovar os dentes. Seus cabelos se infestavam de piolhos; feridas não tratadas fervilhavam de larvas. Recebiam como alimento um prato de arroz por dia e água salgada.

Depois do armistício houve uma troca de prisioneiros na qual as forças comunistas libertaram 12 773 pessoas, entre eles 7862 sul-coreanos. Outros milhares, talvez dezenas de milhares, nunca voltaram para casa. Foi o caso de Tae-woo. Eles eram embarcados na estação de Pyongyang em trens que julgavam estar partindo para o sul, para sua terra natal, mas em vez disso iam para o norte, rumo às montanhas ricas em carvão que margeavam a fronteira com a China, de acordo com as memórias de Huh. Sob o nome de Unidade de Construção do Departamento do Interior, novos campos de prisioneiros de guerra tinham sido construídos perto das minas. A mineração de carvão na Coreia do Norte era não apenas suja como também perigosa ao extremo, já que as minas frequentemente desabavam ou pegavam fogo. "A vida de um prisioneiro de guerra valia menos que a de uma mosca", escreveu Huh. "Todos os dias em que entrávamos nas minas eu tremia de medo. Como um boi caminhando para o abatedouro, eu nunca sabia se iria sair vivo dali."

Em 1956, o governo norte-coreano emitiu uma ordem permitindo que os prisioneiros sul-coreanos recebessem certificados de cidadania norte-coreana. Isso significava que o pior tinha passado, mas também que eles nunca voltariam para casa. O pior era nas minas de carvão, que eram cavadas de modo descuidado e sujeitas a frequentes desabamentos e incêndios. Tae-woo foi mandado para uma mina de ferro em Musan, uma cidade arenosa no lado norte-coreano da fronteira com a China na província de Hamgyong do Norte. Os homens eram todos antigos sul-coreanos e viviam juntos num alojamento.

Um dos trabalhadores no alojamento era uma mulher, tinha dezenove anos e era solteira — uma virtual solteirona. Era angulosa demais para ser considerada bonita, mas havia alguma coisa em seus modos decididos que era atraente; ela irradiava vigor de corpo e mente. Estava ansiosa para casar, no mínimo para se livrar da mãe e das irmãs com quem morava. Homens casáveis eram escassos depois da guerra. O gerente do alojamento apresentou-a a Tae-woo. Embora ele não fosse mais alto do que ela, tinha fala mansa, uma qualidade cavalheiresca que sobrevivera sob a fuligem preta das minas de carvão. Ela sentiu uma onda de compaixão por aquele rapaz que estava tão sozinho no mundo. Casaram-se no mesmo ano.

Tae-woo logo foi assimilado à vida norte-coreana. Era bastante fácil para ele se misturar. Os coreanos eram um só povo — *han nara*, uma nação, como eles gostavam de dizer. Tinham a mesma aparência. O acento de Pyongyang era frequentemente ridicularizado por sua semelhança com o dialeto gutural de Pusan. O caos dos anos de guerra tinha misturado completamente a população coreana. Temendo a perseguição pelos comunistas, dezenas de milhares de coreanos que viviam ao norte do paralelo 38 fugiram para o Sul — entre eles proprietários de imóveis, empresários, clérigos cristãos e colaboradores dos japoneses. Um número menor de simpatizantes comunistas fugiu para o Norte. Incontáveis outros sem nenhum envolvimento político foram simplesmente empurrados para cima ou para baixo ao fugir dos combates.

Quem seria capaz de distinguir um norte-coreano de um sul-coreano? Pouco depois de seu casamento, Tae-woo e sua esposa foram transferidos para outra mina perto de Chongjin, onde ele não conhecia ninguém. Não havia razão alguma para que alguém suspeitasse de qualquer coisa incomum no seu passado, mas fazia parte da natureza peculiar da Coreia do Norte que alguém sempre soubesse.

Depois da guerra, Kim Il-sung estabeleceu como sua primeira tarefa separar os inimigos dos aliados. Começou pelo alto, com potenciais rivais na disputa pelo comando. Livrou-se de muitos de seus camaradas de armas que tinham liderado a batalha da Manchúria para desalojar os ocupantes japoneses. Mandou prender os membros fundadores do Partido Comunista da Coreia do Sul. Eles tinham sido de valor inestimável durante a guerra; agora que já tinham cumprido seu papel, podiam ser descartados. Ao longo dos anos 1950, muitos outros foram expurgados naquilo que parecia cada vez mais um império chinês antigo, com Kim Il-sung convertido em senhor inconteste do reino.

Kim Il-sung voltou então sua atenção para as pessoas comuns. Em 1958, ele encomendou um elaborado projeto de classificação de todos os norte-coreanos segundo a sua confiabilidade política, buscando ambiciosamente reorganizar toda uma população humana. Assim como ocorreu na China, onde a Guarda Vermelha também erradicou os "desvios capitalistas" durante a Revolução Cultural dos anos 1960 e 1970, o procedimento resultou num caótico reinado do terror, em que o vizinho denunciava o vizinho. Os norte-coreanos eram metódicos ao extremo. Cada pessoa tinha que atravessar oito etapas de verificação de antecedentes. O chamado *song-bun* de cada cidadão levava em conta o passado de seus pais, avós e até primos de segundo grau. As investigações de lealdade eram realizadas em várias fases, com nomes inspiradores. "Orientação Intensiva pelo Partido Central" era a primeira fase anunciada. As classificações ficavam mais refinadas em fases subsequentes, como por exemplo "Compreendendo o Projeto do Povo", entre 1972 e 1974.

Apesar do jargão de engenharia social do século xx, esse processo parecia uma atualização do sistema feudal que oprimira os coreanos em séculos anteriores. No passado, os coreanos estavam presos a um sistema de castas quase tão rígido quanto o da Índia. Os nobres vestiam camisas brancas e altos chapéus pretos de crina de cavalo, enquanto os escravos portavam penduricalhos de madeira em torno do pescoço. A velha estrutura de classes se baseava amplamente nos ensinamentos do filósofo chinês Confúcio, que acreditava que os humanos se ajustavam estritamente a uma pirâmide social. Kim Il-sung tomou os elementos menos humanos do confucionismo e os combinou com o stalinismo. No topo da pirâmide, em vez de um imperador, residiam Kim Il-sung e sua família. Dali começava uma escala descendente de 51 categorias que eram encaixadas em três amplas classes — a classe central, a classe oscilante e a classe hostil.

A classe hostil incluía os *kisaeng* (animadoras que, como as gueixas japonesas, podiam proporcionar um pouco mais a clientes endinheirados), videntes e *mudang* (xamãs, que estavam também entre as classes mais baixas durante o período dinástico). Também estavam incluídos os politicamente suspeitos, conforme descreveu um documento oficial sobre direitos humanos na Coreia baseado em testemunhos de desertores refugiados na Coreia do Sul:

> Pessoas de famílias de ricos fazendeiros, comerciantes, industriais, donos de imóveis, ou aqueles cujos bens privados foram completamente confiscados; pessoas pró-Japão e pró-Estados Unidos; burocratas reacionários; desertores do Sul [...], budistas, católicos, funcionários públicos demitidos e aqueles que ajudaram a Coreia do Sul durante a Guerra da Coreia.

Na condição de ex-soldado sul-coreano, a classificação de Tae-woo estava quase na base da pirâmide — não totalmente na base, pois os que estavam na base (cerca de 200 mil, ou 1% da população) eram banidos permanentemente para campos de trabalho modelados no gulag soviético. Os norte-coreanos dos estratos mais baixos eram impedidos de viver na capital-vitrine Pyongyang e nas partes melhores do interior, mais para o sul, onde o solo era mais fértil e o clima mais quente. Tae-woo não podia nem sonhar em entrar para o Partido dos Trabalhadores, que, a exemplo do Partido Comunista na China e na União Soviética, controlava os melhores empregos.

Gente da sua classificação seria observada de perto pelos vizinhos. Os norte-coreanos são organizados nos chamados *inminban* — literalmente, "grupos do povo" —, cooperativas de cerca de vinte famílias cuja tarefa é ficar de olho umas nas outras e controlar a vizinhança. Os *inminban* têm um líder eleito, geralmente uma mulher de meia-idade, que relata qualquer coisa suspeita a autoridades superiores. Era quase impossível para um norte-coreano de baixa colocação melhorar o seu status. Dossiês pessoais ficavam trancados em escritórios locais do Ministério para a Proteção da Segurança do Estado e, como garantia extra, para o caso de alguém ousar pensar em mexer nos registros, na montanhosa província de Yanggang. A única mobilidade no interior do sistema de classes era para baixo. Mesmo que você estivesse na classe central — reservada para parentes da família governante e quadros do partido —, poderia ser rebaixado por mau comportamento. Mas quem estivesse na classe hostil permaneceria nela para sempre. Qualquer que fosse sua mácula original, ela era permanente e imutável. E, exatamente como no sistema de castas da antiga Coreia, o status familiar era hereditário. Os pecados do pai eram os pecados dos filhos e dos netos.

Os norte-coreanos chamavam essas pessoas de *beulsun* — "sangue manchado", ou impuro.

Mi-ran e seus quatro irmãos carregavam essa mancha no sangue. Tinham de se conformar com um horizonte tão limitado quanto o de seu pai.

Quando criança, Mi-ran ignorava a catástrofe que ocorrera antes mesmo de ela nascer. Seus pais julgaram melhor não dizer nada aos filhos sobre as raízes do pai na Coreia do Sul. Qual o sentido de afligi-los com o conhecimento de que seriam barrados nas melhores escolas e nos melhores empregos, de que suas vidas logo chegariam a um beco sem saída? Por que eles se dariam ao trabalho de estudar com afinco, praticar seus instrumentos musicais ou competir em esportes?

Os norte-coreanos não são informados sobre sua classificação, de modo que não era imediatamente óbvio que houvesse algo errado com a família, mas as próprias crianças suspeitavam de alguma coisa peculiar a respeito de seu pai. Ele era uma figura estranha e solitária que parecia carregar um pesado fardo. Não tinha parentes conhecidos. Não é que ele não falasse só do passado; simplesmente quase não falava de coisa alguma. Dava respostas monossilábicas às perguntas; sua voz não passava de um sussurro. O momento em que Tae-woo parecia mais feliz era quando estava trabalhando com as mãos, consertando alguma coisa na casa, entretido numa atividade que lhe dava uma desculpa para não falar.

Não havia vestígio do garotinho mandão que se pavoneava brincando de general. Sua esposa, de quem as filhas herdaram a altura e o pendor atlético, falava por ele. Se as crianças precisavam de um corretivo, se havia uma queixa a fazer a um vizinho, era a esposa que assumia a tarefa. Se tinha alguma opinião, ele a reservava para si. Nas ocasiões em que conseguiam obter um jornal, um luxo na Coreia do Norte, ele lia em silêncio à luz da única lâmpada da casa, de quarenta watts. O que ele pensava do último grande feito de Kim Il-sung, exaltado no *Rodong Sinmun*, o jornal oficial do Partido dos Trabalhadores, ou no *Diário Hambuk*, o jornal local, é algo que ele não dizia. Teria passado a acreditar na Coreia do Norte? Estaria convencido?

Mi-ran frequentemente achava exasperante a passividade do pai. Só mais tarde ela compreendeu que aquilo era um mecanismo de sobrevivência. Era como se ele tivesse soterrado sua própria personalidade para evitar atrair uma atenção indevida para si. Entre os milhares de ex-soldados sul-coreanos que tentavam ser assimilados pela sociedade norte-coreana, muitos tropeçavam. A mãe de Mi-ran mais tarde lhe contou que quatro dos companheiros de seu pai nas minas, conterrâneos sul-coreanos, tinham sido executados por conta de infrações mínimas e enterrados em valas comuns. Ser um membro da classe hostil significava que você nunca tinha o benefício da dúvida. Uma entonação sarcástica ao se referir a Kim Il-sung ou um comentário nostálgico sobre a Coreia do Sul poderia colocar o sujeito em maus lençóis. Era tabu, em especial, falar sobre a Guerra da Coreia e sobre quem a começou. Nos livros de história oficial (e não havia senão história oficial na Coreia do Norte), era o Exército sul-coreano que tinha invadido, agindo sob as ordens dos norte-americanos, e não o Exército norte-coreano que rompera o paralelo 38. "Os imperialistas dos Estados Unidos deram à camarilha do fantoche Syngman Rhee a ordem para desencadear a Guerra da Coreia", diz o relato do *Rodong Sinmun*. Qualquer pessoa que se lembrasse do que de fato aconteceu em 25 de junho de 1950 (e que coreano seria capaz de esquecer?) sabia que era prudente manter a boca fechada.

À medida que as crianças se aproximavam da adolescência, os obstáculos ocasionados pelos antecedentes de seu pai começaram a se mostrar maiores. Aos quinze anos de idade completa-se o ensino obrigatório, e os estudantes começam a se candidatar às escolas de ensino médio. Os que não são admitidos são designados para uma unidade de trabalho: uma fábrica, uma mina de carvão e assim por diante. Mas os irmãos de Mi-ran confiavam que estariam entre os escolhidos para levar a educação adiante. Eram inteligentes, bem-apessoados, atléticos, estimados por professores e colegas. Se tivessem menos talento, talvez a rejeição fosse assimilada mais facilmente.

A irmã mais velha, Mi-hee, tinha uma adorável voz de soprano. Sempre que ela cantava em voz alta alguma das melosas canções folclóricas tão amadas pelos coreanos ou um hino em louvor a Kim Il-sung, os vizinhos chegavam perto para ouvir. Ela era frequentemente convidada a se apresentar em eventos públicos. Cantar é um talento muito valorizado na Coreia do Norte, uma vez que pouca gente possui aparelho de som. Mi-hee era tão bonita que um artista veio desenhar seu retrato. Tinha uma grande expectativa de ser selecionada para frequentar um colégio voltado para as artes dramáticas e musicais. Ela chorou por vários dias quando foi rejeitada. Sua mãe devia saber o motivo, mas mesmo assim marchou até a escola para pedir uma explicação. A diretora foi compreensiva, porém inoperante. Explicou que apenas estudantes com *song-bun* melhores poderiam obter vaga em escolas de artes.

Mi-ran não tinha nenhum talento artístico ou atlético especial como suas irmãs mais velhas, mas era uma boa aluna, além de linda. Quando estava com quinze anos, sua escola foi visitada por uma equipe de homens e mulheres de aspecto sério, vestidos com roupas sóbrias. Eram os *okwa*, membros da quinta divisão do Partido Central dos Trabalhadores, recrutadores que percorriam o país à procura de garotas para servir no quadro pessoal de funcionários de Kim Il-sung e Kim Jong-il. As escolhidas eram mandadas para campos de treinamento de tipo militar antes de ser designadas para uma das muitas residências dos líderes país afora. Uma vez aceitas, não tinham permissão para visitar suas casas, mas suas famílias eram recompensadas com presentes caros. Não era muito claro o tipo de trabalho que essas garotas realizavam. Dizia-se que algumas eram secretárias, criadas domésticas ou animadoras; de outras, o rumor era de que eram concubinas. Mi-ran tinha ouvido tudo sobre isso de uma amiga cuja prima tinha sido uma das escolhidas.

"Você sabe, Kim Jong-il e Kim Il-sung são homens como quaisquer outros", as amigas de Mi-ran lhe cochichavam. Mi-ran assentia com a cabeça, envergonhada por estar completamente pasma. As garotas norte-coreanas da sua idade não sabiam o que era uma concubina, sabiam apenas que servir os líderes era uma tremenda honra. Só as garotas mais inteligentes e bonitas eram escolhidas.

Quando os recrutadores entraram na sala de aula, as alunas se aprumaram nas carteiras e esperaram em silêncio. Elas se dispunham em longas fileiras, duas meninas a cada carteira. Mi-ran vestia seu uniforme de ginásio. Nos pés calçava tênis de ginástica. Os recrutadores ziguezagueavam pelas fileiras de carteiras, fazendo uma pausa de quando em quando para uma observação mais atenta. Diminuíram o ritmo ao se aproximar da carteira de Mi-ran.

"Você, levante-se", ordenou um dos recrutadores. Acenaram para que ela os seguisse até a sala dos professores. Quando chegou lá, outras quatro garotas estavam esperando. Examinaram seu histórico, tiraram suas medidas. Com 1,60 metro, Mi-ran era uma das meninas mais altas da classe. Eles a bombardearam com perguntas: como estavam suas notas? Qual era sua matéria favorita? Era sadia? Sentia alguma dor? Ela respondeu as perguntas com calma e, segundo achava, corretamente.

Nunca mais teve notícia deles. Não que ela quisesse de fato ser afastada de sua família, mas a rejeição a feriu assim mesmo.

Naquela altura, as crianças tinham se dado conta de que o problema eram seus antecedentes familiares. Começaram a suspeitar que seu pai tinha vindo do outro lado da fronteira, pois não tinha parentes na parte norte, mas em que circunstâncias? Concluíram que ele devia ter sido um empenhado comunista que fugira heroicamente do Sul para engrossar as fileiras do Exército de Kim Il-sung. O irmão de Mi-ran finalmente obrigou a verdade a vir à tona. Rapaz enérgico, com as sobrancelhas permanentemente franzidas, Sok-ju tinha passado meses a fio estudando arduamente para um exame de admissão na escola de magistério. Sabia perfeitamente a resposta a cada questão. Quando lhe disseram que tinha sido reprovado, confrontou furioso os examinadores pedindo uma explicação.

A verdade teve efeito devastador. As crianças tinham sido completamente doutrinadas pela versão norte-coreana da história. Os norte-americanos eram a encarnação do mal e os sul-coreanos eram seus lacaios patéticos. Elas tinham estudado fotos de seu país depois de ele ter sido pulverizado por bombas dos Estados Unidos. Tinham lido sobre o escárnio com que soldados americanos e sul-coreanos enfiavam suas baionetas nos corpos de civis inocentes. Seus livros escolares estavam repletos de gente queimada, esmagada, esfaqueada, baleada e envenenada pelo inimigo. Ficar sabendo que seu próprio pai era um sul-coreano que lutara ao lado dos ianques era demais para suportar. Sok-ju se embriagou pela primeira vez na vida. Fugiu de casa. Ficou por duas semanas na casa de um amigo, até que este o convenceu a voltar.

"Ele ainda é seu pai, você sabe", argumentou o amigo. Essas palavras calaram fundo em Sok-ju. Como qualquer outro garoto coreano, especialmente sendo o único filho homem, ele sabia que precisava respeitar e honrar o pai. Foi para casa e ficou de joelhos, pedindo perdão. Foi a primeira vez que viu seu pai chorar.

Tendo demorado tanto para descobrir a verdade sobre seu pai, Mi-ran e seus irmãos talvez tenham sido os últimos a saber. Os bisbilhoteiros da vizinhança tinham espalhado havia muito tempo o rumor de que ele era um soldado sul-coreano, e o *inminban*, o grupo do povo, tinha sido instruído a ficar de olho atento na família. Quase ao mesmo tempo em que Jun-sang descobriu o nome da garota que tinha avistado no cinema, ficou sabendo do mexerico. Jun-sang estava bem consciente de que uma ligação com uma garota do status de Mi-ran podia prejudicar suas perspectivas. Ele não era covarde, mas era um filho dedicado, uma criatura do sistema confuciano tanto quanto qualquer outro coreano. Acreditava que tinha sido colocado neste mundo para servir ao pai, e a ambição de seu pai era de que ele cursasse universidade em Pyongyang. Ele iria precisar não apenas de notas muito altas, mas de conduta impecável. A menor indiscrição poderia tirá-lo de seu caminho, porque os antecedentes de sua própria família também eram problemáticos.

Os pais de Jun-sang tinham nascido, ambos, no Japão. Faziam parte de uma população de origem coreana que chegava a cerca de 2 milhões no país, no final da Segunda Guerra Mundial. Eram um microcosmo da sociedade coreana: gente da elite que tinha ido lá para estudar, gente que tinha sido alistada à força para ajudar no esforço de guerra japonês, trabalhadores imigrantes. Alguns tinham ficado ricos, mas eram sempre uma minoria, frequentemente desprezada. Ansiavam por voltar para a pátria, mas qual pátria? Depois da divisão da Coreia, os coreanos que viviam no Japão cindiram-se em duas facções: os que apoiavam a Coreia do Sul e os que simpatizavam com a Coreia do Norte. Os pró-norte-coreanos se filiaram a um grupo chamado Chosen Soren, a Associação Geral de Coreanos Residentes no Japão.

Para esses nacionalistas, a Coreia do Norte parecia ser a verdadeira pátria porque tinha rompido com o passado colonial japonês, ao passo que o governo pró-Estados Unidos de Syngman Rhee tinha promovido muitos colaboracionistas pró-nipônicos. E até o final dos anos 1960 a economia norte-coreana parecia muito mais forte. A propaganda norte-coreana exibia imagens de crianças de bochechas rosadas brincando nos campos e equipamentos agrícolas novos em folha colhendo safras abundantes no milagroso país novo que florescia sob a sábia liderança de Kim Il-sung. Hoje é fácil desprezar como kitsch socialista os cartazes de cores reluzentes desse gênero, mas na época eles se mostravam convincentes para muita gente.

Mais de 80 mil pessoas foram atraídas pela propaganda, entre elas os avós de Jun-sang. Seu avô paterno era membro do Partido Comunista Japonês e chegara a passar um tempo na prisão por suas crenças esquerdistas. Velho e fragilizado demais para ser de alguma utilidade ao novo país, mandou em seu lugar seu filho mais velho. O pai de Jun-sang desembarcou no litoral daquele admirável mundo novo em 1962, depois de uma viagem de balsa de 21 horas através do mar do Japão. Havia uma grande demanda por suas habilidades de engenheiro, e ele foi designado para uma frente de trabalho numa fábrica perto de Chongjin. Alguns anos depois, conheceu uma moça elegante que tinha vindo do Japão com os pais mais ou menos na mesma época. O pai de Jun-sang era um homem de aspecto rústico, com ombros caídos e pele bexiguenta, mas era inteligente e instruído. Sua família dizia que ele parecia um pirata, porém falava como um poeta. Com gentileza e persistência, ele conseguiu cortejar aquela beldade delicada até que ela aceitasse seu pedido de casamento.

Os pais de Jun-sang tinham conseguido guardar dinheiro suficiente para desfrutar de uma qualidade de vida melhor do que a da maioria dos norte-coreanos. Tinham até arranjado uma casa separada dos conjuntos habitacionais — um luxo que lhes proporcionava um jardim em que plantavam hortaliças. Até os anos 1990, os norte-coreanos não tinham permissão de cultivar seus próprios pedaços de terra. Dentro da casa havia cinco grandes guarda-roupas repletos de roupas e colchas de boa qualidade feitas no Japão. (Os norte-coreanos dormem sobre esteiras, à maneira tradicional asiática, enrolando-as durante o dia e guardando-as em armários.) Os norte-coreanos tendiam a se posicionar na escala social de acordo com o número de guarda-roupas na casa, e cinco significava que a pessoa era próspera de verdade. Eles tinham mais utensílios que qualquer um de seus vizinhos: um ventilador elétrico, um televisor, uma máquina de costura, um toca-fitas de oito pistas, uma câmera e até uma geladeira — uma raridade num país onde quase ninguém tinha comida fresca suficiente para conservar.

O mais incomum, porém, era que Jun-sang tinha um animal de estimação — um cachorro de uma raça coreana chamada *poongsan*, branco e felpudo, parecido com um spitz. Embora alguns coreanos do interior mantivessem cães como animais de criação, engordando-os em grande parte para comê-los num condimentado ensopado de cachorro chamado *boshintang*, não era comum ter um cão como animal doméstico. Quem podia se dar ao luxo de alimentar uma boca extra?

Na verdade, os coreanos japoneses, conhecidos como *kitachosenjin* — palavra derivada da expressão japonesa para Coreia do Norte, Kita Chosen —, viviam num mundo à parte. Tinham sotaque característico e tendiam a se casar no interior de sua comunidade. Embora estivessem longe de ser ricos pelos padrões japoneses, eram endinheirados em comparação com os norte-coreanos comuns. Tinham chegado ao novo país com sapatos de couro e bons suéteres de lã, enquanto os norte-coreanos usavam calçados de lona e roupas surradas de poliéster. Os parentes dos *kitachosenjin* lhes mandavam regularmente ienes japoneses, que podiam ser usados para comprar utensílios em lojas especiais que trabalhavam com moeda forte. Alguns tinham até trazido automóveis, embora estes logo ficassem fora de uso, por falta de peças de reposição, e tivessem que ser doados ao governo norte-coreano. Anos depois de ter chegado, coreanos japoneses recebiam visitas regulares de seus parentes, que viajavam na balsa *Mangyongbong-92* com dinheiro e presentes. A balsa era operada pela organização pró-regime Chosen Soren, e suas visitas à Coreia do Norte eram incentivadas como um meio de trazer dinheiro para o país. O regime subtraía uma parte do dinheiro enviado por parentes. No entanto, com toda a sua riqueza, os coreanos japoneses ocupavam uma posição baixa na hierarquia norte-coreana. Não importava que fossem comunistas comprovados, que haviam aberto mão de vidas confortáveis no Japão. Mesmo assim, eram relegados à classe hostil. O regime não confiava em ninguém com dinheiro que não fosse membro do Partido dos Trabalhadores. Os *kitachosenjin* estavam entre os poucos norte-coreanos que podiam ter contato com o exterior, e isso por si só os tornava inconfiáveis; a força do regime vinha de sua habilidade de isolar completamente seus próprios cidadãos.

Os novos imigrantes do Japão logo viam seu idealismo minguar. Alguns dos primeiros imigrantes que chegaram à Coreia do Norte escreviam cartas aos que tinham ficado no Japão, alertando-os a não vir, mas essas cartas eram interceptadas e destruídas. Muitos dos coreanos japoneses, incluindo alguns proeminentes na Chosen Soren, terminaram expurgados no início dos anos 1970; seus líderes foram executados, suas famílias, enviadas ao gulag.

Jun-sang tinha entreouvido seus pais cochichando essas histórias. Quando eles chegavam para levar o sujeito embora, não havia aviso prévio. Um caminhão estacionava diante da casa tarde da noite. O sujeito tinha uma ou duas horas para juntar seus pertences. Jun-sang vivia com um medo tão internalizado que não era capaz de formulá-lo, mas estava sempre presente. Ele sabia por instinto tomar cuidado com o que dizia.

Também tinha o cuidado de não provocar inveja. Calçava grosas meias de lã japonesas enquanto a maioria das crianças não tinha meia alguma, mas mantinha os pés escondidos sob calças compridas, na esperança de que ninguém notasse. Mais tarde ele se descreveria como um animal sensível com grandes orelhas vibrantes, sempre alerta para a presença de predadores.

Com todos os seus agasalhos quentinhos, eletrodomésticos e cobertores, a família de Jun-sang não estava mais à vontade do que a de Mi-ran. A mãe dele, que era uma adolescente bonita e popular quando deixou o Japão, à medida que envelhecia passou a ficar nostálgica de sua juventude perdida. Depois do nascimento de seus quatro filhos, ela nunca recobrou a saúde. De noite, o pai de Jun-sang ficava sentado fumando e suspirando, taciturno. Não é que eles pensassem que alguém pudesse estar ouvindo — uma das vantagens de uma casa separada dos conjuntos era certo grau de privacidade —, mas mesmo assim não ousavam dar voz ao que realmente sentiam. Não podiam sair dizendo que queriam deixar aquele paraíso socialista e voltar para o Japão capitalista.

Assim, o não dito pairava sobre a família: a cada dia que passava aprofundava-se mais o entendimento de que a transferência para a Coreia do Norte tinha sido um erro terrível. Voltar ao Japão era impossível, eles sabiam, então o que tinham a fazer era enfrentar a situação da melhor maneira possível. O único meio de salvar a família era fazer o jogo do sistema e tentar subir na escala social. As esperanças da família repousavam em Jun-sang. Se pelo menos ele conseguisse entrar na universidade em Pyongyang, talvez fosse por fim admitido no Partido dos Trabalhadores e com isso a família poderia ser perdoada por seu passado burguês no Japão. A pressão constante deixava Jun-sang nervoso e indeciso. Ele fantasiava sobre a garota que tinha visto no cinema e se perguntava se devia ou não abordá-la, mas acabava não fazendo nada.

3. A fanática

O USS Missouri *disparando contra Chongjin, outubro de 1950.*

Chongjin é uma cidade de má reputação, um lugar indesejável para viver mesmo pelos padrões norte-coreanos. A cidade de 500 mil habitantes fica entalada entre um espinhaço granítico de montanhas que serpenteia pela costa e o mar do Japão, que os coreanos chamam de mar do Leste. O contorno da costa tem a beleza áspera do Maine, e suas águas resplandecentes são profundas e frias, mas a pesca é perigosa sem um barco robusto. As montanhas açoitadas pelo vento suportam poucas plantações, e as temperaturas no inverno podem despencar a −40ºC. Apenas a terra pouco acima do nível do mar em torno da costa pode produzir arroz, o alimento básico em torno do qual gira a cultura coreana. Historicamente, os coreanos medem seu sucesso na vida por sua proximidade com o poder — participando de uma longa tradição asiática de se empenhar para escapar da roça e se aproximar do palácio imperial. Chongjin fica praticamente fora do mapa da Coreia, tão ao norte que é mais próxima da cidade russa de Vladivostok do que de Pyongyang. Mesmo hoje, a viagem de automóvel entre Chongjin e Pyongyang, uma distância de apenas quatrocentos quilômetros, pode demorar três dias pelas estradas sem pavimentação das montanhas, cheias de perigosas curvas fechadas.

Durante a dinastia Chosun, quando a capital coreana era ainda mais distante — no local onde hoje é Seul —, funcionários que incorriam na ira do imperador eram exilados naquela franja remota do reino. Talvez como resultado de todos esses rebeldes na herança genética da região, o que é hoje a província de Hamgyong do Norte é conhecida por gerar os coreanos mais duros e difíceis de subjugar que existem.

Até o século xx, aquela província do extremo norte da Coreia, que se estende até o rio Tumen e faz fronteira com a China e a Rússia, era esparsamente povoada e de pouca relevância econômica. A população humana da província era certamente ultrapassada, em séculos passados, pelo número de tigres, as feras que ainda aterrorizam as crianças pequenas nas lendas populares coreanas. Hoje, porém, os animais em si já desapareceram faz tempo. Tudo isso mudou quando os japoneses decidiram construir um império. A província de Hamgyong do Norte ficava bem no caminho do eventual avanço nipônico em direção à Manchúria, que o Japão ocuparia nos anos que antecederam a Segunda Guerra Mundial. Os japoneses também cobiçavam os depósitos basicamente inexplorados de carvão e minério de ferro em torno de Musan e precisavam embarcar para casa o butim extraído da península ocupada. Chongjin, que não passava de uma aldeia de pescadores (o nome vem dos caracteres chineses para "travessia do rio claro"), foi transformada num porto capaz de movimentar 3 milhões de toneladas de carga por ano. Durante a ocupação (1910-45), os japoneses construíram enormes usinas siderúrgicas no porto de Chongjin, e mais ao sul desenvolveram Nanam, uma cidade planejada com uma rede retangular de ruas e grandes edifícios modernos. A 19ª divisão de infantaria do Exército Imperial Japonês, que participou da invasão da China oriental, estava aquartelada ali. Mais abaixo na costa, eles elevaram praticamente a partir do zero a cidade de Hamhung como o quartel-general de grandes indústrias químicas que produziam de tudo, de pólvora a fertilizantes.

Depois que chegaram ao poder, nos anos 1950, os comunistas reconstruíram as fábricas que tinham sido bombardeadas nas sucessivas guerras e as tomaram para si. A Aço Japão, de Chongjin, tornou-se Ferro e Aço Kim-chaek, a maior fábrica da Coreia do Norte. Kim Il-sung indicava o poderio industrial do nordeste do país como um reluzente exemplo de suas realizações econômicas. Hoje em dia os moradores de Chongjin sabem pouco da história da cidade — parece até um lugar sem passado algum — porque o regime norte-coreano não dá crédito aos japoneses por coisa nenhuma. No interior da República Democrática Popular da Coreia o prestígio e a população de Chongjin continuaram a crescer, transformando-a, nos anos 1970, na segunda maior cidade do país, com uma população de 900 mil habitantes. (Acredita-se que a população despencou desde então para cerca de 500 mil, rebaixando Chongjin à terceira maior cidade, atrás de Hamhung.)

Chongjin, a "cidade de ferro", como às vezes era chamada, era uma cidade de crescente importância econômica e estratégica, com suas usinas de ferro e aço. Suas fábricas faziam relógios, televisores, fibras sintéticas, produtos farmacêuticos, peças de máquinas, tratores, arados, chapas de aço e munições. Siris, lulas e outros frutos do mar eram pescados para exportação. O porto foi ocupado pela construção naval. Para cima e para baixo, ao longo da costa, os norte-coreanos tomaram as instalações militares japonesas e construíram bases para o lançamento de mísseis apontados para o Japão. E no entanto os vilarejos dos arredores continuaram sendo lugares onde se despejavam os desterrados. Membros das classes hostis e oscilantes, como o pai de Mi-ran, eram instalados nas cidades mineradoras. Uma cidade daquela importância, porém, não podia ser deixada com gente não confiável. O regime precisava de quadros leais das classes centrais para garantir que Chongjin seguisse a linha do partido. Chongjin tinha sua própria elite dirigente. Esta morava muito perto — embora não lado a lado — dos desterrados. A interação entre essas duas populações que ocupavam os extremos opostos da sociedade norte-coreana dava a Chongjin uma dinâmica única.

Song Hee-suk era uma das que acreditavam piamente. Operária de fábrica e mãe de quatro filhos, era uma cidadã-modelo da Coreia do Norte. Despejava os slogans de Kim Il-sung sem nenhuma sombra de dúvida. Era obsessiva quanto às regras. A sra. Song (como ela passou a se chamar na vida adulta; as norte-coreanas não adotam os sobrenomes dos maridos) era tão entusiástica em sua adesão ao regime que era fácil imaginá-la como heroína de um filme de propaganda. Na juventude, ela tinha também a aparência de uma — era a quintessência da mulher norte-coreana. Era o tipo preferido pelos diretores de casting dos estúdios de Kim Jong-il: tinha um rosto rechonchudo como um pudim, o que a fazia parecer bem alimentada mesmo quando estava faminta, e uma boca arqueada para cima que a fazia parecer feliz mesmo quando estava triste. Seu nariz de botão e olhos brilhantes e compenetrados davam-lhe uma aparência confiante e sincera — o que de fato ela era.

Bem depois do ponto em que deveria ter ficado óbvio que o sistema a tinha traído, ela seguia resoluta em sua fé. "Eu vivia apenas para o marechal Kim Il-sung e pela pátria. Nunca pensei diferente", ela me contou na primeira vez que nos encontramos.

A sra. Song nasceu no último dia da Segunda Guerra Mundial, 15 de agosto de 1945. Cresceu em Chongjin perto da estação ferroviária, onde seu pai trabalhava como mecânico. Quando eclodiu a Guerra da Coreia, a estação se tornou um alvo privilegiado de bombardeios, enquanto as forças da ONU, comandadas pelos norte-americanos, tentavam cortar as linhas de abastecimento e de comunicação dos comunistas ao longo da costa. O *USS Missouri* e outros encouraçados percorriam as águas do mar do Japão, disparando contra Chongjin e outras cidades litorâneas. Aviões militares dos Estados Unidos troavam sobre as cabeças, aterrorizando as crianças. Às vezes voavam tão baixo que a sra. Song podia ver os pilotos. Durante o dia, a mãe da sra. Song arrastava seus seis filhos pequenos para as montanhas para afastá-los do perigo. À noite, eles voltavam para dormir num abrigo que os vizinhos tinham cavado do lado de fora da sua casa. A sra. Song costumava tremer embaixo do fino cobertor, aconchegando-se à mãe e aos irmãos em busca de proteção. Um dia sua mãe deixou as crianças sozinhas para descobrir como o pai delas estava se virando. Na noite anterior tinha havido um bombardeio pesado e uma das fábricas que produziam partes da ferrovia tinha sido arrasada. Ela voltou chorando, caiu de joelhos e baixou a cabeça até o chão. "O pai de vocês foi morto", disse, aos prantos, juntando as crianças ao seu redor.

A morte do pai deu à sra. Song um pedigree de filha de um "mártir da Guerra de Libertação da Pátria". A família conseguiu até um certificado. Também imprimiu na psique da garota o indelével antiamericanismo que era tão essencial à ideologia do país. Tendo passado seus anos de formação no caos da guerra, estava pronta a abraçar o meticuloso ordenamento de sua vida pelo Partido dos Trabalhadores. E ela com certeza era pobre o bastante para se apresentar como membro da classe oprimida que Kim Il-sung afirmava representar. Era perfeitamente adequado que uma moça com credenciais comunistas tão impecáveis tivesse um ótimo casamento. Ela foi apresentada a seu futuro marido por um dirigente do Partido dos Trabalhadores. Seu pretendente, Chang-bo, também era membro do partido — ela nem sonharia em se casar com um homem que não o fosse. O pai dele tinha um bom histórico de guerra como membro da inteligência norte-coreana; o irmão mais novo já havia ingressado no Ministério da Segurança Pública norte-coreano. Chang-bo se formara na Universidade Kim Il-sung e estava voltado para uma carreira no jornalismo, uma profissão altamente prestigiosa na Coreia do Norte, uma vez que os jornalistas eram considerados porta-vozes do regime. "Aqueles que escrevem em consonância com a intenção do partido são heróis", proclamava Kim Jong-il.

Chang-bo era um homem robusto, excepcionalmente alto para um norte-coreano da sua geração. A sra. Song mal chegava a 1,5 metro e podia se aninhar sob os braços dele como um passarinho. Era um bom par. Aquele casal bonito, politicamente correto, teria facilmente se credenciado para morar em Pyongyang. Pelo fato de Pyongyang ser a única cidade norte-coreana frequentada por estrangeiros, o regime faz um grande esforço para assegurar que seus habitantes causem uma boa impressão com sua aparência e sejam ideologicamente confiáveis. Em vez disso, foi decidido que o casal era necessário para engrossar as fileiras dos saudáveis e destemidos em Chongjin, e assim eles foram instalados com certos privilégios no melhor bairro da cidade.

Com todo o suposto igualitarismo da Coreia do Norte, os imóveis são distribuídos de acordo com os mesmos princípios hierárquicos dos registros de antecedentes de classe. Os bairros menos desejáveis ficam no sul, perto das minas de carvão e caulim, onde os trabalhadores desqualificados moravam em atarracadas casas-"gaita" de paredes caiadas. Mais ao norte, tudo se torna mais imponente. À medida que a estrada atravessa Nanam, as construções ficam mais altas, algumas delas chegando a dezoito andares, o máximo de modernidade na época em que foram construídas. Os construtores chegaram a fazer poços de elevadores, embora nunca tenham se dado ao trabalho de instalar os cabos que os fizessem funcionar. Os projetos arquitetônicos de muitos dos prédios de apartamentos do pós-guerra vieram da Alemanha Oriental, com adaptações à cultura coreana. Entre os andares, um espaço extra era reservado para o sistema de aquecimento colocado sob o piso, e os edifícios de apartamentos eram equipados com alto-falantes nas moradias individuais para transmitir notícias da comunidade.

Chongjin está longe da modernidade de Pyongyang, mas tem sua própria aura de poder. Hoje capital da província de Hamgyong do Norte, dispõe de grandes repartições administrativas do governo provincial e do Partido dos Trabalhadores. O centro burocrático é disposto num traçado ordenado. Há uma universidade, uma faculdade de metalurgia, uma faculdade de mineração, uma faculdade de agricultura, uma faculdade de artes, uma faculdade de línguas estrangeiras, uma escola de medicina, três faculdades de magistério, uma dúzia de teatros e um museu de história revolucionária dedicado à vida de Kim Il-sung. Do outro lado do porto oriental fica o Chonmasan Hotel para visitantes estrangeiros e perto dali é o consulado russo. As ruas e praças do centro da cidade foram projetados no estilo descomunal e ostentatório apreciado em Moscou e outras cidades comunistas para proclamar o poder do regime sobre o indivíduo.

A principal via pública, conhecida simplesmente como Estrada Nº 1, atravessa a cidade de um lado a outro e é tão larga que poderia facilmente acomodar seis pistas de tráfego, se houvesse tantos carros para isso em Chongjin. Em ambos os lados, situados a intervalos regulares como sentinelas, há grandes plátanos e acácias com troncos pintados de branco em sua parte mais baixa. Segundo uns, a tinta branca serve para manter afastados os insetos e proteger a árvore contra temperaturas drásticas; segundo outros, para asseverar que a árvore é propriedade do governo e não pode ser derrubada para ser usada como lenha. O meio-fio também é pintado de branco. Entremeados às árvores, há postes com os familiares cartazes vermelhos com slogans de propagandas e, atrás deles, a iluminação pública, raramente acesa. As calçadas são tão largas quanto as dos Champs-Élysées — supostamente se trata de um grande bulevar, afinal de contas —, embora muitos pedestres optem por andar pelo meio da rua, já que há pouco tráfego. Não há semáforos, e sim guardas de trânsito uniformizados que executam gestos robóticos de ginástica com os braços para controlar os poucos carros. A estrada principal chega a um final em T diante do Teatro da Província de Hamgyong do Norte, um grande edifício coroado por um retrato de Kim Il-sung de quase quatro metros de altura. Atrás do teatro, a cidade termina de modo abrupto, limitada a nordeste pelo monte Naka. Hoje em dia, a encosta da montanha está salpicada de sepulturas e a maior parte das árvores foi cortada para servir de lenha, mas o cenário ainda é lindo. Na verdade, o centro de Chongjin, mesmo hoje, causa uma primeira impressão boa, porém um exame mais detido revela que pedaços de concreto caíram dos prédios, os postes de iluminação pública se inclinam em diferentes direções e os bondes estão muito amassados, mas os poucos visitantes de Chongjin circulam tão depressa que deixam passar facilmente esses sinais. O apartamento da sra. Song ficava no segundo piso de um edifício de oito andares sem elevador. Na primeira vez que o viu, a sra. Song ficou espantada ao saber que o prédio tinha encanamentos internos — gente comum como ela nunca tinha visto algo tão moderno nos anos 1960. O aquecimento irradiava do subsolo, como numa casa tradicional coreana, mas vinha de água aquecida por uma central hidroelétrica e bombeada para canos que percorriam o prédio. O jovem casal não tinha muita mobília, mas dispunha de dois quartos separados, um para eles próprios e o outro para o crescente número de filhos. Sua primeira filha, Oak-hee, nasceu em 1966, seguida dois anos depois por outra filha e depois mais outra. A medicina norte-coreana já era na época desenvolvida o bastante para que a maioria das mulheres urbanas desse à luz no hospital, mas a sra. Song, apesar de sua aparência branda, era feita de matéria firme. Ela deu à luz todos os seus filhos sozinha, sem sequer a ajuda de uma parteira. Um deles nasceu na beira da estrada — a sra. Song vinha andando para casa com um cesto de roupa lavada. Depois do primeiro parto, sua sogra cozinhou para ela uma sopa de algas marinhas, uma tradicional receita coreana para ajudar a mãe recente a recuperar as forças. No segundo parto a sogra — desapontada com o nascimento de outra menina — jogou as algas para a sra. Song, para que ela própria preparasse a sopa. Depois da terceira menina, parou de falar com ela.

"Você está condenada a ter só meninas", disparou, como frase de despedida.

A sra. Song perseverou. A quarta criança chegou uma tarde quando ela estava sozinha no apartamento. Tinha deixado o trabalho cedo porque a barriga estava doendo, mas ela odiava ficar ociosa e então começou a espanar as flores. Uma dor aguda atravessou seu corpo e ela correu para o banheiro. Um menino, finalmente. A sra. Song se redimiu aos olhos da família. Dessa vez sua sogra cozinhou a sopa de algas.

Chang-bo estava em viagem de trabalho e recebeu uma mensagem no dia seguinte. Tomou o primeiro trem para casa, parando no caminho para comprar uma bicicleta de criança — um presente para o bebê recém-nascido.

Apesar de ter quatro filhos e de cuidar da casa, a sra. Song trabalhava em tempo integral seis dias por semana na Fábrica de Roupas Chosun, em Pohang, como funcionária da contabilidade da creche da fábrica. Esperava-se que as mulheres mantivessem as fábricas funcionando, uma vez que a Coreia do Norte estava perpetuamente carente de homens — estima-se que 20% dos homens em idade produtiva estavam nas Forças Armadas, a mais alta taxa de militares per capita do mundo. A sra. Song geralmente ia trabalhar com um bebê atado às costas e um ou dois arrastados pela mão. Seus filhos cresceram basicamente na creche. Seu turno de trabalho era de oito horas, com um intervalo para o almoço e uma soneca no meio do expediente. Depois do trabalho, ela tinha que passar mais várias horas em treinamento ideológico no auditório da fábrica. Um dia a palestra podia ser sobre a luta contra o imperialismo norte-americano; em outra ocasião, sobre os feitos (reais ou exagerados) de Kim Il-sung enfrentando os japoneses durante a Segunda Guerra. Ela tinha de escrever ensaios sobre os últimos pronunciamentos do Partido dos Trabalhadores ou analisar os editoriais do dia do jornal *Hambuk Ilbo*. Chegava em casa por volta das 22h30. Fazia as tarefas domésticas e cozinhava, e no dia seguinte levantava antes da alvorada para preparar a família para a nova jornada, antes de sair de casa, às sete horas. Raramente dormia mais do que cinco horas. Alguns dias eram mais duros que os outros. Nas manhãs de quarta-feira, ela precisava apresentar-se mais cedo no trabalho para as reuniões obrigatórias da Federação das Mulheres Socialistas. Às sextas-feiras, ficava especialmente até mais tarde para sessões de autocrítica. Nessas sessões, membros do seu setor de trabalho — o departamento ao qual ela estava vinculada — levantavam-se e revelavam ao grupo qualquer coisa que tivessem feito de errado. Era a versão comunista do confessionário católico. A sra. Song geralmente dizia, com toda sinceridade, que temia não estar trabalhando duro o bastante.

A sra. Song acreditava no que dizia. Todos aqueles anos de privação de sono, todas aquelas palestras e autocríticas — exatamente os mesmos instrumentos usados em lavagem cerebral ou interrogatórios — tinham liquidado qualquer possibilidade de resistência. Ela havia sido moldada como um dos seres humanos aprimorados de Kim Il-sung. A meta de Kim Il-sung não era meramente construir um novo país; ele queria erigir gente melhor, remodelar a natureza humana. Com essa finalidade, criou seu próprio sistema filosófico, *juche*, normalmente traduzido como "autoconfiança". O *juche* servia-se das ideias de Marx e Lênin sobre a luta entre senhores rurais e servos, entre ricos e pobres. Do mesmo modo, declarava que o homem, e não Deus, dava forma a seu próprio destino. Mas Kim Il-sung rejeitava os ensinamentos tradicionais do comunismo sobre universalismo e internacionalismo. Era um extremado nacionalista coreano. Ensinava aos coreanos que eles eram especiais — quase um povo escolhido — e que não precisavam mais depender de seus vizinhos poderosos, China, Japão ou Rússia. Os sul-coreanos eram uma desgraça por causa de sua dependência dos Estados Unidos. "Estabelecer o *juche* significa, em resumo, ser o senhor da revolução e da reconstrução no próprio país da gente. Isso significa sustentar com firmeza uma posição independente, rejeitar a dependência de outros, usar o próprio cérebro, acreditar na própria força, mostrar o espírito revolucionário de autoconfiança", expôs Kim Il-sung em um de seus muitos tratados. Isso soava sedutor para um povo orgulhoso cuja dignidade tinha sido pisoteada durante séculos por seus vizinhos.

Uma vez no poder, Kim Il-sung retrabalhou as ideias desenvolvidas em seu tempo de guerrilheiro antinipônico para convertê-las em instrumentos de controle social. Ensinou aos norte-coreanos que seu poder como seres humanos vinha da submissão de sua vontade individual à do coletivo. O coletivo não podia sair fazendo a esmo tudo o que as pessoas escolhiam por meio de algum processo democrático. O povo tinha que seguir sem questionamento um líder absoluto, supremo. Esse líder, evidentemente, era o próprio Kim Il-sung.

E ainda não era o bastante; Kim Il-sung também queria amor. Murais em vívidas cores mostravam-no cercado de crianças de rostos rosados que o olhavam com adoração enquanto ele lhes concedia um largo sorriso de dentes perolados. Brinquedos e bicicletas povoam o fundo dessas imagens — Kim Il-sung não queria ser Ióssif Stálin; ele queria ser Papai Noel. Suas bochechas com covinhas faziam-no parecer mais acolhedor que outros ditadores. Era para ser visto como um pai, no sentido confuciano de inspirar respeito e amor. Ele queria tornar-se querido das famílias norte-coreanas como se fosse de seu sangue e sua carne. Esse tipo de confucionismo apresentava mais semelhança com a cultura do Japão imperial, em que o imperador era o sol ao qual todos os súditos se curvavam, do que com qualquer coisa prevista por Karl Marx.

Em certa medida, todas as ditaduras são parecidas. Da União Soviética de Stálin à China de Mao, da Romênia de Ceauşescu ao Iraque de Saddam Hussein, todos esses regimes tinham os mesmos ornamentos, a mesma pompa: as estátuas erguidas em todas as praças, os retratos nas paredes de todas as repartições, os relógios de pulso com o rosto do ditador no mostrador. Mas Kim Il-sung levou o culto à personalidade a um novo patamar. O que o distinguia, na galeria dos ditadores do século xx, era sua habilidade para usar em seu proveito o poder da fé. Kim Il-sung compreendia a força da religião. Seu tio materno tinha sido um pastor protestante nos anos pré-comunistas, quando Pyongyang tinha uma comunidade cristã tão vibrante que era chamada de "Jerusalém do Oriente". Ao chegar ao poder, Kim Il-sung fechou as igrejas, baniu a Bíblia, deportou fiéis para regiões remotas do interior e se apropriou da iconografia e dos dogmas do cristianismo com propósitos de autopromoção.

Locutores falavam de Kim Il-sung ou de Kim Jong-il sem tomar fôlego, à maneira dos pregadores pentecostais. Jornais norte-coreanos traziam relatos de fenômenos sobrenaturais. Dizia-se que o mar revolto tinha se acalmado quando marinheiros agarrados a um barco que naufragava cantaram hinos em louvor a Kim Il-sung. Quando Kim Jong-Il foi à zona desmilitarizada, uma misteriosa neblina caiu para protegê-lo de franco-atiradores sul-coreanos à espreita. Ele fazia as árvores florescerem e a neve derreter. Se Kim Il-sung era Deus, então Kim Jong-il era o filho de Deus. Como o de Jesus Cristo, o nascimento de Kim Jong-il teria sido anunciado por uma estrela radiante no céu e pela aparição de um lindo arco-íris duplo. Uma andorinha desceu dos céus para cantar o nascimento de um "general que governará o mundo".

A Coreia do Norte inspira a paródia. Rimos dos excessos da propaganda e da credulidade do povo. Mas é preciso levar em conta que sua doutrinação começou na infância, durante as catorze horas por dia passadas nas creches das fábricas; que, pelos quinze anos subsequentes, cada canção, cada filme, cada jornal, cada artigo e cartaz eram concebidos para deificar Kim Il-sung; que o país era hermeticamente fechado para deixar de fora qualquer coisa que pudesse lançar alguma dúvida quanto à divindade de Kim Il-sung. Quem teria condições de resistir?

Em 1972, por ocasião do seu sexagésimo aniversário, um marco tradicional na cultura coreana, o Partido dos Trabalhadores começou a distribuir broches de Kim Il-sung. Não demorou para que a população fosse ordenada a usá-los do lado esquerdo do peito, sobre o coração. Na casa da sra. Song, como em todas as outras, um retrato emoldurado de Kim Il-sung ocupava uma parede desprovida de qualquer outro quadro. Ninguém podia pendurar mais nada naquela parede, nem mesmo retratos de familiares. Kim Il-sung era toda a família de que cada um precisava — pelo menos até 1980, quando retratos de Kim Jong-il, nomeado secretário do Partido dos Trabalhadores, passaram a ser pendurados ao lado dos de seu pai. Mais tarde veio um terceiro retrato, de pai e filho juntos. Os jornais norte-coreanos gostavam de publicar "matérias de interesse humano" sobre cidadãos heroicos que perderam a vida salvando os retratos de incêndios ou inundações. O Partido dos Trabalhadores distribuía os retratos de graça, junto com um pano branco a ser guardado numa caixa embaixo deles. Ele só podia ser usado para limpar os retratos. Isso era especialmente importante na estação das chuvas, quando manchas de mofo apareciam sob os cantos da moldura de vidro. Cerca de uma vez por mês, inspetores da Polícia de Normas Públicas apareciam para inspecionar a limpeza dos retratos.

A sra. Song não precisava da ameaça de uma inspeção para limpar seus retratos. Mesmo no atropelo das manhãs, enrolando as esteiras de dormir, preparando lanches, apressando as crianças, ela dava uma rápida esfregada de pano nos retratos. Outras mulheres usavam a contragosto seus broches de Kim Il-sung porque eles frequentemente deixavam furos e manchas de ferrugem nas roupas, mas a sra. Song não. Um dia, depois de ter trocado depressa de roupa, ela saiu sem seu broche e foi parada por um adolescente com uma tarja no braço que o identificava como membro da Brigada de Manutenção da Ordem Social. Eram vigilantes da Liga da Juventude Socialista que faziam verificações pontuais para ver se as pessoas estavam portando seus distintivos. Infratores sem antecedentes em geral eram obrigados a presenciar palestras ideológicas suplementares e ganhavam uma marca negra em sua ficha. Mas a sra. Song ficou tão genuinamente horrorizada ao perceber que tinha deixado o distintivo em casa que o rapaz a liberou só com uma advertência.

A sra. Song tentava viver de acordo com os ensinamentos de Kim Il-sung, que ela memorizara durante todas aquelas noites no salão de estudos da fábrica. Até mesmo suas conversas cotidianas eram pontuadas com os aforismos dele. "A lealdade e a devoção filial são as qualidades supremas de um revolucionário" era uma citação sempre à mão para domar um filho rebelde. As crianças não deviam esquecer jamais que deviam tudo ao líder nacional. Como todas as outras crianças norte-coreanas, elas não comemoravam seus próprios aniversários, mas sim o de Kim Il-sung, em 15 de abril, e o de Kim Jong-il, em 16 de fevereiro. Esses dias eram feriados nacionais e muitas vezes eram os únicos em que as pessoas tinham direito à carne em suas cestas de racionamento. Mais tarde, depois que começou a crise de energia, eram os únicos dias em que havia eletricidade. Poucos dias antes de cada um desses aniversários, o Partido dos Trabalhadores distribuía a cada criança um quilo de guloseimas. Era um presente de fato impressionante para a garotada: todos os tipos de biscoitos, geleias, chocolates e gomas de mascar. Essas delícias não deviam ser comidas antes do dia do aniversário, mas algumas mães ignoravam esse preceito, embora a sra. Song seguisse rigorosamente as regras. Quando chegava a hora, as crianças faziam fila diante dos retratos para expressar sua gratidão. Em sincronia, elas se curvavam, numa reverência profunda, com sentimento.

"Obrigado, querido pai Kim Il-sung", repetiam as crianças, sob o olhar satisfeito da mãe.

Anos depois, a sra. Song contemplava retrospectivamente aqueles dias com nostalgia. Ela se considerava afortunada. Chang-bo se mostrou um bom marido. Não dormia com outras mulheres, não batia na sra. Song nem nos filhos. Gostava de beber, mas era um beberrão alegre, contando piadas e balançando a crescente pança de tanto rir. Eram uma família feliz, cheia de amor. A sra. Song amava as três filhas, o filho, o marido e, às vezes, até mesmo a sogra. E amava Kim Il-sung.

A sra. Song extraía daqueles anos algumas lembranças especialmente queridas. Eram os domingos muito raros em que nem ela nem Chang-bo compareciam ao trabalho, as crianças não estavam na escola e todos podiam passar o tempo juntos, como uma família. Duas vezes, ao longo daqueles anos, eles conseguiram ir à praia, que ficava a apenas alguns quilômetros de seu apartamento. Ninguém na família sabia nadar, mas eles caminhavam pela areia, apanhando mariscos, que levavam para casa e coziam para o jantar. Uma vez, quando seu filho tinha onze anos, ela o levou ao zoológico de Chongjin. Era um lugar que ela visitara numa excursão escolar. Ela se lembrava de ter visto tigres, elefantes, ursos e um lobo, quando fora ali ainda menina, mas agora tinham sobrado apenas umas poucas aves. A sra. Song não voltou mais.

As complicações começaram quando os filhos da sra. Song chegaram à adolescência. A mais difícil dos quatro era a filha mais velha. Oak-hee era a imagem escarrada da sra. Song — de compleição compacta e roliça, vivaz e bonita. Mas em Oak-hee os mesmos lábios carnudos se fixavam num bico de enfado e petulância. Sua personalidade era espinhosa. Em vez da natureza bondosa da mãe, ela tinha um agudo sentido de afronta e parecia permanentemente contrariada. Como filha mais velha de uma mãe trabalhadora ausente de casa do amanhecer até tarde da noite, Oak-hee assumira boa parte das tarefas domésticas, e não era com alegria que as realizava. Oak-hee não era uma mártir como a mãe. Não tolerava as pequenas bobagens que tornavam a vida tão enfadonha. Não é que ela fosse preguiçosa, mas sim rebelde. Recusava-se a fazer qualquer coisa que julgasse sem sentido.

Ela se queixava do "trabalho voluntário" que os adolescentes tinham de executar como dever patriótico. A partir dos doze anos de idade, a garotada era mobilizada em batalhões e enviada ao campo para capinar, plantar e transportar arroz. Ela temia a primavera, quando era obrigada a carregar baldes de esterco e espargir pesticidas que faziam seus olhos arder. Enquanto os outros garotos e garotas marchavam cantando alegremente "Vamos defender o socialismo", Oak-hee mantinha um silêncio carrancudo.

O pior de tudo era quando se tratava de recolher os "dejetos noturnos" dos banheiros no prédio de apartamentos. A Coreia do Norte tinha uma escassez crônica de fertilizantes químicos e precisava usar excrementos humanos, já que havia poucos animais de criação. Cada família tinha que fornecer um balde cheio por semana, a ser entregue num depósito a quilômetros de distância. Em troca, recebia um vale atestando que ela cumprira seu dever, e mais tarde esse documento era trocado por comida. Essa tarefa malcheirosa cabia geralmente aos filhos mais velhos, portanto Oak-hee ocupou sua considerável imaginação na tentativa de achar um jeito de se livrar. Na verdade, tapear se mostrou uma coisa fácil. O depósito onde os baldes cheios eram entregues não era vigiado (afinal, quem iria querer roubar um balde de merda?). Oak-hee imaginou que podia entrar sorrateiramente, apanhar um balde cheio e então apresentá-lo como se fosse seu e receber o seu vale.

Ao chegar em casa, Oak-hee se gabou de seu ardil. A sra. Song ficou furiosa com o engodo. Ela sempre soube que Oak-hee era a mais esperta de seus quatro filhos — aprendeu a ler com três anos e impressionava seus parentes ao decorar longas passagens dos escritos de Kim Il-sung. Mas o incidente com os dejetos noturnos confirmou os temores da mãe de que Oak-hee era uma individualista que carecia de espírito coletivo. Como iria sobreviver numa sociedade em que todo mundo deveria marchar no mesmo passo?

Depois que Oak-hee terminou o ensino médio, o marido da sra. Song usou seus contatos para arranjar-lhe um emprego no departamento de propaganda de uma companhia de construção.

Oak-hee tinha que escrever relatórios sobre equipes de trabalho que estavam excedendo suas metas e sobre o notável progresso que a empresa estava empreendendo na construção de estradas. A companhia tinha seu próprio carro de som, na verdade uma perua militar caindo aos pedaços, com slogans colados na lataria ("Vamos moldar nossa sociedade com a ideia de *juche*"). Quando o caminhão passava pelos canteiros de obras, Oak-hee tomava o microfone e lia os relatórios, transmitindo os feitos da companhia por meio de alto-falantes estridentes. Era um emprego divertido que não requeria nenhum levantamento de peso e que, como qualquer cargo no departamento de propaganda, trazia consigo certo prestígio.

A sra. Song e seu marido buscaram garantir o futuro de Oak-hee encontrando para ela um marido conveniente no Partido dos Trabalhadores. A sra. Song esperava encontrar alguém exatamente como seu próprio marido, de modo que instruiu Chang-bo a procurar em volta uma jovem versão de si mesmo. Ao tomar um trem para Musan numa viagem de trabalho, ele se sentou perto de um rapaz simpático. Choi Yong-su vinha de uma boa família de Rajin, uma cidade logo ao norte de Chongjin. Era um funcionário civil do Exército do Povo Coreano, um músico que tocava trompete. Qualquer pessoa com uma posição militar acima de soldado raso tinha alguma influência na Coreia do Norte e a garantia de ingressar no partido. Chang-bo achou que o rapaz parecia promissor e convidou-o a visitar sua casa.

Oak-hee e Yong-su se casaram em 1988 no estilo norte-coreano tradicional — diante da estátua de Kim Il-sung, que simbolicamente presidia todos os casamentos, na ausência do clero. Eles vestiram suas melhores roupas — ela, uma jaqueta bege e calça preta; Yong-su, um terno escuro — e se empertigaram lado a lado para posar para uma foto em frente à enorme estátua de bronze. Depositaram um buquê de flores e consideraram que sua união fora abençoada em espírito pelo Grande Líder. Voltaram para o apartamento da família para se refestelar num banquete preparado pela sra. Song. A tradição era haver duas recepções, uma na casa da noiva e outra na do noivo, as duas meio que competindo em termos de exibição. Eram ocasiões caras, uma vez que vizinhos e colegas de trabalho eram convidados e a família da noiva tinha que pôr à mostra um armário cheio de toalhas de mesa e utensílios de cozinha, além de um espelho, uma mesa improvisada e, se a família tivesse recursos, talvez uma máquina de costura ou aparelhos domésticos. A sra. Song estava se sentindo insegura; sabia que a família de Yong-su era de uma classe mais elevada, por isso se empenhou para causar uma boa impressão. Montou mesas repletas de comida — bolinhos de arroz, pescada-polacha, polvo cozido, tofu frito, caranguejo chinês e três variedades de lula seca. Foi a mais farta refeição que a família jamais comera reunida e talvez tenha sido o ponto alto do casamento.

Yong-su acabou mostrando ter uma queda por *neungju*, uma bebida artesanal barata à base de milho. Depois de entornar uns poucos cálices, seu despreocupado encanto de músico desaparecia e uma onda malévola se apossava dele. A gabolice que Oak-hee de início achou sedutora agora soava ameaçadora. O jovem casal tinha se mudado para seu próprio apartamento perto da estação ferroviária, mas Oak-hee corria com frequência de volta para casa. Um dia ela aparecia com o olho roxo, no dia seguinte com um lábio partido. Aos seis meses de casamento, Yong-su teve uma briga com um colega de trabalho e foi expulso da banda marcial. Foi mandado para trabalhar nas minas de ferro em Musan. Agora não tinha mais chance de ingressar no Partido dos Trabalhadores. Era necessário requerer a filiação quando se estava na faixa dos vinte anos e submeter-se à avaliação do secretário local do partido. Sem a filiação, a carreira de

Yong-su estava limitada. Oak-hee, que atravessava então uma gravidez difícil, teve que abandonar o emprego. Sua situação ficou mais precária do que nunca.

Não muito depois disso, o filho da sra. Song também começou a lhe causar aflição. Diferentemente de Oak-hee, ele sempre fora o filho-modelo. Nam-oak era um garoto robusto que se parecia com o pai, musculoso e com uma estatura impressionante de 1,75 metro. Raramente elevava a voz ou discutia. Tudo aquilo que seus pais ou suas irmãs mais velhas mandavam, ele fazia sem reclamar. Oak-hee se espantava com o fato de que os mesmos pais pudessem ter produzido um filho tão diferente dela própria. "Ele é tão quieto que a gente nem percebe que está ali", ela dizia a respeito de seu irmão caçula. Nam-oak era um aluno apenas mediano, mas brilhava nos esportes. Era mais feliz jogando sozinho, chutando uma bola vezes sem fim contra a parede de concreto do prédio de apartamentos. Aos onze anos, um treinador mediu o comprimento de seus antebraços e de suas pernas e o indicou para uma escola atlética especial em Chongjin. De acordo com a concepção comunista dos esportes competitivos, era o regime — e não as famílias — que decidia quais crianças seriam arrancadas do ensino regular e treinadas para as seleções nacionais. Nam-oak teve um desempenho tão bom que, aos catorze anos, foi enviado a Pyongyang para treinar boxe.

Ao longo dos sete anos seguintes, Nam-oak teve permissão para voltar para casa duas vezes por ano, para férias de doze dias cada. A sra. Song mal o via. Ele nunca tinha sido do tipo que chorava no ombro da mãe como suas irmãs, mas agora parecia um desconhecido. Então ela teve notícia de um estranho rumor. Nam-oak tinha uma namorada em Chongjin, uma mulher cinco anos mais velha que ele. Quando ele vinha de Pyongyang para casa, frequentemente ficava no apartamento dela. Isso era escandaloso sob dois aspectos: os homens norte-coreanos em geral não namoravam mulheres mais velhas, e o sexo antes do casamento era fortemente desestimulado. Nam-oak podia ser excluído da escola e expulso da Liga da Juventude Socialista. Como único filho homem, ele carregava a responsabilidade de dar prosseguimento à linhagem familiar. A sra. Song e seu marido tentaram questioná-lo, mas tudo o que obtiveram foi um silêncio desconfortável. Nam-oak se tornou cada vez mais apartado da família, às vezes nem sequer se dando ao trabalho de visitá-la em suas férias.

Para piorar, Chang-bo teve um entrevero com a lei. Uma noite, ele e a sra. Song estavam em casa assistindo às notícias na televisão com alguns vizinhos. A sra. Song e seu marido estavam entre as poucas famílias em seu prédio que possuíam seu próprio aparelho de televisão. Em 1989, um televisor custava o equivalente a três meses de salário, cerca de 175 dólares, e o sujeito só podia comprar um com uma permissão especial de sua unidade de trabalho. Essas permissões eram geralmente concedias pelo governo em nome de Kim Il-sung como um prêmio por serviços extraordinários. Chang-bo conseguiu a sua porque seu pai tinha sido um agente da inteligência que se infiltrou no Sul durante a Guerra da Coreia. O aparelho era fabricado pela empresa japonesa Hitachi, mas tinha uma marca coreana, Songnamu, que significa "pinheiro". Os televisores e aparelhos de rádio na Coreia do Norte são configurados para captar apenas os canais oficiais do governo. Ainda assim, a programação era relativamente interessante. Além dos habituais discursos de Kim Il-sung, numa noite de semana era possível ver esportes, concertos, teledramas e filmes produzidos pelo estúdio de cinema de Kim Jong-il. Nos finais de semana, podia haver um filme russo como regalo especial. A sra. Song e seu marido tinham orgulho de seu televisor. Geralmente deixavam a porta do apartamento aberta quando ele estava ligado, para que os vizinhos pudessem entrar e assistir com eles. Estava de acordo com o espírito coletivo da época.

O programa que meteu Chang-bo em encrenca foi uma inócua reportagem econômica sobre uma fábrica de sapatos que produzia botas de borracha para a estação das chuvas. A câmera fazia uma panorâmica mostrando operários rigidamente eficientes numa linha de produção em que as botas eram fabricadas aos milhares. O narrador falava com entusiasmo da soberba qualidade das botas e despejava as impressionantes estatísticas de produção.

"Ah, se há tantas botas, como é que os meus filhos nunca tiveram nenhuma?", disse Chang-bo, e soltou uma risada alta. As palavras saíram da sua boca antes que ele pudesse avaliar as consequências.

A sra. Song nunca descobriu qual foi o vizinho que deu com a língua nos dentes. O comentário de seu marido foi logo relatado à chefia do *inminban*, os vigilantes do bairro, que por sua vez passaram a informação ao Ministério para a Proteção da Segurança do Estado. Essa famigerada agência é, na prática, a polícia política da Coreia do Norte. Ela constitui uma extensa rede de informantes. De acordo com o relato de dissidentes, há pelo menos um informante para cada cinquenta pessoas — mais ainda do que na notória Stasi da Alemanha Oriental, cujos arquivos foram abertos depois da reunificação alemã.

Espionar os compatriotas é algo como um passatempo nacional. Havia os jovens vigilantes da Liga da Juventude Socialista, como o que parou a sra. Song por não estar usando um broche. Eles também cuidavam para que as pessoas não violassem o código de vestuário usando blue jeans ou camisetas com caracteres ocidentais — considerados uma concessão capitalista — ou deixando o cabelo longo demais. O partido emitia periodicamente decretos dizendo que os homens não deviam deixar o cabelo, do alto da cabeça, passar dos cinco centímetros — embora uma isenção fosse concedida aos calvos, aos quais eram permitidos sete centímetros. Se uma violação fosse grave, o infrator poderia ser preso pela Polícia de Normas Públicas. Havia também *kyuch'aldae*, unidades móveis de polícia que percorriam as ruas procurando infratores e tinham o direito de invadir as casas das pessoas sem avisar. Eles buscavam gente que usava mais do que a sua cota de eletricidade, uma lâmpada de mais de quarenta watts, um aquecedor, um fogareiro elétrico. Durante uma das inspeções de surpresa, um dos vizinhos tentou esconder seu aquecedor embaixo de um cobertor e acabou pondo fogo no apartamento. A polícia móvel frequentemente aparecia depois da meia-noite para ver se havia hóspedes que tinham vindo fazer visita sem uma autorização de viagem. Era uma infração grave, mesmo que se tratasse apenas de um parente de fora da cidade, e muito pior se o hóspede fosse um amante. Mas não eram só a polícia e as ligas de voluntários que bisbilhotavam. Esperava-se que todo mundo estivesse atento a qualquer comportamento subversivo ou transgressão das normas. Uma vez que o país era pobre demais e o abastecimento de energia não era confiável para que se mantivesse uma vigilância eletrônica, a segurança do Estado dependia da espionagem humana — de informantes. Os jornais ocasionalmente publicavam reportagens sobre filhos que delatavam os pais. Ser denunciado por um vizinho por falar mal do regime não era nada de extraordinário.

O interrogatório de Chang-bo durou três dias. Os agentes gritaram com ele, proferindo impropérios, mas não o espancaram — ou pelo menos foi o que ele contou à esposa. Mais tarde ele disse que foi seu dom para a linguagem que o ajudou a sair do apuro. Citou a verdade em sua defesa.

"Eu não estava insultando ninguém. Estava simplesmente dizendo que não tivera condições de comprar aquelas botas e que gostaria de ter algumas para minha família", protestou, indignado.

Foi convincente. Era uma figura imponente, com sua pança e sua expressão firme. Parecia o epítome de uma autoridade do Partido dos Trabalhadores. A polícia política acabou decidindo não levar adiante o caso e o liberou sem uma acusação formal.

Quando voltou para casa, ele levou uma reprimenda da esposa, que foi quase mais dura que o interrogatório. Foi a pior briga do casamento deles. Para a sra. Song, não era simplesmente uma questão de seu marido ter sido desrespeitoso com o governo; pela primeira vez na vida, ela sentiu as comichões do medo. Sua conduta tinha sido sempre tão impecável e sua devoção tão genuína que nunca lhe ocorrera que pudesse ser tão vulnerável.

"Por que você falou uma bobagem daquelas quando havia vizinhos no apartamento? Não se deu conta de que poderia colocar em risco tudo o que temos?", ela ralhou com ele.

Na verdade, ambos estavam conscientes da sorte que tinham. Se não fosse pelas excelentes origens de classe de Chang-bo e pela sua condição de membro do partido, ele não teria escapado tão facilmente. Também ajudou o fato de a sra. Song ter sido várias vezes chefe do *inminban* do prédio e por isso inspirar respeito junto aos agentes da segurança estatal. O comentário impensado de Chang-bo era precisamente o tipo de coisa que poderia resultar em deportação para um campo de prisioneiros nas montanhas se o infrator não tivesse uma sólida posição na comunidade. Eles tinham ouvido falar de um homem que soltou uma piada sobre a estatura de Kim Jong-il e sumiu para sempre. A sra. Song conheceu pessoalmente uma mulher de sua fábrica que foi levada presa por uma coisa que escreveu em seu diário. Na época, a sra. Song não sentira pena alguma da mulher. "A traidora provavelmente mereceu o que teve", disse para si mesma. Agora ela se sentia constrangida por ter pensado uma coisa assim.

O incidente parecia ter esfriado. Escaldado pela experiência, Chang-bo passou a ser mais cuidadoso com o que dizia fora da família, mas seus pensamentos estavam se radicalizando. Durante muitos anos, Chang-bo expulsara as dúvidas que periodicamente se insinuavam em sua consciência. Agora essas dúvidas estavam se cristalizando em completa descrença. Na condição de jornalista, Chang-bo tinha mais acesso à informação do que as pessoas comuns. Na Companhia de Radiodifusão da Província de Hamgyong do Norte, onde trabalhava, ele e seus colegas ouviam notícias não censuradas da mídia estrangeira. Era seu trabalho depurar esse noticiário para o consumo local. Qualquer coisa de positivo que tivesse ocorrido em países capitalistas, especialmente na Coreia do Sul, que em 1988 hospedou as Olimpíadas de Verão, era minimizada. Greves, desastres, distúrbios, assassinatos — em outros lugares — ganhavam ampla cobertura.

O trabalho de Chang-bo era fazer reportagens de economia. Percorria fazendas coletivas, lojas e fábricas com um bloco de anotações e um gravador, entrevistando os gerentes. De volta à redação, escrevia as matérias com caneta-tinteiro (não havia máquinas de escrever) contando como a economia ia bem. Ele sempre dava uma coloração positiva aos fatos, embora tentasse mantê-los ao menos dentro da plausibilidade. Ao serem editadas por seus superiores em Pyongyang, porém, qualquer vestígio de verdade era suprimido de suas matérias. Chang-bo sabia melhor do que ninguém que os supostos triunfos da economia norte--coreana eram invenções. Tinha bons motivos para zombar da matéria sobre as botas de borracha.

Tinha um amigo de confiança na estação de rádio que compartilhava seu crescente desdém pelo regime. Quando os dois se juntavam, Chang-bo abria uma garrafa do *neungju* da sra. Song e, depois de alguns goles, eles deixavam vir à tona seus verdadeiros sentimentos.

"Que bando de mentirosos!", dizia Chang-bo num tom enfático, embora tomando cuidado para não falar tão alto que o som atravessasse as finas paredes de reboco entre os apartamentos.

"Uns picaretas, todos eles."

"O filho é ainda pior que o pai."

Oak-hee espreitava o pai e seu amigo. Balançava silenciosamente a cabeça em aprovação. Quando o pai notou-a bisbilhotando, tentou primeiro afastá-la. Mas acabou cedendo. Fazendo-a prometer sigilo, ele passou a tê-la como confidente. Contou-lhe que Kim Il-sung era mais propriamente um fantoche da União Soviética do que o combatente da resistência antinipônica que alegava ser. Contou-lhe que a Coreia do Sul estava agora entre os países mais ricos da Ásia; lá até trabalhadores comuns tinham seus próprios automóveis. O comunismo, disse ele, estava se mostrando um fracasso como sistema econômico. A China e a União Soviética estavam agora abraçando o capitalismo. Pai e filha conversavam durante horas, sempre tomando o cuidado de manter a voz num sussurro para o caso de algum vizinho andar espionando. E, nessas ocasiões, sempre se asseguravam de que a sra. Song, a fanática, não estava em casa.

4. Escuridão

O distrito industrial de Chongjin.

No início de 1990, o Muro de Berlim tinha sido reduzido a escombros, apregoados por vendedores de suvenires numa Alemanha prestes a ser reunificada. A União Soviética estava sendo rasgada nas emendas. O rosto de Mao Tsé-tung era uma imagem icônica em relógios de pulso kitsch que turistas norte-americanos compravam em Pequim. O ex-ditador comunista da Romênia, Nicolae Ceauşescu, não por acaso um amigo pessoal de Kim Il-sung, tinha sido recentemente executado por um pelotão de fuzilamento. Estátuas de Lênin estavam sendo derrubadas de seus pedestais e quebradas em pedaços. Quadros do Partido Comunista pelo mundo afora estavam devorando Big Macs como almoço e engolindo-os com goles de coca-cola.

No reino eremita da Coreia do Norte, porém, a vida prosseguia como antes.

Se os censores da Coreia do Norte deixavam passar relatos sobre o colapso do comunismo, eles eram diluídos e distorcidos por uma interpretação característica. No que diz respeito ao *Rodong Sinmun*, os problemas em outras partes do bloco comunista eram devidos à fraqueza inerente a seus povos. (A imprensa norte-coreana sempre gostou de aludir à superioridade genética dos coreanos.) Os europeus orientais e os chineses não eram, por natureza, tão fortes ou tão disciplinados. Eles tinham se desviado do verdadeiro caminho do socialismo. Se tivessem um gênio da ordem de Kim Il-sung para guiá-los, seus sistemas comunistas estariam intactos e prósperos. Em conformidade com os ensinamentos dele sobre autoconfiança, os norte-coreanos deviam ignorar o que outros países estavam fazendo e prosseguir em seu próprio caminho.

Assim, a sra. Song fechou bem os olhos, desejando ficar cega aos sinais inequívocos de que alguma coisa estava errada. No começo os indícios eram pequenos, pouco perceptíveis. A lâmpada que se apagava por alguns segundos, depois minutos, horas e, por fim, dias. A eletricidade se tornou cada vez mais esporádica, até o ponto em que se podia contar com ela apenas por algumas horas, em algumas noites por semana. O fluxo de água corrente foi interrompido. A sra. Song logo se deu conta de que, quando vinha água, o melhor a fazer era encher quantos baldes e panelas conseguisse. Mas nunca era o bastante para lavar a roupa, pois as bombas de água do prédio eram movidas a eletricidade e a água terminava antes que a energia elétrica voltasse. Ela apanhava jarras de plástico e as levava quarteirão abaixo até uma bomba de água pública. Pegar água se tornou parte da sua rotina matinal. Entrou na sua lista de tarefas, logo depois de enrolar as esteiras de dormir e espanar os retratos de Kim Il-sung. Embora ela já não tivesse crianças pequenas na casa, precisava levantar mais cedo do que nunca. O bonde elétrico que ela tomava para trabalhar na Estrada Nº 1 estava operando esporadicamente e, quando vinha, estava tão lotado que as pessoas iam penduradas numa escada na parte traseira. A sra. Song não queria se acotovelar com os rapazes no bonde para conseguir um lugar, por isso geralmente ia a pé. Caminhava durante uma hora até chegar.

As fábricas de Chongjin cingiam a linha costeira, estendendo-se por cerca de doze quilômetros desde Pohang, no norte, até Nanam, a antiga base militar japonesa, que agora era o quartel da 6ª Divisão do Exército do Povo Coreano. As maiores fábricas eram a Aço Chongjin e a Kimchaek Ferro e Aço, a Química Têxtil, a Segunda Construção Metal, a Máquinas de Minas de Carvão 10 de Maio e a Companhia Cervo Majon, que produzia um remédio feito a partir das galhadas dos cervos. A sra. Song trabalhava no extremo norte da faixa industrial, na Fábrica de Roupas Chosun, filial da maior companhia têxtil do país. A unidade fabril de Chongjin empregava 2 mil pessoas, quase todas mulheres — a exceção eram os altos dirigentes e os motoristas de caminhões. Os norte-coreanos passavam a maior parte da sua vida de uniforme, portanto era isso o que a fábrica produzia em grande quantidade: uniformes padronizados para estudantes, balconistas de lojas, condutores de trens, funcionários e, evidentemente, uniformes para os operários fabris. Eram feitos de Vinalon, um material sintético rijo e brilhante que só havia na Coreia do Norte. Os norte-coreanos tinham tanto orgulho desse material, inventado por um cientista coreano em 1939, que o chamavam de fibra do *juche*. A maior parte dele era produzida a cerca de 280 quilômetros ao sul, em Hamhung.

A partir de 1988, as remessas de tecidos passaram a atrasar. A sra. Song e os outros trabalhadores foram informados de que o problema estava em Hamhung. Ou o que estava em falta era o carvão antracito, uma das matérias-primas do Vinalon, ou não havia eletricidade suficiente na fábrica — a sra. Song nunca teve uma resposta clara. Mas o fato é que, sem tecido, não era possível fazer uniformes.

As costureiras passavam os dias varrendo o chão e polindo o equipamento, à espera da próxima entrega de tecido. A fábrica estava sinistramente silenciosa. Onde antes se ouvia o matraquear das máquinas de costura, agora o único som era o do movimento das vassouras.

Para manter as mulheres ocupadas, a gerência da fábrica lançou o que era eufemisticamente chamado de "projetos especiais". Na verdade, estavam escarafunchando à procura de qualquer coisa que pudesse ser vendida ou trocada por comida. Um dia, as mulheres marchavam em formação aos trilhos da ferrovia com sacos e pás para juntar bosta de cachorro para ser usada como fertilizante. Em outros dias, reviravam lixo em busca de ferro-velho. De início enviavam-se apenas as costureiras, mas logo a sra. Song e as outras mulheres da creche tiveram que participar também. Elas trabalhavam em turnos — metade das mulheres da creche ficava com as crianças, enquanto as outras saíam para catar lixo.

"Mesmo que o caminho seja duro, vamos proteger o partido", elas tinham que cantar ao sair em suas excursões, já que os gerentes tentavam elevar o moral do grupo.

Algumas vezes elas iam à praia juntar restos de metal dos córregos de esgoto que saíam de canos à sombra da siderúrgica gigantesca. A sra. Song não gostava de molhar os pés — nem mesmo na praia próxima do Parque da Juventude de Chongjin onde a família catava mariscos quando seus filhos eram pequenos. Como a maioria dos norte-coreanos de sua geração, ela não sabia nadar. Embora a água fosse rasa, a sra. Song estremecia. Tinha que arregaçar a calça até os joelhos, vadeando pelas águas do oceano só com seus sapatos de lona nos pés e um cesto para peneirar o metal como quem garimpa ouro. No final do dia, os supervisores pesavam o metal para verificar se cada grupo tinha obtido sua cota.

Todas as mulheres estavam tentando imaginar um meio de se esquivar daquelas excursões desagradáveis. Elas não ousavam deixar seus empregos, mesmo estando quase sem receber salário. Na Coreia do Norte, se o sujeito faltava ao trabalho, deixava de receber os cupons que precisava para trocar por comida. E quem faltasse uma semana inteira sem um bom motivo era mandado para um centro de detenção.

Algumas mulheres inventavam emergências familiares. Ou conseguiam atestados médicos dizendo que estavam impossibilitadas de trabalhar. Era tudo feito meio por baixo do pano. Os supervisores não inspecionavam os atestados muito atentamente porque sabiam que as mulheres não tinham o que fazer. A sra. Song, por sua vez, nem sonhava em levar um atestado falso. Não lhe parecia correto. Ela se apresentava pontualmente para trabalhar, como antes. Já que as costureiras não compareciam, não havia crianças na creche. Os chefes tentavam preencher as horas do dia agendando palestras suplementares sobre Kim Il-sung, mas, com os blecautes ocorrendo com frequência cada vez maior, a luz muitas vezes era fraca demais no interior da fábrica. Depois de anos trabalhando quinze horas por dia, a sra. Song finalmente tinha uma chance de descansar. Tirava longas sonecas na sua mesa de trabalho, pousando o rosto na madeira, perguntando-se quanto tempo aquilo ainda poderia durar.

Um dia, a gerente chamou a sra. Song e suas colegas de trabalho para uma conversa. A gerente era uma mulher que a sra. Song respeitava, membro do partido e comunista devota, uma fanática como ela própria. No passado, ela sempre garantira às trabalhadoras que a remessa de tecido era esperada a qualquer momento de Hamhung. Agora ela pigarreava desajeitadamente e falava com embaraço. Nada indicava que a situação fosse melhorar no futuro próximo. Aquelas mulheres, as obstinadas como a sra. Song que continuavam indo trabalhar, bem, talvez elas não devessem mais se incomodar.

"Vocês, *ajumma*", disse ela, empregando uma palavra coreana correspondente a "titias", usada normalmente para mulheres casadas, "deviam pensar em encontrar outro meio de levar comida para seus lares."

A sra. Song ficou horrorizada. A gerente não estava se referindo à prostituição, embora também pudesse estar. Ela estava sugerindo o trabalho no mercado negro.

Como todos os outros países comunistas, a Coreia do Norte tinha mercados negros. Embora fosse ilegal comprar e vender a maioria das mercadorias em caráter particular, as regras mudavam frequentemente e eram muitas vezes ignoradas. Kim Il-sung autorizara os cidadãos a cultivar verduras em seus jardins e vendê-las, e assim as pessoas montaram um mercado improvisado num terreno baldio atrás do conjunto residencial da sra. Song. Não era muito mais do que uma série de lonas estendidas no chão de terra com escassas ofertas de rabanetes e repolhos. Ocasionalmente as pessoas vendiam roupas velhas, louça rachada, livros usados. Nada que fosse de fabricação recente podia ser vendido no mercado. Esses produtos estavam restritos às lojas estatais. A venda de cereais também era proibida, e qualquer pessoa que fosse pega vendendo arroz recebia pena de prisão.

A sra. Song julgava suja e malcuidada a atmosfera geral do mercado negro. Os vendedores eram, em sua maioria, mulheres idosas, algumas delas avós. A sra. Song as via curvadas sobre suas verduras bichadas, gritando preços aos compradores da maneira mais indigna. Algumas das mulheres até fumavam cachimbo, apesar dos tabus norte-coreanos contra mulheres fumantes. A sra. Song ficava enojada com aquelas velhas *halmoni*, aquelas avós. A própria ideia de vender coisas num mercado lhe parecia repugnante. Aquele não era lugar para um verdadeiro comunista!

Na realidade, verdadeiros comunistas não faziam compras, ponto. Kim Il-sung tinha criado uma cultura tão anticonsumista quanto possível no século XX. Em todos os outros lugares da Ásia, os mercados fervilhavam de humanos e as mercadorias abundavam. Não na Coreia do Norte. As lojas mais famosas do país eram duas lojas de departamentos de Pyongyang — a Loja de Departamentos Nº 1 e a Loja de Departamentos Nº 2, como eram chamadas — e suas mercadorias eram mais ou menos tão empolgantes quanto seus nomes. Quando vi as lojas numa visita a Pyongyang em 2005, pude ver bicicletas de fabricação chinesa no primeiro andar, mas não ficou claro se a mercadoria estava realmente à venda ou apenas em exibição para impressionar estrangeiros. Os visitantes de Pyongyang nos anos 1990 relatavam que as lojas às vezes colocavam frutas e legumes de plástico em exposição para os estrangeiros que gostavam de olhar vitrines.

Os norte-coreanos supostamente não deviam fazer compras porque em tese tudo o que eles precisavam era suprido pelo governo em nome da benevolência de Kim Il-sung. Supostamente eles ganhavam dois conjuntos de roupas por ano — um para o verão e outro para o inverno. Novas roupas eram fornecidas pela unidade de trabalho ou de ensino de cada um, em geral no aniversário de Kim Il-sung, reforçando sua imagem de fonte de todas as coisas boas. Tudo era mais ou menos padrão. Apenas sapatos de lona eram fornecidos, já que calçados de couro eram um tremendo luxo e só pessoas com alguma fonte externa de renda tinham condição de tê-los. As roupas vinham de fábricas de vestuário como aquela em que a sra. Song trabalhava. O tecido favorito era o Vinalon, que não assimilava muito bem a tingidura, de modo que havia uma gama limitada de cores: anil-escuro para os uniformes de operários fabris, preto ou cinza para funcionários burocráticos. O vermelho era reservado para os lenços que as crianças usavam em torno do pescoço até os treze anos como parte de sua participação obrigatória nos Jovens Pioneiros.

Não apenas não havia comércio varejista, como virtualmente não havia dinheiro. Os empregos norte-coreanos pagavam salários tão simbólicos que eram pouco mais que ajudas de custo. O salário mensal da sra. Song era de 64 wons norte-coreanos, que no câmbio oficial equivalia a 28 dólares, mas que na realidade não era suficiente sequer para comprar um suéter de náilon. Podia-se pagar apenas coisas miúdas, como ingressos de cinema, cortes de cabelo, passagens de ônibus e jornais. Para os homens, cigarros. Para as mulheres, maquiagem — que, surpreendentemente, elas usavam em grande quantidade. Batom vermelho dava às mulheres um visual retrô de estrelas do cinema dos anos 1940 e blush rosa conferia um rubor saudável a uma pele tornada pálida pelos longos invernos. Cada bairro de Chongjin tinha seu próprio conjunto de lojas estatais que eram idênticas ao conjunto de lojas do bairro vizinho. As mulheres norte-coreanas davam importância a sua aparência: para a sra. Song era preferível pular o café da manhã a sair para trabalhar sem maquiagem. Seu cabelo era naturalmente cacheado, mas outras mulheres da sua faixa etária faziam permanente num salão de beleza que parecia uma linha de produção, com uma fileira de cadeiras de barbeiro para os homens de um lado e do outro para as mulheres. Cabeleireiros eram empregados do Estado que trabalhavam para um órgão chamado Gabinete de Conveniências. Era também responsável pelos sapateiros e consertadores de bicicletas.

Havia uma loja de alimentos, uma papelaria, uma loja de roupas. Diferente do que ocorria na União Soviética, raramente se viam longas filas na Coreia do Norte. Quando uma pessoa queria fazer uma compra maior — digamos, comprar um relógio de pulso ou um toca-discos —, precisava antes pedir permissão por escrito em sua unidade de trabalho. Não era só uma questão de ter dinheiro.

A suprema realização do sistema norte-coreano era a comida subsidiada. A exemplo da promessa de campanha de um frango em cada panela, frequentemente atribuída a Herbert Hoover, Kim Il-sung prometera aos norte-coreanos refeições diárias de arroz e sopa de carne. Arroz, especialmente arroz branco, era um luxo na Coreia do Norte. Aquela era uma promessa magnânima impossível de ser cumprida para todos, mas não para a elite. No entanto, o sistema de distribuição pública abastecia a população com uma mistura de grãos em quantidades cuidadosamente calibradas de acordo com a posição social e o trabalho. Mineiros de carvão que trabalhavam duro deviam ganhar novecentos gramas por dia, enquanto trabalhadores fabris como a sra. Song recebiam setecentos gramas. O sistema também distribuía outros elementos básicos da dieta coreana, como shoyo, óleo de cozinha e uma pasta grossa de feijão-azuqui chamada *gochujang*. Em feriados nacionais, como os aniversários da família Kim, podia haver carne de porco ou peixe seco.

A melhor parte era o repolho, distribuído no outono para fazer *kimchi*. O repolho condimentado em conserva é o prato nacional coreano, a única verdura presente na dieta tradicional durante os longos invernos e tão característica da cultura quanto o arroz. O regime norte-coreano compreendeu que não seria capaz de manter os coreanos felizes sem *kimchi*. Cada família obtinha setenta quilos por adulto e cinquenta quilos por criança, o que, para a sra. Song, totalizava 410 quilos, depois que sua sogra foi morar com ela. O repolho era conservado em salmoura, fartamente condimentado com pimenta vermelha e às vezes pasta de feijão e camarões miúdos. A sra. Song também fazia *kimchi* de rabanete e de nabo. Passava semanas no preparo do prato e o armazenava em grandes potes de barro. Chang-bo a ajudava a levá-los para o porão do prédio, onde cada família tinha um compartimento para estocar coisas. A tradição mandava enterrar potes de *kimchi* no jardim, para que eles se conservassem frios, mas não congelados. No prédio de apartamentos, eles improvisavam colocando terra em torno dos vasos. Terminado o trabalho, eles fechavam seu compartimento com seu mais forte cadeado. Ladrões de *kimchi* eram comuns em Chongjin. Mesmo numa sociedade coletivista como a Coreia do Norte, ninguém queria partilhar seu *kimchi* com um estranho.

A Coreia do Norte não era o paraíso dos trabalhadores que a propaganda afirmava, mas as realizações de Kim Il-sung não eram insignificantes. Nas primeiras duas décadas depois da divisão da península, em 1945, o Norte era mais rico que o Sul capitalista. Nos anos 1960, quando intelectuais coreanos alardeavam a expressão "milagre econômico", eles se referiam à Coreia do Norte. O mero fato de alimentar a população numa região com uma longa história de penúria era uma façanha, mais ainda porque a brutal divisão da península tinha deixado todas as melhores terras cultiváveis do outro lado da fronteira. Das ruínas de um país que tinha perdido quase toda a sua infraestrutura e 70% de suas moradias na guerra, Kim Il-sung criou o que parecia ser uma economia viável, ainda que espartana. Todo mundo tinha abrigo e comida. Em 1949, a Coreia do Norte sustentava ser o primeiro país asiático a ter praticamente eliminado o analfabetismo. Dignitários estrangeiros que visitaram o país nos anos 1960, muitas vezes vindo de trem através da fronteira com a China, falavam com entusiasmo sobre o padrão de vida obviamente superior dos norte-coreanos. De fato, milhares de coreanos e descendentes que viviam na China fugiram da fome provocada pelo desastroso Grande Salto para a Frente de Mao Tsé-tung e voltaram para a Coreia do Norte. A Coreia do Norte cobria as casas de telhas, e todos os vilarejos tinham energia elétrica por volta de 1970. Até mesmo uma analista linha-dura da CIA, Helen-Louise Hunter, cujos relatórios sobre a Coreia do Norte nos anos 1970 foram posteriormente tornados públicos, admitia a contragosto ter ficado impressionada com a Coreia do Norte de Kim Il-sung.

No contexto dos países comunistas, estava mais para Iugoslávia do que para Angola. Era um ponto de orgulho no interior do bloco comunista. As pessoas mencionavam as vantagens da Coreia do Norte — especialmente em relação à Coreia do Sul — como provas de que o comunismo estava *mesmo* funcionando.

Mas será que estava? Grande parte do suposto milagre norte-coreano era ilusória, baseada em afirmações de propaganda que não tinham como ser comprovadas. O regime norte-coreano não publicava estatísticas econômicas, pelo menos nenhuma que fosse confiável, e fazia um grande esforço para iludir os visitantes e até mesmo a si próprio. Os supervisores fabricavam rotineiramente estatísticas sobre a produção agrícola e industrial porque tinham medo de contar a verdade a seus próprios superiores. Erigiam-se mentiras sobre mentiras, da base até a cúpula, de tal maneira que é concebível que o próprio Kim Il-sung não tenha ficado sabendo quando a economia entrou em colapso.

Com toda a sua retórica arrogante sobre *juche* e autossuficiência, a Coreia do Norte era completamente dependente da benevolência de seus vizinhos. O país obtinha petróleo, arroz, fertilizantes, medicamentos, equipamento industrial, caminhões e carros subsidiados. Máquinas de raio X e incubadoras vinham da Tchecoslováquia; arquitetos, da Alemanha Oriental. Kim Il-sung jogava habilmente a União Soviética contra a China, usando a rivalidade entre os dois para extrair o máximo de ajuda possível. Como um imperador de velho estilo, ele requeria tributos dos reinos vizinhos: Stálin mandou pessoalmente uma limusine blindada, Mao enviou um vagão de trem completo. Kim Il-sung ou Kim Jong-il, que nos anos 1980 estava assumindo cada vez mais as tarefas do pai, ofereciam "orientação in loco" para enfrentar os problemas do país. Pai e filho eram experts em absolutamente tudo, da geologia à lavoura. "As instruções in loco de Kim Jong-il e sua cálida benevolência estão trazendo um grande avanço à criação de cabras e à produção de laticínios", opinou a Agência Central de Notícias Coreana depois da visita de Kim Jong-il a uma fazenda de criação de cabras próxima a Chongjin. Um dia ele decretava que o país devia substituir o arroz pela batata como alimento básico; no dia seguinte, decidia que a criação de avestruzes era a solução para a escassez de alimentos na Coreia do Norte. O país balançava de um plano irrefletido a outro.

Uma enorme parcela da riqueza do país era gasta com o Exército. O orçamento de defesa da Coreia do Norte consome 25% do Produto Nacional Bruto, em contraste com uma média de menos de 5% nos países industrializados. Embora não tivesse havido nenhum combate na Coreia desde 1953, o país mantinha 1 milhão de homens armados, o que dava àquela nação minúscula, não maior do que a Pensilvânia, o quarto maior Exército do mundo. A máquina de propaganda norte-coreana mantinha a histeria em nível elevado, produzindo incessantes relatos sobre a iminente invasão do país por agressores imperialistas.

Kim Jong-il, que tinha rapidamente galgado posições no Politburo enquanto era preparado para a sucessão, foi nomeado comandante supremo das Forças Armadas norte-coreanas em 1991. Alguns anos mais tarde, grandes cartazes se espalhavam pelo país junto aos monumentos *juche*, introduzindo uma nova palavra de ordem, *songun*, ou "o Exército primeiro", e declarando que o Exército do Povo Coreano estava no centro de todas as decisões estratégicas. O Kim mais jovem já deixara para trás havia muito tempo suas incursões no cinema, voltando sua atenção para brinquedos maiores — armas nucleares e mísseis de longo alcance.

Desde o bombardeio de Hiroshima pelos Estados Unidos, no final da Segunda Guerra Mundial, Kim Il-sung sonhava em fazer de seu país uma potência nuclear, e pesquisas vinham sendo realizadas desde os anos 1960 num complexo nuclear projetado pelos soviéticos em Yongbyon, nas montanhas ao norte de Pyongyang. Mas foi Kim Jong-il que acelerou o programa nuclear, aparentemente acreditando que ele iria impulsionar a posição da Coreia do Norte, e a sua própria, numa época em que o prestígio internacional do país estava em queda. Em vez de reconstruir velhas fábricas e a infraestrutura, a Coreia do Norte investiu seu dinheiro em projetos caros de armas secretas, alegando a necessidade de um "estorvo nuclear" à agressão norte-americana. Em 1989, a Coreia do Norte estava desenvolvendo uma usina de reprocessamento em Yongbyon para produzir plutônio para fins bélicos a partir das barras de combustível de seus reatores nucleares, e no início dos anos 1990 a CIA afirmava que o país já tinha o suficiente para uma ou duas bombas nucleares. "Kim Jong-il não se importava por estar levando à ruína o resto do país. Ele via os mísseis e as armas nucleares como único meio de manter o poder", disse-me Kim Dok-hong, um desertor de alto escalão de Pyongyang, numa entrevista em Seul em 2006.

O timing da Coreia do Norte foi terrível. Kim Jong-il se deu conta de que a Guerra Fria tinha terminado, mas aparentemente não percebeu que seus velhos patronos comunistas estavam mais interessados em ganhar dinheiro do que em financiar uma ditadura anacrônica com ambições nucleares. A economia de sua arquirrival, a Coreia do Sul, tinha passado à sua frente em meados

dos anos 1970; na década seguinte, a Coreia do Norte tinha ficado bem para trás. Pouco se importando com a solidariedade comunista, a China e a União Soviética queriam fazer negócios com a Hyundai, a Samsung e similares, não com empresas estatais do Norte que não pagavam suas dívidas em dia. Em 1990, o ano que antecedeu o do seu colapso, a União Soviética estabeleceu relações diplomáticas com a Coreia do Sul, num duro golpe à posição mundial da Coreia do Norte. A China fez o mesmo dois anos depois.

Os credores estavam cada vez mais aborrecidos com a incapacidade da Coreia do Norte de pagar empréstimos que tinham chegado a estimados 10 bilhões de dólares no início dos anos 1990. Moscou decidiu que a Coreia do Norte teria que pagar os preços internacionais vigentes pelos produtos soviéticos, em vez dos baixos preços "amigos" cobrados por aliados comunistas. No passado, os chineses, que forneciam três quartos do combustível da Coreia do Norte e dois terços de seus alimentos importados, costumavam dizer que eram "unha e carne" com a Coreia do Norte; agora queriam dinheiro vivo.

Logo o país foi sugado para uma viciosa espiral de morte. Sem petróleo barato e sem matérias-primas, não era capaz de manter as fábricas funcionando, o que significava que não teria nada para exportar. Sem exportações, não entrava moeda forte, e sem moeda forte a importação de combustível caiu mais ainda e a eletricidade parou. As minas de carvão não podiam operar sem eletricidade, porque precisavam de motores elétricos para bombear a água. A falta de carvão agravava a falta de energia elétrica. A falta de energia elétrica baixava ainda mais a produção agrícola. Nem mesmo as fazendas coletivas podiam operar adequadamente sem eletricidade. Nunca tinha sido fácil extrair do terreno estéril da Coreia do Norte colheitas suficientes para uma população de 23 milhões de pessoas, e as técnicas agrícolas desenvolvidas para impulsionar a produção dependiam de sistemas artificiais de irrigação movidos a eletricidade e de fertilizantes e pesticidas químicos produzidos em fábricas que agora estavam fechadas por falta de combustível e de matéria-prima. A Coreia do Norte começou a ficar sem comida, e quanto mais famintas as pessoas ficavam, menos energia tinham para trabalhar, e com isso a produção despencou ainda mais. A economia entrou em queda livre.

A Coreia do Norte era (e continua sendo no momento em que este texto é escrito, em 2009) o último lugar da terra onde virtualmente todos os gêneros básicos são cultivados em fazendas coletivas. O Estado confisca toda a colheita e então dá uma porção de volta ao agricultor. Mas, à medida que as colheitas mirravam, no início dos anos 1990, os próprios agricultores começaram a esconder parte da produção para não passar fome — corriam pelo interior histórias de telhados que tinham desabado sob o peso de grãos escondidos nos beirais. Os agricultores também descuidaram dos campos coletivos em favor de suas "hortas" privadas próximas de suas casas, ou dos pequenos e íngremes pedaços de terra que eles escavavam nas encostas não cultivadas das montanhas. Rodando de carro pelo interior da Coreia do Norte, podia-se ver claramente o contraste entre as hortas particulares repletas de verduras e de estacas de feijoeiros apontando para o céu, trepadeiras vergando ao peso de abóboras, ao lado de campos coletivos com suas aleatórias e subdesenvolvidas fileiras de milho que tinham sido plantadas pelos assim chamados voluntários, em cumprimento de seu dever patriótico.

As pessoas que mais saíam perdendo eram os moradores da cidade, que não tinham terra para plantar sua própria comida.

Desde que se casara, a sra. Song ia a cada quinze dias com duas sacolas plásticas de compras ao mesmo centro de distribuição de alimentos. Ficava ali mesmo no bairro, apertado entre dois complexos de apartamentos. Não era como um supermercado, onde o sujeito pega o que quer na prateleira; as mulheres esperavam em fila do lado de fora de uma fachada de loja sem identificação, com um grande portão de metal. Cada uma tinha seus dias determinados — os da sra. Song eram o dia 3 e o dia 18 —, mas mesmo assim a espera muitas vezes durava várias horas. Do lado de dentro, havia uma sala pequena e sem aquecimento de paredes brancas de concreto e uma mulher desanimada sentada atrás de uma mesinha coberta de livros de registro. A sra. Song estendia sua caderneta de racionamento, uma pequena soma em dinheiro e cupons da fábrica de roupas atestando que ela cumprira seus deveres profissionais. Os funcionários calculavam o que lhe cabia: ela e Chang-bo tinham direito a setecentos gramas por dia cada um; mais trezentos gramas para a sogra, uma vez que aposentados tinham direito a menos; e quatrocentos gramas para cada filho que ainda vivia na casa. Se alguém da família estivesse viajando, as rações para os dias de ausência da cidade eram deduzidas. Uma vez feitos os cálculos, a funcionária pegava o carimbo oficial e, com um gesto arrogante, pressionava-o na almofada de tinta vermelha e depois em três vias de recibo, uma das quais ela dava à sra. Song. Nos fundos do armazém, onde eram estocados grandes barris de arroz, milho, cevada e farinha, outro funcionário pesava as rações e as colocava nas sacolas plásticas da sra. Song.

Era sempre uma surpresa o que podia haver na sacola, às vezes um pouco mais, às vezes um pouco menos. Anos mais tarde, olhando retrospectivamente, a sra. Song não era capaz de localizar com precisão — 1989, 1990, 1991 — quando foi que suas rações começaram a minguar. Quando lhe devolviam a sacola, a sra. Song nem precisava espiar dentro para confirmar sua decepção. A sacola estava mais leve do que em outros tempos. Eles estavam sendo sistematicamente fraudados. Num mês ela podia obter o correspondente a 25 dias de trabalho, noutro mês a apenas dez. Apesar das promessas de Kim Il-sung, o arroz era um item de luxo para os norte-coreanos. Agora com mais frequência, havia apenas milho e cevada. Óleo de cozinha sempre tinha vindo esporadicamente, mas agora ele nunca estava na sacola. A sra. Song não era de reclamar, e mesmo que fosse não teria como.

"Se eu tivesse feito alarde, eles simplesmente viriam e me levariam embora", disse ela mais tarde.

O governo norte-coreano oferecia explicações variadas, das mais absurdas às quase plausíveis. As pessoas eram informadas de que o governo estava estocando comida para alimentar as massas famélicas da Coreia do Sul no abençoado dia da reunificação. Diziam-lhes que os Estados Unidos tinham instituído um bloqueio contra a Coreia do Norte que impedia a chegada de alimentos ao país. Não era verdade, mas era crível. No início de 1993, a Coreia do Norte ameaçara se retirar do Tratado de Não Proliferação de Armas Nucleares, e o presidente Bill Clinton estava ameaçando com sanções. Era conveniente para Kim Il-sung empurrar a culpa para outro. Ele podia apontar o dedo para os Estados Unidos — o bode expiatório favorito da Coreia do Norte. "O povo da Coreia sofreu por muito tempo com o bloqueio e as sanções dos imperialistas dos Estados Unidos", opinou o *Rodong Sinmun*.

Os coreanos gostavam de pensar em si mesmos como durões — e de fato o eram. A máquina de propaganda lançou uma nova campanha, atiçando o orgulho coreano ao relembrar uma fábula amplamente apócrifa de 1938-9, na qual Kim Il-sung comandava um pequeno grupo de guerrilheiros antinipônicos "lutando contra milhares de inimigos sob um frio de –20ºC, enfrentando a neve pesada e a fome, com a bandeira vermelha a tremular na dianteira". A Árdua Marcha, como a chamavam, iria se tornar mais tarde uma metáfora para a penúria. O *Rodong Sinmun* instigava os norte-coreanos a invocar a lembrança do sacrifício de Kim Il-sung para fortalecer-se contra a fome.

Nenhuma força na terra pode impedir o povo coreano de empreender a marcha para a vitória no espírito revolucionário da "árdua marcha" e a República Democrática Popular da Coreia sempre será uma nação poderosa.

Suportar a fome tornou-se parte do dever patriótico de cada um. Cartazes se espalhavam por Pyongyang divulgando o novo slogan: "Vamos comer duas refeições por dia". A televisão norte-coreana exibiu um documentário sobre um homem cujo estômago explodiu, segundo se dizia, por ter comido arroz em excesso. Para todos os efeitos, a falta de comida era temporária — autoridades da agricultura citados nos jornais relatavam que safras abundantes de arroz eram esperadas na próxima colheita.

Quando a imprensa estrangeira noticiou a escassez de alimentos no Norte em 1992, a agência norte-coreana de notícias manifestou indignação.

O Estado abastece o povo com comida a preço baixo para que as pessoas não saibam quanto custa o arroz. Essa é a realidade da metade norte da Coreia. Todas as pessoas levam uma vida feliz sem preocupações quanto à comida em nossa terra.

Se os norte-coreanos parassem para examinar as óbvias contradições e mentiras naquilo que lhes era dito, iriam se ver numa posição perigosa. Eles não tinham escolha. Não podiam fugir do país, depor sua liderança, protestar em voz alta. Para se adaptar, o cidadão médio tinha que se disciplinar de modo a não pensar demais. E havia também o instinto humano natural para o otimismo. Como os judeus alemães no início dos anos 1930, que diziam a si mesmos que as coisas não poderiam piorar, os norte-coreanos se iludiam. Pensavam que era temporário. As coisas iriam melhorar. Um estômago faminto não deveria acreditar numa mentira, mas, de alguma forma, ele acreditava.

Junto com a nova campanha de propaganda, o regime reforçou sua rede de vigilância doméstica. Quanto mais houvesse de que se queixar, mais importante era garantir que ninguém o fizesse.

Desde o início dos anos 1970 a sra. Song servira periodicamente como *inminbanjang*, a chefe do seu grupo de vizinhos. A cada ano, os vizinhos tinham que eleger um líder, em geral uma mulher casada de meia-idade. A sra. Song era bem adequada ao cargo porque era enérgica, organizada, leal e tinha o que os coreanos chamam de bom *nunji*, que poderia ser traduzido livremente por "intuição". Ela se dava bem com todo mundo. Tinha que fazer listas de tarefas, designando quem, entre as quinze famílias em sua unidade, varreria calçadas e cortaria a grama em frente ao prédio, recolheria e reciclaria o lixo. Esperava-se também que ela relatasse qualquer atividade suspeita.

A sra. Song tinha que se reportar a uma agente do Ministério para a Proteção da Segurança do Estado. A camarada Kang era uma mulher um pouco mais velha que a sra. Song e casada com um dirigente do Partido dos Trabalhadores que, segundo se dizia, tinha conexões em Pyongyang. A cada poucos meses, elas se encontravam no gabinete distrital ou então a camarada Kang ia ao apartamento da sra. Song para tomar uma xícara de uísque artesanal de milho enquanto ouvia os relatos sobre a vizinhança. A sra. Song nunca tinha muito o que lhe contar. A vida no prédio era desprovida de acontecimentos. Ninguém se metia em encrencas — exceto pelo incidente da reclamação de Chang-bo quanto às botas de borracha.

Mas então a camarada Kang se tornou mais persistente. À medida que a distribuição de alimentos ficava menos frequente, ela queria saber cada vez mais se as pessoas estavam falando mal do regime.

"Estão reclamando da quantidade de comida? O que andam dizendo?", perguntou a agente. Ela tinha esperado a sra. Song em frente ao prédio e a interpelara na entrada.

"Eles não dizem nada", respondeu a sra. Song. Estava sendo sincera. A bem da verdade, a sra. Song tinha notado que as conversas paravam subitamente cada vez que ela chegava a um apartamento, ocasionando um silêncio embaraçoso em cada cômodo que ela entrava. Todos sabiam que a *inminbanjang* tinha que contar tudo à Segurança Nacional.

A camarada Kang não ficou satisfeita.

"Você deveria se queixar primeiro. Pergunte por que não há distribuição de comida. Observe a reação deles", sibilou, olhando em volta para se assegurar de que ninguém na entrada do prédio ouvia o que ela estava sugerindo.

A sra. Song assentiu vagamente com a cabeça, ansiosa para escapar dali. Não tinha a menor intenção de obedecer. Sabia que nenhum de seus vizinhos estava envolvido em atividades subversivas. Não eram inimigos do Estado. E ela estava simplesmente cansada demais para se preocupar com ideologia.

A falta de comida minava suas energias. Ela estava preocupada todo o tempo, a mente girando enquanto ruminava números que simplesmente nunca batiam. Tentava imaginar como conseguir comida para sua família. A fábrica de roupas tinha parado completamente de funcionar em 1991, e durante todo o último ano ela não recebera dinheiro algum, só cupons de alimentos, que agora eram inúteis, já que o centro de distribuição pública não tinha comida. No passado, seu marido costumava ganhar um bônus de alimentação por fazer hora extra no trabalho — às vezes óleo, biscoitos, tabaco ou bebida —, mas isso tinha quase acabado. As prateleiras dos armazéns estatais estavam vazias.

Depois que sua fábrica fechou, a sra. Song engoliu seus escrúpulos quanto a comprar no mercado negro, que ainda tinha comida, até arroz às vezes, mas a preços proibitivamente altos. Um quilo de arroz, que não passava de um décimo de won nos centros de distribuição, saía por 25 wons.

A sra. Song escarnecia da ideia de trabalhar no mercado. O que ela poderia fazer ali? Não podia vender verduras porque não tinha terra. Não tinha talento para os negócios, à parte a habilidade para fazer contas no ábaco. E com os quatro filhos e o casamento da filha mais velha, eles não tinham podido guardar dinheiro. Ela se perguntava se devia tentar vender algo da própria casa. Fez de cabeça um inventário de suas posses. O quadro oriental. O televisor. Os livros de seu marido. Quem sabe a máquina de costura?

A exemplo da sra. Song, milhares de outros norte-coreanos estavam fazendo seus cálculos mentais. O que eles tinham para vender? Onde poderiam conseguir algo para comer?

Chongjin era basicamente uma selva de concreto. Tudo o que não fosse a encosta íngreme de uma montanha tinha sido pavimentado havia muito tempo. Não dava para sair para o mato e caçar passarinhos ou colher amoras. Na praia onde a família da sra. Song catava mariscos tinham sobrado poucos, e a água era funda demais para que se pudesse pescar a partir da costa. As únicas terras cultiváveis da cidade eram as hortas e os arrozais nas pequenas baías em Nanam.

As pessoas começaram a avançar campo adentro para conseguir comida. Os pomares no distrito de Kyongsong eram um destino muito procurado. Nos fins de semana, famílias de Chongjin pediam carona para lá — os pomares coletivos ficavam a cinco quilômetros do centro da cidade —, muitas vezes sob o disfarce de excursão recreativa. Ninguém queria admitir que fazia aquilo porque estava faminto. Os pomares eram administrados por uma fazenda coletiva, que cultivava as renomadas peras coreanas exportadas para o Japão em troca de moeda forte. As peras coreanas são mais ou menos do tamanho e da forma de uma toranja, mas têm a cor ruiva das peras Bosc e a textura quebradiça das maçãs. As frutas perfeitamente esféricas caíam com frequência das árvores e rolavam por baixo da cerca que rodeava o pomar, permitindo furtos fáceis. Muitos dos apanhadores de frutas eram crianças. À medida que as merendas escolares foram minguando até acabar de todo, as crianças passaram a faltar às aulas para procurar comida. Elas conseguiam se esgueirar facilmente por baixo das cercas de arame. Um rapaz, que tinha dez anos em 1992, recordou com certo orgulho que subiu no para-choque traseiro de um ônibus e viajou dependurado até a última parada em Nanam, depois caminhou por mais uma hora. Sozinho e pequeno, ninguém o notou. Ele deslizou seu corpo minúsculo através da cerca e encheu um saco com todas as peras que conseguiu. "Apanhei todas que pude e as entreguei aos meus amigos", disse ele.

Outras lembranças desse período eram amargas. Kim Ji-eun, que na época era uma médica recém-formada fazendo residência, foi aos pomares num fim de semana com seus pais, uma irmã casada, o marido da irmã e duas crianças pequenas. Tendo de carregar no colo as crianças chorosas pela maior parte do caminho, só conseguiram chegar aos pomares no meio da tarde. Muitos outros tinham chegado antes deles. Só acharam uma pera meio apodrecida no chão. Levaram-na para casa e a cozinharam, em seguida cortaram-na em cinco partes para as crianças, os pais idosos e o cunhado de Kim Ji-eun. Ji-eun e sua irmã ficaram sem nada.

Era 9 de setembro de 1993, e Kim Ji-eun nunca esqueceria essa data porque foi a primeira vez na vida em que ela passou um dia inteiro sem comer. Poucos outros podiam lembrar com tanta precisão. O fim de uma era não vem num único momento. Levou anos para que as pessoas compreendessem que seu mundo estava irreversivelmente alterado.

5. Romance vitoriano

Salão de Cultura do distrito de Kyongsong.

Mi-ran cursava o ensino médio quando notou pela primeira vez que as pessoas da cidade estavam fazendo excursões ao campo em busca de comida. Ao entrar de bicicleta em Chongjin, ela as avistava, parecendo mendigos com seus sacos de estopa, dirigindo-se aos pomares que margeavam a estrada de ambos os lados. Alguns seguiam ainda mais adiante na estrada até os milharais, que se estendiam por quilômetros ao sul de sua aldeia, na direção do mar. Gente da cidade podia ser vista também catando lenha nas montanhas próximas às minas de caulim onde o pai dela trabalhava. Era surpreendente, porque ela sempre imaginara que as pessoas que moravam em Chongjin estavam em situação muito melhor do que as de qualquer habitante de Kyongsong.

Chongjin tinha as universidades, os grandes teatros, restaurantes exclusivos para os membros do Partido dos Trabalhadores e suas famílias, não para uma garota como ela.

Kyongsong era essencialmente um conjunto de aldeias em torno de um pequeno centro urbano, que era como Chongjin em miniatura — uma avenida principal exageradamente larga, com um grande monumento de pedra celebrando a vitória de Kim Il-sung sobre os japoneses na Segunda Guerra Mundial. Havia um par de fábricas de cerâmica, que processavam o caulim extraído da mina onde o pai de Mi-ran trabalhava, e um grande fabricante de componentes elétricos, a fábrica 5 de Junho, assim chamada em homenagem a um dia de 1948 em que Kim Il-sung visitou o lugar e forneceu orientação in loco. A aldeia dela não era exatamente rural, mas havia muito mais terra disponível do que na cidade. Perto da costa, o terreno era plano, arenoso e relativamente fértil. Rumo ao interior, à medida que aumentava a altitude, as montanhas tinham matas fechadas de pinheiros. As faixas estreitas entre as casas-gaita eram penosamente cultivadas com pimenta vermelha, rabanete, repolho e até mesmo tabaco, porque era mais barato enrolar os próprios cigarros do que comprá-los, e virtualmente todos os homens fumavam. As pessoas cujos telhados eram planos colocavam vasos em cima deles para cultivar mais verduras. Esses esforços agrícolas privados eram tão pequenos que não despertavam a ira das autoridades comunistas. Pelo menos no começo, antes que a escassez de alimentos degenerasse em penúria, eles afastavam a fome.

Quando o salário que o marido trazia das minas foi ficando cada vez menor até desaparecer de vez, a mãe de Mi-ran ocupou o vácuo. Ela nunca foi uma grande dona de casa, mas era esperta quando se tratava de ganhar dinheiro. Passou a costurar para fora, fazer tofu caseiro e, por um tempo, criar porcos — embora não houvesse comida suficiente para sustentá-los. Mais bem-sucedida foi uma receita que ela inventou para uma imitação de sorvete. Comprou um congelador usado chamado máquina do Polo Norte. Como era quase impossível comprar leite ou nata, ela usava a água que sobrava da preparação de tofu e a aromatizava com feijões-azuqui e açúcar. Despejava essa estranha mistura em fôrmas de gelo e a congelava. Os coreanos adoram agradar suas crianças, e quando sobrava um won em casa eles o davam ao filho para comprar guloseimas. Às vezes a mãe de Mi-ran vendia suas mercadorias na carroceria do caminhão de um amigo. Decretos do Partido dos Trabalhadores proibiam os cidadãos de ganhar dinheiro de modo privado, mas ela pouco se lixava. Ela não era propriamente uma rebelde, mas uma pragmática que não dava muita atenção à ideologia. O dinheiro que ganhava vendendo seu simulacro de sorvete lhe permitia comprar milho e às vezes arroz no mercado negro.

O admirador secreto de Mi-ran também foi poupado da fome. Os avós paternos de Jun-sang vinham do Japão quase todos os anos, pela balsa, para visitar a família. No início dos anos 1990, o barco não vinha mais a Chongjin, e sim ao porto de Wonsan — mais ao norte na costa oriental da Coreia. A família de Jun-sang ia encontrá-los no cais, e o ritual incluía muito choro e abraços, durante os quais o *harabogi* (avô) de Jun-sang enfiava um gordo envelope de dinheiro no bolso do filho. A coisa tinha que ser feita discretamente para que ninguém com autoridade visse e pedisse uma comissão. O envelope às vezes continha o equivalente a mais de 2 mil dólares em ienes japoneses. Os coreanos que viviam no Japão sabiam muito bem que seus parentes na Coreia do Norte passariam fome sem moeda forte.

A família de Jun-sang também tinha a sorte de possuir um quintal particular. Seu pai era um jardineiro pertinaz e subdividiu seu modesto território murado em pequenos canteiros de hortaliças. Trabalhando curvado em seu jardim, ele dedicava a suas sementes e mudas uma ternura que raramente concedia aos próprios filhos. Registrava num caderninho as sementes que plantava, a profundidade dos sulcos, os dias que as sementes levavam para germinar e quanto tempo seria necessário para que as verduras brotassem e crescessem. A mãe de Jun-sang ainda tinha os ótimos utensílios de cozinha que a família trouxera do Japão. Com uma faca bem afiada, ela fatiava cenouras e rabanetes à moda juliana, pousava as lascas crocantes de verduras em cima do arroz recém-cozido e enrolava o conjunto em folhas de alga seca. Era a única família da vizinhança que comia *kimbab*, uma versão coreana do maki japonês, muito popular na Coreia do Sul, mas praticamente desconhecida no Norte. Com suas hortaliças de produção doméstica e seu arroz do mercado negro, eles comiam melhor do que todos, com exceção dos membros da elite máxima do Partido dos Trabalhadores.

A principal fonte de orgulho da família era o próprio Jun-sang. Os anos de labuta, de estudar até a uma da madrugada e levantar ao amanhecer, os resmungos implacáveis do pai e seu próprio desejo de corresponder às esperanças depositadas nele pela família, tudo isso tinha sido recompensado. Jun-sang tinha sido aceito numa universidade de Pyongyang. Não era a Universidade Kim Il-sung — o status da família não era elevado o bastante para isso —, mas era uma escola que formava cientistas e se baseava mais no mérito como critério de escolha de seus estudantes. A Coreia do Norte, muito atrasada tecnologicamente em relação à Coreia do Sul e ao Japão, não podia mais se dar ao luxo de desperdiçar qualquer talento que pudesse encontrar. Jun-sang teria preferido estudar literatura ou filosofia, ou mesmo cinema, se existisse essa disciplina, mas sua família o encaminhou para a ciência, sabendo que era o único caminho para um garoto sem um bom *songbun* chegar a Pyongyang.

Para um rapaz da província de Hamgyong do Norte, era uma tremenda conquista ser aceito no equivalente norte-coreano do MIT (Massachusetts Institute of Technology). Isso significava que Jun-sang não teria que servir no Exército. Teria uma boa chance de elevar o *songbun* da família. Seria um caminho para a entrada no Partido dos Trabalhadores. Não obstante algumas dúvidas incipientes sobre o sistema político — ele começava a se perguntar por que os alemães orientais haviam derrubado o Muro de Berlim se o comunismo era tão formidável —, ele sabia que a carteira de membro do partido e uma educação em Pyongyang eram seu ingresso para a classe central.

Jun-sang estava orgulhoso de si mesmo. Era um rapaz modesto, que tinha o cuidado de não ostentar sua inteligência nem seu dinheiro, mas naqueles dias em que voltava de Pyongyang para casa sentia-se como um herói de regresso. Como soldados, os estudantes universitários deviam vestir seus uniformes mesmo quando estavam fora do campus. O conjunto consistia num paletó transpassado verde e calça da mesma cor, camisa branca e gravata. O verde do uniforme tinha o intuito de aludir a uma frase de Kim Il-sung que comparava a juventude às "montanhas verdejantes". Com sua recém-forjada confiança, Jun-sang começou de novo a pensar em convidar Mi-ran para sair. Haviam se passado cinco anos desde que a vira pela primeira vez no cinema. Para seu próprio espanto, não a esquecera. Havia garotas em sua universidade em Pyongyang — garotas inteligentes, bonitas —, mas nenhuma atraíra seu interesse como ela.

Jun-sang acabara conhecendo um pouco Mi-ran. Durante o ensino médio, fizera amizade com a irmã dela, Mi-sook. Dois anos mais velha que Mi-ran, ela era a moleca da família. Jogava no time feminino de vôlei e estava sempre circulando pelo ginásio onde os amigos de Jun-sang treinavam. Ele também tinha um amigo das aulas de boxe que morava na mesma fileira de casas-gaita de Mi-ran. Isso dava a Jun-sang uma desculpa para rondar a vizinhança dela.

A família de Mi-ran tinha conseguido comprar um televisor e, a exemplo da sra. Song, também mantinha as portas abertas aos vizinhos. Um dia, quando estava de visita ao amigo, Jun-sang esgueirou-se para dentro da casa dela junto com outros vizinhos. Enquanto todos assistiam ao programa, seus olhos iam da televisão para Mi-ran. Ela florescera numa linda adolescente. Ele a encarava, tentando detectar, no alinhamento particular dos olhos, nariz, boca e cabelo, o que é que o cativava tanto. Ele se perguntava se valeria a pena arriscar sua reputação convidando-a para sair. Decidiu que sim.

Jun-sang planejou fazer seu movimento durante uma visita à família na primavera de 1991, seu primeiro ano na universidade. Ficou vagando pelo centro de Kyongsong, na esperança de um "encontro fortuito" que lhe desse a oportunidade de falar com a moça. No último dia de suas férias, ele a avistou no mercado, mas, antes de chegar perto o bastante para abordá-la, viu que a mãe dela estava alguns passos atrás.

Pouco tempo depois, Jun-sang confidenciou sua aflição à irmã dela, Mi-sook, que concordou em agir como intermediária. Jun--sang foi à casa delas em suas férias seguintes num horário pré--combinado. Mi-sook estava esperando perto da porta. Falou para Mi-ran: "Irmãzinha, venha aqui fora conversar com meu amigo".

Mi-ran pôs a cabeça para fora da porta. Soltou um murmúrio de acanhamento e correu de volta para dentro.

"Venha, maninha, ou vou ter que arrastar você para fora", insistiu Mi-sook.

Finalmente ela saiu para cumprimentá-lo. Cara a cara com ela pela primeira fez, ele sentia gotas de suor empapando o colarinho recém-engomado de seu uniforme. Ao começar a falar, ele sentiu que sua voz saía reveladoramente trêmula. Agora era tarde para voltar atrás e ele foi em frente. Não conseguiu pensar em nenhum assunto trivial, então simplesmente se abriu. Contou tudo para ela. A começar do dia em que a viu no cinema. Terminou perguntando se ela queria ser sua namorada.

"Meus estudos. Estou tentando estudar com afinco, mas não consigo me concentrar porque fico pensando em você", despejou ele.

Mi-ran não disse nada. Ficou ali parada, sem desviar os olhos, como ele talvez temesse, mas também sem responder. Ele sentia que sua cabeça ia explodir. Continuou tentando travar uma conversa com ela.

"Você não notou que eu a observava esse tempo todo?", perguntou.

"Não, sério, não fazia ideia", disse ela.

Ele esperou, ansioso, que ela falasse mais.

"Bem, não é que eu não goste de você", respondeu ela, numa sintaxe emaranhada de duplas negativas, que em coreano são especialmente ambíguas. Ele não tinha muita certeza do que ela estava dizendo, mas suspeitou que era uma resposta cautelosamente positiva. Ela prometeu explicar seus sentimentos em uma carta. Apesar de sua aparente indiferença, Mi-ran na verdade estava emocionada. Seu pretendente era bonito, gentil e, evidentemente, um bom partido. Ela conhecia apenas dois ou três rapazes que estavam na faculdade, e nenhum deles em Pyongyang. Embora simulasse surpresa, ela já notara Jun-sang rondando a vizinhança e ousara ter esperança de que fosse por sua causa. O uniforme verde não deixara de impressioná-la. Ele parecia um oficial da Marinha com aquela fileira dupla de botões brilhantes. Embora nunca tivesse namorado, Mi-ran sabia por instinto que devia se fazer de difícil. Esforçou-se para encontrar o modo perfeito de dizer sim sem parecer ávida demais. O resultado final foi uma carta desajeitadamente formal, escrita com sua melhor caligrafia.

"Para não criar uma situação em que você não consiga se concentrar nos estudos por causa de sua infelicidade, aceitarei por ora sua proposta", ela escreveu a ele algumas semanas depois.

Pelo menos de início, o relacionamento assumiu um aspecto epistolar oitocentista. O único meio pelo qual eles podiam manter contato eram as cartas. Em 1991, enquanto a Coreia do Sul se transformava no maior exportador mundial de telefones celulares, poucos norte-coreanos sequer haviam usado um telefone. Era preciso ir a uma agência do correio para fazer um telefonema. Mas até mesmo escrever uma carta não era uma tarefa simples. Papel para escrever era escasso. As pessoas escreviam nas margens dos jornais. O papel nas lojas estatais era feito de palha de milho e se rasgava facilmente se a pessoa rabiscasse com muita força. Mi-ran tinha que pedir dinheiro à mãe para comprar algumas folhas de papel importado. Rascunhos estavam fora de questão; o papel era precioso demais. A distância de Pyongyang a Chongjin era de apenas quatrocentos quilômetros, mas as cartas demoravam até um mês para ser entregues.

Mi-ran cursava o último ano do ensino médio quando o relacionamento começou. Ela estava intimidada pela relativa sofisticação de seu namorado universitário. Em Pyongyang, Jun-sang podia comprar papel adequado. Ele tinha uma caneta esferográfica. Suas cartas ocupavam páginas. Eram longas e eloquentes. A correspondência dos dois evoluiu gradualmente de uma formalidade empolada para o romance manifesto. Jun-sang nunca tinha visto um filme de amor hollywoodiano, mas sua mente era ardorosa o bastante para conceber os clichês do amor moderno. Suas cartas evocavam imagens dele próprio e Mi-ran a correr um para o outro tendo ao fundo um céu rajado de laranja e rosa. Citava para ela trechos dos romances que lia em Pyongyang.

Escrevia poemas de amor. No papel não havia vestígio das reticências que o haviam refreado por tanto tempo.

Jun-sang enviava suas cartas aos cuidados de Mi-sook, que na época estava trabalhando numa repartição em que podia receber correspondência livre da vigilância dos pais. Ela era a única pessoa a quem Mi-ran tinha falado sobre seu namoro. Jun-sang não contou a ninguém. Eles nunca discutiram os motivos do sigilo, já que sexo e origem de classe não deviam ser discutidos abertamente na Coreia do Norte — na verdade, a pessoa se queixar de seu próprio *songbun* era equivalente a criticar o regime. Mas o assunto do sangue manchado de Mi-ran pairava sem ser dito. Ambos sabiam que, se acabassem se casando, aquilo poderia prejudicar a carreira de Jun-sang e suas perspectivas de entrar no Partido dos Trabalhadores. Se o pai de Jun-sang ficasse sabendo, com certeza proibiria o romance. A sociedade norte-coreana exige que as pessoas permaneçam em seus próprios níveis. Jun-sang sabia que era esperado que ele se casasse com alguém da comunidade coreano-japonesa. De todo modo, o pai de Jun-sang não aprovava que seu filho namorasse.

"Termine a escola primeiro. Não perca seu tempo andando atrás de garotas", era o seu sermão.

Uma digressão aqui a respeito do sexo na Coreia do Norte: o país não tem uma cultura do namoro. Muitos casamentos ainda são arranjados, seja pelas famílias, seja por secretários ou chefes do partido. Casais não devem exibir manifestações públicas de afeto — até mesmo andar de mãos dadas em público é considerado impudico. Desertores da Coreia do Norte insistem que não existe sexo pré-marital e não se imagina uma estudante solteira ficando grávida. "Seria inconcebivelmente terrível. Não posso nem pensar numa coisa dessas acontecendo", me contou uma mulher norte-coreana que, pessoalmente, não era nenhuma puritana — estava trabalhando na indústria do sexo em Seul na época em que a conheci. A Coreia do Norte certamente não tem os hotéis de encontros que há na Coreia do Sul ou no Japão. Você não pode se hospedar num hotel comum sem uma autorização de viagem, e de todo modo nenhum hotel jamais admitiria um casal não casado. As pessoas de Chongjin me dizem que casais não casados que querem ter relações sexuais vão para o mato ou mesmo a um parque à noite, mas nunca encontrei ninguém que admitisse ter feito isso.

O puritanismo faz parte da cultura tradicional coreana. Quando a gente está em Seul e vê garotas de colégio vestindo minissaias xadrezes, é fácil esquecer que apenas um século atrás as mulheres coreanas respeitáveis usavam vestimentas que cobriam todo o corpo, num estilo que rivalizaria com qualquer exigência dos talibãs. A autora britânica de livros de viagem Isabella Bird Bishop escreveu que tinha visto mulheres num vilarejo ao norte de Pyongyang em 1897 vestindo roupas semelhantes a burcas, que ela descrevia como "chapéus monstruosos, como nossas guaritas de vime de jardim, mas sem fundos. Essas capas singulares têm dois metros de comprimento, 1,5 de largura e quase um metro de profundidade, e encobrem a pessoa da cabeça aos pés". Mulheres das classes médias e altas não tinham permissão para deixar os domínios da família, exceto durante períodos especialmente designados nos quais as ruas eram evacuadas de homens. Bishop viajara muito também pelo mundo islâmico, mas declarou que as mulheres coreanas eram "rigidamente segregadas, talvez de modo mais absoluto do que as mulheres de qualquer outra nação".

Os cestos de vime desapareceram faz tempo, mas as velhas atitudes persistem. Depois que Kim Il-sung chegou ao poder, fundiu o conservadorismo coreano tradicional com o instinto

112

comunista para a repressão da sexualidade. Fechou não apenas os bordéis, mas também as mais ambíguas casas *kisaeng*, onde mulheres entretinham homens abastados. Pornógrafos eram executados. Não obstante seus próprios excessos e os de Kim Jong-il, um playboy em sua juventude, funcionários do partido flagrados em atividades adúlteras perdiam seus cargos.

Kim Il-sung também desencorajava casamentos precoces. Emitiu uma "instrução especial" em 1971 segundo a qual os homens deveriam se casar aos trinta anos e as mulheres aos 28. Conforme relatou um jornal norte-coreano, "a pátria e nação espera confiante que os jovens mantenham a linda tradição de só se casar depois de ter feito o bastante pelo país e pelo povo". Na verdade, essa não era de modo algum uma tradição coreana — no passado esperava-se que as mulheres se casassem por volta dos catorze anos de idade. O regulamento se destinava a manter alto o moral dos soldados, de modo que eles não temessem perder suas namoradas enquanto cumpriam o serviço militar; e também servia para manter baixa a taxa de natalidade. Embora o veto a casamentos de jovens tenha sido suspenso em 1990, os norte-coreanos ainda não veem com bons olhos os jovens casais, por mais inocente que possa ser seu relacionamento.

Campanhas de propaganda aconselham as mulheres a adotar "penteados tradicionais em consonância com o modo de vida socialista e com o gosto da época". Para as mulheres de meia-idade, isso significa cabelo curto e com permanente; as solteiras podem deixar o cabelo comprido, desde que o penteiem para trás ou façam tranças. As mulheres norte-coreanas não podem usar saias acima do joelho nem camisas sem mangas. Curiosamente, as sul-coreanas obedeciam a regras semelhantes quanto a penteados e trajes nos anos 1970, sob a ditadura militar de Park Chung-hee. Um sinal do quanto a Coreia do Norte se mantém congelada no tempo e do quanto a Coreia do Sul mudou é que as diferenças mais radicais entre as duas culturas se manifestam na sexualidade e nos trajes. Alguns anos atrás, durante uma viagem ao bolsão da Coreia do Norte que é frequentado por turistas sul-coreanos, vi um porteiro de hotel norte-coreano dar a impressão de estar à beira de desmaiar à visão de uma jovem sul-coreana de calça jeans de cintura baixa e um top que deixava seu umbigo à mostra. Muitos desertores norte-coreanos que entrevistei me contaram que o que mais lhes causava surpresa na Coreia do Sul eram os casais se beijarem em público.

Portanto, foi conveniente que o relacionamento de Jun-sang com Mi-ran tenha começado justamente quando as luzes estavam se apagando. A escuridão da Coreia do Norte à noite é absoluta de um modo que as pessoas do mundo eletrificado nunca vivenciaram. Sem iluminação de rua, sem faróis de automóveis, sem luz ambiente vazando pelas janelas ou por sob as portas, a escuridão é uma mortalha que cobre tudo. Só é possível dizer que alguém está caminhando pela rua quando se vê a ponta incandescente de seu cigarro.

Depois do jantar, Jun-sang usava alguma desculpa para sair de casa. Embora fosse um estudante universitário, de vinte anos de idade e um palmo mais alto que o pai, este ainda lhe inspirava terror.

"Vou sair para ver meus amigos", dizia Jun-sang, citando um ou outro de seus amigos de colégio. Prometia voltar até as 21 horas, sabendo muito bem que o mais provável era que chegasse à meia-noite. Então saía às pressas antes que seu pai fizesse alguma pergunta.

A caminhada até a casa de Mi-ran levava uns trinta minutos. Ele ia com passo acelerado, mesmo sabendo que talvez tivesse que suportar uma longa espera até que ela terminasse de ajudar a mãe a lavar a louça do jantar. Não tinha desculpa alguma para ficar rondando a casa da moça, pois seu amigo das aulas de boxe — vizinho dela — tinha se mudado dali. Então ele ficava em pé nas sombras, tão imóvel que chegava a sentir as batidas do seu coração.

Àquela altura, os poucos lugares aonde em outros tempos eles poderiam ter ido para namorar tinham fechado. O Salão Cultural do Município de Kyongsong não tinha eletricidade para fazer o projetor funcionar. Os poucos restaurantes que tinham funcionado anos antes agora estavam fechados. Ao longo do cais no centro de Chongjin, perto do porto, fica o Parque da Juventude de Chongjin, com um lago, barcos a remo e atrações deterioradas de parque de diversões, mas as regras de circulação eram tão rígidas que era necessária uma autorização só para ir dos subúrbios para o centro da cidade. Eles não ousavam entrar no parque atrás da estação de Kyongsong com medo de topar com alguém que os conhecesse.

Longas caminhadas eram a melhor escolha. Havia apenas uma estrada, que atravessava a cidade e rumava para as montanhas. Eles caminhavam o mais rápido que podiam sem parecer que estavam fugindo de alguma coisa. Não falavam até passar pelo outdoor de um sorridente Kim Il-sung, com as conclamações: "Se o Partido Decide, Nós Fazemos" e "Vamos Proteger Kim Jong-il com Nossas Vidas". Um grande cartaz colorido de soldados com baionetas ficava de um dos lados da pista, onde a estrada passava sob um amplo arco pintado de flores azuis. Quando desapareciam os slogans, a cidade acabava e eles podiam relaxar na escuridão. Suas pupilas se dilatavam até o ponto em que eles podiam abarcar todo o cenário sem precisar forçar a vista. Árvores frondosas margeavam a estrada dos dois lados, inclinando-se umas sobre as outras de maneira a formar um dossel de folhagem acima das cabeças deles. Em noites claras, as estrelas cintilavam por entre os galhos. Depois de alguns minutos, a estrada começava a subir e um vale se abria de um dos lados do caminho, enquanto os morros ficavam mais íngremes do outro lado. Tufos de pinheiros agarravam-se às encostas rochosas e, entre eles, grandes moitas desgrenhadas de flores silvestres purpúreas derramavam-se sobre as pedras.

A estrada atravessava um córrego com margens arenosas e dobrava bruscamente para a esquerda, onde se abria para a estação de águas termais Onpho, conhecida como o único lugar na Coreia em que as águas alcalinas jorravam da areia, a uma temperatura de 55°C, e tinham a reputação de curar doenças que iam da indigestão à infertilidade. Acima da estrada, interditada por barreiras policiais, ficava uma casa de férias de Kim Il-sung — uma das cerca de trinta, situadas em locais pitorescos país afora e mantidas para sua conveniência. Uma presença militar considerável impedia as pessoas de se aventurar pela estrada particular. Visível da estrada, embora também fechado ao público, havia um spa reservado às autoridades do partido. A estância para o público, praticamente desativada por causa da crise econômica, era um grupo de construções de pedra e concreto. A estação termal foi aberta em 1946 — sua fundação foi celebrada num mural de Kim Il-sung rodeado de médicos — e dava a impressão de nunca ter sido reformada desde então. Os amplos terrenos cobertos pelo mato pareciam exuberantes e selvagens à noite. O jovem casal não estava interessado no cenário. Sua excitação por estarem juntos os fazia esquecer até mesmo a dor nos pés por andarem quilômetros noite adentro.

Caminhar e conversar era tudo o que faziam. As conversas eram animadas, intensas. Quando estavam cara a cara, Jun-sang não tinha nada dos arroubos românticos de suas cartas. Era educado, respeitoso, não ousando sequer segurar a mão de Mi-ran antes de completarem três anos de namoro. Cortejava-a com suas histórias. Descrevia-lhe seus amigos, seu dormitório. Contava-lhe como os alunos eram organizados em batalhões e tinham de marchar no mesmo passo, braços e pernas ritmados, quando eles atendiam ao toque de reunir no pátio. Deu a ela de presente um guia de viagem sobre Pyongyang, onde ela só estivera uma vez, numa excursão da escola primária para ver os monumentos. Pyongyang era o suprassumo da modernidade — como afirmava a propaganda, uma cidade que oferecia as maiores realizações mundiais em arquitetura e tecnologia. Jun-sang lhe falava sobre as torres gêmeas do Hotel Koryo, com o restaurante giratório no topo. Ele mesmo nunca entrara no prédio, mas contemplara pasmo sua silhueta no horizonte dos edifícios — bem como a da pirâmide em construção de 105 andares que, supostamente, seria a maior da Ásia. Jun-sang descrevia o metrô de Pyongyang, a quase cem metros de profundidade, com suas estações adornadas por lustres e mosaicos dourados de Kim Il-sung.

De volta a Pyongyang, ele visitou uma loja que só aceitava moedas estrangeiras e, com seus ienes japoneses, comprou para Mi-ran uma tiara em forma de borboleta e cravejada de imitações de diamantes. Para Mi-ran era o que havia de mais intrincado e exótico — ela nunca tivera na vida uma coisa tão linda. Nunca a usava porque não queria que sua mãe lhe fizesse perguntas a respeito. Mantinha a tiara escondida, envolvida em suas roupas íntimas.

As experiências de Jun-sang em Pyongyang davam a Mi-ran um vislumbre de um remoto mundo de privilégios. Ao mesmo tempo, era difícil ouvir sem um traço de inveja. Ela estava em seu último ano do ensino médio e temia que sua instrução terminasse ali. Tinha presenciado a decepção de suas irmãs quando, uma depois da outra, descobriram que o histórico do pai frustraria suas ambições. Era preciso até a permissão do comitê de educação para fazer o exame de admissão à faculdade. De suas três irmãs, só a mais velha tinha chegado à faculdade, e mesmo assim tinha sido impedida de ingressar no programa de artes dramáticas e musicais, apesar de sua excelente voz para o canto. Acabou indo parar num curso de educação física, que abandonou no meio para se casar.

Mi-ran teve uma súbita percepção de seu próprio futuro. Viu-o estendido diante de si como uma estrada reta e monótona — um emprego numa fábrica, casamento (muito provavelmente com um colega de fábrica), filhos, velhice, morte. À medida que Jun-sang tagarelava sobre seus colegas de dormitório na universidade, ela se sentia cada vez mais desgraçada. Ele percebeu a depressão dela e sondou mais a fundo, até que finalmente ela lhe contou o que sentia.

"Não vejo propósito nenhum na vida", ela desabafou.

Ele escutou pensativo. Algumas semanas mais tarde, depois de retornar a Pyongyang, mandou-lhe uma carta.

"As coisas podem mudar", escreveu Jun-sang. "Se você quer mais da vida, precisa acreditar em si mesma e assim realizar seus sonhos."

Mi-ran diria mais tarde que as palavras de encorajamento de Jun-sang mudaram sua vida. Outrora uma boa aluna, ela deixara suas notas despencarem no ensino médio. Qual era o sentido de se matar de estudar se seu caminho estaria interditado de todo jeito? Mas agora a ambição de Jun-sang a havia sacudido. Ela se lançou aos livros. Implorou à mãe que a dispensasse das tarefas domésticas para que ela tivesse mais tempo de estudar. Pediu ao professor que lhe permitisse fazer o exame de admissão à universidade. Se não conseguisse chegar à faculdade, não seria por sua própria culpa.

Para sua grande surpresa, foi aceita numa faculdade de educação. A Faculdade para Professores Kim Jong-suk — assim batizada em homenagem à mãe de Kim Jong-il — era a melhor das três faculdades de educação de Chongjin. Como é que ela se deu tão bem se suas irmãs tinham fracassado? A própria Mi-ran ficou bastante aturdida, já que era uma boa aluna, mas não das primeiras da classe. Tinha pensado que havia muitas moças de famílias melhores e com notas pelo menos tão boas quanto as suas que estariam brigando pelas cobiçadas vagas na classe dos calouros.

No outono de 1991, ela se mudou da casa dos pais para o alojamento da faculdade. A escola ficava no distrito de Pohang, no centro, em frente ao museu e atrás do parque, às costas da estátua de Kim Il-sung.

Ao chegar ali pela primeira vez, Mi-ran ficou impressionada. Os dormitórios eram modernos, e cada uma das quatro garotas que dividiam um quarto tinha sua própria cama, em vez de usar as esteiras de dormir coreanas estendidas sobre um chão aquecido, que é o modo tradicional de se manter quente à noite sem usar muito combustível. Mas, à medida que as temperaturas de inverno mergulhavam Chongjin num frio congelante, ela se deu conta do motivo pelo qual a escola pudera lhe dar uma vaga em sua turma de calouros. Os dormitórios não tinham aquecimento algum. Mi-ran ia para a cama toda noite com seu casaco, suas meias grossas, luvas e uma toalha enrolada na cabeça. Ao acordar, a toalha tinha uma crosta fina de gelo formada pela umidade de sua respiração. No banheiro, onde as garotas lavavam seus panos menstruais (ninguém tinha absorventes higiênicos, de modo que as garotas mais abastadas usavam bandagens de gaze, enquanto as pobres usavam panos sintéticos baratos), fazia tanto frio que os trapos congelavam em poucos minutos ao ser pendurados para secar. Mi-ran odiava as manhãs. A exemplo do que ocorria na escola de Jun-sang, elas eram acordadas por um toque de reunir de estilo militar às seis da manhã, mas, em vez de marchar como soldados orgulhosos, entravam tremendo no banheiro e jogavam água gelada no rosto, sob um grotesco dossel de trapos menstruais congelados.

A comida na cafeteria era ainda pior. A Coreia do Norte estava começando a campanha "Vamos Comer Duas Refeições por Dia", mas a escola deu um passo adiante e passou a oferecer só uma refeição — uma sopa rala feita de sal, água e folhas de nabo. A cafeteria às vezes acrescentava uma colher de arroz e milho que tinham sido cozidos durante horas para inchar os grãos. As garotas da faculdade começaram a ficar doentes. Uma das colegas de quarto de Mi-ran estava tão subnutrida que a pele de seu rosto descascava. Ela abandonou a escola e outras fizeram o mesmo.

Foi uma revelação para Mi-ran, que tinha sido amplamente protegida da crise econômica por sua laboriosa mãe. Ela implorava à mãe que lhe mandasse comida extra de casa, mas depois de um ano não foi mais capaz de suportar. Sem disposição para abandonar a educação pela qual tanto se esforçara, ela teve permissão da escola para deixar o campus. Passou a dormir durante a semana no chão do apartamento de um parente, nas proximidades, e nos finais de semana voltava para a casa dos pais. Normalmente isso não seria permitido, mas os administradores da escola ficaram contentes em ter uma boca a menos para alimentar.

A vida de Jun-sang em Pyongyang era mais fácil. O governo tinha como alta prioridade alimentar e cuidar de seus estudantes de ponta — os cientistas de amanhã, cujas realizações, esperava-se, arrancariam a Coreia do Norte da pobreza. Jun-sang ainda marchava com seu batalhão para a cafeteria para comer três refeições por dia. Seu dormitório era aquecido à noite e a eletricidade era mantida de modo que eles pudessem estudar depois do anoitecer.

Jun-sang e Mi-ran se encontravam quando voltavam para casa de férias da universidade duas vezes por ano, no verão e no inverno, bem como durante a licença de primavera, quando os estudantes capinavam os campos preparando-os para o plantio. No passado, os estudantes de Pyongyang desempenhavam sua tarefa nos arredores da capital, mas, com a escassez de comida, decidiu-se mandá-los a suas cidades de origem, onde suas mães poderiam alimentá-los. Jun-sang antes detestava o trabalho "voluntário" nos campos, mas agora contava os dias até ser liberado pela universidade. Esse desejo foi uma revelação para ele, já que tinha passado sua vida entre livros e estudos. "Eu de fato queria abandonar tudo e voltar para casa para vê-la. Pela primeira vez na vida me dei conta de que a emoção humana é tudo", diria ele mais tarde sobre aquele período.

No outono de 1993, a irmã de Jun-sang ia se casar. Embora seus pais tivessem dito a ele que não interrompesse os estudos, viu aquilo como uma desculpa perfeita para visitar Mi-ran de surpresa. Pediu uma licença de três dias para ir para casa. Àquela altura, o transporte ferroviário de Pyongyang a localidades ao norte era esporádico, quando havia, uma vez que os trens dependiam da eletricidade. Mesmo que se conseguisse uma passagem, havia pouca chance de obter um assento, a menos que o viajante fosse um alto funcionário do partido. As estações de trens estavam cheias de passageiros à espera. Eles aguardavam no escuro, de cócoras, fumando até a chegada do trem. Então corriam desembestados até ele, acotovelando-se para entrar por janelas quebradas ou pendurando-se entre os vagões.

Não havia passagens de trem disponíveis, então Jun-sang esperou na estação, procurando um trem em que pudesse se aboletar. Depois de um dia, avistou um trem de carga no trilho que ia para o norte. Alguns cigarros de presente ao maquinista extraíram a informação de que a composição ia para Chongjin. Ele subiu num vagão carregado de carvão, com uma toalha enrolada no rosto para proteger os olhos. Foi a primeira vez na sua vida — mas não a última — em que pegou carona num trem de carga.

A última parada antes de Chongjin era Kyongsong — não muito longe do vilarejo de Mi-ran. Jun-sang saltou do trem e correu direto para a casa dela. Era de manhã, o sol estava alto no céu, não era a parte do dia em que eles normalmente se encontravam, mas ele não foi capaz de conter sua impaciência. Sentia que iria explodir se tivesse que esperar até a noite para vê-la. Era domingo e ele presumiu que ela estaria em casa, pois não tinha aula. Pela primeira vez desde que tinham começado secretamente a namorar, ele foi direto para a porta da casa dela.

A porta se abriu. A mãe de Mi-ran ficou sem fala.

O rosto de Jun-sang, assim como sua roupa, estava preto de poeira de carvão. A mãe de Mi-ran conhecia Jun-sang da época em que ele costumava se misturar com os garotos da vizinhança, mas agora ela não o reconheceu. De todo modo, Mi-ran não estava em casa.

"Veio uma pessoa muito estranha procurar você", sua mãe lhe contou mais tarde. "Que amigos esquisitos você tem."

Eles escaparam por pouco de outras. O pai de Jun-sang não gostou nem um pouco que o filho tivesse interrompido os estudos para o casamento da irmã e questionou seus motivos. Jun-sang ousou entrar na casa de Mi-ran uma noite quando a mãe dela estava fora e o pai trabalhava na mina no turno da noite. Mas, quando o pai dela voltou antes da hora prevista, Jun-sang teve que se esconder até o terreno ficar livre.

Tempos depois, Jun-sang e Mi-ran passavam horas rindo desses incidentes. A verdade é que eles gostavam de iludir seus pais. O sigilo não era apenas necessário, era também divertido. Injetava um frisson de transgressão e lhes dava um espaço psíquico compartilhado, numa sociedade em que a privacidade não existia. Era um modo relativamente seguro de se rebelar contra os limites de suas vidas.

Eles riam mais. Conversavam mais. Mais tarde, quando fossem mais velhos e vivessem em conforto e segurança, iriam estranhamente contemplar em retrospecto aqueles primeiros anos juntos como os mais felizes de suas vidas. Na sua vertigem, eles prestavam pouca atenção ao que se passava ao redor.

6. Crepúsculo do deus

Estátua de Kim Il-sung em Chongjin.

Em julho de 1994, Mi-ran tinha apenas uma prova para fazer antes de obter seu diploma na faculdade de educação. Tinha sido designada para trabalhar como professora aprendiz num jardim de infância no centro de Chongjin. Ao meio-dia de 9 de julho, as crianças tinham ido para casa na hora do almoço e Mi-ran estava arrumando a sala de aula. Estava prestes a desembrulhar seu próprio almoço e reunir-se com as outras professoras na sala de convivência quando de repente ouviu passos apressados no corredor. Saiu da sala e viu que uma das meninas tinha voltado correndo de casa. Seu rabo de cavalo estava úmido de suor e ela estava sem fôlego, tão agitada que as professoras não conseguiam entender o que dizia.

"Ele morreu, ele morreu", gritava a menina, as palavras jorrando entre um arquejo e outro.

"Do que você está falando?", perguntou uma professora.

"O Grande Marechal está morto!"

O termo só podia se referir a Kim Il-sung. As professoras ficaram chocadas que alguém, e ainda por cima uma criança, falasse daquela maneira. No jardim de infância, as crianças supostamente sabiam que não deviam fazer gracejos com os líderes. As professoras agarraram a menina pelos ombros e tentaram acalmá-la. Ela estava ofegante.

"Isso é blasfêmia contra o comunismo", ralhou uma professora.

"Não, não. Eu vi na televisão, em casa", insistiu a menina.

As professoras ainda não acreditavam nela. Sabiam muito bem que crianças de cinco anos podiam imaginar histórias fantasiosas. Além disso, os noticiários televisivos só começavam às cinco da tarde. Mas ficaram inquietas o bastante para querer investigar, mesmo que isso significasse deixar de comer seu almoço. A escola não dispunha de rádio nem de televisão, por isso elas saíram para a rua. A menininha, cheia de excitação, conduziu-as ao seu apartamento, a algumas quadras de distância. Elas subiram as escadas e avistaram uma multidão tentando abrir caminho até o aparelho de TV. Mi-ran tentou se espremer para entrar. Não conseguia ouvir, mas podia ver que os rostos ao seu redor estavam intumescidos e pálidos. Um lamento difuso emanava da multidão e foi subindo até se transformar em soluços ritmados. Pelas janelas abertas chegava o som ofegante das ruas, que ainda estavam molhadas da violenta tempestade da noite anterior.

Mi-ran estava estarrecida. Não conseguia entender. Era uma professora em treinamento, uma mulher instruída que sabia que os mortais eram feitos de carne e sangue e tinham vidas finitas.

Mas Kim Il-sung, ela achava, era outra coisa. Se o Grande Marechal podia morrer, então qualquer coisa podia acontecer.

Todos os norte-coreanos são capazes de lembrar com extraordinária clareza onde estavam e o que faziam quando souberam da morte de Kim Il-sung. Ao longo de anos entrevistando norte-coreanos, aprendi a fazer a pergunta: "Onde você estava quando ficou sabendo?". Invariavelmente o entrevistado, por mais esquecido ou recalcitrante que seja, se empertiga na cadeira. Pessoas que reprimiram tantas de suas lembranças traumáticas dos anos 1990 conseguem de repente descrever com grande animação e detalhe seus movimentos naquele dia. Foi um momento em que as leis corriqueiras de tempo e percepção foram congeladas pelo choque.

O ano que culminou com a morte de Kim foi um dos mais tumultuosos desde a Guerra da Coreia. Não bastava a economia estar moribunda, não bastava a China e a Rússia agora confraternizarem com o inimigo em Seul, a Coreia do Norte cimentava rapidamente sua reputação como um Estado embusteiro. As Nações Unidas, incitadas por um agressivo novo presidente norte-americano, Bill Clinton, exigiam que a Coreia do Norte abrisse suas instalações nucleares à inspeção. Em março de 1993, a Coreia do Norte declarou que iria romper com o Tratado de Não Proliferação Nuclear para desenvolver armas nucleares, o que desencadeou o primeiro pânico nuclear pós-Guerra Fria. No ano seguinte, enquanto a Coreia do Norte avançava no reprocessamento de plutônio de seu reator nuclear em Yongbyon — um vasto campus nuclear a cerca de setenta quilômetros ao norte de Pyongyang —, o Pentágono delineava planos para um ataque preventivo. Os norte-coreanos, por sua vez, alertavam para uma guerra iminente. A certa altura, o negociador de Pyongyang pronunciou a célebre ameaça de "transformar Seul num mar de fogo".

Em junho, o ex-presidente norte-americano Jimmy Carter fez uma visita surpresa de três dias a Pyongyang. Carter conseguiu extrair de Kim Il-sung um pré-acordo para congelar o programa nuclear em troca de ajuda no setor energético. Carter transmitiu também um convite ao presidente sul-coreano, Kim Young-sam, para visitar Pyongyang. O histórico encontro entre os líderes das Coreias antagônicas foi marcado para 25 de julho de 1994.

Em 6 de julho, Kim Il-sung foi inspecionar um palacete de hóspedes nas montanhas ao norte de Pyongyang onde ele pretendia receber seu colega sul-coreano. Também concedeu sua tradicional "orientação in loco" numa fazenda coletiva nas proximidades. O dia estava escaldante, quase 38ºC. Depois do jantar, Kim Il-sung foi derrubado por um ataque cardíaco fulminante. Morreu algumas horas depois. O anúncio de sua morte foi postergado por 34 horas. Embora Kim Jong-il tivesse sido designado seu herdeiro duas décadas antes, Pyongyang precisava preparar o anúncio da primeira sucessão hereditária no mundo comunista.

No momento de sua morte, Kim Il-sung estava com 82 anos de idade, muito além da expectativa de vida dos homens coreanos de sua geração. Tinha um bócio ostensivamente visível no pescoço, do tamanho de uma bola de golfe. Era evidente para qualquer um, menos para as massas norte-coreanas, que ele estava chegando ao fim de seus dias, mas não havia discussão pública alguma sobre a deterioração da saúde de Kim. Ele não era apenas o pai da pátria deles, seu George Washington ou seu Mao. Era seu Deus.

A sra. Song estava em casa preparando o almoço para ela e o marido. Sua fábrica já havia fechado e Chang-bo restringira suas horas na emissora de rádio porque raramente ainda recebia seu salário. Ele estava na sala esperando o início do noticiário televisivo. Eles tinham ouvido que haveria um boletim especial ao meio-dia, que supunham ser sobre as negociações nucleares em andamento. A televisão transmitira um boletim especial um mês antes, quando a Coreia do Norte anunciou que não cooperaria mais com a Agência Internacional de Energia Atômica. Chang-bo, o jornalista, seguia de perto as reviravoltas da diplomacia. A sra. Song, por sua vez, se entediava com toda aquela conversa sobre armas nucleares. Tinha preocupações mais imediatas — por exemplo, como fazer mais uma refeição de mingau de milho parecer apetitosa. De repente, ela ouviu o marido estalar os dedos.

"Aconteceu alguma coisa. Alguma coisa grande", ele gritou.

A sra. Song enfiou a cabeça pela abertura que separava a cozinha da sala do apartamento. Viu de imediato que algo estava errado. O âncora vestia roupas de luto, terno e gravata pretos. Ela enxugou as mãos num pano de cozinha e entrou na sala para assistir.

O Comitê Central do Partido dos Trabalhadores da Coreia, a Comissão Militar Central do partido, a Comissão Nacional de Defesa, o Comitê Central do Povo e o Conselho de Administração da República Democrática Popular da Coreia relatam a todo o povo do país, com o mais profundo pesar, que o Grande Líder Camarada Kim Il-sung, secretário-geral do Comitê Central do Partido dos Trabalhadores da Coreia e presidente da República Democrática Popular da Coreia, faleceu devido a um súbito ataque de enfermidade às duas horas da madrugada.

Nosso respeitado líder paterno que devotou toda a sua vida à causa da independência das massas populares e engajou-se até os últimos momentos em incansáveis e enérgicas atividades pela prosperidade da pátria e pela felicidade do povo, pela reunificação do país e pela independência do mundo, despediu-se de nós, para nossa grande tristeza.

A sra. Song ficou estupefata. Sentiu uma descarga atravessar seu corpo, como se o carrasco tivesse acionado a chave da cadeira elétrica. Tinha sentido isso apenas uma vez na vida, alguns anos antes, quando lhe contaram que sua mãe tinha morrido, mas naquele caso a morte era esperada. Ela nunca ouvira coisa alguma sobre Kim Il-sung ter qualquer tipo de doença; apenas três semanas antes ele tinha sido visto com toda a aparência robusta de estadista cumprimentando Jimmy Carter. Aquilo não podia ser verdade. Ela tentou se concentrar no que o locutor da televisão estava dizendo. Os lábios dele ainda se moviam, mas as palavras eram incompreensíveis. Nada fazia sentido. Ela começou a berrar.

"Como vamos viver agora? O que vamos fazer sem nosso marechal?" As palavras saíam aos borbotões.

Seu marido não reagia. Continuava sentado, pálido e imóvel, fitando o vazio. A sra. Song não conseguia parar quieta. Estava carregada de adrenalina. Desceu as escadas correndo e saiu para o pátio do prédio. Muitos de seus vizinhos tinham feito o mesmo. Estavam de joelhos, batendo com a cabeça no chão. Seus lamentos cortavam o ar como sirenes.

Depois de se casar, a filha mais velha da sra. Song, Oak-hee, tinha deixado o emprego no departamento de propaganda da companhia de construção, mas era frequentemente chamada a participar de apresentações teatrais no bairro. Tinha feito treinamento para locutora, exortando os trabalhadores a cumprir suas metas pelos alto-falantes de um carro de som, e sua voz resoluta e impositiva era agora bastante solicitada. Oak-hee não tinha muito como recusar quando a polícia local a convocava para narrar uma peça exortando à cooperação pública. Com toda a seriedade, ela devia recitar frases como "Vamos apanhar mais espiões para proteger a pátria" e "Confesse, se você cometeu um crime".

Caminhando penosamente para casa depois do ensaio, exausta e ansiosa pelo almoço, Oak-hee notou que as ruas estavam desertas. Ela vivia com o marido e dois filhos num apartamento na esquina em frente à movimentada estação de trens de Chongjin.

Quando chegou ao seu andar, ela também se surpreendeu ao encontrar a porta trancada, pois esperava que o marido estivesse em casa. Ouviu os sons de um televisor vindos de outro apartamento. Empurrou um pouco a porta para dar uma espiada dentro. Seu marido estava sentado em meio aos vizinhos, no chão, de pernas cruzadas. Seus olhos estavam avermelhados, mas dessa vez ele não estava bêbado.

"Ei, o que está acontecendo? Por que um noticiário ao meio-dia?", perguntou ela.

"Fique quieta e escute", rosnou seu marido. Temerosa do temperamento violento dele, Oak-hee obedeceu.

Todo mundo na sala tinha lágrimas nos olhos — isto é, todo mundo menos Oak-hee. Ela se sentia totalmente vazia por dentro, não triste, nem feliz, talvez apenas um pouco irritada. Era incapaz de pensar em qualquer coisa que não fosse os roncos de seu estômago. "Kim Il-sung pode ter morrido", pensou, "mas eu estou viva e preciso comer." Sentou-se tão imóvel quanto possível para não atrair atenção e então, depois de um período respeitoso de tempo, levantou-se para sair.

"O.k., vou para casa fazer o almoço", disse ao marido.

Ele lhe lançou um olhar malévolo. Embora sua queda pela bebida e seu mau temperamento o tivessem mantido fora do Partido dos Trabalhadores, Yong-su se tomava por uma autoridade, assumindo para si o papel de oferecer orientação a todos ao seu redor. Ele gostava de instruir e de repreender. Em casa, era ele que limpava os retratos de pai e filho na parede. Oak-hee se recusava. Agora, Yong-su encarava a esposa, que estava obviamente indiferente diante da morte. Sibilou, quando ela deixava a sala: "Você não é humana".

Oak-hee voltou para o apartamento e preparou o almoço. Ligou o rádio para escutar enquanto comia. O locutor já estava falando sobre a sucessão: "A vitória de nossa revolução está assegurada, uma vez que nosso querido camarada Kim Jong-il, o único sucessor para o Grande Líder, está conosco".

Sentada sozinha no apartamento, começou a assimilar a enormidade daquilo tudo. Qualquer esperança de que o regime da Coreia do Norte pudesse mudar com a morte de Kim Il-sung foi rapidamente liquidada. O poder passara para o filho dele. As coisas não melhorariam em nada. Ela ouviu as palavras de seu pai ecoando em seus ouvidos: "O filho é ainda pior que o pai".

"Agora estamos fodidos de verdade", disse para si mesma.

Foi só então que lágrimas de autopiedade inundaram seus olhos.

Kim Hyuck, o garoto que tinha roubado peras do pomar, tinha doze anos quando Kim Il-sung morreu. Estava em seu primeiro ano na Escola Malum, de Chongjin, o equivalente à sétima série. Na manhã em que a morte foi anunciada ele estava em dúvida se ia ou não à escola. Detestava o lugar por muitas razões, e uma das mais importantes é que raramente havia comida em casa para ele levar como merenda. Passava a maior parte do tempo olhando pela janela, pensando que se estivesse lá fora poderia sair à procura de algo para comer. Voltaria ao distrito de Kyongsong para os pomares e trigais, ou então roubaria alguma coisa de um vendedor ambulante perto da estação de trem. Cabulara aula nos dois dias anteriores. Temia voltar à escola hoje porque com certeza seu professor lhe daria uma sova por todos os dias em que ele havia faltado. Já estava horas atrasado e arrastava os pés cada vez mais devagar, perguntando-se se devia dar meia-volta.

Ao ver seus amigos saindo da escoa, Hyuck ficou eufórico. Eles tinham sido orientados a voltar para casa para ouvir um boletim urgente ao meio-dia.

"Oba! Nada de escola", gritou Hyuck enquanto se afastava correndo com seus amigos.

Dirigiram-se ao mercado. Acharam que talvez pudessem pedir ou furtar comida de uma das barracas. Mas, quando chegaram lá, as barracas estavam todas fechadas e o lugar estava deserto. As poucas pessoas que eles viram estavam cabisbaixas, chorando. De repente, Hyuck perdeu a vontade de brincar.

Em Pyongyang, Jun-sang curtia uma preguiçosa manhã de sábado. Estava recostado na cama, com um livro nos joelhos, entregue a seu passatempo favorito no período universitário. Em casa, seu pai não lhe deixava ler na cama, dizendo que aquilo arruinaria sua vista. Mesmo no início da manhã, com as janelas bem abertas, era um dia de calor sufocante, e ele vestia apenas camiseta e calção. Foi interrompido por um de seus colegas de quarto, que entrou para lhe dizer que todos os estudantes se reuniriam no pátio ao meio-dia para um anúncio urgente.

Jun-sang se levantou a contragosto e vestiu a calça. Como tantos outros, supôs que o boletim seria sobre a crise nuclear. Tinha de admitir que estava nervoso. Apesar da visita de Carter, Jun-sang estava convencido de que seu país se encaminhava para um confronto com os Estados Unidos. Poucos meses antes, todos os estudantes de sua universidade tinham sido instados a fazer um corte no dedo para assinar — com sangue — uma declaração de que cada um deles entraria como voluntário no Exército do Povo Coreano em caso de guerra. Claro que todo mundo concordou, embora algumas das garotas não tivessem conseguido cortar seus próprios dedos. Agora Jun-sang se preparava para a hipótese do fim de sua carreira universitária, se não de sua vida.

"É isso. Estamos definitivamente indo para a guerra", Jun-sang disse a si mesmo, enquanto marchava para o pátio.

No pátio, cerca de 3 mil estudantes e professores estavam dispostos em filas, divididos por ano, curso e setor de alojamento. O sol queimava com toda força e eles suavam em seus uniformes de manga curta de verão. Ao meio-dia uma voz feminina incorpórea, trêmula e pesarosa, ribombou pelos alto-falantes. Estes eram velhos e produziam sons rascantes que Jun-sang mal podia compreender, mas ele captou algumas palavras — "faleceu" e "enfermidade" — e entendeu o sentido daquilo tudo pelo murmúrio que atravessou a multidão. Havia arquejos e gemidos. Um estudante desmoronou na multidão. Ninguém sabia bem o que fazer. Então, um por um, os 3 mil estudantes se sentaram no chão quente, com a cabeça nas mãos.

Jun-sang também se sentou, em dúvida sobre o que fazer. Com a cabeça baixa para que ninguém percebesse a confusão em seu rosto, ficou ouvindo os soluços ritmados à sua volta. Olhou de soslaio seus compungidos colegas de classe. Achou curioso que, uma vez na vida, não fosse ele quem chorava. Para seu grande constrangimento, ele frequentemente sentia as lágrimas inundarem seus olhos ao final de um filme ou de um romance, o que provocava uma zombaria sem fim de seu irmão mais novo, bem como as críticas de seu pai, que sempre disse que ele era "delicado como uma garota". Esfregou os olhos, só para conferir. Estavam secos. Ele não estava chorando. O que havia de errado com ele? Por que não estava triste com a morte de Kim Il-sung? Não o amava?

Na condição de estudante universitário de 21 anos, Jun-sang era naturalmente cético em relação a toda autoridade, incluindo o governo norte-coreano. Orgulhava-se de seu intelecto questionador. Mas não via a si próprio como insubordinado ou, de forma alguma, como inimigo do Estado. Acreditava no comunismo, ou pelo menos acreditava que, quaisquer que fossem suas falhas, era um sistema mais equitativo e humano do que o capitalismo. Tinha imaginado que acabaria entrando no Partido dos Trabalhadores e dedicando sua vida ao aperfeiçoamento da pátria. Era isso o que se esperava de todos os que se formavam nas principais universidades.

Agora, rodeado de estudantes aos prantos, Jun-sang se perguntava: se todos os outros sentiam um amor tão genuíno por Kim Il-sung e ele não, como poderia se integrar? Ele vinha contemplando sua própria reação, ou falta dela, com um distanciamento intelectual, mas de repente foi tomado pelo medo. Estava sozinho, completamente sozinho em sua indiferença. Sempre pensou que tinha amigos íntimos na universidade, mas agora se dava conta de que não os conhecia nem um pouco. E com certeza eles tampouco o conheciam. Se conhecessem, ele estaria encrencado.

Essa revelação foi logo seguida de outra, igualmente grave: todo o seu futuro dependia de sua habilidade para chorar. Não apenas sua carreira estava em jogo, mas também sua filiação ao Partido dos Trabalhadores e sua própria sobrevivência. Era uma questão de vida ou morte. Jun-sang estava apavorado.

De início, ele manteve a cabeça baixa para que ninguém pudesse ver seus olhos. Depois imaginou que, se deixasse os olhos abertos por bastante tempo, eles iriam arder e lacrimejar. Era como uma disputa para ver quem pisca por último. Arregalar os olhos. Chorar. Arregalar. Chorar. Com o tempo, a coisa se tornou mecânica. O corpo se apossou do terreno abandonado pela mente e de repente ele estava chorando de verdade. Viu-se caindo de joelhos, balançando para a frente e para trás, soluçando como todos os outros. Ninguém o passaria para trás.

Poucas horas depois do anúncio do meio-dia, pessoas de toda a Coreia do Norte começaram a convergir para as estátuas de Kim Il-sung para prestar suas homenagens. Segundo uma cifra citada com frequência, há 34 mil estátuas do Grande Líder no país, e diante de cada uma delas prostravam-se com seu pesar os súditos leais. As pessoas não queriam ficar sozinhas em sua dor. Saíam de suas casas e corriam para as estátuas, que eram na verdade os centros espirituais de cada cidade.

Chongjin é habitada por umas 500 mil pessoas, mas tem apenas uma estátua de bronze de quase oito metros de altura, na praça Pohang. As pessoas lotavam a vasta praça e inundavam o gramado diante do Museu Histórico Revolucionário, a leste. As multidões se estendiam pela larga Estrada Nº 1 até o Teatro Provincial e se espalhavam pelas ruas vizinhas, como raios de uma roda. Vistas do alto, as pessoas pareciam fileiras de formigas confluindo para uma meta comum.

Histeria e multidões formam uma combinação letal. As pessoas começaram a se lançar para a frente, derrubando os que estavam na fila, atropelando gente que já estava de joelhos no chão, amassando as cercas vivas cuidadosamente podadas. A quadras de distância, o rumor da praça se irradiava pelo ar úmido e soava como o rugido de um tumulto. O clima alternava pancadas violentas de chuva e calor causticante. Ninguém tinha permissão para usar um chapéu ou carregar uma sombrinha. O sol batia direto em cabeças descobertas e as calçadas molhadas transformavam as ruas numa desagradável sauna. As pessoas davam a impressão de se liquefazer num mar de lágrimas e suor. Muitas desmaiavam. Depois do primeiro dia, a polícia tentou usar cordões de isolamento para manter a multidão sob controle.

Os pranteadores eram organizados por unidade de trabalho ou por classe escolar. Cada grupo tinha de levar flores — em geral crisântemos, a flor tradicional do luto na Ásia — ou, se não pudesse pagar por elas, flores silvestres que eles próprios colhiam. Alinhavam-se em fileiras de 25 pessoas de largura, esperando por sua vez, como ondas a serem varridas para a frente. Quem estivesse extenuado demais para se manter ereto era erguido pelos cotovelos. Uma vez na frente, eles chegavam a uns poucos metros da estátua e caíam de joelhos, baixando a cabeça até o chão e em seguida olhando para cima com profunda reverência. Kim Il-sung presidia a tudo do alto, preenchendo o campo de visão com sua presença, sua cabeça elevando-se acima de um alto bosque de pinheiros, da estatura de um prédio de três andares. Só seus pés de bronze já eram mais altos do que qualquer ser humano. Para os suplicantes a seus pés, a estátua era o homem, e eles se dirigiam diretamente a ele em sua fala.

"*Abogi, Abogi*", gemia uma senhora idosa, usando a forma honorífica empregada na Coreia tanto para o pai da pessoa como para Deus.

"Como pôde nos deixar tão subitamente?", os homens berravam, por sua vez.

Os que esperavam na fila pulavam para cima e para baixo, esmurravam a cabeça, desabavam em desmaios teatrais, rasgavam as roupas, brandiam os punhos para os céus em fúria vã. Os homens choravam tão copiosamente quanto as mulheres.

A histrionice da dor assumia um aspecto de competição. Quem podia chorar mais alto? Quem estava mais arrasado? Os pranteadores eram incentivados pelos noticiários de TV, que transmitiam horas e horas de gente chorando, homens maduros com lágrimas rolando pelo rosto, batendo a cabeça nas árvores, marinheiros chocando a cabeça contra os mastros de seus barcos, pilotos soluçando na cabine, e assim por diante. Essas cenas eram intercaladas com imagens de arquivo de relâmpagos e de chuva torrencial. Parecia o Armagedom.

"Nosso país está imerso na mais profunda tristeza da história de 5 mil anos da nação coreana", declamou um locutor da televisão de Pyongyang.

A máquina de propaganda norte-coreana entrou em parafuso, forjando histórias cada vez mais bizarras sobre como Kim Il-sung não estava morto de verdade. Logo depois de sua morte, o governo norte-coreano começou a erigir pelo país afora 3200 obeliscos, que seriam chamados de "Torres da Vida Eterna". Kim Il-sung permaneceria sendo o presidente nominal mesmo após sua morte. Um filme de propaganda lançado pouco depois de sua morte afirmava que Kim Il-sung talvez voltasse à vida se as pessoas o pranteassem o suficiente.

> Quando o Grande Marechal morreu, milhares de grous desceram dos céus para buscá-lo. As aves não conseguiram levá-lo porque viram que os norte-coreanos choravam e gritavam e socavam o peito, puxavam os cabelos e se batiam contra o chão.

O que começara como uma efusão espontânea de pesar tornou-se uma obrigação patriótica. As mulheres não deviam usar maquiagem nem cuidar dos penteados durante um período de dez dias de luto. Estava proibido beber, dançar, tocar ou ouvir música. O *inminban* mantinha um registro da frequência com que as pessoas iam à estátua manifestar seu respeito. Todo mundo estava sendo vigiado. Não apenas as ações eram perscrutadas, mas também as expressões faciais e o tom de voz, para avaliar sua sinceridade.

Mi-ran tinha de ir duas vezes por dia, durante o luto de dez dias, uma com as crianças do jardim de infância e outra com o grupo de professoras da sua unidade. Ela começou a ficar apavorada com aquilo, não apenas com o sofrimento, mas com a responsabilidade de assegurar que as frágeis crianças não fossem pisoteadas ou embarcassem na histeria. Havia uma garotinha de cinco anos em sua classe que chorava tão alto e era tão ostensiva em sua aflição que Mi-ran temeu que ela pudesse ter um colapso. Mas então ela notou que a menina estava cuspindo na mão para umedecer o rosto com saliva. Não havia lágrimas de verdade.

"Minha mãe me disse que se eu não chorar é porque sou uma pessoa ruim", confessou a menina.

Uma conhecida atriz de Chongjin viu-se na desconfortável situação de não conseguir verter lágrimas. Isso a punha em risco não apenas politicamente, mas também profissionalmente. "É meu trabalho. Supostamente devo chorar por encomenda", relembrou a atriz Kim Hye-young anos depois, em Seul.

Hyuck e seus colegas de escola iam com frequência à estátua porque havia distribuição de bolinhos grudentos de arroz para quem fizesse reverência. Eles prestavam sua homenagem e depois voltavam à fila para receber mais um bolinho de arroz.

Em meio aos milhões de norte-coreanos que participavam da exibição em massa de pesar por Kim Il-sung, quantos estavam fingindo? Choravam pela morte do Grande Líder ou por eles mesmos? Ou estavam chorando porque todos os outros estavam? Se há uma lição ensinada pelos estudiosos do comportamento coletivo, dos historiadores das caças às bruxas de Salém a Charles Mackay, autor do clássico *Ilusões populares e a loucura das massas*, é a de que a histeria é contagiosa. No meio de uma multidão de pessoas em prantos, a única reação humana natural é chorar também.

Não há dúvida de que muitas pessoas estavam de fato subjugadas pela tristeza pelo falecimento de Kim Il-sung. Seja pelo choque, seja pelo sofrimento, muitos norte-coreanos idosos sofreram enfartes e derrames durante aquele período de luto — tanto que houve um acentuado aumento da taxa de mortalidade imediatamente depois do evento. Muitos outros mostraram sua aflição cometendo suicídio. Pularam do alto de edifícios, o método favorito de suicídio na Coreia do Norte, uma vez que ninguém tinha comprimidos para dormir e só os soldados dispunham de armas carregadas. Outros simplesmente deixaram-se morrer de fome. Um destes últimos foi o pai da dra. Kim Ji-eun, uma pediatra do hospital municipal de Chongjin.

7. Duas garrafas de cerveja por um soro

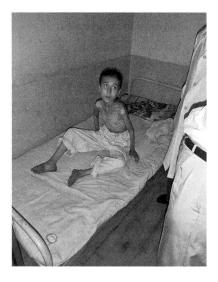

Menino em hospital de Hamhung.

Na época da morte de Kim Il-sung não havia gasolina para as poucas ambulâncias de Chongjin, por isso os pacientes tinham de ser carregados nos ombros ou em carrinhos de mão até o hospital. Kim Ji-eun trabalhava num pequeno hospital distrital, mas era o mais próximo à praça Pohang — a apenas quinze minutos de caminhada —, por isso recebia uma cota desproporcional de pessoas que se machucavam ou passavam mal nos tumultos diante da estátua. Pacientes ocupavam todas as macas de metal, cinco por quarto, enquanto outros esperavam sua vez em bancos de madeira ou estendidos no chão dos corredores sombrios. As luzes raramente eram acesas durante o dia porque o abastecimento de energia havia sido desviado para manter a estátua de

Kim Il-sung iluminada permanentemente. Já tinha sido um verão movimentado por causa de um surto de tifo. Na pediatria, pais e mães traziam crianças debilitadas que tinham ficado perigosamente desidratadas ao chorar sob o sol quente. Algumas tinham chegado a sofrer convulsões. O turno normal da dra. Kim ia das 7h30 às vinte horas, mas naquele período ela permaneceu no hospital quase 24 horas por dia, exceto pelas poucas vezes em que saía para prestar suas homenagens à estátua. Mas ela nunca se queixou da extensão das horas. A dra. Kim levava a sério seu juramento médico. Além do mais, o trabalho árduo a distraía dos sinais de alerta de que sua própria vida estava desmoronando.

Aos 28 anos, a dra. Kim era uma das médicas mais jovens do hospital, e certamente a menor. De salto, media 1,5 metro, ou não muito mais do que seus pacientes mirins, e pesava menos de 45 quilos. Seu beicinho vermelho e seu rosto em forma de coração davam-lhe uma aparência enganosamente delicada. Talvez para compensar, ela adotou uma personalidade firme e eficiente, e seus colegas, em particular os homens, logo aprenderam a não tratá-la com condescendência. Se a achavam áspera, também reconheciam sua dedicação. Ela era sempre a primeira a se oferecer voluntariamente para turnos extras — e não remunerados — de trabalho. Tarde da noite, depois do serviço, ela ainda trabalhava na secretaria do Partido dos Trabalhadores. O hospital, como toda instituição norte-coreana, tinha um secretário do partido cuja tarefa era garantir a saúde ideológica do local de trabalho e escolher os trabalhadores que se tornariam membros do partido. Embora apenas um a cada quatro médicos do hospital fosse admitido no partido, a dra. Kim estava certa de que estaria entre os escolhidos. Uma razão: as mulheres eram frequentemente preferidas para entrar no partido porque em sua maioria não bebiam álcool e eram tidas como mais obedientes às regras. Além disso, havia a personalidade disciplinada e um tanto inflexível da dra. Kim, que convinha ao seu perfil como uma comprometida futura filiada ao partido. Sem dúvida sua dedicação ao sistema de governo da Coreia do Norte era sincera, tendo sido nutrida por seu pai desde a infância.

A Manchúria tem uma grande população de etnia coreana, resultado de séculos de migração de um lado para outro dos rios Tumen e Yalu, que formam a fronteira que separa a Coreia da China. O pai da dra. Kim nasceu numa aldeia que falava coreano do outro lado da fronteira. Mudou-se para a Coreia do Norte quando rapaz, no início dos anos 1960, para escapar do desastroso Grande Salto para a Frente empreendido por Mao, que tinha resultado em milhões de mortes pela fome. O pai da dra. Kim via Kim Il-sung, e não Mao, como o legítimo herdeiro do sonho comunista, aquele que seria capaz de cumprir as promessas de igualdade e justiça feitas a trabalhadores como ele próprio. Era um simples operário da construção que estudara só até a sexta série, mas sua inteligência e sua dedicação foram reconhecidas na Coreia do Norte e ele foi admitido no Partido dos Trabalhadores. Tinha atuado como secretário do partido em seu grupo de operários de construção até que um leve derrame, uns anos antes, o obrigara a se aposentar. Já que não tinha filhos homens, sua ambição era que a filha desse continuidade a seu trabalho para o partido e contribuísse para a pátria que ele abraçara sem reservas.

A futura dra. Kim aceitou com entusiasmo. Ficou empolgada quando, aos sete anos, tornou-se membro dos Jovens Pioneiros e pôs em torno do pescoço o fulgurante lenço vermelho da agremiação. Aos treze ela foi promovida à Liga da Juventude Socialista e passou a ostentar orgulhosamente seu broche de Kim Il-sung. A admissão à liga é um rito de passagem padrão para os norte-coreanos, mas a idade com que um jovem é admitido —

aos treze, catorze ou quinze anos — depende de sua conduta e de suas notas. Desde seus primeiros dias na escola primária, era evidente que Kim Ji-eun era uma aluna precoce. Era a garota com caligrafia impecável, a que levantava primeiro a mão para responder às perguntas da professora, a que tirava as melhores notas. No meio do segundo grau, foi tirada de sua classe para frequentar o curso de medicina. Pouco importava que ela sonhasse em ser professora ou jornalista; era uma honra para a filha de um operário da construção ser escolhida para se tornar médica.

Ela entrou na Escola de Medicina da Universidade de Chongjin com dezesseis anos, dois anos a menos que seus colegas, dois terços dos quais eram mulheres. Ainda parecia uma adolescente quando terminou o curso de sete anos e começou sua residência no Hospital Provincial do Povo Nº 2, que era associado à faculdade de medicina e tido como o mais prestigioso hospital da província de Hamgyong do Norte. Os moradores locais o chamavam de Hospital Tcheco, porque nos anos 1960, quando ainda significava alguma coisa participar da família comunista de nações, uma equipe de médicos veio da Tchecoslováquia com máquinas de raio X e incubadoras para bebês. O hospital ainda gozava de seu prestígio europeu, embora os tchecos tivessem partido havia muito tempo e boa parte do equipamento estivesse remendada com durex. Depois da residência, a dra. Kim foi enviada como clínica geral a um dos menores hospitais, localizado no distrito de Pohang, onde ela morava.

A dra. Kim tinha de bater cartão às 7h30. O regulamento exigia que ela trabalhasse doze horas por dia e atendesse pelo menos 32 pacientes. Ela geralmente passava a manhã no hospital e à tarde era enviada a campo com uma equipe. Vestia um jaleco branco e uma touca, também branca, que cobria seu cabelo e a fazia parecer uma cozinheira de lanchonete. Arrastava consigo uma pesada valise que continha um estetoscópio e seringas, bandagens, comprimidos para digestão e antibióticos. Como parte de uma equipe de três médicos, ela visitava escolas e conjuntos habitacionais. Cada bloco de casas tinha seu próprio posto de saúde, que trabalhava em conjunto com o *inminban.*

"Os médicos chegaram! Os médicos chegaram", ecoavam os gritos pelos pátios. As pessoas começavam a formar fila diante do posto de saúde, empurrando criancinhas chorosas para os primeiros lugares, prontas para exibir uma mão machucada ou uma erupção alérgica de que elas cuidavam por semanas enquanto aguardaram a visita dos médicos.

Espera-se que os médicos norte-coreanos sirvam a população abnegadamente. Devido à escassez de máquinas de raio X, eles frequentemente precisam usar máquinas rústicas de radioscopia, que os expõem a altos níveis de radiação; em consequência disso, muitos médicos norte-coreanos idosos sofrem agora de catarata. Os médicos não apenas doam seu próprio sangue, mas também pequenos pedaços de pele para fornecer enxertos a vítimas de queimaduras. A dra. Kim foi dispensada desta última obrigação porque seu peso e sua altura estavam bem abaixo da média, mas isso não a eximiu da obrigação de caminhar até as montanhas para colher ervas medicinais.

Fazer seus próprios remédios é parte da função de um médico na Coreia do Norte. Aqueles que vivem em climas mais quentes em geral plantam algodão também para fazer suas próprias bandagens. Os médicos são todos convocados a colher pessoalmente suas plantas medicinais; a equipe de trabalho da dra. Kim chegava a tirar um mês na primavera e no verão para colher essas plantas, e durante esse período os médicos dormiam ao relento e tomavam banho apenas alguns dias por semana. Cada um tinha uma cota a preencher. Tinham que trazer sua colheita para a farmácia do hospital, onde ela seria pesada e, se a quantidade fosse insuficiente, eles eram mandados de volta à mata. Com frequência, os médicos tinham que caminhar muito montanha acima porque as áreas mais acessíveis já tinham sido exploradas por cidadãos comuns que buscavam vender as plantas ou usá-las em proveito próprio. A mais cobiçada era a raiz de peônia, usada como relaxante muscular e para tratar distúrbios nervosos. O inhame selvagem era considerado eficaz para regular os ciclos menstruais. O dente-de-leão era usado para estimular a digestão; o gengibre, para evitar a náusea. A *Atractylodes*, que também é popular na medicina chinesa para fortalecer a imunidade, era usada quando não se conseguia obter antibióticos.

Durante anos, os hospitais da Coreia do Norte tinham usado medicamentos naturais em combinação com a medicina ocidental. Em vez de analgésicos, os médicos usavam a sucção por ventosas, técnica aplicada para estimular a circulação em determinadas partes do corpo. Outra técnica emprestada dos chineses envolvia bastonetes incandescentes de artemísia aplicados sobre a área afetada. Com a escassez de anestesias, a acupuntura era usada para cirurgias simples, como extirpação do apêndice.

"Quando funciona, funciona muito bem", contou-me a dra. Kim anos mais tarde. E quando não funcionava? Os pacientes eram amarrados à mesa de operação para que não pudessem esbracejar. Em sua maioria, os norte-coreanos eram estoicos na resistência à dor durante o tratamento médico. "Não eram como os sul-coreanos, que imploram e berram diante de qualquer coisinha", disse a dra. Kim.

Mesmo com todas as suas carências, o sistema público de saúde da Coreia do Norte propiciava à população uma assistência melhor do que a dos tempos pré-comunismo. O direito a "atendimento médico gratuito e universal [...] para melhorar a saúde da população trabalhadora" estava inscrito na Constituição norte-coreana. A dra. Kim tinha orgulho de fazer parte do sistema de saúde e sentia-se gratificada pelo serviço que prestava a seus pacientes. Mas, no início dos anos 1990, as deficiências no interior do sistema se tornaram mais pronunciadas. Grande parte do equipamento médico era obsoleta ou estava quebrada, com peças de reposição impossíveis de ser obtidas, já que as fábricas nos países do bloco comunista onde eram fabricadas estavam agora privatizadas. A fábrica farmacêutica em Chongjin reduziu drasticamente sua produção devido à falta de suprimento e de energia elétrica. Havia pouco dinheiro para importar remédios do exterior. A valise que a dra. Kim carregava em suas rondas foi ficando cada vez mais leve, até ficar sem nada, com exceção do estetoscópio. Tudo o que ela podia fazer por seus pacientes era escrever receitas e esperar que eles tivessem algum contato na China ou no Japão, ou então um dinheiro escondido para comprar os medicamentos no mercado negro.

A frustração da dra. Kim veio a público em 1993, quando ela teve sua primeira desavença séria com a gerência do hospital. Tinham-lhe pedido para tratar de um homem de 27 anos que fora condenado por um crime econômico — o que significa que ele tinha se dedicado a negócios privados. Ele cumprira três anos de uma pena de sete antes de ser transferido da prisão para o hospital. Estava machucado e muito desnutrido, com as costelas aparecendo. Sofria de bronquite aguda. Ela queria lhe dar um antibiótico. Seu chefe a desautorizou.

"Ele é um condenado. Vamos poupar o antibiótico para alguma outra pessoa", disse ele à dra. Kim. Ela ficou furiosa.

"Ele foi admitido no hospital. Um paciente é um paciente. Podemos salvá-lo. Sem o antibiótico ele vai morrer", ela vociferou de volta.

Sua personalidade obsessiva veio à tona. A dra. Kim não deixou o assunto morrer e brigou durante vários dias. O rapaz moribundo foi mandado embora do hospital sem tratamento. A dra.

Kim passou a ir à casa dele duas vezes por dia, mas o paciente ficou cada vez mais enfermo e desalentado, chegando a declarar: "Não sirvo para viver". Cometeu suicídio pouco tempo depois. A dra. Kim se convenceu de que ela e o hospital eram responsáveis pela morte dele. A tensão com o chefe continuou e ela pediu para ser transferida para a pediatria, onde achava que as coisas seriam menos políticas.

Ao mesmo tempo, a vida pessoal da dra. Kim estava em frangalhos. Sua vida amorosa nunca esteve à altura de seu sucesso profissional; sua obsessão pelo trabalho e seu perfeccionismo mantinham os homens à distância. Um ano depois que ela começou a trabalhar em tempo integral, um homem que ela adorava desde os tempos de faculdade lhe deu o fora. Ela ficou arrasada. Pediu a uma amiga que lhe arranjasse um namoro com outro homem e ficou noiva dele no segundo encontro. O marido tinha a mesma idade dela — 26 anos —, mas ainda estava em seu primeiro ano de faculdade porque tinha servido o Exército. Uma vez que já estava trabalhando, ela imaginou que os dois sobreviveriam às custas de seu salário até que ele se formasse.

"Você vai ferir o orgulho dele", alertou a mãe da dra. Kim. Uma médica se casando com um estudante de faculdade? "Os homens não gostam quando suas mulheres ganham mais dinheiro que eles."

Na sua noite de núpcias, a dra. Kim soube que tinha cometido um terrível engano, mas ficou grávida quase imediatamente e não teve como escapar. Poucos meses depois de dar à luz, período que suportou para poder amamentar seu filhinho, ela saiu da casa do marido e voltou para a dos pais. O bebê permaneceu com seus sogros, de acordo com a tradição coreana: em caso de divórcio, a guarda passa para a família do pai.

Se foi de fato a renda superior dela que desgastou o casamento, a injúria suprema foi que seu salário desapareceu. Antes ela ganhava 186 wons por mês, o equivalente a cerca de oitenta dólares pelo câmbio oficial, o triplo do salário de um trabalhador comum. Com esse dinheiro, ela sustentara o marido e seus próprios pais aposentados e ajudara uma irmã casada. À medida que os contracheques foram minguando, o mesmo aconteceu com as rações alimentares. Foi nesse período que ela se viu roubando peras dos pomares coletivos e vasculhando os campos em busca de comida. Às vezes aceitava presentes dos pacientes — um pacote de macarrão instantâneo ou algumas espigas de milho —, o que a deixava constrangida ou desconfortável. A dra. Kim sabia de outros médicos que recebiam propinas pelo tratamento médico que supostamente era gratuito; ela estava decidida a não ser um deles. Mas o fato é que ela estava passando fome.

Aos 28 anos, as promessas de sua juventude tinham se convertido em decepção. Estava divorciada, morando com os pais. Perdera a guarda do filho. Estava trabalhando mais arduamente do que nunca e recebendo menos recompensa por seus esforços. Estava faminta e exausta, pobre e sem amor.

Essas eram as infelizes circunstâncias nas quais a dra. Kim estava vivendo no ano que culminou com a morte de Kim Il-sung.

Como a maioria dos outros norte-coreanos, a dra. Kim soube da morte de Kim Il-sung pelo boletim especial do meio-dia. Ela acabara de voltar ao hospital depois de acompanhar um paciente de tifo até uma clínica especializada. Ao entrar no saguão do hospital, viu médicos, funcionários e pacientes chorando diante do único aparelho de televisão que havia ali.

Caminhou os quarenta minutos de volta ao seu apartamento, localizado atrás do principal estádio esportivo da cidade, com os olhos tão nublados pelas lágrimas que ela mal conseguia ver os pés tocando o chão. Seu pai estava em casa dormindo. Acordou com o som dos passos dela.

"Que aconteceu? Morreu algum paciente?", ele perguntou, alarmado. Sabia o quanto a filha podia ser emotiva com relação a seus pacientes.

A dra. Kim desabou nos braços do pai. Nunca tinha chorado tanto, nem quando seu namorado a rejeitou, nem quando seu casamento desmoronou e seu bebê foi levado embora, nem quando seu pai teve o derrame. Todos esses eram reveses para os quais uma pessoa tinha que estar preparada. Mesmo sendo uma médica, instruída sobre as fragilidades do corpo humano e muito consciente de sua mortalidade, a dra. Kim nunca cogitara que essas coisas pudessem valer para o próprio Kim Il-sung.

Seus colegas tinham um sentimento semelhante. Trabalhando noite adentro nos sombrios corredores do hospital, eles trocavam entre si teorias conspiratórias. Uma delas dizia que Kim Il-sung tinha sido assassinado por provocadores norte-americanos que queriam sabotar seu agendado encontro de cúpula com o presidente sul-coreano, Kim Young-sam — já que um clássico da propaganda norte-coreana afirmava que eram os Estados Unidos que mantinham a Coreia dividida.

Aqueles primeiros dias depois da morte de Kim Il-sung passaram-se como um borrão. Entre o choque e a insônia, levou um tempo para a dra. Kim notar a crise que fermentava em sua própria casa. Seu pai estava deprimido desde que a enfermidade o forçara a se aposentar. A morte do Grande Líder era mais do que ele era capaz de suportar. Passou a ficar na cama e a se recusar a comer.

"Se um grande homem como Kim Il-sung pode morrer, por que um imprestável como eu deveria continuar vivendo e consumindo comida?", gemia ele.

A dra. Kim tentou chamá-lo à sensatez. Ela o adulou, gritou, ameaçou.

"Se o senhor não comer, não vou comer também. Vamos morrer juntos", ela lhe disse. Sua mãe também ameaçou fazer greve de fome. A dra. Kim trouxe o secretário do Partido dos Trabalhadores do hospital para persuadi-lo. Ela tentava manter as forças do pai administrando-lhe alimentação intravenosa.

Seu pai passou a delirar. Alternava louvores e impropérios a Kim Il-sung. Um dia dizia que seu amor pelo marechal era tamanho que ele não conseguiria viver sem ele, no dia seguinte sussurrava que a mortalidade de Kim Il-sung era uma prova cabal de que todo o sistema norte-coreano tinha fracassado. Pediu à filha que trouxesse papel do hospital. Juntou as forças que lhe restavam para sentar e escrever um bilhete:

> Como minha última tarefa de membro do Partido dos Trabalhadores, destino minha filha mais velha a dar continuidade a meu trabalho. Por favor, façam dela uma boa e leal trabalhadora em prol do partido.

Entregou a carta a Kim e pediu-lhe que a levasse ao secretário do partido no hospital. Então apanhou outra folha de papel. Nela rabiscou o que parecia uma intrincada pirâmide, com nomes e números inscritos nos degraus. Pareciam os garranchos de um maluco. A dra. Kim achou que o pai tinha perdido o juízo.

Ele indicou com um gesto que ela sentasse a seu lado. Não conseguia elevar a voz acima de um sussurro.

"Estes são nossos parentes na China. Eles vão ajudar você", disse ele.

Era uma árvore genealógica. A dra. Kim ficou chocada. Seria possível que seu pai estivesse lhe dizendo para trocar a pátria pela China? Seu pai tão leal, que tinha, ele próprio, deixado a China e ensinado a ela desde o berço o amor a Kim Il-sung? Como poderia ele ser um traidor? O primeiro instinto da dra. Kim foi rasgar o papel, mas ela não podia destruir as últimas palavras de seu pai. Então apanhou uma caixinha de metal com cadeado e chave, um dos últimos vestígios de sua meninice.

Dobrou o desenho de seu pai e trancou-o na caixa.

Kim Il-sung foi sepultado num mausoléu subterrâneo, seu corpo embalsamado e posto em exibição de acordo com a tradição comunista iniciada com a morte de Vladimir Lênin, em 1924. O governo norte-coreano encenou um elaborado funeral que transcorreu por dois dias, 19 e 20 de julho. A Rádio Pyongyang noticiou que 2 milhões de pessoas acompanharam o cortejo em que o caixão de Kim Il-sung atravessou a cidade sobre a capota de um Cadillac, seguido por soldados marchando a passo de ganso, banda marcial e uma frota de limusines ostentando enormes retratos do líder e ramos de flores. O cortejo de cem veículos começou na praça Kim Il-sung, passou pela Universidade Kim Il-sung e pela estátua de trinta metros de Kim Il-sung, a maior do país, e terminou no Arco da Revolução, uma réplica do Arco do Triunfo de Paris, só que maior. No dia seguinte, houve uma cerimônia solene. Ao meio-dia em ponto, em todo o país soaram sirenes, trens e navios apitaram e as pessoas se mantiveram em pé e em silêncio por três minutos. O período de luto tinha chegado ao fim. Era hora de a nação voltar ao trabalho.

A dra. Kim teve oportunidade de sobra para enterrar sua infelicidade no trabalho. Seu pai morreu uma semana depois do funeral de Kim Il-sung, de modo que ela não tinha muita vontade de voltar para casa à noite e acabava trabalhando por mais horas ainda. A onda de calor não tinha cedido, e o surto de febre tifoide que começara no início do verão se convertera numa epidemia franca. Chongjin estava sempre propensa a epidemias porque seu sistema de esgoto, reconstruído às pressas depois da Guerra da

Coreia, despejava fezes não tratadas nos rios em que as mulheres muitas vezes lavavam roupas. Com a energia elétrica caindo a todo momento, não era possível contar com água corrente. Geralmente a energia e a água funcionavam por uma hora pela manhã e por uma hora no início da noite. As pessoas armazenavam água em grandes barris em casa (poucas dispunham de banheiras), que se tornavam focos de reprodução de bactérias. Ninguém tinha sabão. A febre tifoide é facilmente tratada com antibióticos, que em 1994 eram quase inteiramente inacessíveis.

Depois do verão escaldante de 1994 veio um inverno excepcionalmente frio, com as temperaturas nas montanhas despencando para 35 graus abaixo de zero. Seguiram-se a isso as chuvas torrenciais do verão seguinte, que inundaram os arrozais. Isso deu ao governo norte-coreano uma boa desculpa para admitir publicamente pela primeira vez, sem assumir a responsabilidade, que o país vivia de fato uma escassez de alimentos. Uma equipe de socorro da ONU, que teve permissão para visitar a Coreia do Norte em setembro de 1995, foi informada de que as cheias tinham causado prejuízos no valor de 15 bilhões de dólares, que atingiram 5,2 milhões de pessoas; de que 96 348 residências tinham sido danificadas, deixando desabrigadas 500 mil pessoas; e de que 1,9 milhão de toneladas de colheitas tinham sido perdidas.

Na ala pediátrica, a dra. Kim notou que seus pacientes estavam manifestando sintomas peculiares. As crianças que ela tratava, nascidas no final da década de 1980 e início da de 1990, eram surpreendentemente menores, até mesmo menores do que ela havia sido quando, no ensino fundamental, era a mais miúda criança da classe. Agora os braços delas eram tão finos que ela conseguia envolvê-los com o polegar e o indicador. O tônus muscular delas era fraco. Era uma síndrome conhecida como desgaste, na qual o corpo consome seu próprio tecido muscular.

Chegavam ao hospital crianças com constipação tão aguda que elas se dobravam de dor, aos berros.

O problema estava na comida. Donas de casa tinham passado a colher ervas e gramíneas selvagens para pôr em suas sopas e criar a ilusão de verduras. De novo, o milho era cada vez mais o alimento básico, em vez do arroz, mas as pessoas estavam adicionando folhas, cascas, talos e sabugos para fazê-lo render mais. Tudo bem para os adultos, mas não era algo que pudesse ser digerido pelos estômagos mais delicados das crianças. No hospital, os médicos discutiam o problema entre eles e davam às mães conselhos culinários. "Se for para usar capim ou casca de árvore, é preciso moê-los bem fininho, e depois cozinhar por muito tempo, de modo a torná-los macios e fáceis de digerir", dizia-lhes a dra. Kim.

Entre as crianças mais velhas e os adultos havia uma nova e estranha afecção. Os pacientes tinham erupções brilhantes nas mãos, ou em torno da clavícula, como se estivessem usando colares, ou em volta dos olhos. Era chamada às vezes de "doença dos óculos". Na realidade, era pelagra, que é causada por uma carência de niacina na dieta e geralmente é observada em gente que só come milho.

Com frequência chegavam crianças com pequenos resfriados, tosse ou diarreia e morriam subitamente. A dieta pobre baixava sua resistência. Mesmo que o hospital dispusesse de antibióticos, os corpos dessas crianças estavam fracos demais. Os bebês estavam em pior situação. As mães, elas próprias subnutridas, não produziam leite materno suficiente. Leite em pó para bebês não existia, e leite em geral era raro. No passado, mães que não conseguiam produzir leite materno suficiente alimentavam seus bebês com uma papa aguada feita de arroz cozido; agora, a maioria delas tampouco tinha como comprar arroz.

E havia crianças que não tinham sintomas diagnosticáveis, apenas um vago mal-estar. Elas chegavam pálidas ou levemente azuladas, a pele parecendo papel, sem elasticidade. Às vezes tinham a barriga inchada, às vezes não tinham absolutamente nada.

"Não consigo atinar com o que possa ser. Simplesmente não consigo fazer meu filho parar de chorar", as mães diziam à dra. Kim.

Ela balançava a cabeça em concordância, porque reconhecia a condição, mas não tinha palavras. Como se diz a uma mãe que seu filho precisa de mais comida quando não há mais nada para dar?

A dra. Kim assinava um papelzinho admitindo a criança ao hospital, mas sabendo que não dispunha de cura para sua condição. O hospital também não tinha comida. Enquanto ela fazia suas rondas, caminhando pela ala pediátrica, as crianças a seguiam com os olhos. Até quando estava de costas ela podia sentir os olhos delas fitando seu jaleco branco, perguntando-se se ela poderia aliviar sua dor e logo percebendo que não.

"Elas me olhavam com olhos acusadores. Até crianças de quatro anos sabiam que estavam morrendo e que eu não estava fazendo nada para ajudá-las", a dra. Kim me contou anos mais tarde. "Tudo o que eu era capaz de fazer era chorar com as mães sobre seus cadáveres depois."

A dra. Kim não tivera tempo de profissão suficiente para erigir o muro de proteção que a isolasse do sofrimento à sua volta. A dor das crianças era sua também. Anos depois, quando lhe perguntei se era capaz de se lembrar de algumas das crianças que morreram sob seus cuidados, ela respondeu bruscamente: "Eu me lembro de todas".

Ao longo dos anos, o hospital foi oferecendo cada vez menos condições. A caldeira no porão parou de funcionar quando acabou o carvão, de modo que o hospital ficou sem aquecimento. Quando a água corrente foi cortada, o chão deixou de ser limpo adequadamente. Mesmo durante o dia era tão escuro no interior do prédio que os médicos tinham que se aproximar das janelas para escrever seus relatórios. Pacientes traziam sua própria comida, seus próprios cobertores. Como as bandagens eram escassas, eles cortavam pedaços da roupa de cama para confeccioná-las. O hospital ainda era capaz de manufaturar fluido intravenoso, mas não tinha frascos para armazená-lo. Os pacientes tinham de trazer seus próprios frascos, que em geral eram garrafas vazias da cerveja mais popular de Chongjin, a Rakwon, ou "Paraíso".

"Se o paciente trouxesse uma garrafa de cerveja, obtinha uma dose de soro. Se trouxesse duas garrafas, ganhava duas doses", disse a dra. Kim. "É constrangedor demais admitir, mas é assim que são as coisas."

Com o tempo o hospital acabou se esvaziando. As pessoas pararam de levar seus parentes enfermos. Afinal, para quê?

A morte de Kim Il-sung não mudara, na verdade, muita coisa no país. Kim Jong-il vinha assumindo gradualmente o poder ao longo da década que precedeu a morte do pai. O colapso inevitável da economia tinha se iniciado anos antes sob o peso de sua própria ineficiência. Mas o Grande Líder da Coreia do Norte morreu num momento conveniente, um momento que salvou seu legado de ser manchado pelos eventos catastróficos dos anos seguintes. Se tivesse vivido um pouco mais, hoje os norte-coreanos não poderiam olhar para trás com saudade da relativa fartura que tinham desfrutado durante a vida dele. Seu falecimento coincidiu com os últimos suspiros de seu sonho comunista.

Em 1995, a economia da Coreia do Norte estava tão morta e petrificada quanto o corpo do Grande Líder. A renda per capita despencou verticalmente, de 2460 dólares ao ano em 1991 para 719 dólares em 1995. As exportações de mercadorias da Coreia do Norte caíram de 2 bilhões de dólares para cerca de 800 milhões de dólares. O colapso da economia tinha algo de orgânico, como se um ser vivo estivesse lentamente se desligando e morrendo.

Em Chongjin, as mastodônticas fábricas ao longo do cais pareciam uma parede de ferrugem, as chaminés alinhadas como as barras de uma prisão. As chaminés eram os indicadores mais confiáveis. Na maioria dos dias, só umas poucas emitiam fumaça de suas fornalhas. Dava para contar as distintas baforadas de fumaça — uma, duas, no máximo três — e ver que o batimento cardíaco da cidade estava falhando. Os portões principais das fábricas estavam agora trancados com cadeados e correntes — isto é, quando os cadeados não tinham sido surrupiados pelos ladrões que já haviam desmanchado e removido o maquinário.

Pouco ao norte do distrito industrial, as ondas batiam de leve contra os quebra-mares vazios do porto. Os cargueiros japoneses e soviéticos que costumavam fazer visitas regulares para recolher placas de aço produzidas pelas usinas tinham desaparecido. Agora só o que havia era uma frota norte-coreana de barcos de pesca enferrujados. Empoleiradas num rochedo acima do porto, letras gigantescas proclamavam KIM JONG-IL, SOL DO SÉCULO XXI, mas até elas pareciam estar se desintegrando na paisagem. As letras vermelhas dos painéis de propaganda ao longo da estrada não eram repintadas havia anos e tinham desbotado para um melancólico rosa.

Uma das cidades mais poluídas da Coreia do Norte, Chongjin agora assumia uma nova beleza, dura e quieta. No outono e no inverno, as estações secas no Nordeste asiático, o céu era transparente e azul. O cheiro penetrante de enxofre que vinha das siderúrgicas tinha sumido, permitindo que as pessoas sentissem de novo o aroma do mar. No verão, malvas-rosa brotavam nas rachaduras das paredes de concreto. Até o lixo tinha desaparecido. Não que a Coreia do Norte tivesse antes muito lixo — nunca havia sobras de coisa alguma para jogar fora —, mas, com a vida econômica paralisada, os detritos da civilização estavam sumindo. Não havia sacos plásticos ou embalagens de chocolate levados pelo vento, nem latas de refrigerante boiando na enseada. Se alguém jogava um toco de cigarro no chão, outro vinha e o apanhava para extrair algumas migalhas de tabaco para enrolar de novo com jornal.

8. O acordeão e o quadro-negro

Aulas de acordeão em Pyongyang, 2005.

A morte de Kim Il-sung causou o adiamento do exame final de Mi-ran em música, de modo que ela acabou se formando só no outono de 1994. Era uma época pouco auspiciosa para dar início a uma carreira de professora — ou de qualquer outra coisa, a bem da verdade. Mi-ran estava ansiosa para voltar a morar com os pais, uma vez que a distribuição de comida em Chongjin tinha parado completamente. Ela requisitou um emprego de professora perto de casa e teve a sorte de ser designada para um jardim de infância próximo às minas de Saenggiryong, onde seu pai havia trabalhado. As minas eram escavadas em montanhas cor de café com leite a pouco mais de três quilômetros ao norte de Kyongsong, à margem da estrada principal para Chongjin. Os pais de

Mi-ran ficaram aliviados por tê-la de volta em casa, onde podiam se assegurar de que ela comeria adequadamente. Era comum na Coreia os adultos não casados, em especial moças, morarem com os pais. Ela podia ajudar nas tarefas domésticas e fazer companhia ao pai, já que ele raramente ia trabalhar naquele tempo. Os dois quartos daquela casa-gaita pareciam vazios, agora que as duas irmãs mais velhas de Mi-ran tinham se casado e que seu irmão estava na faculdade de magistério.

O jardim de infância ficava a 45 minutos de caminhada da casa dela e parecia quase idêntico ao de Chongjin onde ela estagiara. Estava alojado num edifício térreo de concreto, que talvez tivesse uma aparência austera se não fosse pela cerca de ferro com coloridos girassóis pintados que o circundava e formava um arco na entrada com o slogan "Somos felizes". No pátio externo dianteiro havia uns poucos brinquedos velhos de parquinho — um balanço com os assentos de madeira quebrados, um escorregador e um trepa-trepa. As salas de aula eram do tipo padrão, com os devidos retratos de Kim Il-sung e Kim Jong-il em posição de destaque acima do quadro-negro. As atarracadas carteiras duplas eram feitas de tábuas usadas e armação de metal. De um lado da sala, sob as janelas, ficavam enroladas as esteiras a serem usadas na hora da soneca. O lado oposto tinha uma grande estante com apenas alguns livros, agora pouco legíveis porque tinham sido copiados dos originais havia muito tempo e ostentavam várias gradações de cinza. Livros e papel eram sempre escassos, e mães ambiciosas tinham que copiar livros escolares à mão se quisessem que seus filhos estudassem em casa.

A diferença entre as escolas era evidente nos alunos em si. As crianças da aldeia eram visivelmente mais pobres que suas congêneres da cidade grande. Alunos de jardim de infância não usavam uniformes, de modo que iam à escola vestindo um sortimento variegado de roupas usadas, muitas vezes em várias camadas, uma vez que havia pouco aquecimento na escola. Mi-ran ficou surpresa com a aparência esfarrapada das crianças. Ao ajudá-las a tirar seus agasalhos, ela descascava camada após camada até que o minúsculo corpo dentro delas se revelava. Ao segurar as mãos delas nas suas, percebia que seus dedinhos infantis se fechavam em punhos pequeninos como nozes. Aquelas crianças de cinco ou seis anos não pareciam ter mais do que três ou quatro. Em Chongjin, os alunos dela eram filhos de operários e burocratas de fábricas; estes agora eram filhos de mineiros. Mi-ran se deu conta de que, com todos os problemas de abastecimento de comida na cidade, era ainda muito pior para os mineiros. No passado, os mineiros recebiam uma ração extra — novecentos gramas diários, em contraposição aos setecentos gramas do trabalhador médio — como compensação por seu árduo trabalho físico. Agora que tanto as minas de caulim como as de carvão em torno de Saenggiryong permaneciam fechadas a maior parte do ano, as rações de comida dos mineiros tinham sido cortadas. Mi-ran se perguntava se algumas das crianças não iam à escola principalmente pela merenda gratuita servida na cantina, uma sopa rala feita de sal e folhas secas semelhante à que ela tivera no alojamento da faculdade.

Ainda assim, Mi-ran encarou seu novo emprego com entusiasmo. Ser uma professora, um membro da classe instruída e respeitada, era uma grande conquista para a filha de um mineiro, para não dizer de uma família das camadas mais baixas da sociedade. Ela mal podia esperar para levantar de manhã e vestir a blusa branca engomada que mantinha prensada à noite sob sua esteira de dormir.

O dia letivo começava às oito da manhã. Mi-ran adotava seu sorriso mais radiante para cumprimentar as crianças à medida que elas iam entrando na sala. Tão logo as acomodava em suas respectivas carteiras, ela pegava seu acordeão. Todos os professores eram requisitados a tocar o acordeão — esse tinha sido seu teste final para a formatura. Era chamado com frequência de "instrumento do povo", já que era passível de ser carregado numa marcha para um canteiro de obras ou num dia de duro trabalho voluntário nos campos — nada como uma estimulante marcha tocada no acordeão para motivar os trabalhadores nos campos ou nos canteiros de obras. Na sala de aula, os professores frequentemente cantavam "Não temos nada a invejar no mundo", que tinha uma melodia monótona tão familiar às crianças da Coreia do Norte quanto "Parabéns a você".

Mi-ran a tinha cantado quando era estudante e sabia as palavras de cor:

> *Nosso pai, não temos nada a invejar no mundo.*
> *Nossa casa é abraçada pelo Partido dos Trabalhadores.*
> *Somos todos irmãos e irmãs.*
> *Mesmo que um mar de fogo avance sobre nós, as doces crianças*
> *não precisam ter medo,*
> *Nosso pai está aqui.*
> *Nada temos a invejar neste mundo.*

Mi-ran não tinha sido abençoada com o talento musical de sua irmã Mi-hee — por mais apaixonado que Jun-sang estivesse por ela, ele fazia uma careta toda vez que ela cantava. Seus aluninhos eram menos exigentes. Seus rostos se voltavam para ela, radiantes de animação ao ouvi-la cantar. Eles a adoravam e retribuíam seu entusiasmo na mesma moeda. Mi-ran sempre lamentou que o irmão caçula tivesse uma idade tão próxima à sua que se convertera num rival, em vez de um irmãozinho a quem ela pudesse ensinar e dar ordens. Ela adorava seu trabalho. Quanto ao conteúdo do que estava ensinando, ela não parava para avaliar se estava certo ou errado. Não sabia que a educação podia ser algo diferente.

Em suas *Teses sobre a educação socialista*, de 1977, Kim Il-sung escreveu: "Somente com base numa educação política e ideológica sadia a educação científica e tecnológica do povo, bem como sua cultura física, será bem-sucedida". Já que os aluninhos de Mi-ran ainda não eram capazes de ler as copiosas obras do Grande Líder (ele assinava mais de uma dúzia de livros; Kim Jong-il era autor de outra dúzia), ela lia trechos em voz alta. As crianças eram exortadas a repetir frases-chave em uníssono. Um garotinho ou uma garotinha fofinhos recitando os dizeres de Kim Il-sung com uma voz infantil e aguda sempre provocava uma risadinha e um largo sorriso por parte dos adultos. Depois do treinamento ideológico, as aulas se deslocavam para assuntos mais familiares, mas o Grande Líder nunca ficava muito distante das mentes das crianças. Quer estivessem estudando matemática, ciências, leitura, música ou artes, as crianças aprendiam a reverenciar a liderança e odiar o inimigo. Por exemplo, um livro de matemática da primeira série continha as seguintes questões:

"Oito garotos e nove garotas estão cantando hinos em louvor a Kim Il-sung. Quantas crianças estão cantando, no total?"

"Uma garota está atuando como mensageira para nossas tropas durante a guerra contra a ocupação japonesa. Ela leva mensagens numa cesta que contém cinco maçãs, mas é detida numa barreira por um soldado japonês. Ele rouba duas maçãs dela. Quantas restam?"

"Três soldados do Exército do Povo Coreano mataram trinta soldados americanos. Quantos soldados americanos cada um deles matou, se todos mataram um número igual de soldados inimigos?"

Uma cartilha de primeira série publicada em 2003 incluía o seguinte poema, intitulado "Para onde vamos?":

Para onde viemos?
Viemos para a floresta.
Para onde estamos indo?
Estamos indo para as montanhas.
O que vamos fazer?
Vamos matar os soldados japoneses.

Uma das canções ensinadas na aula de música era "Tiros nos bastardos ianques":

Nossos inimigos são os bastardos americanos
Que estão tentando tomar nossa linda pátria.
Com armas que fiz com minhas próprias mãos
Vou atirar neles. BANG, BANG, BANG.

Textos das cartilhas contavam histórias de crianças que eram espancadas, feridas com baionetas, queimadas, atingidas com ácido ou atiradas em poços por vilões que eram invariavelmente missionários cristãos, bastardos japoneses ou bastardos imperialistas americanos. Num livro de leitura escolar muito popular, um menino era morto a pontapés por soldados americanos depois de se recusar a engraxar seus sapatos. Os soldados eram desenhados com narizes em forma de bico, a exemplo dos judeus nos cartuns antissemitas da Alemanha nazista.

Mi-ran tinha ouvido um bocado sobre atrocidades dos Estados Unidos durante a Guerra da Coreia, mas não sabia ao certo em que acreditar. Sua própria mãe se lembrava dos soldados americanos que atravessaram sua cidade de carro como altos e bonitos.

"Costumávamos correr atrás deles", relembrava sua mãe.

"Correr *atrás* deles? Vocês não corriam deles?"

"Não, eles nos davam chicletes", sua mãe lhe dissera.

"Quer dizer que eles não tentaram matar vocês?" Mi-ran ficou incrédula ao ouvir a história da mãe.

Na aula de história, as crianças saíam em excursão. Todas as escolas primárias maiores tinham uma sala separada para ensinamentos sobre o Grande Líder, chamada de Instituto Kim Il-sung de Pesquisa. As crianças do jardim de infância da aldeia mineradora caminhavam até a principal escola primária de Kyongsong para visitar aquela sala especial, que ficava numa nova ala e era limpa, iluminada e mais aquecida que o restante da escola. O Partido dos Trabalhadores fazia inspeções periódicas para verificar se os bedéis estavam mantendo o local imaculado. A sala era como um santuário. Até mesmo as crianças de jardim de infância sabiam que não tinham permissão para risadinhas, empurrões e cochichos dentro da sala especial de Kim Il-sung. Eles tiravam os sapatos e faziam fila em silêncio. Aproximavam-se do retrato de Kim Il-sung, faziam três grandes reverências e diziam: "Obrigado, Pai".

A peça central da sala era uma maquete do local de nascimento de Kim Il-sung em Mangyongdae, uma aldeia nos arredores de Pyongyang, dentro de uma caixa com tampo de vidro. As crianças espiavam pelo vidro para ver uma cabana de telhado de sapé em miniatura e aprendiam que era ali que tinha nascido o Grande Líder, em circunstâncias humildes, e que ele vinha de uma família de patriotas e revolucionários. Contava-se às crianças como ele bradara slogans antinipônicos durante o Movimento de 1º de Março, um levante de 1919 contra a ocupação — pouco importando que Kim Il-sung só tivesse sete anos de idade na época — e como ele costumava xingar ricos proprietários, tendo sido um comunista em espírito desde criancinha. Agora elas ficavam sabendo que ele saiu de casa aos treze anos para libertar sua nação. Quadros a óleo, alinhados nas paredes da sala, descreviam os feitos de Kim Il-sung na luta antinipônica. Da perspectiva norte-coreana, ele derrotara quase sozinho os japoneses. A história oficial omitia o tempo que ele passou na União Soviética e o papel de Stálin na sua instalação na liderança norte-coreana.

Kim Il-sung parecia ainda mais grandioso morto do que em vida. Pyongyang ordenou que os calendários fossem mudados. Em vez de marcar o tempo a partir do nascimento e morte de Cristo, a era moderna para os norte-coreanos agora começaria em 1912, com o nascimento de Kim Il-sung, de tal maneira que o ano de 1996 passaria a ser conhecido como Juche 84. Kim Il-sung foi mais tarde nomeado "presidente eterno", governando o país em espírito dos confins de seu mausoléu climatizado no subsolo da Torre da Vida Eterna. Kim Jong-il assumiu os títulos de secretário-geral do Partido dos Trabalhadores e presidente da Comissão de Defesa Nacional, este último o cargo mais elevado da nação. Embora não houvesse dúvida de que Kim Jong-il era o chefe de Estado, o fato de deixar para o pai o título presidencial demonstrava sua lealdade filial e lhe permitia exercer o poder em nome de um pai que era genuinamente reverenciado e muito mais popular do que ele próprio. Antes de 1996 ele vetava estátuas de si próprio, desestimulava retratos e evitava aparições públicas, mas depois da morte do pai começou a adotar um estilo mais ostensivo. Naquele ano, o Ministério da Educação emitiu ordens para que escolas de todo o país instaurassem os Institutos Kim Jong-il de Pesquisa. Seriam exatamente como as salas especiais dedicadas a seu pai, só que, em vez da humilde aldeia de Mangyongdae, a sala teria uma miniatura do monte Paektu, a montanha vulcânica escarranchada sobre a fronteira da China com a Coreia do Norte, onde o nascimento do Kim mais jovem, segundo se dizia, tinha sido anunciado por um arco-íris duplo. O monte Paektu era uma boa escolha: os norte-coreanos o reverenciavam havia tempos como local de nascimento da figura mitológica Tangun, o filho de um deus com uma ursa que teria estabelecido o primeiro reino coreano em 2333 a.C. Não importava que os registros soviéticos mostrassem que Kim Jong-il nascera na verdade perto de Khabarovsk, no extremo leste da Rússia, enquanto seu pai lutava no Exército Vermelho.

Reinventar a história e erigir mitos era bastante fácil na Coreia do Norte; muito mais difícil, em 1996, era erigir um edifício de verdade. A sala Kim Jong-il devia ter qualidade comparável à de seu pai, mas, com as fábricas fora de serviço, tijolos, cimento, vidro e até madeira tinham suprimento escasso. O material mais difícil de achar era vidro para janelas, pois a fábrica de vidro de Chongjin tinha fechado. Naqueles dias, quando uma janela quebrava, era coberta com tábuas ou plástico. O único lugar que ainda produzia vidro era uma fábrica em Nampo, um porto do mar Amarelo, mas as escolas não tinham dinheiro para comprá-lo. A escola de Kyongsong concebeu um plano. Alunos e professores coletariam algumas peças da famosa cerâmica da região — produzida com o caulim das minas — e as levariam a Nampo, que era terra de famosas salinas. O grupo trocaria sua cerâmica por sal, venderia o sal e usaria a renda para pagar pelo vidro. Era um plano meio retorcido, mas ninguém tinha uma ideia melhor. Eles tinham sido instruídos a construir a sala Kim Jong-il com seus próprios recursos como parte de uma campanha nacional. O diretor estava pedindo a professores e pais de alunos que se juntassem à excursão. Como Mi-ran era considerada enérgica e expedita, e acima de tudo confiável, foi requisitada para ir a Nampo.

Mi-ran começou a maquinar no mesmo minuto em que soube da excursão. Consultou furtivamente um mapa das linhas ferroviárias. Como ela suspeitava, Nampo ficava do outro lado da península coreana, a sudoeste de Pyongyang. Qualquer que fosse o trem que eles tomassem, ele teria que atravessar Pyongyang e muito provavelmente pararia no grande terminal nos arrabaldes onde as universidades estavam concentradas. Ela estaria a poucos quilômetros do campus de Jun-sang!

Desde a morte de Kim Il-sung, manter contato tornara-se mais difícil do que nunca para eles. Tinham passado havia muito tempo o estágio desajeitado em que estar juntos lhes trazia tanto desconforto quanto prazer; agora ficavam relaxados na presença um do outro e desfrutavam a simples amizade. Mas nos últimos tempos as cartas que antes demoravam semanas para chegar agora levavam meses, quando chegavam. As pessoas suspeitavam que empregados da estrada de ferro queimavam correspondência para se aquecer no gélido inverno.

Os intervalos entre as voltas de Jun-sang ao lar também se tornaram mais longos. Mi-ran odiava ser aquela que ficava presa em casa esperando, ansiosa por uma batida na porta, uma visita surpresa, até mesmo uma carta, qualquer sinal de que ele estava pensando nela. Ela não era, por natureza, uma pessoa passiva e teria gostado de tomar a iniciativa de visitá-lo, mas as permissões de viagem a Pyongyang eram notoriamente difíceis de conseguir. Com o intuito de manter Pyongyang como uma cidade-vitrine, o governo norte-coreano restringia os visitantes. Mi-ran sabia de uma família da sua vizinhança que tinha sido obrigada a se mudar de Pyongyang porque um dos filhos sofria de nanismo. Gente comum do interior só visitava Pyongyang em grupos de excursão, com sua unidade de trabalho ou sua escola. Mi-ran tinha estado na capital nacional só uma vez antes, numa expedição de pesquisa. Ela não tinha chance alguma de conseguir uma permissão particular. Mas quem a impediria de saltar do trem na estação?

Havia cinco pessoas viajando juntas — dois pais de alunos, o diretor, outra professora e Mi-ran. A viagem a Nampo demorou três dias devido às más condições da ferrovia. Enquanto o trem parava e avançava aos solavancos sobre os trilhos, Mi-ran olhava pela janela e tentava conceber um meio de se desligar do grupo. Não demorou para que seus companheiros de viagem começassem a se perguntar por que a jovem professora, geralmente a mais vivaz da turma, estava tão retraída e pouco comunicativa.

"Ah, vocês sabem. Problemas familiares", ela disse a eles. A desculpa lhe deu uma ideia, e uma mentira levou a outra. Na viagem de volta ela desceria do trem perto de Pyongyang para encontrar um parente na estação. Tomaria sozinha o trem seguinte de volta a Chongjin. Eles não a interrogariam em detalhes, já que aquele era um assunto urgente e pessoal.

Os companheiros de viagem de Mi-ran balançaram a cabeça afirmativamente, indicando que compreendiam, e desviaram os olhos, constrangidos, quando ela desceu do trem. Deduziram que ela estava parando em Pyongyang para pedir dinheiro emprestado a um parente mais abastado. Podiam se identificar com ela. Todo mundo em Chongjin estava na lona, especialmente os professores. Fazia mais de um ano que eles não recebiam pagamento.

Enquanto o trem se afastava pela estrada de ferro levando seus colegas de volta a Chongjin, Mi-ran congelava, em pé, na plataforma. Era uma estação cavernosa, quase sem iluminação, o escape dos motores do trem bloqueando a pouca luz que entrava através do telhado. Mi-ran nunca viajara sozinha antes. Estava quase sem dinheiro e sem a documentação apropriada. Os papéis de viagem que ela portava declaravam muito claramente que tinha permissão apenas para atravessar Pyongyang. Ela viu a multidão de passageiros desembarcados do trem ser afunilada para uma fila que conduzia a uma única saída, flanqueada por policiais. O sistema de controle era muito mais rigoroso do que em Chongjin. Ela nem chegara a pensar nessa parte do plano. Se fosse pega tentando se safar com os documentos errados, seria presa com certeza. Poderia ser mandada a um campo de trabalhos forçados. Na melhor das hipóteses, perderia o emprego de professora — mais uma mancha negra numa família já estigmatizada por seu baixo estrato social.

Mi-ran caminhou lentamente pela plataforma, tentando avistar outra saída em meio à neblina. Ela se virou e notou que um homem de uniforme a observava. Continuou andando e em seguida olhou para trás de novo. Ele continuava vigiando. Então ela se deu conta de que ele a estava seguindo. Apenas quando ele chegou perto o bastante para lhe dirigir a palavra ela percebeu que ele a encarava porque a achava atraente. Só então se deu conta também de que o uniforme dele era de mecânico da ferrovia, não de policial. O homem tinha mais ou menos a idade dela e um rosto gentil e confiante. Ela lhe explicou mais ou menos seu aperto, omitindo apenas a parte do namorado.

"Meu irmão mais velho mora perto da estação", despejou ela, sincera em sua aflição, embora mentindo. "Eu queria visitá-lo, mas esqueci meus documentos. O controle aqui é muito rigoroso?"

O mecânico da ferrovia se comoveu com o drama da donzela em apuros. Conduziu-a por entre engradados de carga até uma porta de saída de mercadorias que estava sem vigilância. Então ele lhe perguntou se poderia voltar a vê-la. Ela rabiscou num papel um nome e um endereço falsos. Sentiu-se culpada. Num único dia, tinha cometido fraudes suficientes para uma vida inteira.

No portão principal da universidade, o estudante que vigiava a entrada olhou Mi-ran com desconfiança. Depois saiu à procura de Jun-sang. Ele a instruiu a sentar-se na guarita, o que ela fez com relutância. Tentou manter a tranquilidade, mesmo sentindo caírem sobre si os olhares curiosos vindos do pátio da universidade, além do portão. Não queria dar a impressão de estar se enfeitando, de modo que sufocou o impulso de ajeitar o cabelo e a blusa, que estava grudando na pele devido ao calor. Era final de verão e o dia ainda estava quente, embora o sol já tivesse se escondido atrás da fileira de prédios da universidade. Ela ficou observando os rapazes atravessando as sombras a caminho do refeitório para jantar. A academia de ciência era oficialmente mista, mas as alunas viviam em outra extremidade do campus e eram escassas o suficiente para ser vistas como uma novidade. Um dos estudantes enfiou a cabeça na guarita e começou a caçoar dela. "Então ele é *mesmo* seu irmão? Não será namorado?"

Estava quase escuro no momento em que ela avistou Jun-sang emergindo do pátio. Estava empurrando uma bicicleta e vestia camiseta e calça de ginástica — claramente não esperava uma visita. Um holofote de segurança tinha se acendido atrás dele, ofuscando a expressão de seu rosto. Tudo o que Mi-ran conseguia enxergar enquanto ele se aproximava era o contorno de suas maçãs do rosto abrindo-se num sorriso que ela pôde ver quando finalmente ele chegou perto. Ele manteve as mãos no guidom — abraçá-la estava fora de questão —, mas ela não teve dúvida de que ele estava emocionado por vê-la.

Ele ria. "Não, não, não. Não pode ser."

Ela reprimiu seu próprio sorriso. "Aconteceu de eu estar passando pelas redondezas."

Mi-ran e Jun-sang afastaram-se do campus caminhando com o mesmo passo medido que usavam para demonstrar sua despreocupação quando voltavam para casa. Atrás deles, Mi-ran ouviu alguns dos estudantes assobiando e imitando o miado de gatos, mas ela e Jun-sang não recuaram nem olharam para trás; era melhor aparentar serenidade. Os mexericos a respeito deles que começassem na universidade poderiam chegar aos pais de Jun-sang, talvez mesmo aos de Mi-ran. Ele moveu a bicicleta de modo a colocá-la como uma barreira entre os dois, mas tão logo eles saíram do campo de visão dos estudantes Mi-ran pulou para a garupa, sentando-se decorosamente de lado, e Jun-sang passou a pedalar. Só o braço nu da moça roçava as costas de Jun-sang enquanto eles rodavam escuridão adentro. Era o máximo de intimidade física que já houvera entre eles.

Jun-sang espantou-se com a audácia dela. Os pais dele nem sequer tinham conseguido uma autorização de viagem para visitá-lo em Pyongyang. Quando o estudante o abordara uma hora antes para lhe dizer que sua "irmã mais nova" o esperava no portão, ele deduziu que fosse um engano. Nunca ousara imaginar, nem em suas fantasias mais desbragadas, que Mi-ran pudesse ir até ali. Jun-sang estava sempre tentando descobrir o que é que havia nela que o cativava tanto, e agora ele se lembrava — ela era cheia de surpresas. Por um lado, parecia tão menina, tão ingênua, tão menos capaz do que ele, mas por outro lado tinha a coragem de aprontar uma façanha como aquela. Ele lembrou a si mesmo que nunca deveria subestimá-la. Ficou surpreso de novo naquela noite quando, sentados juntos num banco sob uma árvore de galhos pendentes, ela não protestou quando ele pôs o braço em torno de seus ombros. A noite trazia a primeira amostra do frio do outono, e ele ofereceu seu braço para aquecê-la. Estava certo de que ela o afastaria, mas eles ficaram ali sentados, confortavelmente aninhados um no outro.

A noite passou rapidamente desse jeito. Eles falavam até a conversa se esgotar sem aviso prévio, e então caminhavam um pouco mais até que as pernas cansavam e eles procuravam outro lugar para sentar. Até mesmo em Pyongyang a iluminação pública não estava funcionando, e nenhuma luz ambiente vazava dos edifícios. A exemplo do que acontecia em sua cidade, eles podiam se esconder na escuridão. Logo que os olhos se adaptavam, era possível discernir os contornos da pessoa imediatamente mais próxima, mas todas as outras eram invisíveis, sua presença indicada apenas pelo arrastar de pés e pelo rumor de outras conversas. Mi-ran e

Jun-sang estavam envolvidos num casulo, com a vida fluindo em torno deles, mas nunca se intrometendo.

Depois da meia-noite, a exaustão de Mi-ran começou a ficar evidente. Ela não tinha dormido muito durante a expedição. Jun-sang vasculhou os bolsos para ver se tinha dinheiro suficiente para pagar por um quarto de hotel próximo à estação de trens. Com uma pequena gorjeta, garantia ele, o proprietário faria vista grossa à falta de documentos de viagem dela, e assim ela poderia ter uma noite decente de sono antes de partir para casa. Ele não tinha segundas intenções; em toda a sua inocência, nunca havia lhe ocorrido que um quarto de hotel pudesse ser usado com outro intuito.

"Não, não. Preciso ir para casa", protestou ela. Já violara regras e costumes o bastante e não estava disposta a quebrar o tabu contra uma moça dormir num hotel.

Caminharam juntos até a estação, novamente com a bicicleta entre eles. Embora já passasse muito da meia-noite, o movimento era animado nas cercanias da estação. As pessoas tinham adquirido o hábito de esperar a noite toda por seus trens, já que eles não cumpriam mais horários prefixados. Perto da estação, uma mulher tinha instalado um pequeno forno a lenha sobre o qual ela mexia um grande caldeirão de *doenjang jigae*, uma condimentada sopa de soja. Eles comeram lado a lado numa prancha baixa de madeira. Mi-ran aceitou a oferta de Jun-sang de biscoitos e uma garrafa de água para a viagem. Quando o trem partiu, eram cinco horas, e ela logo caiu no sono à primeira luz da manhã.

O júbilo de Mi-ran depois da viagem logo se evaporou. À medida que a onda de adrenalina da aventura a deixava, ela foi se sentindo exaurida e ansiosa. A dificuldade de ir a Pyongyang e voltar sublinhava a falta de perspectivas do romance. Ela não sabia quando poderia ver Jun-sang de novo. Ele estava enfiado na vida universitária, enquanto ela vivia com a família em sua cidade. Como é que, num país tão pequeno como a Coreia do Norte, Pyongyang podia parecer tão distante quanto a Lua?

Ela também se atormentava com algumas das coisas que tinha visto na viagem. Foi a primeira vez em muitos anos que saiu de Chongjin, e mesmo em seu estado de distração ela não pôde deixar de notar como tudo parecia miserável ao longo do caminho. Ela viu crianças pouco mais velhas que seus alunos vestidas em farrapos, pedindo comida nas estações de trens.

Na última noite do grupo em Nampo, depois de comprar o vidro, ela e seus companheiros estavam dormindo do lado de fora da estação, já que não tinham dinheiro para pagar um hotel e o clima estava ameno. Em frente à estação, havia um pequeno parque, na verdade mais parecido com uma rotatória de trânsito com uma árvore no meio e um gramado em que as pessoas tinham espalhado caixas de papelão e esteiras de vinil para dormir. Mi-ran tinha caído num sono agitado, virando de um lado para o outro na tentativa de ficar mais confortável, quando viu que um grupo de pessoas se pusera de pé. Estavam conversando baixo entre elas e apontando para uma das pessoas próximas, encolhida embaixo da árvore, dormindo profundamente. Só que não estava dormindo. Estava morta.

Depois de um tempo, chegou um carro de boi. As pessoas que estavam em pé ao redor agarraram o corpo pelos braços e tornozelos e o içaram. Um momento antes de o corpo cair com um som surdo sobre as tábuas do carro, Mi-ran teve um vislumbre dele. O morto parecia jovem, talvez mesmo um adolescente, a julgar pela pele lisa em torno do queixo. A camisa se abriu quando as pernas foram erguidas, revelando a pele nua de seu peito. As cristas de suas costelas fulguravam na escuridão. Ele estava emaciado, mais magro que qualquer ser humano que ela tivesse visto, mas ela nunca vira um cadáver antes. Ela estremeceu e tentou voltar a dormir.

Mais tarde ela se perguntou o que teria acontecido ao homem. Será que morrera de fome? Apesar do fato de ninguém ter comida suficiente naqueles dias e de o próprio governo ter reconhecido uma crise de alimentos depois das inundações do verão anterior, Mi-ran nunca ouvira falar que alguém tivesse morrido de fome na Coreia do Norte. Isso acontecia na África ou na China. De fato, os mais velhos falavam sobre todos os chineses que morreram durante os anos 1950 e 1960 devido às políticas econômicas desastrosas de Mao. "Somos tão afortunados de contar com Kim Il-sung", costumavam dizer.

Mi-ran lamentava não ter perguntado a Jun-sang o que estava acontecendo — não mencionara isso porque não queria estragar suas poucas horas juntos —, mas agora, de novo em casa, ela começava a notar coisas que antes não percebia. Ao chegar pela primeira vez ao jardim de infância, ela observara a pequenez de seus alunos; agora eles pareciam estar ficando mais jovens, com o tempo correndo para trás, como um rolo de filme rebobinado. Cada criança devia trazer de casa uma braçada de lenha para a fornalha no porão da escola, mas muitas tinham dificuldade em carregá-la. Suas cabeçorras oscilavam no alto de pescoços esqueléticos; suas delicadas costelas se destacavam sobre cinturas tão finas que ela era capaz de circundá-las com as mãos. Alguns deles estavam começando a ter o estômago inchado. Estava tudo ficando claro para ela. Mi-ran se lembrava de ter visto uma foto de uma vítima da fome na Somália com uma barriga protuberante; embora ela não conhecesse a terminologia médica, sabia, pelas aulas de nutrição que tivera em seu curso de magistério, que aquilo era causado por uma grave carência de proteínas. Mi-ran também notou que os cabelos pretos das crianças estavam ficando mais claros, com um tom de cobre.

A cantina da escola fechara por falta de comida. Os alunos eram instruídos a trazer uma lancheira de casa, mas muitos chegavam de mãos vazias. Quando eram apenas um ou dois que não tinham o que comer, Mi-ran tirava uma colherada dos que tinham para dar aos que não tinham. Mas logo os pais que mandavam lanche foram reclamar.

"Não temos o bastante em casa para dividir com os outros", protestou uma mãe.

Mi-ran ouviu um rumor de que a escola talvez conseguisse alguns biscoitos e leite em pó de uma agência estrangeira de ajuda humanitária. Uma delegação estava visitando outra escola na região, e as crianças com roupas melhorzinhas foram trazidas para fora, a estrada que levava à escola foi remendada, o prédio e o pátio foram varridos e limpos até ficar imaculados. Mas não veio ajuda estrangeira nenhuma. Em vez disso, os professores receberam um pedaço de terra nas proximidades, onde foram obrigados a plantar milho. O milho, depois, era tirado da espiga e fervido até estourar como pipoca. Era um petisco para aliviar as pontadas de fome das crianças, mas não proporcionava calorias suficientes para fazer diferença.

Os professores supostamente não deveriam ter alunos preferidos, mas Mi-ran tinha nitidamente um. A menina se chamava Hye-ryung (Benevolência Resplandecente) e com apenas seis anos era a beldade da classe. Tinha os cílios mais longos que Mi-ran já vira numa criança, circundando seus olhos redondos brilhantes. No início, era uma aluna vivaz e atenta, uma das que encantavam Mi-ran pelo jeito de encarar a professora com adoração, como que tentando capturar cada palavra. Agora ela estava letárgica e às vezes dormia na aula.

"Acorde. Acorde", Mi-ran chamou, ao ver a menina largada sobre a carteira, com a cabeça virada de tal maneira que a bochecha se comprimia contra o tampo de madeira.

Mi-ran pôs a mão em concha sob o queixo da menina e ergueu seu rosto. Os olhos tinham se estreitado até virar meras frestas apertadas sob pálpebras intumescidas. Ela estava desconcentrada. O cabelo que caia sobre as mãos de Mi-ran era quebradiço e desagradável ao toque.

Alguns dias depois, a menina parou de ir à escola. Já que Mi-ran conhecia sua família do bairro, pensou em passar na sua casa para pedir notícias dela. Mas, por algum motivo, recuou. Afinal, para quê? Sabia exatamente o que estava errado com Hye-ryung. E não tinha jeito de consertar.

Muitos outros em sua classe estavam na mesma situação. Desabavam sobre as carteiras durante as aulas. No recreio, enquanto os outros saíam correndo para os trepa-trepas e balanços, eles ficavam na sala, dormindo debruçados nas carteiras ou estendidos nas esteiras das sonecas.

Sempre a mesma progressão: primeiro, a família não era capaz de mandar a cota de lenha; depois desaparecia a lancheira; em seguida a criança parava de participar da aula e dormia durante o recreio; por fim, sem explicação, a criança parava de ir à escola. Ao longo de três anos, o número de matrículas no jardim de infância caiu de cinquenta para quinze alunos.

O que aconteceu com essas crianças? Mi-ran não investigou com muito empenho por temer uma resposta que não gostaria de ouvir.

Mi-ran só voltou a ver Jun-sang no inverno. Dessa vez foi ele que a surpreendeu. Ele tinha voltado precocemente da escola para as férias. Em vez de aparecer na casa dela e correr o risco de encontrar os pais da moça, ele foi ao jardim de infância. As aulas do dia tinham terminado, mas ela ainda estava lá, limpando a sala.

A sala de aula não dispunha de cadeiras para adultos, de modo que Mi-ran se apertou para sentar na cadeirinha atrás da carteira de madeira onde sua aluna favorita acomodava com tanta facilidade o corpo minúsculo. Ela contou a Jun-sang o que estava acontecendo com seus alunos. Ele tentou tranquilizá-la.

"O que é que *você* pode fazer?", disse ele. "Nem mesmo um rei poderia ajudar essa gente. Não carregue isso sobre os ombros."

A conversa era desajeitada, já que eles rodeavam a constrangedora verdade. Nenhum deles estava sofrendo de falta de comida. O que o pai de Jun-sang não conseguia produzir em sua horta perto de casa eles compravam no mercado negro com seus ienes japoneses escondidos. Por absurdo que pareça, Mi-ran estava comendo melhor do que em vários anos, como resultado de ter deixado seu alojamento da faculdade e voltado para a casa dos pais. No meio da crise econômica, de algum modo a má situação de classe da família não importava tanto. A linda irmã mais velha de Mi-ran se casara surpreendentemente bem, sua boa aparência vencendo a problemática origem familiar. Seu marido estava no Exército e usava seus contatos para ajudar o restante da família. A mãe de Mi-ran continuava a encontrar novas maneiras de ganhar dinheiro. Depois que a energia elétrica foi cortada, ela não pôde mais contar com a geladeira que usava para fazer sorvete de leite de soja, mas deu início a alguns outros empreendimentos — criou porcos, fabricou tofu, moeu milho.

Uma década mais tarde, quando a própria Mi-ran era mãe e tentava perder seu peso pós-gravidez fazendo aeróbica, aquele período da sua vida pesava como uma pedra em sua consciência. Ela frequentemente se sentia mal por conta do que tinha feito e deixado de fazer por seus jovens alunos. Como tinha sido capaz de comer tão bem quando eles passavam fome?

É incontestável que uma morte é uma tragédia e mil mortes são uma estatística. Assim foi para Mi-ran. O que ela não percebia é que sua indiferença era uma técnica de sobrevivência adquirida.

Para atravessar viva os anos 1990, a pessoa tinha que suprimir qualquer impulso para dividir comida. Para evitar ficar louco, tinha que aprender a deixar de se importar. Com o tempo, Mi-ran acabou aprendendo a desviar de um cadáver estendido na rua sem dar muita atenção. Podia passar por uma criança de cinco anos à beira da morte sem se sentir obrigada a ajudar. Se não dividia sua comida com sua aluna favorita, certamente não iria ajudar um perfeito estranho.

9. Os bons morrem primeiro

Cartaz de propaganda para a Árdua Marcha.

Já se disse que as pessoas criadas em países comunistas não conseguem se virar por conta própria porque esperam que o governo cuide delas. Isso não vale para muitas das vítimas da escassez extrema da Coreia do Norte. As pessoas não caminhavam passivamente para a morte. Quando o sistema público de distribuição parou de funcionar, elas foram forçadas a explorar seus mais profundos poços de criatividade para se alimentar. Concebiam armadilhas com baldes e barbante para capturar pequenos animais nos campos, estendiam redes em suas sacadas para apreender pardais. Instruíam-se sobre as propriedades nutritivas das plantas. Buscavam em sua memória coletiva de épocas de fome passadas e rememoravam os truques de sobrevivência de seus antepassados. Arrancavam a parte interna doce das cascas de pinheiros e a moíam bem fininho para usá-la no lugar de farinha. Pilavam glandes de carvalho até formar uma pasta gelatinosa que podia ser moldada em cubos que praticamente se desmanchavam na boca.

Os norte-coreanos aprenderam a engolir o orgulho e a tapar o nariz. Chegavam a garimpar grãos não digeridos de milho no excremento de animais de criação. Trabalhadores de estaleiros desenvolveram uma técnica pela qual raspavam o fundo dos porões de cargueiros onde tinha sido transportada comida, então espalhavam a malcheirosa pasta obtida sobre telhados para secar, de modo que eles pudessem retirar dela pequenos grãos de arroz cru e outros comestíveis.

Nas praias, as pessoas catavam mariscos na areia e enchiam baldes de algas. Quando, em 1995, as autoridades ergueram cercas ao longo da praia (expressamente para afastar espiões, mas mais provavelmente para impedir as pessoas de pescar os peixes que as companhias estatais queriam controlar), havia gente que ia até os rochedos não vigiados que pendiam sobre o mar e, com longos ancinhos amarrados uns aos outros, içavam algas marinhas.

Ninguém dizia às pessoas o que fazer — o governo norte-coreano não queria admitir a gravidade da escassez de comida —, de modo que elas se viravam sozinhas. Mulheres trocavam receitas e dicas. Ao fazer pratos à base de milho, não jogue fora a palha, o sabugo, as folhas e o caule — ponha tudo no moedor. Mesmo que não seja nutritivo, enche a barriga. Cozinhe o macarrão por pelo menos uma hora para fazê-lo parecer maior. Adicione algumas folhas de grama à sopa para que ela pareça conter verduras. Use casca de pinheiro moída para fazer bolinhos.

Toda criatividade era dedicada à obtenção ou produção de comida. Levantava-se cedo para ir em busca do café da manhã, e tão logo este terminava já se estava pensando em como obter o jantar. O almoço era um luxo do passado. Dormia-se durante o que costumava ser o horário de almoço para preservar calorias. Mas chegava uma hora em que isso não bastava.

Depois que a fábrica de roupas fechou, a sra. Song ficou atordoada, perguntando-se o que fazer consigo mesma. Ainda era uma boa comunista, com uma aversão natural a tudo o que cheirasse a capitalismo. Seu amado marechal, Kim Il-sung, alertara repetidamente que os socialistas deveriam "defender-se das venenosas ideias do capitalismo e do revisionismo". Ela gostava de citar essa frase em particular.

Mas ninguém na família tinha recebido pagamento desde a morte do Grande Líder — nem mesmo o marido dela, com sua filiação ao partido e seu prestigioso emprego na estação de rádio. Chang-bo não estava conseguindo sequer o vinho e o tabaco gratuitos que eram as prerrogativas habituais dos jornalistas. A sra. Song sabia que era hora de deixar de lado os escrúpulos e ganhar dinheiro. Mas como?

Ela era uma empreendedora tão improvável quanto se possa imaginar. Tinha cinquenta anos, e seu talento para os negócios se reduzia à habilidade em tabular números no ábaco. Quando ela expressou sua angústia à família, porém, eles lhe lembraram seu talento na cozinha. Nos velhos tempos, quando era possível conseguir os ingredientes, a sra. Song gostava de cozinhar, e Chang-bo gostava de comer o que ela fazia. O cardápio dela era naturalmente limitado, já que os norte-coreanos não se abriam à culinária estrangeira, mas a deles era surpreendentemente sofisticada para um país cujo nome hoje é sinônimo de fome. (Na verdade, muitos proprietários ou gerentes de restaurantes da Coreia do Sul vêm do lado norte da fronteira.) Os cozinheiros norte-coreanos são criativos, usando ingredientes naturais como cogumelo de pinho e algas. Tudo o que é fresco e da estação é misturado com arroz, cevada ou milho e temperado com pasta de feijão-vermelho ou pimenta-malagueta. O prato característico é o *naengmyon* de Pyongyang, macarrões de trigo-sarraceno frios servidos num caldo de vinagre com uma miríade de variações regionais, como o acréscimo de ovos cozidos, pepinos ou peras. Quando estava ocupada, a sra. Song comprava macarrões numa mercearia; quando tinha tempo, fazia-os ela mesma. Usando a gama limitada de ingredientes do sistema de distribuição pública, ela podia fazer *twigim*, verduras empanadas que eram leves e crocantes. Para o aniversário do marido, ela transformou arroz num bolinho doce viscoso chamado *deok*. Ela sabia fazer sua própria bebida alcoólica. Suas filhas se gabavam de que o *kimchi* que ela fazia era o melhor da vizinhança.

A família a incentivou a dar seu primeiro passo como empreendedora na cozinha, dizendo que o melhor produto seria o tofu, uma boa fonte de proteínas em tempos difíceis. O tofu é amplamente utilizado na cozinha coreana, em sopas ou cozidos, empanado ou fermentado. A sra. Song o usava em lugar do peixe, fritando-o levemente com óleo e pimenta vermelha. Para levantar o dinheiro necessário para comprar soja, a família começou a vender seus pertences. A primeira coisa a ir embora foi sua cobiçada televisão — o modelo japonês que eles tinham comprado graças à atuação do pai de Chang-bo no serviço de inteligência durante a Guerra da Coreia.

Fazer tofu é relativamente fácil, embora trabalhoso. Os grãos de soja são moídos e depois cozidos, e um agente coagulante é adicionado. Então, a exemplo do que ocorre com o queijo, a pasta é colocada dentro de um pano e este é torcido. Ao fim do processo, o que sobra inaproveitado é um leite aguado e as cascas dos grãos de soja. A sra. Song achou que talvez fosse uma boa ideia completar sua produção de tofu com a criação de porcos, que poderiam ser alimentados com os resíduos do tofu. Atrás do seu prédio havia uma fileira de galpões usados para armazenamento. A sra. Song comprou uma ninhada de leitões no mercado e os instalou num dos galpões, protegendo a porta com um grande cadeado.

Por alguns meses, o plano empresarial foi um sucesso. A sra. Song converteu sua acanhada cozinha numa fábrica de tofu, cozinhando grandes barris de grãos de soja no fogão de *ondol* do apartamento. Chang-bo testava e aprovava as receitas dela. Os porquinhos engordaram com as cascas dos grãos e o leite de soja, bem como com todo o capim que a sra. Song conseguia arrancar para eles a cada manhã, mas estava ficando cada vez mais difícil obter lenha e carvão para alimentar o fogão. A eletricidade só funcionava algumas horas por semana, e mesmo então seu uso era restrito a uma única lâmpada de sessenta watts, um televisor ou um rádio.

Sem combustível para cozinhar os grãos de soja, a sra. Song não podia fazer tofu. Sem o tofu, não tinha com que alimentar os porcos famintos. Levava horas para que ela conseguisse colher capim suficiente para satisfazê-los.

"Olhe, talvez pudéssemos nós mesmos comer o capim também", disse ela a Chang-bo, meio de brincadeira. Depois pensou um pouco e acrescentou: "Se não envenena os porcos, tampouco vai nos envenenar".

Então eles deram início a seu horrível regime, uma queda e tanto para quem se considerava em outros tempos um casal de gourmets. A sra. Song caminhava em direção ao norte e ao oeste do centro da cidade, até onde a paisagem não tinha sido ainda pavimentada, levando uma faca de cozinha e um cesto para colher ervas e gramíneas comestíveis. Indo até as montanhas era possível talvez encontrar dentes-de-leão ou outras plantas que eram tão saborosas que as pessoas as comiam mesmo nos bons tempos. Ocasionalmente a sra. Song encontrava folhas podres de repolho que tinham sido rejeitadas por um agricultor. Ela levava a colheita do dia para casa e a misturava com os alimentos que tivesse dinheiro para comprar. Em geral, eram pratos de milho moído — do tipo barato, feito com a palha e o sabugo. Quando não tinha condições de pagar por isso, comprava uma farinha ainda mais barata, feita da parte interna da casca de pinho moída, às vezes engrossada com um pouco de serragem.

Nenhum talento culinário seria capaz de disfarçar o gosto medonho. Ela tinha que pilar e picar interminavelmente o capim e as cascas de árvore até obter uma pasta macia o bastante para ser digestível. Aquilo não tinha substância suficiente para ser modelado numa forma reconhecível, como um macarrão ou um bolinho que pudesse induzir uma pessoa a pensar que estava comendo comida de verdade. Tudo o que ela podia fazer era um mingau insosso e sem textura. O único tempero de que dispunha era sal. Um pouco de alho ou de pimenta teria disfarçado o gosto horrível da comida, mas custavam muito caro. Óleos eram indisponíveis a qualquer preço, e sua ausência completa tornava difícil cozinhar. Uma vez, ao visitar a cunhada de sua irmã para o almoço, a sra. Song foi servida de um mingau feito de talos de feijão e de milho. Por mais faminta que estivesse, não foi capaz de engolir aquilo. Os talos eram amargos e secos, e grudaram em sua garganta como a palha de um ninho de pássaro. Ela engasgou, ficou vermelha como uma beterraba e cuspiu tudo fora. Ficou passada.

No ano que se seguiu à morte de Kim Il-sung, o único produto animal que ela consumiu foi rã. Seus irmãos tinham capturado algumas no interior. A cunhada da sra. Song fritava as rãs em molho de soja, picava-as em pedacinhos e as servia sobre o macarrão. A sra. Song achava delicioso. A rã não fazia parte da cozinha coreana típica; a sra. Song nunca a provara antes. Infelizmente, seria sua última oportunidade. A população de rãs da Coreia do Norte logo seria exterminada devido à caça excessiva.

Em meados de 1995, a sra. Song e o marido tinham vendido a maior parte de seus pertences de algum valor para comprar comida. Depois do televisor foi a bicicleta japonesa usada, que era o principal meio de transporte deles, e em seguida a máquina de costura com a qual a sra. Song fazia as roupas da família. O relógio de pulso de Chang-bo também se foi, bem como uma pintura oriental dada a eles de presente de casamento. Eles venderam a maior parte de suas roupas e o roupeiro de madeira no qual as guardavam. O apartamento de dois quartos, que sempre parecera pequeno demais para comportar a família e suas tralhas, agora estava vazio, com as paredes inteiramente nuas, exceto pelos retratos de Kim Il-sung e Kim Jong-il. A única coisa que restava para vender era o próprio apartamento.

Era um conceito estranho. Na Coreia do Norte, a pessoa não é dona de sua própria casa; ela recebe meramente o direito de morar ali. Mas um mercado imobiliário ilegal tinha brotado à medida que as pessoas discretamente trocavam de casas, subornando burocratas para fazer vista grossa. A sra. Song foi apresentada a uma mulher cujo marido era um dos muitos norte-coreanos enviados para trabalhar nos depósitos de madeira na Rússia e que, por conta disso, dispunha de algum dinheiro para gastar num apartamento melhor.

O apartamento da sra. Song tinha uma excelente localização no coração da cidade, o que era ainda mais importante agora que os bondes não estavam circulando. A sra. Song e Chang-bo moravam ali havia vinte anos e tinham muitos amigos — era um verdadeiro tributo à boa índole da sra. Song que ela tivesse comandado o *inminban* por tantos anos sem fazer inimigos. Ela e Chang-bo concluíram, de comum acordo, que não precisavam mais de tanto espaço. Eram só os dois e a mãe de Chang-bo. As filhas estavam todas casadas. O filho tinha passado a morar com a namorada, a mulher mais velha que a sra. Song não aprovava. Era uma desgraça, ela pensava, mas pelo menos era uma boca a menos para alimentar.

O apartamento alcançou 10 mil wons — o equivalente a uns 3 mil dólares. Eles se mudaram para um apartamento de um quarto. A sra. Song decidiu que usaria o dinheiro para outro empreendimento: vender arroz.

O arroz é a base da dieta coreana — na verdade, a mesma palavra, *bap*, quer dizer arroz e uma refeição. Depois de 1995, os residentes de Chongjin só conseguiam obter arroz se tivessem dinheiro para comprá-lo no mercado negro. A província de Hamgyong do Norte era fria e montanhosa demais para ter arrozais. Com exceção de uma pequena baía pantanosa perto de Nanam, todo o arroz consumido na cidade tinha de ser trazido de trem ou caminhão, o que elevava o preço, já que as estradas e ferrovias estavam em péssimo estado. A sra. Song imaginou que poderia comprar arroz costa abaixo, onde era mais barato, e levá-lo costa acima de trem. Comercializar arroz — ou qualquer grão básico, aliás — era altamente ilegal (vendas de verduras e de carne eram mais toleráveis para o governo), mas, já que todo mundo estava fazendo, a sra. Song decidiu que não seria errado aderir. Ela teria um pequeno lucro e guardaria algum arroz para si própria e Chang-bo. Sua boca salivou só com o pensamento. Eles não comiam um prato decente de arroz desde 1994. O milho custava a metade do preço.

A sra. Song partiu com 10 mil wons escondidos nas roupas de baixo, os volumes dissimulados por várias camadas de agasalhos. Tomou o trem para a província de Pyongan do Sul e comprou duzentos quilos de arroz. Na manhã de 25 de novembro de 1995 ela estava voltando para casa, numa viagem de menos de um dia, com os sacos de arroz espremidos sob o seu assento. Os contatos de Chang-bo como jornalista tinham propiciado a ela obter uma cabine-leito no terceiro vagão do trem — sendo que os dois primeiros eram para autoridades do Partido dos Trabalhadores e oficiais militares. Era em épocas assim que ela dava valor às prerrogativas de seu estrato social. O trem era longo, e cada vez que ele fazia uma curva e os vagões traseiros ficavam visíveis, ela percebia que as pessoas sem bons contatos viajavam todas de pé. Ficavam tão espremidas que pareciam uma única massa escura de humanos. Havia pessoas penduradas no teto. Ela acabara de descer de seu beliche por volta das 8h30 e estava conversando com os outros passageiros do seu compartimento — um soldado, uma moça e uma avó — sobre as más condições dos trilhos. O trem parara e avançara aos trancos durante a noite toda e agora chacoalhava tanto que eles não conseguiam comer seus desjejuns. As palavras deles saíam em frases curtas, em staccato, cada novo solavanco pontuando a conversa, até que houve um tranco que ergueu a sra. Song de seu assento e a jogou bruscamente no que parecia ser o chão. Ela estava estendida de lado, com a parte esquerda do rosto pressionada contra uma coisa dura que acabou se revelando a moldura de metal da janela. O trem tinha tombado.

Ela escutou gritos vindos de trás. O trem era uma gaiola de metal retorcido. Os abarrotados vagões traseiros tinham sido quase inteiramente destruídos, matando a maioria dos passageiros. A elite que viajava nos primeiros vagões foi poupada, de alguma maneira. Comentou-se que houve aproximadamente setecentas mortes no acidente, ocorrido perto de Sinpo, cerca de 250 quilômetros ao sul de Chongjin, embora, como a maioria dos desastres norte-coreanos, esse também não tenha sido noticiado.

A sra. Song emergiu das ferragens com um talho na bochecha, uma perna com a pele arrancada e uma entorse nas costas. O que havia no beliche tinha caído em cima dela, mas o fato de estar num compartimento fechado provavelmente salvou sua vida. Ela voltou a Chongjin quatro dias depois do acidente. Sempre se considerara uma pessoa de sorte — por ter nascido sob a terna proteção de Kim Il-sung, por sua família maravilhosa — e agora mais ainda, por ter sobrevivido ao desastre de trem. Estava com tanta dor que teve de ser carregada para fora do trem ao chegar de volta a Chongjin, mas quando avistou na plataforma seu marido e até mesmo seu filho, com quem não falava havia meses, voltou a se sentir agraciada. Pouco importava que grande parte do seu arroz estivesse perdida.

Os ferimentos da sra. Song acabaram se mostrando mais debilitantes do que ela imaginara. Passada a euforia, ela se deu conta de que estava extremamente lesionada. Consultou um médico que lhe deu analgésicos e a proibiu de sair da cama por três meses. Ela ignorou o conselho. Alguém precisava obter comida para a família.

Numa situação de extrema penúria, as pessoas não necessariamente morrem de fome. Com muita frequência outros males as alcançam primeiro. Desnutrição crônica debilita a capacidade do organismo para combater as infecções, e o famélico se torna cada vez mais suscetível à tuberculose e à febre tifoide. O corpo faminto é fraco demais para metabolizar os antibióticos, isso quando estes estão disponíveis, e doenças que em condições normais são curáveis tornam-se subitamente fatais. Drásticas flutuações na química corporal podem desencadear derrames e enfartes. Há quem morra por comer simulacros de alimentos que seu organismo não é capaz de digerir. A desnutrição pode ser um assassino sorrateiro que se disfarça sob estatísticas insípidas de crescente taxa de mortalidade infantil ou decrescente expectativa de vida. Ela deixa atrás de si apenas evidências circunstanciais de "mortalidade excessiva" — estatísticas que mostram mortes mais numerosas que o normal durante certo período.

O assassino tem uma progressão natural. Ataca primeiro os mais vulneráveis — crianças com menos de cinco anos. Começa com um resfriado que se torna pneumonia; com uma diarreia que se torna disenteria. Antes mesmo que os pais pensem em conseguir ajuda, a criança já morreu. Em seguida o assassino se volta para os idosos, começando com os que têm mais de setenta anos, depois descendo para os sessentões e cinquentões. Essas pessoas morreriam de todo jeito, mas por que tão cedo? Por fim a desnutrição abre caminho entre as pessoas na flor da idade. Os homens, porque têm menos gordura corporal, em geral morrem antes das mulheres. Os fortes e atléticos são especialmente vulneráveis porque seu metabolismo queima mais calorias.

Mais uma crueldade gratuita: o assassino tem como alvos os mais inocentes, as pessoas que nunca iriam roubar comida, mentir, tapear, infringir a lei ou trair um amigo. É um fenômeno que o escritor italiano Primo Levi identificou depois de emergir de Auschwitz, quando escreveu que ele e seus companheiros sobreviventes nunca quiseram rever uns aos outros depois da guerra porque todos tinham feito alguma coisa de que se envergonhavam.

Como a sra. Song observaria uma década mais tarde, ao pensar retrospectivamente em todos os seus conhecidos que morreram durante aqueles anos em Chongjin, "os primeiros a morrer eram os simples e de bom coração, que faziam o que lhes mandavam".

Em sua própria família, a sogra da sra. Song foi a primeira a partir. A mãe de Chang-bo tinha ido morar com eles pouco depois do casamento do filho, seguindo a tradição que confere ao primogênito a responsabilidade pelos pais. Evidentemente é a nora que carrega o fardo, de modo que o relacionamento entre uma esposa coreana e sua sogra é com frequência carregado de ressentimento. A sogra da sra. Song tinha sido uma crítica impiedosa nos primeiros anos do casamento, sobretudo depois do nascimento das três meninas. Amoleceu só um pouco depois que o neto nasceu, mas a sra. Song levava a sério seus deveres filiais e esforçava-se ao máximo para agradar.

A primavera sempre foi a estação de maior penúria na Coreia porque a colheita do outono está no fim e os campos estão sendo arados para a próxima safra. Naquele ano, foi uma estação especialmente difícil para a sra. Song, que se recuperava do acidente de trem ocorrido seis meses antes. Sua sogra estava com 73 anos, uma idade bem avançada, dada a expectativa de vida na Coreia do Norte, e teria sido fácil encarar sua morte como algo normal, "pois sua hora tinha chegado", mas a sra. Song não tinha dúvida de que a velha durona teria vivido muitos anos mais se fosse alimentada adequadamente. Incapaz de trabalhar ou de caminhar até as montanhas, ela jogava na sopa todas as ervas e matos que era capaz de encontrar perto de casa. Sua sogra se converteu num frágil saco de ossos, com os sinais reveladores de pelagra em torno dos olhos. Em maio de 1996, ela caiu de cama com violentas cólicas estomacais e disenteria. Morreu em poucos dias.

A sra. Song tinha falhado da pior maneira possível para uma mulher coreana em relação a sua família. Seu desespero diante da morte da sogra foi intensificado pela campanha de propaganda que naquele outono instara todos os cidadãos a trabalhar mais duro para atravessar os tempos difíceis. Cartazes mostravam um homem com um alto-falante portátil exortando as pessoas a "avançar rumo ao novo século no espírito da vitória na Árdua Marcha", seguido por um soldado de capacete, um mineiro com uma picareta, um intelectual de óculos segurando um projeto arquitetônico, uma camponesa com um lenço na cabeça e um general portando uma bandeira vermelha. A agência oficial de notícias informava que até Kim Jong-il estava comendo refeições simples à base de batatas.

Agora que só tinham ficado os dois, a sra. Song e Chang-bo decidiram mudar de casa de novo, para um lugar ainda menor.

Era pouco mais que uma cabana, com o chão de concreto cru e as paredes de reboco tão frágil que a sra. Song nem pôde pendurar os retratos obrigatórios de pai e filho. Ela os embrulhou cuidadosamente e guardou num canto. Eles tinham poucos pertences. Ela vendera todos os livros de Chang-bo, exceto as obras de Kim Il-sung e Kim Jong-il, que não era permitido comerciar. Vendera também suas amadas tigelas de *kimchi*. Tudo o que eles precisavam agora era de dois pares de hashi, duas colheres e algumas tigelas e panelas.

Chang-bo tinha saído da estação de rádio regional e assumido um novo emprego numa emissora controlada pela ferrovia — que não tinha dinheiro para pagá-lo, só a promessa de que ele teria preferência na próxima distribuição de comida. Mas a comida nunca chegou. Depois de alguns meses, a sra. Song e o marido tinham gastado todo o dinheiro conseguido com a venda do último apartamento. A filha mais velha deles, Oak-hee, ocasionalmente lhes dava sorrateiramente um saco de milho de sua própria casa, mas tinha que ter cuidado para não ser pega pelo marido de maus bofes, que a espancava por "roubar comida". A família dele tinha dinheiro, mas ele não se dignava a dividi-lo com os sogros.

A sra. Song ainda não tinha condições de caminhar até as montanhas, por isso acordava cada vez mais cedo, às seis da manhã, depois às cinco, na esperança de colher as ervas brotadas durante a noite, que talvez fossem mais tenras e fáceis de digerir. Ela cozinhava suas plantas e cascas de árvore até fazê-las amolecer, adicionando sal para fazer um mingau e depois misturando com algumas colheres de farinha de milho.

Mais do que faminta, a sra. Song se sentia exaurida. Depois que acabava de comer, a colher caía de sua mão com um estrondo sobre o prato de metal. Ela desabava sobre a colcha estendida no chão sem se dar ao trabalho de trocar de roupa, caindo num sono profundo até que de algum modo seu instinto de sobrevivência lhe dizia que, embora ainda estivesse escuro, era preciso retomar a busca por comida. Tinha perdido a disposição de fazer qualquer outra coisa. Parou de pentear os cabelos, dos quais costumava se orgulhar tanto; não se dava ao trabalho de lavar suas roupas. Seu peso caiu tanto que a única calça comprida de que dispunha não parava mais em seus quadris. Tinha a sensação de já estar morta, flutuando sobre o vazio receptáculo daquilo que no passado tinha sido seu corpo.

Foi Chang-bo, porém, que teve a saúde mais prejudicada. Ele sempre fora um norte-coreano maior do que o comum, pesando cerca de noventa quilos em seu apogeu. Era tão pesado que, anos antes, seu médico o aconselhara a começar a fumar, como meio de perder peso. Agora a barriga protuberante de que ele tanto se orgulhara — já que a gordura era praticamente um símbolo de status na Coreia do Norte — tinha se convertido numa bolsa murcha. Sua pele se tornou escamosa, como se ele estivesse sofrendo de um caso grave de eczema. Sua papada estava flácida e sua fala se tornou arrastada. A sra. Song levou-o a um médico no Hospital da Administração da Ferrovia, que diagnosticou um leve derrame. Depois desse episódio, Chang-bo passou a ter dificuldade para trabalhar. Não conseguia se concentrar. Queixava-se de vista nublada. Não conseguia sequer levantar a caneta-tinteiro que usava para escrever.

Chang-bo ficava na cama, ou melhor, nas colchas estendidas no chão, que eram tudo o que lhes sobrara. Suas pernas incharam tal qual balões, como o que a sra. Song veio a reconhecer como edema — retenção de líquido ocasionada por inanição. Ele falava o tempo todo sobre comida. Falava das sopas de tofu que sua mãe lhe fazia quando ele era criança e sobre uma excepcionalmente deliciosa refeição de caranguejo no vapor com gengibre que a sra. Song preparara para ele quando eram recém-casados. Ele tinha uma incrível faculdade de recordar detalhes de pratos que ela cozinhara décadas antes. Ficava melosamente sentimental, até romântico, quando falava das refeições que tinham feito juntos. Tomava a mão dela na sua, de olhos molhados e embaçados pela névoa das lembranças.

"Venha, querida. Vamos a um bom restaurante pedir uma ótima garrafa de vinho de arroz", disse ele à esposa numa manhã em que eles se reviravam sobre as cobertas. Fazia três dias que não comiam. A sra. Song fitou o marido com alarme, temendo que ele estivesse delirando.

Ela correu porta afora para o mercado, esquecendo em sua pressa a dor nas costas. Estava decidida a roubar, mendigar — o que fosse preciso — para conseguir alguma comida para o marido. Avistou sua irmã mais velha vendendo macarrão. Sua irmã não estava muito bem de saúde — sua pele estava escamosa como a de Chang-bo, devido à desnutrição —, por isso a sra. Song tinha resistido a pedir-lhe ajuda, mas agora estava desesperada e, evidentemente, a irmã não poderia recusar.

"Eu vou lhe pagar", prometeu a sra. Song antes de correr de volta para casa, com a adrenalina impulsionando suas pernas.

Chang-bo estava encolhido de lado sob o cobertor. A sra. Song chamou-o pelo nome. Quando ele não respondeu, ela foi virá-lo de barriga para cima — o que não era difícil agora que ele tinha perdido tanto peso, mas as pernas e os braços dele estavam rígidos e atrapalharam.

A sra. Song socou e socou o peito dele, gritando por socorro mesmo sabendo que era tarde demais.

Depois da morte de Chang-bo, o filho do casal, Nam-oak, foi morar com a sra. Song. Eles estavam afastados desde que o rapaz se juntara a sua namorada mais velha. Na verdade, a relação da sra. Song com seu único filho tinha sido difícil desde que ele era um adolescente. Não é que ele fosse abertamente rebelde, é que ela encontrava dificuldade em penetrar no silêncio dele. Agora, em face de tanta tragédia, o fato de ele estar vivendo fora do casamento com uma mulher mais velha parecia trivial. E a verdade é que eles precisavam um do outro. A sra. Song estava sozinha. A família da namorada de Nam-oak estava em situação ainda pior, e eles não tinham o que comer em casa.

Nam-oak passara toda a sua juventude treinando para ser um pugilista, mas as condições na academia atlética eram tão ruins que ele retornou para casa num inverno com o ouvido comprometido por uma ulceração causada pelo frio. Voltou para Chongjin e arrumou um emprego na estação ferroviária por intermédio de contatos que a família tinha desde a Guerra da Coreia, quando o pai da sra. Song foi morto pelos bombardeios norte-americanos. A exemplo do que ocorrera com seu pai, a Administração da Ferrovia não podia pagar um salário a Nam-oak, mas havia a expectativa de que ele tivesse acesso prioritário à comida quando o sistema de distribuição fosse restabelecido.

O filho da sra. Song era um rapaz forte e saudável, a imagem escarrada do pai, mas mais atlético, mais musculoso e mais alto, com 1,76 metro. Precisava de muito mais combustível para sobreviver. Quando, de início, sua gordura corporal desapareceu, ele ficou com a aparência magra e retesada de um corredor de maratona, mas depois os próprios músculos foram consumidos, dando-lhe um aspecto cadavérico. No rigoroso inverno de 1997-8, quando as temperaturas caíram abaixo de zero, ele contraiu um forte resfriado que se converteu em pneumonia. Mesmo com sua perda de peso, Nam-oak era pesado demais para a sra. Song carregar ao hospital — não havia ambulâncias em operação àquela altura —, por isso ela foi até lá e explicou a situação. Um médico lhe passou uma receita de penicilina, mas quando ela chegou ao mercado descobriu que o medicamento custava cinquenta wons — o preço de um quilo de milho.

Ela escolheu o milho.

Nam-oak morreu em março de 1998, sozinho na cabana. A sra. Song estava no mercado, novamente tentando arranjar comida. Ele foi enterrado num morro acima da cidade, junto ao túmulo de seu pai, perto o bastante para ser visível da casa dela. A Administração da Ferrovia foi capaz de fornecer o caixão, como tinha feito para Chang-bo.

Em 1998, estimava-se que entre 600 mil e 2 milhões de norte-coreanos já haviam morrido em consequência da fome, o equivalente a cerca de 10% da população. Em Chongjin, onde o abastecimento de comida foi cortado antes do restante do país, a taxa pode ter chegado a 20%. Números exatos seriam quase impossíveis de estabelecer, já que os hospitais da Coreia do Norte não registravam a desnutrição como causa mortis.

Entre 1996 e 2005, a Coreia do Norte receberia o equivalente a 2,4 bilhões de dólares de ajuda em alimentos, grande parte vinda dos Estados Unidos. Mas, assim como estava disposto a aceitar a comida estrangeira, o regime norte-coreano rejeitava os estrangeiros que vinham com ela. Agências de ajuda humanitária que tentavam prestar assistência ficavam inicialmente circunscritas a Pyongyang e outros locais cuidadosamente maquiados. Quando os visitantes tinham permissão para sair de seus escritórios e hotéis, as pessoas vestidas em farrapos eram obrigadas a sumir das ruas; durante visitas a escolas e orfanatos, só os mais bem vestidos e bem alimentados podiam ser vistos. O governo, ao mesmo tempo que pedia mais ajuda, escondia aqueles que mais precisavam dela. O pessoal das agências de ajuda que vivia em Pyongyang não tinha sequer permissão para estudar a língua coreana.

Em 1997, alguns agentes de ajuda humanitária tiveram permissão para entrar em Chongjin, com restrições ainda maiores do que em Pyongyang. Uma funcionária da agência francesa Ação contra a Fome escreveu num boletim que não tinha permissão para deixar o Hotel Chonmason, localizado perto do porto de Chongjin, sob o pretexto de que ela podia ser atropelada por um carro. A agência se retirou pouco tempo depois, relatando que não tinha como verificar se a ajuda estava chegando aos receptores pretendidos. Os Médicos Sem Fronteiras também se retiraram do país. Enquanto grandes navios carregados de grãos doados pelo Programa Mundial de Alimentos da onu começavam a ancorar no porto de Chongjin, em 1998, a ajuda era descarregada em caminhões pelo Exército e levada embora. Alguns alimentos chegavam aos orfanatos e jardins da infância, mas boa parte deles ia parar em estoques do Exército ou era vendida no mercado negro. Levou quase uma década de trabalho no interior da Coreia do Norte para que a agência da onu fosse capaz de instaurar um sistema satisfatório de monitoramento. No final de 1998, o pior da crise de escassez de alimentos tinha passado, não necessariamente porque alguma coisa tivesse melhorado, e sim, como a sra. Song mais tarde conjecturou, porque havia menos bocas para alimentar.

"Todo mundo que era para morrer já tinha morrido."

10. Mães da invenção

Um restaurante improvisado em Chongjin.

A sra. Song não compareceu ao funeral do filho. A dor, a fome e a tensão acumulada durante anos tinham se apossado de sua mente e de seu corpo. Ela não teve forças para retornar à cabana onde o filho tinha morrido. "Eu o deixei morrer sozinho, eu o abandonei", resmungava sem parar. Recusou-se a comer. Andou a esmo pelas ruas até desabar.

Suas filhas saíram à sua procura e a encontraram estendida no capinzal perto da casa delas, delirando de fome e hipotermia. Era final de março, mas à noite as temperaturas eram baixas o suficiente para matar uma pessoa seriamente desnutrida. As filhas ficaram chocadas com a aparência da mãe. A sra. Song em outros tempos tinha sido vaidosa de seus cabelos espessos e encaracolados; agora estavam opacos, emaranhados e imundos. Suas roupas estavam endurecidas de barro. Elas a carregaram de volta para a casa da segunda filha, tiraram suas roupas e lhe deram um banho como se ela fosse uma criança. Na verdade, aos 52 anos, a sra. Song estava tão emaciada que não pesava muito mais do que o filho de oito anos de Oak-hee. As mulheres fizeram uma vaquinha para comprar um pacote de macarrão para ela. Depois de quinze dias consumindo comida adequada, a sra. Song já estava lúcida o bastante para lembrar com exatidão o que tinha acontecido e mergulhar de novo no desespero diante da enormidade de sua perda.

Três mortes em três anos — a sogra em 1996, o marido em 1997 e o filho em 1998. A sra. Song perdera tudo, incluindo seu Querido Marechal, cuja perda ela ainda pranteava tanto quanto a do marido e a do filho.

Finalmente juntou coragem para voltar para casa, para a cabana que ela considerava a cena do crime; ela sozinha era responsável pelas mortes na família. Enquanto caminhava, levantou a vista para os morros pelados e viu estacas simples de madeira que marcavam as sepulturas dos mortos recentes; seu segundo genro tinha feito marcos como aqueles tanto para o seu marido como para o seu filho, que foram enterrados no morro. Ao chegar à cabana, encontrou a porta entreaberta. Ela fixara a porta com pregos, pois não dispunha de um cadeado, mas alguém claramente a arrombara. Abriu a porta com um empurrão e enfiou a cabeça para verificar se não havia alguém de tocaia. A cabana estava vazia. Ninguém. Nenhum objeto. A panela amassada de alumínio que ela usava para fazer mingau, as tigelas de metal barato nas quais ela o comia, o par de hashi, o cobertor em que seu filho estava envolvido quando morreu — tudo tinha sido levado. O ladrão chegara a remover o vidro dos retratos de Kim Il-sung e Kim Jong-il, deixando para trás os retratos.

A sra. Song foi embora dali, sem sequer se dar ao trabalho de fechar a porta atrás de si. Não tinha mais nada que pudesse ser levado, só sua vida, que já não importava muito. Não conseguia entender por que ainda estava viva. Pensou em continuar caminhando até desfalecer na relva. Queria deitar no chão e morrer. Mas, de algum modo, não foi o que ela fez. Em vez disso, deu início a um novo empreendimento.

Este foi um estranho efeito colateral da fome: justamente quando as coisas estavam chegando ao fundo do poço, com as mortes atingindo centenas de milhares, nasceu um novo espírito empreendedor. O colapso do sistema socialista de distribuição de comida propiciou uma oportunidade para os negócios privados. Não era todo mundo que podia percorrer trilhas na montanha para colher folhas e frutas silvestres ou raspar casca de pinheiros; as pessoas tinham que comprar sua comida em algum lugar, e alguém tinha que fornecê-la a elas. Os norte-coreanos precisavam de vendedores: peixeiros, açougueiros e padeiros que preenchessem a lacuna deixada pelo colapso do sistema público.

Tudo isso era altamente ilegal. Kim Jong-il adotara uma linha ainda mais dura que a de seu pai contra a iniciativa individual. "Numa sociedade socialista, até mesmo o problema da alimentação tem que ser revolvido de um modo socialista. Dizer às pessoas que resolvam por conta própria os seus problemas de alimentação cria o egoísmo entre elas", disse ele num discurso em dezembro de 1996, um dos poucos em que ele reconhecia a crise de alimentos. Com exceção de verduras produzidas em hortas domésticas, não se podia vender comida no mercado. Vender arroz e outros grãos era rigorosamente proibido; os norte-coreanos consideravam essa venda ilegal e imoral, uma punhalada no coração da ideologia comunista. Qualquer empreendimento privado caía sob a rubrica de "crime econômico", e as penalidades poderiam incluir a deportação para um campo de trabalhos forçados e, se houvesse suspeita de corrupção, a possível execução.

Mas a morte era praticamente uma certeza para as pessoas que não mostrassem alguma iniciativa individual. Um ser humano precisa de pelo menos quinhentas calorias por dia em média para sobreviver; uma pessoa que subsistisse com uma dieta feita à base do que pudesse ser colhido no mato não sobreviveria por mais do que três meses. A iminência da morte dava a capitalistas relutantes como a sra. Song uma nova coragem.

Depois de fracassar na tentativa de comercializar arroz, a sra. Song sabia que tinha de se apegar a um empreendimento mais simples, que não demandasse viagens nem um grande investimento inicial. Seu talento mais comercializável, aliás o único, era cozinhar. Mas cozinhar estava se tornando cada vez mais difícil, já que o abastecimento de lenha se tornava mais e mais escasso. As montanhas próximas tinham ficado marrons e a linha onde começavam as árvores tinha se afastado a ponto de se tornar inacessível.

Depois de um tempo de ponderação, a sra. Song decidiu que seu futuro estava nos biscoitos. Biscoitos precisavam de apenas dez minutos no forno; um feixe modesto de lenha bastava para quatro ou cinco fornadas. Eram mais fáceis de assar do que pão e serviam de refeição rápida para pessoas em movimento.

A sra. Song teve como parceira no negócio dos biscoitos a filha mais nova, Yong-hee, que se divorciara recentemente — seu casamento acabara depois de apenas três meses, quando Yong-hee descobriu que o marido era um jogador compulsivo. Yong-hee tomou algum dinheiro emprestado para comprar ferro-velho e encontrou um soldador desempregado da siderúrgica para transformá-lo num forno. Era basicamente uma caixa quadrada dividida em dois, de modo que o carvão vegetal pudesse queimar no compartimento inferior, enquanto os biscoitos assavam no superior. Ele também fez uma bandeja para biscoitos. A sra. Song e Yong-hee caminhavam pelos mercados da cidade, observando os outros vendedores. Havia muitas mulheres que tinham tido a mesma ideia, e por um tempo a sra. Song arranjou trabalho com uma delas para assistir e aprender. Comprou amostras de outros vendedores para experimentar e comparar. Quando encontrou uma que lhe agradou, tentou repetir a receita.

Suas primeiras tentativas foram desanimadoras. As primeiras fornadas não saíram dignas de ser vendidas ao público, mesmo levando em conta os desesperadores padrões norte-coreanos. A sra. Song e a filha comeram os biscoitos fracassados para não desperdiçar os ingredientes preciosos. Ela acabou percebendo que precisava usar mais açúcar e fermento. Adicionou leite à receita. A massa foi cortada em cinco formatos diferentes e o resultado ficou mais parecido com pãezinhos — um lanche rápido não tão doce e fácil de digerir.

A sra. Song se levantava às cinco da madrugada para assar. A competição era dura, e seus biscoitos tinham que estar fresquinhos. Ela não dispunha de uma carrocinha ou mesmo de um engradado para vender seus produtos, então colocava os biscoitos numa bacia de plástico, que carregava amarrada às costas como um bebê até chegar a uma rua grande com muitos pedestres e não tantos concorrentes. Circulava por perto dos mercados e da grande praça diante da estação de trens. Com as costas ainda doendo, ajeitava-se penosamente no chão de pernas cruzadas em posição de lótus, com os biscoitos sobre os joelhos.

Com dor nas costas desde o acidente, ela clamava aos transeuntes com o mesmo entusiasmo que mostrara como chefe do *inminban* para instar seus vizinhos a reciclar lixo e recolher os detritos noturnos pelo bem da pátria.

"*Gwaja sassayo.*" As palavras tinham um ritmo musical em coreano. "Comprem biscoitos."

A sra. Song era uma vendedora nata. As pessoas eram atraídas por sua simpatia; se era para comprar biscoitos, preferiam comprar dela, entre dúzias de outras mulheres que vendiam a mesma coisa. Ao final de um dia de trabalho de catorze horas, ela contava com uns cem wons — cinquenta centavos de dólar — no bolso, além de algumas sacolas de outras mercadorias, às vezes pimentas vermelhas ou uns poucos pedaços de carvão, que ela levava em troca dos biscoitos. Era apenas o bastante para comprar comida para o jantar e ingredientes para a fornada seguinte de biscoitos. Ela se arrastava para casa exausta e caía logo no sono, só para despertar poucas horas depois e começar tudo de novo. Mas agora ela não ia para a cama com fome.

Milhares de mulheres de meia-idade estavam fazendo o mesmo que a sra. Song. Eram empregadas de si mesmas. Não dirigiam lojas ou mercearias; não ousavam instalar os quiosques que eram tão onipresentes na Rússia da perestroika. Em matéria de negócios, elas só sabiam aquilo que lhes havia sido ensinado — que todo empreendimento privado era egoísta. Mas, por causa da fome e do desespero, estavam reinventando o conceito de uma economia de livre-mercado, o que significava desaprender toda uma vida de propaganda. Elas tinham se dado conta de que havia valor na habilidade para o intercâmbio; jovens com maior resistência poderiam fazer as jornadas até as montanhas distantes para conseguir a lenha que a sra. Song não podia alcançar e trocá-la por biscoitos. Quem tinha uma escada podia surrupiar fios de cobre das linhas elétricas (não havia mais risco de eletrocussão) e vendê-los ou trocá-los por comida. Quem tinha a chave de uma fábrica abandonada podia desmanchar as máquinas, as janelas e o piso e dar um novo uso aos pedaços.

Fosse uma bandeja de assadeira, fosse um carrinho de mão, tudo tinha que ser feito individualmente, à mão, porque praticamente nenhuma fábrica estava funcionando. As mulheres cortavam tiras de lona, fundiam pedaços de borracha descartados e manufaturavam tênis rústicos. Pneus velhos, portas de madeira e arames fabricavam uma carrocinha para transportar mercadorias do mercado para casa.

As pessoas se autoinstruíam. Um mineiro de carvão, homem sem instrução, encontrou um livro sobre medicina oriental e o estudou com atenção para reconhecer plantas medicinais que podiam ser encontradas nas montanhas ao redor de Chongjin. Tornou-se tão bom quanto os médicos em identificar as plantas, mas muito melhor em explorar regiões remotas para obtê-las, porque estava habituado ao trabalho físico.

Também os médicos encontraram outros meios de ganhar dinheiro. Eles próprios não dispunham de medicamentos, mas podiam realizar procedimentos simples no hospital ou em casa. O mais lucrativo era o aborto, que era tecnicamente ilegal sem permissão especial, mas mesmo assim era uma forma comum de controle de natalidade. Já que as mulheres ainda ficavam grávidas — apesar de a fome diminuir tanto a libido como a fertilidade —, as famílias não queriam ter filhos que elas não tinham condições de alimentar. Quando, anos antes, Oak-hee levou uma amiga para fazer um aborto, isso custou quatrocentos wons, o equivalente a oito quilos de arroz, mas agora podia valer o mesmo que um balde de carvão.

A dra. Kim não estava treinada para fazer operações. Ela sobrevivia com sua caneta, escrevendo atestados médicos que declaravam que o paciente devia ser dispensado do trabalho e ficar em casa por motivos de saúde. O absenteísmo na Coreia do Norte era punível com trinta dias de prisão num centro de detenção, embora os empregos não estivessem mais pagando salários. Mas as pessoas precisavam tirar um tempo para sair em busca de comida e combustível. Em troca, davam à dra. Kim pequenas porções do que tivessem encontrado naquele dia para comer. Ela sentia vergonha de escrever atestados falsos — algo que violava todos os juramentos que fizera à sua profissão e ao seu país —, mas sabia que estava ajudando seus pacientes e a si própria a sobreviver.

A diligente mãe de Mi-ran topou com outro empreendimento que florescia na adversidade. Por meio das conexões da filha mais velha, obteve permissão para operar um moinho. Diferentemente de suas iniciativas com o sorvete e o tofu, que fracassaram quando a eletricidade acabou, o moinho era um engenho tradicional, operado manualmente. Tae-woo, que erigira vigas no interior das minas, fez um barracão de madeira para o moinho. Vizinhos foram convocados para ajudar a construir o telhado. Até Jun-sang, que por acaso estava de férias em casa, foi ajudar. Uma vez concluído o moinho, as pessoas vinham de longe trazendo sacos de milho. Era mais barato para elas comprar o milho in natura e depois decidir quanto dele deveria ir para a moenda, e se deveriam ser incluídos os talos, as folhas, espigas e palhas — ou mesmo se era o caso de adicionar um pouco de serragem. A mistura era indigerível, a menos que fosse moída até virar uma farinha bem fina, por isso os moinhos eram um negócio importante.

Se não tivesse como vender alguma coisa, a pessoa vendia a si própria. Embora Kim Il-sung tivesse fechado as casas *kisaeng*, a prostituição nunca fora completamente erradicada, só que acontecia com a mais completa discrição, mediante arranjos privados no interior de residências particulares. A fome não apenas pôs a prostituição de volta nas ruas, como trouxe uma nova classe de prostitutas — muitas vezes jovens mulheres casadas desesperadas para conseguir comida para os filhos. Elas frequentemente não pediam mais do que um pacote de macarrão ou algumas batatas-doces como pagamento. O local onde faziam ponto era a praça junto à estação ferroviária principal de Chongjin. Dadas as longas esperas pelos trens, havia invariavelmente centenas de pessoas fazendo hora na praça. As mulheres circulavam em meio à multidão como se estivessem num coquetel. Suas roupas eram insípidas e recatadas, já que a Polícia de Normas Públicas prendia qualquer mulher que vestisse uma saia curta demais, uma camisa decotada ou justa, calça jeans ou bijuterias chamativas, por isso as prostitutas indicavam seu propósito com um traço de batom vermelho e um olhar sugestivo a um homem que passasse por elas.

Oak-hee morava bem em frente à estação de trem, onde seu marido trabalhava. Toda vez que via aquelas mulheres, ela baixava os olhos, envergonhada, resistindo ao impulso de encará-las. Houve uma mulher, porém, que conseguiu fazer contato visual e que às vezes parecia estar lançando um sorrisinho a Oak-hee. Vestia-se um pouco melhor que as outras, era mais segura de si, mais profissional, de certo modo.

Um dia, ao sair do seu prédio, Oak-hee deparou com essa mulher a poucos metros da porta de entrada, quase como se estivesse esperando por ela.

"Ouça, irmã", disse ela com familiaridade. "Meu irmão acaba de chegar de fora da cidade e temos um assunto para conversar em particular. Você pode nos emprestar um quarto?"

Ela indicou com a cabeça um homem que estava em pé raspando os pés no chão atrás delas, com o rosto virado de lado. Oak-hee era um tanto melindrosa no que diz respeito a sexo, mas sabia reconhecer um bom negócio quando topava com um. Seu marido estava no trabalho. Os filhos, na escola. A prostituta lhe pagou cinquenta wons para usar o quarto por uma hora. Tornou-se desde então uma frequentadora habitual, não apenas pagando pelo quarto, mas também trazendo bombons para os filhos de Oak-hee.

Claro que isso era ilegal, como tanta coisa naqueles dias. Era um crime aceitar remuneração por qualquer serviço — quer fosse sexo ou conserto de bicicleta. Mas quem ainda se importava? Todo mundo precisava de um esquema para sobreviver.

A maioria dos negócios tinha lugar nos velhos mercados de produtos rurais. Mesmo nos dias de glória do comunismo, Kim Il-sung tinha permitido a contragosto que os mercados funcionassem, com a restrição de que eles só poderiam vender alimentos suplementares que as pessoas produzissem em suas hortas domésticas. Quando seus filhos eram pequenos, a sra. Song costumava ir a um terreno baldio perto de seu apartamento para comprar ovos, os quais, quando ela dispunha de dinheiro, eram uma delícia nutritiva como desjejum. Dependendo da estação, ela talvez encontrasse pimentas vermelhas secando ao sol, peixe seco ou repolho. As pessoas frequentemente levavam roupas, sapatos e pratos usados, mas era proibido comercializar qualquer coisa recentemente fabricada, que só podia ser vendida nas lojas estatais.

Durante os anos 1990, mesmo com as garras mortais da fome apertando o cerco em torno de Chongjin, estranhamente cada vez mais comida aparecia nos mercados. Repolhos, rabanetes, alfaces, tomates, cebolinhas e batatas estavam à venda. As verduras vinham de jardins secretos que salpicavam as montanhas na área rural. Agricultores tinham descoberto que sua melhor chance de sobrevivência era fazer a lavoura nas encostas dos montes, mesmo em terras que no passado eles tinham julgado demasiado íngremes para o cultivo. Nas lavouras privadas, o cuidado era extremo, com as verduras em fileiras alinhadas com a perfeição de teclas de uma máquina de escrever, os feijões e abóboras atados a estacas e treliças, enquanto as fazendas coletivas se deterioravam por negligência.

De repente havia também arroz branco, grande quantidade dele, em enormes sacas de aniagem de quarenta quilos com letras ocidentais impressas (USA, WFP, EU) e os ramos de oliva cruzados, do símbolo das Nações Unidas, e a bandeira dos Estados Unidos, que todo norte-coreano reconhecia dos cartazes de propaganda, onde ela era mostrada invariavelmente ensopada de sangue ou trespassada por baionetas.

Por que o arroz estava em sacas com a bandeira do inimigo mais temido da Coreia do Norte? Alguém contou à sra. Song que o Exército norte-coreano tinha capturado arroz dos belicistas norte-americanos. Um dia a sra. Song avistou um comboio de caminhões saindo do porto com sacas de aniagem similares amontoadas na carroceria. Embora os caminhões tivessem placas civis, a sra. Song sabia que eles deviam pertencer ao Exército — pois ninguém mais tinha gasolina — e finalmente concluiu que aquilo era ajuda humanitária que alguém do Exército estava vendendo em proveito próprio no mercado.

Sem se importar com sua origem, as pessoas em Chongjin estavam felizes em ver arroz branco, que nos últimos anos não estivera disponível no centro de distribuição pública.

Cada vez que ia ao mercado, a sra. Song via algo que a espantava. Peras. Uvas. Bananas. Não conseguia lembrar quando tinha sido a última vez que vira uma banana — talvez vinte anos antes, quando Chang-bo trouxe algumas para casa como regalo para as crianças. Um dia ela viu laranjas, laranjas de verdade! A sra. Song nunca provara uma laranja — só a reconheceu por causa de fotos que tinha visto. Em outra ocasião, viu uma fruta sarapintada de marrom e amarelo com uma coroa espinhosa verde nascendo no topo.

"O que é *aquela* coisa?", perguntou a uma amiga, que lhe explicou tratar-se de um abacaxi.

Pela primeira vez, os mercados supriam mercadorias domésticas tão baratas que até os norte-coreanos podiam comprá-las. Os resultados das reformas econômicas de Deng Xiaoping dos anos 1970 e 1980 estavam se infiltrando na Coreia do Norte. Ocasionalmente se viam algumas roupas de boa qualidade no mercado, com as etiquetas arrancadas. Os vendedores sussurravam que elas vinham de *areh dongae*, "a aldeia mais abaixo", um eufemismo para a Coreia do Sul. As pessoas pagavam mais pelas roupas do Estado inimigo.

Cada vez que a sra. Song ia ao mercado, este parecia maior. Não eram só as senhoras idosas agachadas em lonas sobre o chão de terra; havia centenas de pessoas expondo mercadorias em engradados de madeira ou em carrocinhas. Vendedores traziam mesas e usavam capas e guarda-chuvas para proteger os seus artigos do sol.

O maior mercado de Chongjin surgiu numa área industrial devastada perto do rio Sunam, que atravessava a cidade, vindo do interior. Localizado atrás das tristes ruínas da fábrica da Química Têxtil, o mercado de Sunam acabaria por se tornar o maior da Coreia do Norte. Era organizado basicamente à maneira dos mercados em qualquer lugar da Ásia — vários corredores dedicados a alimentos, outros a ferragens e equipamentos, vasilhas e panelas, cosméticos, calçados e roupas. Foi só em 2002 que Kim Jong-il legalizou, finalmente, os mercados. Mas as autoridades de Chongjin os reconheceram anos antes como fato consumado e começaram a regulamentá-los. As autoridades do mercado cobravam um aluguel diário de setenta wons de cada vendedor — mais ou menos o preço de um quilo de arroz. Os vendedores que não tinham condições de arcar com o aluguel estabeleciam-se fora dos portões, e assim o mercado foi se expandindo até as barrancas do rio. O comércio de biscoitos da sra. Song nunca cresceu a ponto de ela ter sua própria barraca. Ela não queria pagar o aluguel. Mas se tornou parte de uma comunidade de vendedores que trabalhavam nas bordas de um mercado em Songpyeon, um distrito a oeste do porto para onde ela se mudou assim que levantou um pouco de dinheiro.

Os mercados eram ímãs para todo tipo de outros negócios. Fora do mercado de Sunam, ao longo de um muro caiado coberto de malvas-rosa, havia uma fileira de carrocinhas toscas de madeira. Seus donos geralmente dormiam sobre elas, esperando por consumidores que quisessem transportar suas compras. Chongjin não contava com táxis, nem mesmo com os riquixás ou triciclos da China (o governo norte-coreano os considerava degradantes), mas as pessoas tinham decidido preencher a lacuna oferecendo-se como carregadores. Cabeleireiras e barbeiros treinados pelo Gabinete de Conveniências do governo, a agência que supostamente deveria suprir todos os serviços, montaram serviços móveis de corte de cabelo. Tudo o que eles precisavam era de uma tesoura e um espelho. Trabalhavam perto do mercado de alimentos, muitas vezes se envolvendo em brigas com os outros vendedores, que não queriam cabelo caindo nos seus produtos. Os cabeleireiros trabalhavam depressa, com um olho cuidando para que a navalha não cortasse uma orelha e o outro atento à chegada da polícia, que confiscava seu equipamento se eles fossem flagrados executando um empreendimento privado. Ainda assim, era lucrativo. Mulheres com a barriga roncando de fome gastavam seu último won para fazer uma permanente.

Num mercado junto aos trilhos da ferrovia, as pessoas montavam restaurantes improvisados, com mesas formadas por tábuas estendidas sobre tijolos e baldes emborcados fazendo as vezes de cadeiras. Os clientes comiam rapidamente, as colheres raspando pequenas tigelas de metal de sopa fumegante ou macarrão. Os cozinheiros suavam sobre fornos cilíndricos de metal não maiores que latas de tinta, acionando foles antiquados para avivar o fogo. Não era incomum ver uma mulher curvada sobre o fogo com um bebê atado às costas.

Em sua grande maioria, os vendedores eram mulheres. Os coreanos conferiam um status inferior aos mercados, por isso eles tradicionalmente eram frequentados só por mulheres. Continuava sendo assim nos anos 1990, ainda que os mercados estivessem em expansão. Os homens tinham que permanecer em suas unidades de trabalho, em torno das quais girava toda a vida na Coreia do Norte, mas as mulheres eram dispensáveis o bastante para poder esquivar-se de suas jornadas de trabalho. Joo Sung-ha, um dissidente norte-coreano de Chongjin que se tornou jornalista em Seul, contou-me que acreditava que Kim Jong-il concordara tacitamente em deixar as mulheres trabalharem de forma privada para aliviar a pressão sobre as famílias. "Se as *ajummas* (mulheres casadas) não tivessem sido autorizadas a trabalhar, teria havido uma revolução", disse ele.

O resultado é que o rosto da nova economia era cada vez mais feminino. Os homens ficaram empacados nos empregos estatais que não pagavam salários; as mulheres é que ganhavam dinheiro. "Os homens não valem tanto quanto um cão de guarda", sussurravam algumas das *ajummas* entre elas. A renda superior das mulheres não foi capaz de sobrepujar milênios de cultura patriarcal, mas lhes deu certa independência.

Em seu aspecto exterior, Chongjin parecia inalterada. As mesmas fachadas cinzentas dos prédios administrativos stalinistas diante de extensões desertas de asfalto. As estradas ainda estavam pontuadas pelos desbotados cartazes vermelhos de propaganda exaltando as realizações de Kim Jong-il e o Partido dos Trabalhadores. Na verdade, o lugar parecia congelado no tempo, como se os relógios da história mundial tivessem parado em 1970. Mas a sra. Song sabia que não era bem assim. Ela estava vivendo num mundo de pernas para o ar. O topo estava embaixo, o errado estava certo. As mulheres tinham o dinheiro, em vez dos homens. Os mercados estavam repletos de comida, mais comida do que a maioria dos norte-coreanos tinha visto na vida, e no entanto as pessoas ainda morriam de fome. Membros do Partido dos Trabalhadores tinham morrido de fome; quem nunca se lixara para a pátria estava ganhando dinheiro.

"*Donbulrae*", murmurava a sra. Song entredentes. Cupins de dinheiro.

No passado, ela se consolava com a ideia de que ela e todas as pessoas que conhecia eram mais ou menos pobres por igual. Agora via os ricos ficarem mais ricos; os pobres, mais pobres. Pessoas que uma década antes teriam sido acusadas de crimes econômicos agora desfilavam de sapatos de couro e roupas novas. Outros passavam fome mesmo trabalhando em tempo integral. A inflação estava fora de controle. O preço do arroz no mercado negro chegaria a duzentos wons o quilo no final de 1998. Mesmo depois que os salários foram restaurados, um funcionário comum de escritório ou uma professora não tinham condições de comprar para sua família comida suficiente sequer para dois ou três dias a cada mês. As crianças, de mãos e joelhos na terra, vasculhavam o chão à cata de grãos de arroz ou milho que tivessem escapado pelas costuras dos sacos de aniagem.

Ela conhecia um menino, Song-chol, de nove anos de idade. Ele costumava ir ao mercado com o pai, um homem rude que os outros vendedores apelidaram de "Tio Pera", pois era isso o que ele vendia. Mas o comércio de peras não ia muito bem, e Tio Pera tinha dificuldade em alimentar sua família.

"Por que você não arranja sozinho alguma coisa pra comer como os outros garotos?", Tio Pera disse ao filho um dia no mercado.

Song-chol era um menino obediente. Andou até uma barraca onde uns homens bebiam álcool e comiam siri. De volta ao lado do pai, queixou-se de dor de barriga. Tinha apanhado no chão entranhas de peixe estragado. Morreu de intoxicação alimentar aguda, antes que Tio Pera pudesse gastar seu último won para pagar um carroceiro que o levasse ao hospital.

Raramente um dia terminava sem que a sra. Song topasse com um morto ou moribundo. Apesar de tudo o que sofrera com sua própria família, ela não conseguia se acostumar com a presença constante da morte. No final de um dia, ao voltar do mercado para casa, ela fez um desvio até a estação de trem, na esperança de encontrar compradores para alguns biscoitos não vendidos. Alguns trabalhadores varriam a praça da estação. Passou uma dupla de homens, puxando uma carroça pesada de madeira. A sra. Song espiou para ver o que estavam transportando. Era uma pilha de corpos, talvez uns seis, gente que morrera na estação durante a noite. Alguns membros ossudos pendiam da carroça. Uma cabeça balançava à medida que a carroça sacolejava pela calçada. A sra. Song encarou fixo; a cabeça era de um homem de uns quarenta anos. Seus olhos piscavam debilmente. Ainda não completamente morto, mas quase, a ponto de ser levado na carroça.

A sra. Song não pôde deixar de pensar no marido e no filho mortos. Que afortunada ela era por eles pelo menos terem morrido em casa, em suas camas, e por ela ter lhes podido dar um enterro decente.

11. Andorinhas errantes

Meninos num mercado norte-coreano.

Em suas visitas frequentes à estação de trem de Chongjin, a sra. Song provavelmente cruzou com um menino vestido com um macacão azul de operário tão grande que a braguilha ficava quase na altura dos joelhos. Seu cabelo emaranhado fervilhava de piolhos. Calçava sacos plásticos nos pés em vez de sapatos. Sua idade era indeterminada; aos catorze anos, mal tinha o tamanho de um menino americano de oito.

Se a sra. Song tivesse um biscoito de sobra, talvez lhe desse um. Caso contrário, passaria por ele sem dar muita atenção. Não havia nada no menino que o distinguisse das centenas de outras crianças que perambulavam pela estação. Os norte-coreanos os chamavam de *kochebi*, "andorinhas errantes" — crianças cujos pais tinham morrido ou partido em busca de comida. Tendo que se virar por conta própria, eles tendiam a andar em bandos como pombos revirando o lixo em busca de migalhas na estação de trem. Eram um estranho fenômeno migratório num país que até então nunca ouvira falar de moradores de rua.

Kim Hyuck era miúdo, mas forte e astuto. Se alguém comprava um lanche para comer na estação, ele era capaz de arrebatá-lo da mão da pessoa antes que chegasse à boca — e de devorá-lo de uma só vez. Os vendedores cobriam os baldes de alimentos com telas bem finas para protegê-los de dedos leves, mas no exato momento em que a tela era erguida, Hyuck podia derrubar o balde e apanhar o conteúdo que caía no chão. Essas eram técnicas aprendidas em tenra idade e aperfeiçoadas no curso de uma infância marcada pela carência de comida. Sem elas, ele não teria sobrevivido por muito tempo.

O modo como Hyuck terminou desabrigado, furtando comida na estação, é um caso exemplar do declínio da classe central da Coreia do Norte. Hyuck era um filho do privilégio, nascido em 1982 numa família de sólidos e legítimos comunistas. Seu pai servira numa unidade de elite do Exército treinada para se infiltrar na Coreia do Sul. Mais tarde foi recompensado com a filiação ao Partido dos Trabalhadores e um emprego numa empresa controlada pelo Exército que obtinha moeda estrangeira exportando peixe e cogumelos de pinheiro. A família de Hyuck morava em Sunam, perto da fábrica da Química Têxtil, onde sua mãe trabalhava. Com dois meses de vida Hyuck foi mandado para a creche da fábrica, junto com os filhos de outras trabalhadoras.

A vida de Hyuck começou a descarrilar quando sua mãe morreu repentinamente de enfarte. Ele tinha três anos. Só lhe restou uma vaga lembrança do rosto dela — sua memória mais antiga era do cheiro de incenso no funeral da mãe. O pai de Hyuck se casou de novo pouco tempo depois. Hyuck e seu irmão,

Cheol, que era três anos mais velho, brigavam com a madrasta, muitas vezes por causa de comida.

Os meninos eram travessos, turbulentos — e estavam o tempo todo com fome. Achavam que a madrasta estava dando mais comida para sua própria filha, meia-irmã deles. Roubavam espigas de milho da cozinha e as trocavam no mercado por macarrões cozidos. Quando sua madrasta trancou a comida com cadeado, eles surrupiaram o cobertor dela para trocar por comida.

A primeira vez que Hyuck roubou de um estranho foi quando tinha dez anos. Pegou um bolinho de arroz com recheio de feijão-vermelho da carroça de um vendedor e saiu em disparada. Suas perninhas finas correram mais que as do vendedor, e tudo poderia ter ficado por aí. Seu azar foi que o bolinho era tão doce e delicioso que ele voltou para uma segunda investida.

O pai de Hyuck o recolheu na delegacia de polícia. Hyuck manteve a cabeça baixa, de vergonha, enquanto as lágrimas inundavam seus olhos. Em casa, o pai o açoitou com um cinto de couro, deixando vergões vermelhos nas panturrilhas.

"Nenhum filho meu vai ser ladrão", vociferou o pai. "Melhor passar fome do que roubar."

Hyuck não concordava. Continuou roubando, indo cada vez mais longe de casa em busca de comida. Logo ao sul de Chongjin, no distrito de Kyongsong, ficavam as minas de carvão. Depois das minas estavam os pomares. Hyuck e seus amigos costumavam subir na rabeira dos ônibus para ir até lá de graça. Nos anos 1990 ele fazia essa viagem regularmente. Quando as peras desapareceram, eles começaram a roubar milho. Uma vez ele foi pego, mas era jovem o bastante para que os guardas o deixassem se safar só com uma advertência. Hyuck era descarado em sua atividade de ladrão. Até mesmo no período de luto após a morte de Kim Il-sung ele tentou surrupiar bolinhos de arroz servidos às pessoas que prestavam homenagens à grande estátua de bronze.

O pai de Hyuck se indignava com a conduta dos filhos, mas não tinha nada a oferecer como alternativa. A família tinha tão pouca comida que a madrasta de Hyuck pegou a filha e voltou a morar com ela na casa dos pais. O pai de Hyuck tinha trocado de emprego, tornando-se secretário do partido numa clínica para doentes mentais. Instalou os filhos num quarto onde anteriormente morara o zelador. Hyuck gostava de morar na clínica e de conversar com os pacientes. Eram solitários como ele e conversavam com ele como se fosse um adulto, e não apenas um garotinho. Mas na clínica também faltava comida. Embora a posição de seu pai como secretário do partido fosse mais poderosa que a do próprio diretor, isso não lhe rendia porções suplementares. O que ele conseguiu com seus contatos, isto sim, foi pôr seus filhos num orfanato.

Como em muitos países comunistas, os orfanatos da Coreia do Norte não eram estritamente para órfãos, mas para crianças cujos pais não tinham mais condições de criar. Como internatos, os orfanatos supostamente deviam prover instrução, alojamento e alimentação. Ser aceito era um privilégio.

O orfanato Donsong nº 24 ficava em Onsong, uma sede de distrito no extremo norte da província, perto da fronteira com a China. O pai dos garotos levou-os de trem na primeira semana de setembro, de modo que eles pudessem ser matriculados antes do início do ano letivo. Hyuck tinha onze anos e estava prestes a iniciar seu último ano do ensino fundamental; seu irmão, aos catorze, estava no ensino médio. A viagem levou seis horas, e o trem estava tão lotado que os meninos e seu pai não tiveram lugar para sentar. Foram de pé, num silêncio taciturno, ao logo de todo o caminho.

"Vocês dois são irmãos. Terão um ao outro. Não deixem ninguém pisar em vocês", disse o pai depois de assinar os papéis que os entregava aos cuidados do orfanato.

Quando o pai se virou para ir embora, Hyuck notou pela primeira vez o quanto ele tinha envelhecido. O homem que outrora parecera alto e bonito agora estava descarnado, encurvado, com mechas grisalhas no cabelo.

Pelo menos de início, a cantina do orfanato manteve a fome dos meninos sob controle. Era outono, a estação das colheitas, e a comida era abundante. Os meninos ficaram encantados ao receber uma tigela de arroz por dia. Embora viesse misturado com milho, cevada e grãos mais baratos, era a melhor comida que eles obtinham em anos. Na primavera, eles descobriram que o arborizado terreno do orfanato tinha pés de damasco. Eles podiam colher e comer até se fartar.

Mas no inverno suas rações foram reduzidas. Em vez de arroz, as crianças tinham macarrão de milho boiando numa tigela de sopa salgada. Nos primeiros três meses de 1996, 27 crianças morreram no orfanato. Hyuck e o irmão cabulavam aula e caminhavam até a cidade para procurar comida. Descobriram que a situação lá não era muito melhor. Hyuck conheceu um garoto da sua idade que estava morando com a irmã de seis anos porque os pais tinham morrido. Vizinhos traziam mingau periodicamente, mas, à parte isso, as crianças estavam se virando sozinhas.

Hyuck e o irmão, junto com o novo amigo, saíam juntos para garimpar comida. Hyuck era um bom escalador, com braços longos e musculosos que compensavam suas pernas curtas e grossas. Era capaz de escalar pinheiros e, com uma faca afiada, descascar o tronco para chegar à polpa interna. Era amarela, fibrosa e doce, e às vezes ele a comia ali mesmo, pendurado na árvore. Outros tentavam fazer o mesmo, mas Hyuck conseguia chegar mais alto, onde a polpa do tronco estava intacta.

"Você é um macaquinho", seu amigo lhe dizia, com admiração.

Hyuck se tornou um caçador. Matava ratos, camundongos, rãs e girinos. Quando as rãs desapareceram, passou para os gafanhotos e cigarras. Quando garotinho em Chongjin, ele costumava ver seus amigos capturar e comer cigarras junto ao rio Sunam, mas sempre as achara repulsivas. Agora ele não era tão exigente. Pegava pedaços de rede fina e concebia armadilhas para pardais, usando como isca um grão de milho na ponta de uma linha. Também tentou capturar pombas com uma bacia e um barbante, mas descobriu que as pombas eram espertas demais.

Os cães nem tanto. Hyuck encontrou um simpático cachorrinho de rua, que o seguiu abanando o rabo até o quintal de seu amigo. Hyuck fechou o portão atrás de si. Ele e seu amigo agarraram o bicho e o enfiaram num balde de água, fechando a tampa. O cachorro se debateu por dez minutos antes de morrer afogado. Eles o esfolaram e fizeram um churrasco. Carne de cachorro era parte da dieta coreana tradicional, mas Hyuck gostava de animais e se sentiu mal, embora não a ponto de deixar de tentar de novo — ainda que em meados de 1996 os cães também estivessem escassos.

Hyuck continuou a roubar. Ele e o irmão escalavam muros e desencavavam potes de *kimchi* que tinham sido enterrados em jardins particulares. Eles tiravam o *kimchi* do pote e enfiavam direto na boca.

O tempo todo Hyuck se lembrava da advertência do pai: "É melhor passar fome que roubar".

No diálogo imaginário que mantinha com o pai, Hyuck respondia: "Você não é nenhum herói se estiver morto".

Hyuck tinha saudade de casa. Sentia falta do pai e também de Cheol, que foi dispensado do orfanato quando completou dezesseis anos, a maioridade legal. Hyuck sempre contara com o irmão como guarda-costas, protegendo-o durante os muitos apertos de sua infância selvagem e desregrada. Cheol tinha herdado a estatura imponente do pai. Sem ele, Hyuck era espancado com regularidade. Um dia ele estava cortando lenha quando encontrou uma gangue de garotos de Onsong que faziam o mesmo. Os garotos da cidade frequentemente provocavam briga com os do orfanato, a quem acusavam (com justiça) de roubar sua comida. De início, Hyuck achou que os garotos tinham jogado um balde de água nele. Em seguida percebeu que seus pés estavam ensopados de sangue. Eles tinham talhado sua coxa com um machado. Tão logo seu ferimento sarou, ele decidiu entrar furtivamente num trem e voltar para Chongjin.

Quando chegou, Hyuck mal reconheceu sua cidade natal. Chongjin parecia uma cidade fantasma. Tudo estava dilapidado, quebrado, desolado. As lojas estavam fechadas. Não havia bondes perto da estação de trens. Foi a pé para casa pela Estrada Nº 1, paralela ao oceano. Ao atravessar o rio Sunam, pôde ver claramente as chaminés ao longo do cais. Nem um sopro de fumaça no ar. Depois da ponte ele saiu da estrada principal e rumou para a fábrica da Química Têxtil onde sua mãe tinha trabalhado. O portão de entrada estava trancado com cadeado, e o prédio em si estava devastado. Ladrões tinham saqueado todo o maquinário do seu interior. Escureceu, e quando estava chegando a seu bairro, Hyuck quase se perdeu. Sentiu-se como se estivesse no meio do campo numa noite sem luar. Os pontos de referência de sua infância tinham mudado durante sua ausência e desaparecido nas sombras.

Hyuck localizou finalmente o prédio do seu apartamento. Abrindo a porta destrancada da frente, chegou a um poço de escada e subiu os degraus tateando no escuro, contando cada andar. O prédio estava tão silencioso que parecia abandonado, exceto pelo som do choro de um bebê, que foi aumentando à medida que ele subia. Estava começando a se perguntar se não teria se enganado. Seu apartamento ficava no oitavo andar — o penúltimo. Ao chegar lá, viu uma fresta de luz por baixo da porta — uma lamparina a óleo, talvez —, e a esperança fez seu coração bater mais rápido.

Bateu na porta. Uma mulher jovem e bonita veio abrir com um bebê nos braços. Convidou Hyuck a entrar e explicou que ela e o marido tinham comprado o apartamento do pai dele quase um ano antes. Ele não deixara nenhum novo endereço, mas sim uma mensagem: "Se meus filhos vierem para casa, diga a eles que me procurem na estação de trens".

A estação de Chongjin. Era para lá que as pessoas iam quando já não tinham mais nada e nem para onde ir. Não era propriamente desistir de tudo e deitar à beira da estrada. O movimento dos trens criava uma ilusão de propósitos que mantinha viva a esperança, contra todas as probabilidades. Permitia que a pessoa fantasiasse que um trem chegaria à estação trazendo algo para comer ou que um trem pudesse ir para algum lugar melhor e fosse possível saltar para dentro dele. Chongjin é um entroncamento importante na rede ferroviária — as linhas norte-sul que seguem a costa se conectam com as linhas que vão para o oeste, rumo à fronteira chinesa. As pessoas apareciam em Chongjin com a esperança de encontrar comida porque outras cidades — Hamhung, Kilju, Kimchaek — estavam em situação ainda pior. As pessoas continuavam em movimento. Ainda não tinham desistido.

A estação era um enorme edifício de granito com uma fileira de vidraças altas e estreitas, com dois andares de altura. Bem no alto ficava um enorme retrato de Kim Il-sung, de dimensões proporcionais ao tamanho do edifício. Sob o retrato havia um relógio de mostrador austero que ocasionalmente dava a hora certa. Dentro da estação o ar era espesso de fumaça dos trens e dos cigarros.

As pessoas esperavam de cócoras. Quando estavam fracas demais, esparramavam-se pelo chão da sala de espera e dos corredores sombrios. Hyuck perambulou em meio à multidão à procura de um homem com o andar gingado, de pernas longas, de seu pai. Curvava-se para encarar os rostos, na esperança de fazer contato visual com alguém familiar. Muitos de seus antigos vizinhos estavam vivendo na miséria na estação, mas ninguém foi capaz de fornecer a Hyuck informações sobre seu pai ou sobre seu irmão. Sem outro lugar para ir, Hyuck encontrou uma fenda para dentro da qual um pesado portão de ferro devia se recolher. Ele murchou o peito, espremeu-se para entrar naquele esconderijo, enrodilhou-se e dormiu um sono agitado. Pela manhã, encontrou uma torneira que funcionava; com isso pôde jogar água no rosto, mas não livrar-se dos piolhos do couro cabeludo.

Cabe notar aqui o quanto era extraordinário para qualquer pessoa ser sem-teto na Coreia do Norte. Afinal, era o país que desenvolvera os sistemas mais esmerados para manter os cidadãos sob controle. Todo mundo tinha um endereço fixo e um local de trabalho, e ambos eram atados às rações de comida — quem deixasse sua casa não recebia alimento. As pessoas não ousavam visitar um parente na cidade vizinha sem um visto de viagem. Até mesmo visitas que iam só passar a noite precisavam ser registradas junto ao *inminban*, que por sua vez tinha de comunicar à polícia seu nome, gênero, número de registro, número do visto de viagem e o objetivo da visita. A polícia empreendia batidas regulares por volta da meia-noite para se assegurar de que ninguém tinha visitas não autorizadas. Era preciso ter consigo todo o tempo um "certificado de cidadão", uma caderneta de doze páginas, do tamanho de um passaporte, que continha uma fartura de informações sobre o portador. O modelo era a velha carteira de identidade soviética.

Tudo isso mudou com a fome. Sem distribuição de comida, não havia razão para o cidadão ficar em seu endereço fixo. Se permanecer parado significava morrer de fome, nenhuma ameaça que o regime fizesse poderia manter as pessoas em casa. Pela primeira vez, os norte-coreanos estavam perambulando por seu próprio país impunemente.

Na população de moradores de rua, um número desproporcional era de crianças e adolescentes. Em alguns casos, seus pais tinham partido em busca de trabalho ou comida. Mas havia outra explicação ainda mais estranha. Em face da escassez de alimentos, muitas famílias norte-coreanas empreenderam uma triagem brutal em seus próprios lares — os pais negavam comida a si próprios e às vezes aos avós idosos com o intuito de manter viva a geração mais nova. Essa estratégia produziu um número incomum de órfãos, já que os filhos eram frequentemente os últimos que restavam de famílias inteiras dizimadas.

Os *kochebi*, andorinhas errantes, ficavam no meio das multidões na estação. A exemplo de Hyuck, vestiam macacões de operários de tamanho grande que pendiam frouxos de seus pequenos corpos. Agora que as fábricas tinham fechado, havia uniformes sobrando, por isso as autoridades às vezes os distribuíam de graça. Chamavam-no de "vestimenta social". Poucas crianças sem-teto tinham sapatos. Quando tinham, logo os trocavam por comida e usavam sacos plásticos para cobrir os pés. Com frequência tinham ulcerações provocadas pelo frio.

Nos primeiros anos da escassez de alimentos, as crianças na estação de trens sobreviveram mendigando comida, mas em pouco tempo havia pedintes demais e doadores de menos. "A caridade começa com um estômago cheio", gostam de dizer os norte-coreanos; você não pode alimentar os filhos de outra pessoa se os seus próprios estiverem passando fome.

Quando a mendicância fracassava, as crianças pegavam do chão qualquer coisa que fosse vagamente comestível. Se não encontravam comida, apanhavam guimbas de cigarro e enrolavam de novo o tabaco restante em papéis jogados fora. Quase todas as crianças fumavam para tapear a fome.

Hyuck às vezes se juntava a crianças que formavam gangues para roubar em equipe. Chongjin sempre tivera má reputação por causa de suas gangues de rua, mas as atividades delas adquiriram uma nova urgência nos tempos difíceis. Havia uma divisão natural de trabalho entre os garotos maiores — que eram mais rápidos e mais fortes — e os pequenos, que tinham menos probabilidade de apanhar ou ir para a cadeia se fossem pegos. Os grandes investiam contra uma barraca de frutas, derrubando tudo no chão. Enquanto eles saíam em disparada, com o vendedor furioso em seu encalço, os pequenos recolhiam a comida do chão.

Outro golpe consistia em encontrar um trem em marcha lenta ou caminhão de transporte de grãos e furar as sacas com um bastão de ponta afiada. Tudo o que caísse das sacas era das crianças. Com o tempo, para prevenir tais roubos, a companhia ferroviária contratou guardas armados instruídos a atirar para matar.

Era uma vida perigosa. As crianças não podiam dormir sem temer que alguém, talvez outro membro da gangue, roubasse o pouco que elas tinham. Circulavam histórias estranhas sobre adultos que atacavam crianças. Não apenas sexualmente, mas também para roubar comida. Hyuck ouviu falar de gente que drogava crianças, matava-as e depois comia sua carne. Atrás da estação, perto dos trilhos do trem, havia vendedores ambulantes que cozinhavam sopa e macarrões em pequenos fogareiros, e dizia-se que os nacos cinzentos flutuando no caldo eram de carne humana.

Sejam lendas urbanas ou não, relatos de canibalismo se espalhavam pelos mercados. A sra. Song ouvia essas histórias de uma *ajumma* fofoqueira que ela conhecera ali.

"Não compre nenhuma carne que você não saiba de onde vem", ela advertia de modo sinistro. A mulher alegava conhecer alguém que tinha realmente comido carne humana e declarado que era deliciosa.

"Se a pessoa não soubesse, juraria que era carne de porco ou de vaca", ela sussurrava a uma horrorizada sra. Song.

As histórias foram ficando cada vez mais medonhas. Dizia-se que um pai tinha ficado tão ensandecido de fome que comera seu próprio bebê. Falava-se de uma mulher que tinha sido presa por vender sopa feita com ossos humanos. De minhas entrevistas com dissidentes, parece que houve mesmo pelo menos dois casos — um em Chongjin e outro em Sinuiju — nos quais pessoas foram presas e executadas por canibalismo. Não parece, porém, que a prática fosse disseminada, nem que tenha ocorrido nas mesmas proporções verificadas na China durante a fome de 1958-62, que matou em torno de 30 milhões de pessoas.

Mesmo sem canibais ou outros predadores em seu meio, as crianças não tinham como sobreviver por muito tempo nas ruas. As mais novas raramente viviam além de uns poucos meses. A filha mais velha da sra. Song, Oak-hee, que morava num apartamento de segundo andar em frente à estação, costumava passar pelas crianças todo dia ao voltar para casa.

"Aqueles menorzinhos estarão mortos de manhã", Oak-hee dizia a si mesma, em parte para justificar sua própria decisão de seguir caminhando sem ajudar.

A maioria das pessoas de Chongjin que conheci falava de um grande número de corpos espalhados pela estação e nos trens.

Uma operária de fábrica me contou que estava viajando de trem de Kilju a Chongjin em 1997 quando se deu conta de que um homem sentado no mesmo vagão estava morto. Era um oficial reformado do Exército e apertava com os dedos rígidos seus documentos de filiação ao Partido dos Trabalhadores. Segundo ela, os outros passageiros estavam totalmente indiferentes ao cadáver. Ela presumia que o corpo foi removido do trem quando este chegou à estação de Chongjin.

Na estação, empregados da limpeza faziam rondas regulares pelas áreas públicas, retirando os cadáveres num carrinho de mão. Eles atravessavam as salas de espera e a praça externa diante da estação, tentando detectar quais das figuras encolhidas no chão não tinham se mexido desde o dia anterior. Hyuck diz que em alguns dias eles chegavam a remover trinta corpos da estação. Era difícil identificá-los porque com frequência seus documentos tinham sido roubados, junto com as melhores roupas e sapatos. Já que o mais provável era que as famílias estivessem mortas ou dispersas, os corpos eram enterrados em valas comuns. Isso era uma desonra numa sociedade confuciana, na qual se acredita amplamente que a localização da sepultura de um ancestral é crucial para o destino dos vivos.

Vários enterros coletivos desse tipo, realizados perto da fronteira com a China, foram testemunhados pela associação budista sul-coreana Bons Amigos, e um deles por um agente de ajuda humanitária norte-americano, Andrew S. Natsios. Ele viu o que pareciam ser corpos embrulhados em lonas plásticas ser despejados num grande fosso perto de um cemitério. Depois, os trabalhadores se postaram de cabeça baixa em torno do fosso, no que parecia ser uma meditação ou cerimônia silenciosa.

Hyuck acha provável que seu pai tenha sido enterrado numa dessas valas comuns. Um conhecido que ele encontrou anos mais tarde lhe contou que seu pai vivera na estação por um período no inverno de 1994 e que em 1995 fora internado num hospital. O homem orgulhoso, que jurou que nunca roubaria, foi provavelmente um dos primeiros a morrer de inanição.

Uma vez perdida a esperança de encontrar seu pai, Hyuck não tinha motivo para ficar em Chongjin. Começou a entrar nos trens clandestinamente. Era fácil. Os trens sacolejavam devagar pelos trilhos desgastados, fazendo frequentes paradas não programadas. Hyuck corria ao lado do trem e se agarrava ao corrimão entre dois vagões, alçando-se a bordo com seus braços simiescos. Os vagões estavam sempre tão lotados que a polícia mal conseguia avançar pelo corredor para inspecionar as passagens e vistos de viagem. Hyuck, de todo modo, não gostava de espaços fechados, por isso subia no teto do trem. Os trens tinham o teto levemente arqueado, como pães de fôrma. Hyuck encontrava um lugar plano no meio, onde se estirava ao comprido para evitar os fios elétricos. Usando sua trouxa como travesseiro, ficava deitado de costas durante horas, acalentado pelo balanço do trem, fitando as nuvens que se moviam no alto.

De início, Hyuck não foi além dos arredores da cidade. Voltou a Kyongsong, onde costumava furtar peras e milho quando menino. Agora era mais difícil roubar — as fazendas eram patrulhadas por guardas armados —, de modo que ele passou a avançar campo adentro. Voltou ao orfanato em Onsong. Àquela altura, Onsong não parecia estar em situação melhor que Chongjin. Os bosques em torno do orfanato, tão viçosos em sua lembrança, estavam agora similarmente devastados. Ele sabia que a apenas alguns quilômetros do orfanato, logo depois de uma cadeia de morros baixos visíveis da janela de seu dormitório, havia um fio cinzento de água — o rio Tumen — que corria até onde a vista alcançava. E do outro lado do rio havia um lugar onde as árvores ainda tinham casca polpuda e os milharais não eram vigiados por guardas armados.

Esse lugar se chamava China.

A fronteira entre a China e a Coreia do Norte se estende por 1400 quilômetros ao longo de dois rios, ambos com nascentes no vulcão inativo conhecido pelos coreanos como monte Paektu e pelos chineses como monte Changbai. Ao sul, o rio Yalu é a famosa linha onde as tropas chinesas rechaçaram as forças norte-americanas durante a Guerra da Coreia. Muitos dos negócios de hoje entre a China e a Coreia do Norte se dão atravessando o Yalu, principalmente em sua foz, perto do mar Amarelo. Comparado ao Yalu, o Tumen é pouco mais que um córrego irrelevante, raso e com fluxo lento. Ao norte, ele segue um curso sinuoso que delineia a fronteira nordeste da Coreia do Norte antes de desaguar a sudoeste de Vladivostok. É estreito o suficiente para que, mesmo na estação das chuvas, quando a água sobe, um homem possa atravessá-lo facilmente a nado.

Os garotos do orfanato não tinham permissão para brincar perto do Tumen. Toda a margem do rio era uma área militar fechada. Se eles chegassem perto demais ao nadar em um dos afluentes, eram repelidos pela polícia de fronteira. As margens eram planas e arenosas, sem nenhuma planta alta o bastante para servir de esconderijo. Mas caminhando-se uma ou duas horas para o sul de Onsong chegava-se a uma área esparsamente habitada, com moitas e capim alto nas margens. Os intervalos entre os guardas de fronteira eram extensos o bastante para que alguém pudesse se esgueirar pela divisa depois que escurecia. Os guardas trabalhavam em duplas a cada posto, para que um deles pudesse dormir enquanto o outro vigiava, mas depois da uma da madrugada era comum ambos caírem no sono.

A primeira vez que Hyuck atravessou o Tumen foi no final de 1997. Era a estação das secas e o nível do rio estava baixo, as margens arenosas estendendo-se uma em direção à outra como pontas de dedos. Mas a água estava gelada, e quando Hyuck entrou nela, o frio o golpeou como um soco. Embora a água não passasse da altura de seu peito, as correntes o faziam tirar os pés do chão o tempo todo. Ele foi arrastado rio abaixo, de modo que acabou atravessando-o em diagonal. Quando finalmente pisou em terra firme do outro lado, o ar frio fez suas roupas congelarem como uma armadura.

Hyuck nunca tivera antes muito interesse pela China — outro país comunista tão pobre quanto o seu, pensava. Não lhe pareceu muito diferente à primeira vista, mas à medida que ele foi se afastando do rio, começou a avistar campos que se estendiam por quilômetros e quilômetros, nos quais o milho tinha sido colhido. Pequenas casas de tijolos vermelhos tinham silos cheios até o teto de milho debulhado, e treliças de abóboras e feijões, com seus talos retorcidos. Caminhando a esmo, chegou a uma cidadezinha. Era mais animada do que ele imaginara, com táxis, motonetas e triciclos de passageiros. As placas e letreiros estavam em chinês e em coreano. Ele ficou contente ao saber que muitos dos moradores, embora cidadãos chineses, eram de origem coreana e falavam sua língua. Eles imediatamente o identificaram como norte-coreano, e não apenas por suas roupas surradas. Aos quinze anos, ele não tinha mais que 1,40 metro de altura, mas sua cabeça era grande para o tamanho do corpo, um claro sinal de subnutrição crônica. Quando as crianças são malnutridas por um longo período, suas cabeças crescem até um tamanho normal, mas seus membros ficam subdesenvolvidos.

Num mercado, Hyuck encontrou um homem que estava vendendo pratos usados, bijuterias e bugigangas. Ele perguntou a Hyuck se este não poderia trazer da Coreia do Norte alguns ferros de passar roupa — daqueles antiquados, aquecidos a carvão. Quase todas as famílias norte-coreanas tinham esses ferros em casa, mas quase ninguém mais se dava ao trabalho de usá-los, principalmente porque suas roupas eram todas sintéticas. Hyuck pôde comprar os ferros na Coreia do Norte por quase nada e revendê-los na China pelo equivalente a dez dólares cada. Era mais dinheiro do que ele jamais tinha visto na vida. Com seus lucros, voltou à Coreia do Norte e comprou mais itens para vender. Cerâmica, bijuteria, quadros, artesanato de jade. Comprou um *podegi*, uma bolsa de pano que as mulheres coreanas usam tradicionalmente para carregar bebês. Atando as mercadorias às costas com a bolsa de pano, ele conseguia transportar um volume maior do que numa mochila.

Hyuck começou a atravessar a fronteira com regularidade. Descobriu em que pontos os guardas eram desatentos, indolentes ou corruptos. Descobriu que era melhor se despir de toda a roupa antes de entrar no rio. Tornou-se perito em manter o equilíbrio enquanto atravessava a água com as roupas e as mercadorias erguidas sobre a cabeça (bem embrulhadas em plástico para o caso de ele tropeçar). Nunca ficava muito tempo na China porque tinha sido alertado de que a polícia chinesa extraditaria qualquer norte-coreano que fosse pego do lado errado do rio.

Ele parou de roubar. Quando queria uma tigela de macarrão, comprava-a com seu dinheiro. Comprou calças, uma camiseta, uma parca azul e um par de tênis, para não parecer um refugiado. Estava tentando andar na linha e assumir o controle de sua vida. Comprar mercadorias privadamente e vendê-las para obter lucro era ilegal, e atravessar uma fronteira internacional sem visto de viagem agravava o crime. Aos dezesseis anos, Hyuck era considerado legalmente um adulto, e seus delitos, dali para a frente, seriam levados muito a sério.

12. Doce desordem

Guardas norte-coreanos perfilados em posição de sentido em Pyongyang.

Os norte-coreanos têm múltiplas palavras para designar prisão, assim como os esquimós têm muitas palavras para neve. Alguém que comete uma pequena infração — como faltar ao trabalho — talvez seja mandado para um *jibkyulso*, um centro de detenção operado pela Agência de Segurança do Povo, uma unidade policial de nível baixo, ou talvez para um *rodong danryeondae*, um campo de trabalhos, onde o infrator seria condenado a um mês ou dois de trabalho duro, como a pavimentação de uma estrada.

As prisões mais famigeradas eram os *kwanliso* — que se pode traduzir por "locais de controle e gerenciamento". São na verdade uma colônia de campos de trabalho que se estendem por quilômetros nas montanhas do extremo norte do país. Espionagem por satélite indica que eles abrigam até 200 mil pessoas. Imitando o gulag soviético, Kim Il-sung instaurou os campos logo após tomar o poder para tirar do caminho qualquer um que pudesse desafiar sua autoridade. Políticos rivais, descendentes de proprietários de terras ou de colaboracionistas pró-japoneses, clérigos cristãos. Alguém flagrado lendo jornais estrangeiros. Um homem que, depois de muitos drinques, fizesse uma piada sobre a altura de Kim Jong-il. "Insultar a autoridade dos líderes" é o mais sério dos chamados "crimes contra o Estado". Uma mulher da fábrica da sra. Song foi presa por escrever algo politicamente incorreto em seu diário. Os norte-coreanos que conheci sempre sussurram sobre alguém que conheceram — ou de quem ouviram falar — que desapareceu no meio da noite e nunca mais deu sinal de vida. As condenações ao *kwanliso* são sempre perpétuas. Filhos, pais e irmãos são muitas vezes levados também para eliminar o "sangue manchado" que perdura por três gerações. Já que não são parentes consanguíneos, as esposas geralmente são deixadas para trás e obrigadas a se divorciar. Pouco se sabe sobre o que acontece dentro dos *kwanliso* e poucos saem de lá para contar a história.

Outro tipo de campo de trabalho é chamado de *kyohwaso*, que significa "centro de esclarecimento", refletindo a suposta meta do campo de reabilitar os desobedientes. Estes eram os prisioneiros não políticos, gente que havia cruzado ilegalmente as fronteiras, feito contrabando ou simplesmente empreendido negócios. Esses campos eram menos apavorantes que os campos políticos porque deles, em tese, um prisioneiro podia ser solto — se conseguisse sobreviver.

Kim Hyuck foi preso pouco depois de seu 16º aniversário. Estava hospedado na casa de um amigo em Onsong, não muito longe do orfanato, que era a coisa mais parecida com um lar que ele conhecera e para o qual ele sempre se sentia atraído. Tinha acabado de voltar de uma de suas muitas excursões à China — e aquela foi a gota d'água, como ficou claro, porque suas viagens tinham atraído a atenção da polícia.

Hyuck estava esperando que o calor de agosto amainasse para cortar um pouco de lenha. Por volta das dezesseis horas, saiu para o quintal no fundo da casa. Avistou um homem, depois outro, a espiá-lo. Notou rapidamente que não vestiam uniformes, mas havia algo na intensidade do olhar deles que o fez se dar conta de que o procuravam. Apanhou seu machado e caminhou devagar em torno da frente da casa, pensando que poderia escalar rapidamente o muro e sair correndo. Mas viu que havia mais homens diante da casa. Talvez oito no total. Então aguentou firme e começou a cortar a lenha, como se o estalido da madeira rachada pudesse espantar sua própria angústia e acalmar sua pulsação agitada.

Os policiais à paisana levaram Hyuck até um prédio administrativo no centro de Onsong. Eles eram da Bowibu, a agência de Segurança Nacional que investiga crimes políticos. Era mais sério do que ele tinha pensado. Na China, Hyuck desenhara um mapa para alguns comerciantes chineses que queriam entrar clandestinamente na Coreia do Norte. Isso equivalia a traição, pelo artigo 52 do Código Criminal norte-coreano, Deslealdade à Pátria:

> Qualquer cidadão da República que fuja para um país estrangeiro ou para o lado de um inimigo, incluindo a busca de asilo numa embaixada estrangeira [...] que auxilie uma organização ou cidadãos de um país hostil, servindo como guia de viagem ou intérprete, ou fornecendo apoio moral ou material [...] estará sujeito à pena de morte.

A polícia não demorou a arrancar uma confissão, com a ajuda de um cassetete de madeira. Golpearam Hyuck nas costas, ombros, pernas, pés e braços, ou seja, em toda parte exceto na cabeça, já que queriam mantê-lo consciente. Ele se encolheu em posição fetal para se proteger dos golpes. Os policiais não contavam com uma cela, apenas com um escritório. Deixaram-no preso num compartimento tão pequeno que ele não podia se deitar, e apoiar seu corpo machucado nas paredes era excruciante. Não conseguia dormir à noite, e no entanto durante o dia ele se via caindo no sono ou em outro estado de inconsciência, mesmo quando estava sendo espancado. Hyuck não tinha ideia do que o aguardava. Apesar de todas as suas desventuras, ele só fora preso uma vez antes — ao roubar bolinhos de arroz quando tinha dez anos. Sempre fora o tipo de garoto capaz de escapar de qualquer apuro. Agora estava sendo tratado como um criminoso sério, como um adulto. Sentia-se pego numa armadilha, derrotado, humilhado. Durante os interrogatórios, balbuciava confusamente. Teria dito a seus algozes qualquer coisa que quisessem saber, mas tudo o que eles queriam era encontrar os comerciantes chineses, e Hyuck simplesmente não sabia onde eles estavam.

Depois de alguns meses, foi transferido para uma prisão distrital comum, onde os espancamentos recomeçaram.

Hyuck não teve um julgamento, mas a polícia de Segurança Nacional acabou retirando a acusação de traição porque não foi capaz de encontrar os comerciantes chineses e não queria ser cobrada por isso. Em vez disso, Hyuck foi acusado de travessia ilegal da fronteira nacional. Isso, por si só, era um crime sério, punível com três anos num campo de trabalhos.

O Kyohwaso nº 12 está localizado nos arredores de Hoeryong, outra cidade de fronteira, uns 65 quilômetros ao sul de Onsong.

Hyuck foi levado para lá de trem, algemado. Na estação, encontrou outros prisioneiros que chegavam. Amarrados uns aos outros com cordas grossas, atravessaram a cidade marchando em direção às montanhas e ao campo de trabalho. Uma engenhoca rugiu e o pesado portão de ferro abriu-se devagar, rangendo muito, para admitir os recém-chegados. Sobre o pórtico havia frases de Kim Il-sung. Hyuck estava intimidado demais para erguer os olhos e lê-las.

Hyuck teve que passar primeiro por uma clínica, onde foi medido e pesado. O campo não tinha uniformes, portanto os prisioneiros vestiam suas próprias roupas. Se uma camisa tinha colarinho, ele era cortado, pois colarinhos eram um símbolo de status, o que não era adequado a internos de um campo de trabalhos forçados. Qualquer roupa de cores vivas era removida. A jaqueta azul que Hyuck tinha comprado na China foi confiscada pelos guardas. Um colega prisioneiro levou seus tênis.

O campo de trabalho tinha cerca de 1500 prisioneiros, até onde Hyuck era capaz de saber, todos homens mais velhos. Ele era, de longe, o menor, mas não o mais fraco. Tinha sido surpreendentemente bem alimentado pelos agentes de Segurança Nacional — tinham só uns poucos prisioneiros, de modo que compravam macarrões para eles no mercado. Com seu primeiro jantar na prisão, Hyuck compreendeu por que os homens mais velhos pareciam tão magros e nodosos, por que seus ombros despontavam sob as camisas como cabides. Um guarda distribuiu o que era chamado de bolo de arroz, embora fosse composto principalmente de milho, sabugo, palha e folhas. Não maior do que uma bola de tênis, cabia facilmente na palma da mão de Hyuck. Aquele era o jantar. Em certos dias eles recebiam alguns feijões, além do bolo de arroz.

Os prisioneiros deviam trabalhar das sete horas até o pôr do sol. O campo era uma verdadeira colmeia de atividade, contendo depósitos de madeira, olaria, mina e lavouras. Os campos de trabalho produziam de tudo, de móveis a bicicletas. Hyuck foi escalado para uma equipe de trabalho que cortava madeira. Por ser bem baixinho, fazia o registro da quantidade de madeira que os outros juntavam. Também devia manter um registro do tempo que os prisioneiros passavam descansando. Hyuck não se considerava afortunado por ter obtido esse trabalho. Como se podia esperar que ele exercesse autoridade sobre homens dez anos mais velhos?

"Qualquer punição que eles tiverem, você terá também", resmungou o guarda que designou Hyuck para a tarefa. "Se algum desses sujeitos tentar fugir, será baleado. E você também."

Alguém de fato tentou fugir, embora não na turma vigiada por Hyuck. O homem escapou sorrateiramente de sua equipe de trabalho e correu pelo mato, procurando uma rota de fuga. Mas as cercas do campo tinham quase três metros de altura e, no topo, rolos de arame farpado afiado como navalha. O homem correu pela mata a noite toda e acabou de volta ao portão principal implorando por perdão. De fato, pouparam sua vida, ditando a "generosidade do líder paternal".

Os únicos momentos em que se permitia que os prisioneiros parassem de trabalhar eram nas refeições, para dormir e para as sessões de ideologia. Durante o feriado da passagem do ano eles tinham de repetir a mensagem de Ano-Novo de Kim Jong-il até decorá-la palavra por palavra. "Nosso povo precisa acelerar neste ano o progresso geral, aderindo firmemente às políticas que asseguram um lugar importante para nossa ideologia, as armas, a ciência e a tecnologia."

À noite os homens dormiam no chão de concreto, cinquenta em cada dormitório. Já que havia apenas uns poucos cobertores, eles se espremiam uns contra os outros para se aquecer. Às vezes dez homens dormiam sob um único cobertor. À noite os homens estavam tão exaustos que nem falavam, mas coçavam as costas ou esfregavam os pés uns dos outros para relaxar e cair no sono. Para fazer caber mais gente embaixo do cobertor, deitavam em sentidos alternados, um com a cabeça ao lado dos pés do vizinho, o que facilitava a esfregação recíproca dos pés.

Logo que chegou ao campo, Hyuck tinha tanto medo dos prisioneiros quanto dos guardas. Esperava encontrar criminosos endurecidos, homens assustadores, violentos, predadores sexuais. Na verdade, um efeito colateral da subalimentação era a perda de libido. Quase não havia atividade sexual no campo de prisioneiros, e as brigas eram poucas. À parte o homem que roubou os sapatos de Hyuck, os presos eram bem menos ferozes que as crianças com quem ele costumava ficar na estação de trens. Em sua maioria, eram "criminosos econômicos" que tinham se metido em encrenca na fronteira ou no mercado. Os verdadeiros ladrões entre eles não tinham roubado mais do que comida. Um deles era um vaqueiro de quarenta anos que trabalhara numa fazenda coletiva, criando gado. Seu crime era não ter relatado o nascimento de um bezerro morto, levando-o em vez disso para casa a fim de alimentar a esposa e os dois filhos pequenos. Na época em que Hyuck o conheceu, ele servira cinco anos de uma pena de dez. Hyuck muitas vezes dormia embaixo do cobertor com o vaqueiro, a cabeça aninhada no braço do homem. O vaqueiro era afável e de fala mansa, mas um dos guardas graduados pegou antipatia por ele. Sua esposa e seus filhos vieram visitá-lo duas vezes, porém não tiveram permissão para vê-lo ou deixar-lhe comida, privilégios concedidos somente a alguns dos prisioneiros mais favorecidos.

O vaqueiro morreu de desnutrição. Aconteceu discretamente; ele foi dormir e não acordou. Era uma ocorrência comum alguém morrer durante a noite. Muitas vezes essas mortes ficavam logo óbvias nos alojamentos lotados, porque o morto esvaziava a bexiga e pequenas bolhas apareciam em seus lábios à medida que os fluidos escapavam do corpo. Geralmente ninguém se dava ao trabalho de remover o corpo antes do amanhecer.

"Oh, fulano morreu", um dos homens comentava em tom impassível antes de informar um guarda.

Os corpos eram levados para cremação na mesma montanha onde os homens cortavam madeira. Os familiares eram notificados apenas quando vinham fazer sua visita. Só no dormitório de Hyuck morriam dois ou três homens por semana.

"Ninguém acha que vai morrer. Todos pensam que vão sobreviver e ver de novo seus familiares, mas de repente acontece", disse-me Hyuck anos depois, quando estava morando em Seul. Não fazia muito tempo que ele voltara de uma conferência sobre direitos humanos em Varsóvia, onde dera seu testemunho. Depois da conferência, excursionou a Auschwitz e percebeu paralelos com sua própria experiência. No seu campo de trabalho, ninguém morria na câmara de gás — quem estivesse fraco demais para trabalhar era mandado a outra prisão. Embora alguns fossem executados e outros espancados, o meio básico de impor um castigo era negar comida. A fome era o modo preferido pelo regime para eliminar seus oponentes.

É difícil confirmar o relato de Hyuck da vida no Kyohwaso nº 12, mas é impossível refutá-lo. Os detalhes que ele descreve estão muito de acordo com o testemunho de outros desertores da Coreia do Norte, tanto prisioneiros como guardas.

Hyuck foi libertado do Kyohwaso nº 12 em julho de 2000. Somando o tempo que passara sob custódia da polícia, ele cumprira vinte meses de sua pena de três anos. Disseram-lhe que seu indulto foi em comemoração ao aniversário de fundação do Partido dos Trabalhadores. Hyuck estava convencido de que foi solto para dar lugar a uma nova leva de prisioneiros. O regime norte-coreano tinha inimigos mais importantes que Kim Hyuck.

"O problema da alimentação está gerando anarquia", queixou-se Kim Jong-il num discurso proferido na Universidade Kim Il-sung em dezembro de 1996. Ele alertou que a emergência de mercados e comércio privado causaria "o colapso e a dissolução do Partido dos Trabalhadores [...] conforme ilustram incidentes do passado na Polônia e na Tchecoslováquia". Como todos os ditadores do mundo, ele compreendia perfeitamente o clichê de que um regime absolutista precisa de um poder absoluto. Tudo o que havia de bom na vida deveria ser concedido pelo governo. Ele não podia tolerar gente se virando para obter sua própria comida ou comprando arroz com seu próprio dinheiro. "Dizer às pessoas para resolverem o problema de comida por conta própria só aumenta o número de feiras e ambulantes. Além disso, cria egoísmo entre as pessoas, e a base de classe do partido pode entrar em colapso. Isso foi muito bem ilustrado pelos incidentes ocorridos no passado na Polônia e na Tchecoslováquia."

À medida que a escassez de comida foi amainando, Kim Jong-il sentiu que tinha sido tolerante demais durante a crise e que precisava reverter a maré de liberalização. As prisões se entupiram de novas categorias de criminosos — ambulantes, comerciantes, contrabandistas, cientistas e técnicos que tinham sido treinados na União Soviética e na Europa Oriental, países outrora comunistas que tinham traído os ideais comunistas. O regime contra-atacava atingindo qualquer pessoa que pudesse ser uma ameaça ao velho status quo.

Ao mesmo tempo, Kim Jong-il mandou reforços para patrulhar os 1400 quilômetros de fronteira com a China. Policiais de fronteira suplementares estavam estacionados ao longo dos trechos rasos do rio Tumen onde Hyuck tinha empreendido suas primeiras travessias. Os norte-coreanos também instaram o governo chinês a perseguir e repatriar desertores. A polícia secreta chinesa começou a patrulhar mercados e outros locais onde refugiados norte-coreanos poderiam estar tentando obter comida. Os chineses permitiram que a Coreia do Norte enviasse à China seus próprios agentes secretos, que às vezes se infiltravam entre os desertores.

Se não tivessem feito mais do que cruzar a fronteira em busca de comida, os refugiados pegavam apenas um par de meses na prisão, mas quem fosse surpreendido fazendo comércio do outro lado ou travando contato com sul-coreanos ou missionários era mandado para um campo de trabalho.

Nem mesmo as crianças de rua eram poupadas do castigo. Kim Jong-il reconhecia que seu sistema não poderia sobreviver se cidadãos de qualquer idade viajassem de trem sem autorização e atravessassem o rio para a China. Ele instaurou o que ficaria conhecido como centros 927, assim chamados porque foi em 27 de setembro de 1997 que ele ordenou a criação de abrigos para os sem-teto. Os centros não tinham aquecimento e dispunham de pouca comida e escassas condições sanitárias. Os moradores de rua os reconheceram imediatamente como prisões e fizeram todos os esforços para não serem pegos pela polícia.

Chongjin recebeu o pior golpe. Como capital de uma região que tinha sido abrigo de exilados, dissidentes e desajustados desde os tempos do imperador Chosun, Chongjin estava de novo em desacordo com o centro político. A província de Hamgyong do Norte tinha perdido seu suprimento de comida antes de outras partes da Coreia do Norte. Havia quem sugerisse que Kim Jong-il desabastecera deliberadamente a província por julgá-la menos leal. Com a possível exceção de Hamhung, os índices de desnutrição em Chongjin aparentemente eram os mais elevados do país. Mas o efeito disso foi que a economia informal da cidade tinha se desenvolvido mais rápido.

"Por que o governo simplesmente não nos deixa viver nossa vida em paz?", as mulheres murmuravam umas para as outras no mercado.

"Ninguém mais dá ouvidos ao governo", disse-me um rapaz de Chongjin há alguns anos.

Como qualquer cidade da Coreia do Norte, Chongjin tinha se extraviado da linha do partido. Em 2005, o Sunam de Chongjin era o maior mercado da Coreia do Norte, com maior variedade de mercadorias que qualquer local de comércio de Pyongyang. Lá se podia comprar abacaxi, kiwi, laranja, banana, cerveja alemã e vodca russa. No próprio mercado era possível comprar DVDs piratas de filmes de Hollywood, embora os ambulantes os mantivessem escondidos. Sacas de arroz e milho, obviamente destinadas à ajuda humanitária, eram vendidas abertamente. O sexo se vendia com a mesma sem-cerimônia. As prostitutas que se ofereciam em frente à estação de trem de Chongjin não se preocupavam em disfarçar seu intento. Comparada com a puritana Pyongyang, Chongjin era como o Velho Oeste.

Kim Jong-il não podia deixar a terceira maior cidade da Coreia do Norte se desviar da linha dura do Partido dos Trabalhadores. Embora estivessem agora ociosas por falta de combustível, suas usinas siderúrgicas, suas fábricas de produtos químicos e têxteis e suas indústrias de máquinas eram uma parte vital da engrenagem industrial que ele tinha esperanças de reconstruir. Do ponto de vista militar, Chongjin era crucial devido a sua proximidade com o Japão, o maior inimigo da Coreia do Norte depois dos Estados Unidos. O litoral sul de Chongjin estava salpicado de instalações militares voltadas para o Japão, incluindo a base de mísseis de Musudan-ri, da qual um míssil de longo alcance foi lançado, em caráter de teste, em 1998.

No ano posterior à morte de seu pai, Kim iniciou um expurgo na 6ª Divisão do Exército, estacionada em Chongjin. A 6ª Divisão era uma das vinte unidades de tropas terrestres do Exército de 1 milhão de homens da Coreia do Norte. Seu quartel-general ficava no centro de Nanam, um distrito ao sul do centro da cidade, pouco ao norte das minas de carvão. Uma noite, em hora avançada, as pessoas ouviram o monótono ronco dos motores de dezenas de caminhões e tanques e sentiram o cheiro penetrante de fumaça de escapamento. Toda a divisão de 3 mil homens, com seus tanques, caminhões e carros blindados, estava se retirando da cidade. O comboio se reuniu primeiro em torno da estação de Nanam, depois se moveu lentamente pelas estradas esburacadas, produzindo um estrondo terrível. Os moradores estremeceram, mas não ousaram se levantar de suas esteiras de dormir para espiar porta afora.

Nem uma palavra apareceu no *Rodong Sinmun* ou nos noticiários de rádio. Era impossível obter informação de primeira mão porque o Exército do Povo Norte-Coreano mantinha os soldados mobilizados por dez anos, designando-os para postos distantes de suas cidades, sem meios de fazer contato com suas famílias.

Na ausência de notícias concretas, o que havia eram rumores. Estaria o Exército preparando a longamente aguardada guerra contra os bastardos norte-americanos? Ou para enfrentar uma invasão dos sul-coreanos? Seria um golpe de Estado? Espalhou-se rapidamente a história de que os oficiais da 6ª Divisão tinham sido frustrados em seus planos de tomar o controle do porto e das instalações militares de Chongjin, enquanto seus colegas de conspiração em Pyongyang planejavam assassinar Kim Jong-il.

No hospital, a dra. Kim ouviu de um paciente que os conspiradores eram financiados por ricos homens de negócios chineses.

No jardim de infância, os professores se reuniram na cantina para ouvir atentamente um cozinheiro que alegava ter informações quentes de um parente que seria um dos conspiradores. Segundo ele, o complô era bancado pelo presidente sul-coreano, Kim Young-sam.

Uma professora da escola afirmava ter visto um de seus vizinhos, que tinha relação com um dos conspiradores, ser levado junto com seu bebê de três meses, por causa do sangue manchado dos dois. Era tarde da noite quando o caminhão veio buscá-los.

"Jogaram o bebê na carroceria como se fosse uma peça de mobília", sussurrava a professora. A imagem do bebê rolando de um lado para outro na carroceria despertou terror em Mi-ran, e durante anos essa cena terrível reapareceu com frequência em sua lembrança e em seus sonhos.

No final, toda a 6ª Divisão foi dissolvida, substituída posteriormente por unidades da 9ª Divisão, de Wonsan. O processo se arrastou por muitos meses. Até hoje os motivos verdadeiros permanecem um mistério.

Analistas de questões de inteligência política tendem a descartar a história da tentativa de golpe. Ao longo dos anos, muitos relatos de tentativas de putsche, rebeliões e atentados emergiram da Coreia do Norte — até agora, nenhum deles foi confirmado. A explicação mais plausível a respeito da 6ª Divisão é que ela foi dissolvida porque Kim Jong-il queria mais controle sobre suas atividades financeiras. O Exército da Coreia do Norte controlava várias companhias de comércio que exportavam de tudo, de cogumelos de pinheiro e lulas secas a anfetaminas e heroína — as drogas ilícitas eram uma grande fonte de moeda forte para o regime. Supunha-se que havia o dedo do Exército no roubo do arroz proveniente da ajuda humanitária vendido no mercado negro em Chongjin e em outras partes. Supostamente, a corrupção vicejava no interior da 6ª Divisão, seus oficiais estavam surrupiando os lucros para si próprios e, como chefes intermediários da Máfia, foram punidos pelo chefão. Um oficial do Exército que desertou para a Coreia do Sul em 1998 contou aos investigadores locais que os oficiais da 6ª Divisão tinham abocanhado lucros provenientes da venda de papoulas de ópio cultivadas em fazendas coletivas nos arredores de Chongjin.

Não muito depois do expurgo no Exército houve mais acontecimentos estranhos em Chongjin. Equipes especiais de promotores públicos, chamadas *groupa*, começaram a chegar de Pyongyang para enquadrar a corrupção nas fábricas. Um alvo em particular era a Kimchaek Ferro e Aço, a maior siderúrgica da Coreia do Norte, que tinha permanecido em grande parte ociosa ao longo dos anos 1990; apenas duas de suas dez chaminés estavam funcionando o tempo todo. Alguns dos administradores tinham organizado os empregados para coletar ferro-velho e trocar por comida do outro lado da fronteira com a China. Quando isso se mostrou insuficiente, eles próprios empreenderam um desmanche das máquinas, vendendo as peças na fronteira. O dinheiro obtido com o equipamento era usado pelo menos em parte para comprar comida para os empregados da fábrica.

Os administradores da siderúrgica — uns dez no total — foram executados por um pelotão de fuzilamento. A Agência de Segurança do Povo realizou as execuções num gramado lamacento que se estendia entre o mercado de Sunam e o córrego Suseon.

Depois disso, os promotores perseguiram alvos menores. Executaram pessoas que tinham roubado fios de cobre de postes de telefone para trocar por comida, ladrões de cabras, de milho, de gado e comerciantes de arroz no mercado negro. Em 1997, circulavam anúncios por Chongjin e outras cidades alertando que as pessoas que roubavam, estocavam ou vendiam grãos estavam "sufocando nosso estilo de socialismo" e estavam sujeitas à execução.

O Código Criminal na Coreia do Norte limitava a pena de morte a assassinato premeditado, traição, terrorismo, "atividades contra o Estado" e "atividades contra o povo", mas essas definições eram vagas o bastante para incluir qualquer atividade que pudesse desagradar ao Partido dos Trabalhadores. Norte-coreanos que fugiram para a Coreia do Sul falaram de execuções nos anos 1990 por adultério, prostituição, resistência à prisão, conduta inconveniente. Em Onsong, a cidade de fronteira onde Hyuck viveu no orfanato, quatro estudantes teriam sido executados por correr nus depois de uma bebedeira.

No passado, a Coreia do Norte foi um lugar ordeiro, austero e previsível. Se alguém era assassinado, em geral era efeito de uma briga de gangues ou crime passional. Havia poucos roubos porque ninguém possuía muito mais do que os outros. As pessoas sabiam quais eram as regras e quais limites não deveriam ser transpostos. Agora as regras eram para valer — e a vida se tornara desordenada e assustadora.

13. Rãs no poço

Um estudante na Grandiosa Casa de Estudos do Povo em Pyongyang, a maior biblioteca da Coreia do Norte.

Jun-sang testemunhou uma execução pública uma vez, quando passava as férias de verão em sua cidade. Durante dias, carros de som tinham circulado pelas ruas anunciando a data e a hora. O chefe do *inminban* batera de porta em porta dizendo às pessoas que sua presença era esperada. Jun-sang não tinha interesse por esse tipo de espetáculo. Detestava sangue e não suportava ver uma pessoa ou um animal sofrendo. Quando tinha doze anos, seu pai o obrigou a abater uma galinha. As mãos de Jun-sang tremiam quando ele agarrou a ave pelo pescoço. "Como você pode querer ser um homem se não consegue fazer isso?", seu pai o repreendeu. Jun-sang golpeou obedientemente a galinha com o machadinho, mais temeroso da zombaria do pai do que de uma galinha sem cabeça, mas se recusou a comer o jantar daquela noite. Assistir à morte de um ser humano era algo impensável para ele. Jurou que ficaria longe. Mas quando chegou o dia e todos os vizinhos saíram para assistir, ele se viu andando no encalço da multidão.

A execução teria lugar nas margens arenosas de um córrego não muito distante da estância termal aonde ele e Mi-ran iam em suas caminhadas noturnas. Umas trezentas pessoas já estavam reunidas, as crianças abrindo caminho aos empurrões para ficar na frente. Escolares competiam para ver quem juntava mais cartuchos gastos encontrados ao fim das execuções públicas. Jun-sang abriu caminho na multidão para poder ver melhor.

A segurança estatal tinha convertido a clareira junto ao córrego num arremedo de tribunal, com mesas montadas para os promotores públicos e um sistema de som com duas enormes caixas acústicas. O homem era acusado de trepar em postes de eletricidade e roubar fios de cobre para vender.

"O roubo causou extenso prejuízo à propriedade da nação e foi feito com a intenção de causar dano a nosso sistema social. Foi um ato de traição que ajudou os inimigos de nosso Estado socialista", leu o promotor, vociferando entre o chiado das caixas acústicas. Então um homem, atuando como uma espécie de advogado do acusado, tomou a palavra, mas sem apresentar defesa alguma: "Concluí que o que o promotor disse é verdade".

"O acusado, portanto, é condenado à morte e a sentença será executada imediatamente", decretou um terceiro homem.

O homem condenado foi amarrado a uma estaca de madeira por cordas à altura dos olhos, do peito e das pernas. O pelotão de fuzilamento faria pontaria para romper as cordas em ordem, três balas em cada ponto — nove no total, de cima para baixo. Primeiro a cabeça sem vida cairia bruscamente para que em seguida o corpo desmoronasse de modo ordenado, formando um amontoado ao pé da estaca. Limpo e eficiente. Seria como se o condenado estivesse se curvando na morte para pedir perdão.

Um murmúrio percorreu a multidão. Ao que parecia, Jun-sang não era o único que julgava a execução um castigo excessivo para um pequeno roubo. As linhas de eletricidade não estavam funcionando mesmo. Os poucos metros de fio de cobre que o homem roubara provavelmente não lhe renderam mais do que alguns sacos de arroz.

"Uma pena. Ele tem uma irmã mais nova", Jun-sang ouviu alguém dizer.

"Duas irmãs", disse outra pessoa.

Jun-sang supôs que os pais do homem estavam mortos. Era evidente que ele não conhecia ninguém influente que pudesse intervir em seu favor. Provavelmente também tinha uma posição de classe desvantajosa. Talvez fosse filho de um mineiro, como as crianças para quem Mi-ran dava aulas.

Enquanto Jun-sang especulava sobre essas possibilidades, soaram os tiros.

Cabeça. Tórax. Pernas.

A cabeça explodiu como uma bexiga d'água. O sangue jorrou sobre a terra, quase salpicando os pés da multidão. Jun-sang sentiu vontade de vomitar. Virou as costas e abriu caminho para sair da multidão e voltar para casa.

Para Jun-sang, as visitas a Chongjin frequentemente suscitavam descobertas desagradáveis sobre seu próprio país. Na universidade, Jun-sang ficava isolado da pior parte das privações. Tinha o suficiente para comer e eletricidade na maioria das noites. Os estudantes das principais universidades de Pyongyang estavam entre os cidadãos mais privilegiados numa cidade privilegiada.

Mas logo que ele saía do casulo acadêmico, a realidade o atingia como um tapa na cara.

Os lugares que ele associava a lembranças felizes estavam todos fechados — os restaurantes onde ele comera quando garoto, o cinema onde avistou Mi-ran pela primeira vez. Não havia eletricidade, exceto num feriado público ocasional, como os aniversários de Kim Il-sung e Kim Jong-il.

As noites em casa eram passadas no escuro, ouvindo as queixas dos pais. O avô rico de Tóquio tinha morrido, e os familiares sobreviventes não eram tão generosos no envio de dinheiro aos parentes pobres. O reumatismo da mãe de Jun-sang tinha piorado tanto que ela não conseguia caminhar até o mercado, tampouco usar a preciosa máquina de costura que trouxera do Japão.

Toda noite era a mesma coisa. Seu pai ficava sentado fumando, a brasa do seu cigarro brilhando na escuridão. Ele expelia uma nuvem de fumaça e suspirava alto, como prefácio a alguma notícia ruim que estava prestes a comunicar.

"Sabe quem morreu? Você se lembra do..."

O pai dizia o nome de professores do colégio de Jun-sang. Seu professor de matemática. Seu professor de chinês. O professor de literatura, que era um companheiro cinéfilo e costumava emprestar a Jun-sang exemplares de uma revista chamada *Literatura cinematográfica*, sobre o cinema da Europa Oriental e o papel dos filmes no anti-imperialismo. Os professores eram todos intelectuais na faixa dos cinquenta anos, que descobriram que não dispunham de aptidões vendáveis depois que o sistema escolar parou de pagar seus salários. Jun-sang costumava visitar seus velhos professores do colégio quando vinha de férias de Pyongyang; os professores ficavam sempre contentes ao ver aquele aluno que tinha se saído tão bem. Agora Jun-sang evitava encontrar qualquer pessoa de seu tempo de colégio. Não queria saber quem mais tinha morrido.

As mortes não se limitavam às pessoas idosas. A mãe de Jun-sang lhe contou sobre colegas de classe que haviam morrido de desnutrição, rapazes que não haviam passado em seus exames vestibulares e tiveram que se alistar no Exército. Jun-sang perdera contato com eles, mas se consolava com a suposição de que tinham se saído bem durante os tempos difíceis, porque supostamente os soldados recebiam as primeiras provisões de comida. Afinal, foi o próprio Kim Jong-il que proclamou a ideia do *songun*, ou "o Exército primeiro". Crianças de escola eram obrigadas a se sacrificar para que um exército forte pudesse protegê-las das bombas dos bastardos americanos.

Jun-sang podia ver agora que isso não era verdade. Os soldados na região de Chongjin eram um bando desordenado com cintos de couro falso apertando os uniformes, que não serviam mais nos esqueléticos corpos. A tez dos soldados estava amarelada devido à desnutrição, e muitos deles não tinham mais do que 1,5 metro de altura. (No início dos anos 1990, o Exército norte-coreano teve que baixar sua exigência de altura mínima, que até então era de 1,58 metro, por causa do subdesenvolvimento físico da nova geração.) À noite eles abandonavam seus postos e invadiam jardins particulares, desenterrando vasilhas de *kimchi* e arrancando legumes das hortas.

A maioria das famílias na vizinhança de Jun-sang tinha erguido os muros em torno de suas casas, ignorando uma regulamentação que restringia a altura a 1,5 metro para que a polícia pudesse espiar dentro. Ainda assim, ladrões tinham conseguido três vezes escalar o muro e saquear o quintal de Jun-sang. Arrancaram da terra alho, batata, repolho. O pai de Jun-sang tinha feito anotações cuidadosas em seu diário de horticultura, escrevendo os tipos de sementes usadas e o tempo que elas levavam para germinar.

"Por que eles não esperaram pelo menos que as plantas tivessem crescido plenamente?", lamentou ele.

A mãe de Jun-sang caiu numa depressão profunda quando alguém roubou um de seus cachorros. Ela vinha criando filhotes de jindo desde que Jun-sang era criança. Adorava seus cachorros, cozinhando ela própria a comida deles. Suas cartas para o filho na faculdade estavam cheias de notícias sobre os filhotes. Não suportava a ideia de que, muito provavelmente, o cão tinha sido comido.

Na verdade, o fato de apenas o cão ter sido morto era uma sorte. Todo mundo sabia que as famílias vindas do Japão tinham dinheiro, portanto elas eram alvos frequentes dos ladrões. Uma família inteira do vilarejo deles tinha sido morta num assalto atabalhoado. Jun-sang e sua família precisavam tomar mais cuidado do que nunca. Comiam às pressas o jantar, escondidos pelos muros altos da casa, na esperança de que os vizinhos não vissem que eles tinham o bastante para comer.

Desde o dia em que não conseguiu verter lágrimas genuínas pela morte de Kim Il-sung, Jun-sang passou a reconhecer seu desencanto crescente com o sistema. Tudo o que ele via, ouvia ou lia o afastava do pensamento politicamente correto. Suas experiências na universidade também o estavam transformando. Pela primeira vez na vida ele se expunha a novas ideias.

Quando criança, Jun-sang lia tudo o que lhe caía nas mãos — romances, filosofia, ciência, história, até mesmo os discursos de Kim Il-sung. A livraria da cidade vendia narrativas que falavam de norte-americanos brutais, sul-coreanos servis e covardes, norte-coreanos heroicos. Ocasionalmente havia romances russos — obras de Tolstói e Máximo Gorki. Seu colégio era abastecido de livros do Departamento de Instrumentos Educacionais e Provisões de Material e seu pai tinha uma respeitável coleção de história grega e romana. Jun-sang gostava de ler sobre guerreiros antigos — adorava a história de como Aníbal lutou para derrubar o Império Romano e preferiu tomar veneno a aceitar a derrota.

Na época em que foi para Pyongyang, estava pronto para uma dieta literária mais moderna. Na universidade, atrás da mesa do bibliotecário, havia uma pequena seleção de livros ocidentais que tinham sido traduzidos para o coreano. Eram proibidos ao público geral; só os melhores alunos poderiam ter acesso a eles. Em algum alto escalão do governo, alguém decidira que a nação precisava de uma elite intelectual com algum conhecimento da literatura ocidental. Os livros não tinham identificação de editora nas páginas de rosto, mas o rumor que Jun-sang ouvia era de que eram publicados pelo Inmin Daehakseup Dang, a Grandiosa Casa de Estudos do Povo, uma biblioteca nacional modelo que ficava na praça Kim Il-sung. A coleção incluía até livros norte-americanos.

O favorito de Jun-sang era *...E o vento levou*. O estilo melodramático do livro não era muito diferente do tom da ficção coreana. Ele ficou espantado com os paralelos entre a Guerra Civil Americana e a Guerra da Coreia. Era chocante para ele o quanto podia ser cruel a luta no seio de um povo — claramente os norte-americanos eram tão ardentes quanto os coreanos. Ele julgava os norte-americanos mais afortunados pelo fato de terem permanecido como um único país, em vez de dividido em dois como os coreanos. Admirava a heroína, Scarlett O'Hara, por sua valentia. Ela lhe lembrava um pouco as heroínas cinematográficas da própria Coreia do Norte, que estavam sempre na poeira, lutando por sua terra, mas a Scarlett estava mais para individualista — uma qualidade não celebrada pela literatura norte-coreana. E as heroínas norte-coreanas com certeza não tinham casos amorosos.

Isso era conteúdo picante para os padrões norte-coreanos. Jun-sang queria ler mais. Conferiu tudo o que pôde encontrar, de *A ira dos anjos*, de Sidney Sheldon, a *Cem anos de solidão*, de

Gabriel García Márquez. Leu até *Como fazer amigos e influenciar pessoas*, o clássico de autoajuda de 1930 de Dale Carnegie. Foi sua primeira exposição a ideias ocidentais a respeito de negócios, e ele ficou chocado. Não podia acreditar no conselho que Carnegie estava dando aos leitores.

Aprenda a amar, respeitar e ter prazer com outras pessoas.

Como um produto do sistema capitalista americano podia escrever uma coisa assim? Era o que Jun-sang se perguntava. Não eram, os capitalistas todos, inimigos que viviam segundo a lei da selva — matar ou ser morto?

Jun-sang também emprestava livros dos colegas de classe. Numa universidade de ponta, muitos dos estudantes tinham parentes no poder que viajavam para o exterior a negócios e traziam livros e revistas. Material em língua coreana era encontrável na sede do distrito de Yanbian, na China, que tinha uma grande população de origem coreana. Por intermédio de um de seus colegas, Jun-sang conseguiu um manual de orientação sexual que tinha sido publicado pelo sistema escolar chinês. Outra revelação! Jun-sang se deu conta de que ele e seus outros amigos solteiros na faixa dos vinte anos sabiam menos a respeito de sexo do que o ginasiano chinês médio. De que outro modo ele ficaria sabendo que as mulheres menstruavam? Aquilo explicava muita coisa.

Ficou igualmente surpreso ao ler um discurso proferido num congresso do Partido Comunista criticando Mao pela Revolução Cultural. Chegará o dia, pensou, em que o Partido dos Trabalhadores criticará Kim Il-sung.

Um dia Jun-sang foi abordado por um colega de classe com quem ocasionalmente trocava livros. O estudante olhou em volta nervoso antes de passar sorrateiramente um livro a ele.

"É dos bons", sussurrou. "Será que você vai querer ler?"

O livro era um volume magro sobre reforma econômica publicado pelo governo russo. O pai do rapaz o tinha obtido numa exposição de livros na Embaixada russa em Pyongyang. Ao que parecia, tinha sido escrito no início dos anos 1990, quando a Rússia estava tentando construir uma nova economia de livre-mercado. Jun-sang se deu conta imediatamente de que tinha uma coisa perigosa nas mãos — os norte-coreanos eram instados a submeter à polícia toda literatura estrangeira com que deparassem. Aquele rapaz e o pai dele poderiam ter sérios problemas por estar de posse de um livro daquele tipo. Jun-sang pôs depressa o volume sob as roupas em seu armário. Seu quarto no alojamento tinha dois beliches — quatro estudantes em cada quarto —, de modo que ele dispunha de pouca privacidade. Teve o cuidado de ler o livro sob as cobertas, usando uma lanterna.

Leu o seguinte:

> Nos primeiros estágios, o capitalismo era uma competição desumana para produzir riqueza. Não havia conceito algum de divisão justa da riqueza ou do bem-estar para o trabalhador comum. O desenvolvimento econômico ocorria de maneira desordenada [...]. Mas o capitalismo moderno evoluiu consideravelmente e corrigiu suas falhas. Por exemplo, leis antitruste asseguram uma produção ordenada, porém a produção não é controlada pelo Estado.

O livro em seguida descrevia sistemas de aposentadoria e o conceito de previdência e bem-estar. Declarava que os sistemas econômicos socialistas tinham falhado pelo mundo afora por causa de sua ineficiência. Jun-sang se pegou fazendo gestos de aprovação à medida que ia lendo.

Em 1996, Jun-sang recebeu seu certificado de graduação. Em vez de voltar para Chongjin, decidiu permanecer na universidade, assumindo um cargo no departamento de pesquisa. Era agora oficialmente um adulto e tinha permissão para sair do campus. Saiu do alojamento e foi morar num quarto alugado. Era decaído, sujo e pobremente mobiliado, mas ele gostava de seus senhorios, um casal de idosos que não escutavam nem enxergavam muito bem. Eles serviam perfeitamente aos propósitos de Jun-sang.

Assim que passou a dispor de um quarto só seu, Jun-sang pegou o que restava do dinheiro do avô e comprou um televisor Sony. Registrou o televisor no Gabinete de Inspeção de Ondas Elétricas, conforme exigia a lei norte-coreana. Já que a Coreia do Norte não tinha mais condições de fabricar seus próprios aparelhos, televisores importados tinham que ser preparados para sintonizar apenas as emissoras governamentais e em seguida ter seus seletores de canais bloqueados — uma versão norte-coreana de *crippleware** que impedia o usuário de receber qualquer informação do mundo exterior. Os norte-coreanos brincavam que eram como "rãs no poço". O mundo, para eles, não ia além do círculo de luz acima de suas cabeças. Alguns entendidos em tecnologia tinham desenvolvido truques para ludibriar o sistema. Com rádios era fácil — abrir o aparelho, cortar a correia de transmissão atada ao sintonizador e substituí-la por uma tira de borracha que movesse o sintonizador para onde a pessoa quisesse. Televisão exigia um pouco mais de competência técnica.

O gabinete punha um selo de papel sobre os botões do televisor para certificar que ele tinha sido programado para a estação permitida. Para neutralizar o selo sem danificá-lo, Jun-sang usou uma longa e fina agulha de costura para apertar os botões. Havia em seu quarto uma porta dos fundos que dava para o quintal e ali

---

* Uma versão gratuita de software com algumas funções bloqueadas, geralmente com o objetivo de forçar o consumidor a comprar uma versão mais completa. (N. T.)

ele construiu uma antena. Testou-a uma noite, depois que todos tinham adormecido, girando-a de um lado para outro até conseguir captar o que queria: a televisão sul-coreana.

Jun-sang só assistia televisão tarde da noite, quando ficava mais claro o sinal que atravessava 150 quilômetros de zona desmilitarizada para chegar ali. Esperava até ter certeza de que seus senhorios estavam dormindo — as paredes eram tão finas que ele podia ouvi-los roncando. O televisor não era equipado com entrada para fone de ouvido, de modo que ele mantinha o som num volume apenas audível. Ficava de cócoras com a orelha pressionada à saída de som até ficar com as pernas tão doloridas que não aguentava mais manter a posição. Ouvia a televisão, mais do que via. Ficava sempre em estado de alerta quando o televisor estava ligado. O Gabinete de Inspeção de Ondas Elétricas era conhecido por suas visitas de surpresa em horas incertas. A poucas portas de distância, um vizinho tinha cachorros. Quando ouvia seus latidos à noite, Jun-sang sintonizava de volta o canal da emissora central e corria para o quintal para esconder a antena.

Os inspetores de televisão vieram mesmo. Um deles, um sujeito de olho vivo, notou que um pedaço de fita adesiva cobria o selo de papel. Jun-sang colocara a fita para cobrir um ponto em que a agulha tinha deixado uma marca.

"Por que essa fita?", perguntou o inspetor.

O coração de Jun-sang disparou. Tinha ouvido falar de uma família inteira que fora parar no gulag porque um de seus membros assistia à televisão sul-coreana. Um amigo seu meramente suspeito de ouvir uma rádio sul-coreana ficou detido por um ano inteiro para interrogatórios, durante o qual jamais viu a luz do dia. Quando foi solto, estava mortalmente pálido, com os nervos em frangalhos.

"Ah, eu pus a fita para evitar que o selo ficasse se soltando", respondeu, no tom mais despreocupado de que foi capaz.

O inspetor franziu o rosto e seguiu seu caminho.

Jun-sang deveria ter passado a tomar mais cuidado depois desse susto, mas não conseguiu conter sua curiosidade. Tinha um apetite insaciável por informação, mais ainda por informação atualizada, em tempo real. A televisão trazia a Jun-sang não apenas notícias do mundo exterior, mas também mais informação do que ele jamais tivera sobre seu próprio país.

Jun-sang aprendeu coisas de que havia suspeitado, porém nunca soubera de fato. Ouviu o presidente Bill Clinton dizer que os Estados Unidos tinham oferecido petróleo e ajuda energética, mas que a Coreia do Norte preferia desenvolver mísseis e armas nucleares. Descobriu que os Estados Unidos estavam abastecendo o país com centenas de milhares de toneladas de arroz a título de ajuda humanitária.

Membros de uma delegação do Congresso dos Estados Unidos deram uma entrevista coletiva e disseram que 2 milhões de pessoas tinham morrido de inanição na Coreia do Norte. Organizações de direitos humanos estimavam que 200 mil pessoas estavam confinadas num gulag de campos de prisioneiros e que a Coreia do Norte tinha o pior índice de direitos humanos do mundo.

Em 2000, a televisão sul-coreana noticiou que o presidente do país, Kim Dae-jung, iria a Pyongyang para uma histórica reunião de cúpula com Kim Jong-il. Durante o encontro a televisão sul-coreana transmitiu a voz de Kim Jong-il quando ele conversava com o presidente sul-coreano. Jun-sang jamais escutara antes a voz do Querido Líder; no rádio e na televisão da Coreia do Norte suas palavras eram emitidas por locutores profissionais que as liam no tom vibrante e solene reservado à liderança. Servia para preservar a mística. "O que você acha de nossos locais históricos?", Jun-sang ouviu o Querido Líder dizer numa voz que soava velha, nasalada e distintamente humana.

"Ele é uma pessoa de verdade, afinal de contas", Jun-sang disse a si mesmo.

Ouvir a televisão sul-coreana era como encarar o espelho pela primeira vez na vida e descobrir que você não era atraente. Os norte-coreanos sempre ouviam que seu país era o mais orgulhoso do mundo, mas o resto do mundo o considerava um regime patético e falido. Jun-sang sabia que as pessoas estavam passando fome. Sabia que as pessoas eram levadas para campos de trabalho forçado; mas nunca antes ouvira aqueles dados. Com certeza os noticiários sul-coreanos estavam exagerando, exatamente como fazia a propaganda norte-coreana.

As viagens de trem para casa, em especial, lembravam a Jun-sang uma descrição do inferno em vida que ele lera nas escrituras budistas. Os vagões iam tão lotados que o passageiro não tinha como chegar ao banheiro. Os homens urinavam pelas janelas abertas ou esperavam pelas paradas para se aliviar nos campos, mas às vezes não conseguiam segurar e faziam ali mesmo, dentro do vagão. Crianças desabrigadas corriam ao lado do trem quando este andava em marcha lenta, mendigando, às vezes berrando por comida. Tentavam entrar pelas janelas quebradas. Havia longos atrasos porque os trens às vezes enguiçavam tentando subir as montanhas íngremes ao norte de Pyongyang. Jun-sang uma vez ficou dois dias retido num trem quebrado, em pleno inverno, com o vento ártico atravessando em rajadas o vagão sem vidros nas janelas. Fez amizade com outros passageiros — uma mulher com um bebê de vinte dias e um rapaz que estava atrasado para seu próprio casamento. Juntos, eles furtaram um balde de metal e acenderam uma fogueira dentro dele, ignorando as ordens do fiscal do trem para apagá-la. Se não fosse pelo fogo, todos teriam morrido de hipotermia.

Em uma viagem em 1998, quando a economia da Coreia do Norte estava em seu pior momento, Jun-sang ficou retido numa cidadezinha da província de Hamgyong do Sul, onde habitualmente fazia a baldeação dos trens do leste para a linha que ia para o norte ao longo da costa. Os trilhos estavam alagados e uma forte chuva fria ensopava os passageiros que esperavam. Jun-sang abrigou-se como pôde na plataforma. Enquanto esperava, sua atenção foi atraída para um grupo de crianças sem teto, os *kochebi*, que faziam espetáculos em troca de dinheiro para comer. Alguns faziam mágicas, outros dançavam. Um menino de uns sete ou oito anos cantava. Seu corpo minúsculo sumia entre as dobras de um uniforme de operário adulto, mas sua voz tinha a ressonância de uma pessoa muito mais velha. Ele espremia os olhos, evocando toda a sua emoção, e soltava a canção a plenos pulmões, enchendo a plataforma com a força de sua voz:

Uri Abogi, nosso pai, nada temos a invejar no mundo.
Nossa casa é envolvida no abraço do Partido dos Trabalhadores.
Somos todos irmãos e irmãs.
Mesmo que um mar de fogo venha em nossa direção, meigas crianças não precisam ter medo.
Nosso pai está aqui.
Nada temos a invejar.

Jun-sang conhecia a canção de cor desde a infância, só que a letra tinha sido atualizada. No verso "Nosso pai, Kim Il-sung", o menino substituiu o nome para Kim Jong-il. Era inconcebível que aquela criança pudesse estar cantando um hino de louvor ao pai que a protegia quando suas circunstâncias desmentiam a canção de modo tão cabal. Ali estava ele na plataforma, encharcado até os ossos, imundo, sem dúvida faminto.

Jun-sang enfiou a mão no bolso e deu ao menino dez wons, uma gorjeta generosa para um artista de rua. Era menos um ato de caridade do que de gratidão pela lição que o garoto lhe comunicara.

Mais tarde ele daria ao menino o crédito por ter sido a gota d'água que faltava. Ele agora sabia com certeza que não acreditava mais. Foi um grandioso momento de autorrevelação, como quando alguém decide que é ateu. Isso fez com que se sentisse sozinho. Era diferente de todos os outros. De repente estava autoconsciente, sob o fardo de um segredo que descobrira sobre si mesmo.

De início ele pensou que sua vida seria drasticamente diferente com essa clareza recém-descoberta. Na verdade, ela continuou mais ou menos como antes. Ele simulava, para todos os efeitos, ser um súdito leal. Nas manhãs de sábado comparecia pontualmente às palestras ideológicas na universidade. O secretário do Partido dos Trabalhadores recitando monotonamente sobre o legado de Kim Il-sung soava como alguém no piloto automático. No inverno, quando o auditório carecia de aquecimento, o palestrante se livrava da tarefa o mais rápido que podia. Jun-sang de vez em quando dava uma espiada furtiva nos outros membros da plateia. Havia geralmente umas quinhentas pessoas, em sua maioria estudantes de pós-graduação e colegas de pós-doutorado. Durante a palestra, eles agitavam os pés e sentavam sobre as mãos para se aquecer. Mas seus rostos permaneciam imóveis e sem expressão, tão impassíveis quanto manequins numa vitrine.

Ele se deu conta subitamente de que seu rosto apresentava a mesma expressão vaga. Na verdade, todos eles sentiam exatamente o mesmo que ele quanto ao conteúdo da palestra.

"Eles sabem! Todos eles sabem!", ele quase gritou, tamanha era a sua certeza. Aquelas eram supostamente as mais formidáveis mentes jovens do país. "Ninguém que tenha um cérebro que funcione pode deixar de ver que alguma coisa está errada."

Jun-sang percebeu que não era o único descrente ali. Estava mesmo convencido de que era possível reconhecer uma forma de comunicação silenciosa tão sutil que não chegava sequer ao nível de uma piscadela ou um gesto de cabeça. Um dos universitários, uma moça, ganhou algum aplauso quando escreveu em seu diário a respeito de sua admiração pelo Querido Líder. Apareceu um artigo sobre ela no *Rodong Sinmun* e ela ganhou um prêmio por sua lealdade. Os alunos da universidade zombaram dela impiedosamente. Consideravam-na uma aberração, mas, como não podiam dizer isso, contentavam-se em apoquentá-la.

"Quem é o felizardo que vai casar com você?", eles lhe perguntavam. Porém era só até aí que podiam chegar.

Os estudantes e intelectuais norte-coreanos não ousavam realizar protestos como seus congêneres em outros países comunistas. Não houve nenhuma Primavera de Praga nem Praça da Paz Celestial. O nível de repressão na Coreia do Norte era tão grande que nenhuma resistência organizada podia criar raízes. Qualquer atividade antirregime teria consequências terríveis para o manifestante, sua família nuclear e todos os seus outros parentes conhecidos. Sob um sistema que buscava expurgar o sangue manchado por três gerações, o castigo seria estendido aos pais, avós, irmãos, irmãs, sobrinhos, primos. "Uma porção de gente sentia que, se fosse o caso de sacrificar apenas sua própria vida, faria isso para se livrar daquele terrível regime, mas o problema é que outros também seriam punidos. Sua família viveria um inferno", um refugiado me contou.

Era impossível criar um clube de leitura ou conduzir um debate político. Qualquer livre troca de ideias levaria invariavelmente a um território proibido. Em qualquer grupo de três ou quatro pessoas deveria haver pelo menos um espião dos vários órgãos de inteligência. Jun-sang suspeitava que seu melhor amigo da época de colégio era um informante do governo. O rapaz tinha sido o melhor aluno da escola, melhor até do que o próprio Jun-sang, mas não pôde frequentar a universidade em Pyongyang porque a paralisia infantil o deixara manco. Quando Jun-sang vinha de Pyongyang para casa, o amigo se queixava em voz alta do governo, incentivando Jun-sang a responder. Havia em seu tom algo de ousado e elaborado que fez Jun-sang temer uma armadilha. Passou a evitar completamente o amigo.

Lembrava a si mesmo: não fale sobre política enquanto viver na Coreia do Norte. Nem com seu melhor amigo, nem com seus professores ou seus pais, e com certeza não com sua namorada. Jun-sang nunca discutia seus sentimentos em relação ao regime com Mi-ran. Não contou a ela que estava assistindo à televisão sul-coreana e lendo panfletos sobre o capitalismo. Certamente não lhe contou que estava começando a acalentar fantasias de deserção.

14. O rio

O rio Tumen visto da China.

Quanto menos eles podiam se abrir um com o outro, menos espontâneo ficava seu relacionamento.

No passado, Jun-sang e Mi-ran tagarelavam durante horas sobre seus colegas, seus amigos, suas famílias. Enquanto caminhavam pela escuridão, ele narrava em detalhes enredos de filmes que vira e livros que lera. Ele recitava poemas. Amava a curiosidade natural dela, o modo como não se constrangia com as coisas que não sabia, o que era tão diferente de seus empenhados colegas de universidade. Muito do prazer que ele extraía da leitura vinha de saber que falaria a respeito daquilo depois com Mi-ran. Durante os longos meses que passavam separados, ele armazenava seu melhor material, ensaiando mentalmente, imaginando o modo como os olhos delas brilhariam de encantamento, o modo como ela riria em voz alta sem o gesto tímido de cobrir a boca com a mão. Agora ele se continha, embora sua cabeça fervilhasse de ideias que ele não podia compartilhar.

Não que ele não confiasse nela — sentia-se mais próximo de Mi-ran do que de qualquer pessoa fora de sua família nuclear. Enquanto outros amigos se dispersavam, ela ganhava mais relevo no centro da sua vida. De todo modo, qual seria a vantagem de contar a ela? Se ela soubesse o que ele sabia, isso não a tornaria simplesmente mais infeliz, como aconteceu com ele? Como ela poderia continuar ensinando crianças famintas a cantar hinos de louvor a Kim Jong-il se soubesse o quanto os sul-coreanos eram ricos? Por que ela precisaria saber das reformas capitalistas na China ou na Rússia? Ele se preocupava com Mi-ran. Com sua má situação de classe, ela precisava ser mais cautelosa do que outros quanto à sua conduta. Uma palavra errada que escapasse da sua boca bastaria para que fosse presa. Quando conversavam sobre os alunos desnutridos dela, usavam uma linguagem eufemística sobre a "situação" e a "Árdua Marcha". Qualquer coisa mais explícita poderia conduzi-los ao território traiçoeiro da identificação do responsável.

Outro assunto sobre o qual não falavam era pessoal. Jun-sang suspeitava que Mi-ran estava magoada com sua decisão de permanecer no instituto de pesquisa depois da graduação, em 1997. Era mais difícil do que nunca continuar um relacionamento com as infames viagens de trem para casa e o igualmente patético sistema postal. Uma vez em casa, os problemas logísticos também eram desanimadores. Nenhum dos dois tinha telefone e tampouco queria deixar bilhetes na casa do outro. Para poder fazer planos, Jun-sang tinha que arranjar um meio de encontrar Mi-ran fora da casa dela ou na escola. Durante uma nevasca, ele caminhou penosamente durante horas em meio à neve ofuscante até a escola, usando trilhos de trem como referência de direção. Quando chegou, com os dedos ardendo de frio, descobriu que ela já tinha ido embora.

Viam-se duas vezes por ano — durante as férias de verão e de inverno. Depois de longos períodos separados, levava um tempo para superar a falta de jeito inicial. Mi-ran estava mudada. O atrevido cabelo curto que ela ostentava quando se conheceram tinha ido embora. Agora ela se parecia mais com as outras moças coreanas, com o cabelo chegando aos ombros e preso atrás por grampos. Ele ficou surpreso ao ver que ela começara a usar maquiagem.

O fato é que eles agora eram plenamente adultos — ele estava com 27 anos, ela com 25. A pergunta óbvia sobre o futuro deles seguia sem resposta.

O assunto veio à tona inesperadamente durante uma das visitas dele. Mi-ran tinha comparecido naquele dia à festa de casamento de uma colega de escola. Depois do jantar, ela e Jun-sang se encontraram atrás da casa dela e caminharam até a estância termal. Era uma noite clara e o lugar estava deserto. Rodearam o caminho sob as árvores e vagaram à toa, passando pela cascata artificial e pela piscina imóvel como um espelho. Sentaram-se em seu banco favorito, com vista para a Lua sobre as montanhas.

Mi-ran entretinha Jun-sang com uma descrição do casamento e do noivo da amiga.

"Não vejo por que as pessoas precisam se casar tão cedo", interrompeu Jun-sang. Andara lendo poemas coreanos clássicos ultimamente e, do vasto repertório que ressoava em sua cabeça, apanhou um sobre as penas de uma jovem noiva.

Se um tigre nas montanhas avança contra nós, será que ele é mais
  assustador que uma sogra?
A mais terrível geada pode ser mais frígida que um sogro?

*Vagens de feijão, mesmo se elas estouram quando a gente pisa nelas,
nunca vão encará-la tão rudemente quanto os irmãos menores
do seu marido.*

*Não, nem mesmo a pimenta mais picante pode ser tão amarga quanto
a vida de uma mulher casada.*

Jun-sang achava o poema hilário. Mi-ran riu, mas de modo hesitante; ele se perguntou se ela o tinha tomado por um aviso indireto.

Na verdade, Jun-sang nunca pensara muito sobre casamento, ou ao menos estava tentando afastar tais pensamentos. Por um lado, não conseguia imaginar-se casado com outra pessoa que não Mi-ran, ainda que se casar com ela liquidasse suas chances de entrar no Partido dos Trabalhadores. Sem o partido, tinha pouca chance de conseguir uma posição permanente numa universidade em Pyongyang. Mas isso era sob o regime em vigor. E se ele deixasse a Coreia do Norte, quem sabe junto com ela? E se o regime norte-coreano desmoronasse? Jun-sang sabia, pelos programas que via tarde da noite na televisão, que a Coreia do Norte era o último país comunista de sua espécie, com a possível exceção de Cuba. Assim como o Muro de Berlim caíra em 1989, permitindo a reunificação da Alemanha, as Coreias poderiam um dia se juntar. Cada vez que ele passava por um corpo na rua, com as moscas enxameando à sua volta, ou avistava outra criança imunda à beira da morte, sentia que o fim estava próximo. Estavam vivendo como que num estado de guerra, com a tragédia bombardeando-os por todos os lados. Sob tais condições, Jun--sang não podia fazer planos sequer para a semana seguinte, quanto mais pensar em casamento.

Sentiu-se subitamente inundado de tristeza por si próprio, por Mi-ran e pela vida infeliz em que se encontravam. Não tivera a intenção de ofendê-la com o poema. Mais como um gesto de consolação do que qualquer outra coisa, fez algo que nunca fizera antes: inclinou-se para ela e a beijou.

Pelo menos foi uma espécie de beijo. Foi pouco mais que um roçar de lábios no rosto dela, desviado antes de chegar à boca, mas representou uma intimidade física muito maior do que a que eles tinham experimentado até então. Conheciam-se havia treze anos, namoravam havia nove, e não tinham feito mais do que ficar de mãos dadas.

Mi-ran mostrou-se espantada. Não dava a impressão de estar zangada, mas apenas nervosa. Levantou-se abruptamente do banco e acenou para que ele fizesse o mesmo.

"Venha", disse ela. "Vamos continuar andando."

Mi-ran ficou desconcertada com o beijo. Embora tivesse apenas a mais vaga ideia da mecânica do sexo, sabia que um beijo podia levar a um lugar aonde ela não queria chegar. Tinha ouvido falar de garotas que dormiam com homens e das terríveis encrencas em que elas se envolviam. Não havia controle algum de natalidade a ser adotado. Em vez disso, o que havia eram abortos caros e perigosos.

Diferentemente de seu namorado sonhador, Mi-ran tinha pensado muito em casamento. Duas de suas três irmãs estavam casadas e com filhos, e suas colegas de colégio estavam ficando noivas. Ela precisava pensar seriamente em seu futuro. Não achava que Jun-sang viesse algum dia a se casar com ela.

A bem da verdade, sua situação tinha melhorado. Na década de 1990, Kim Jong-il tinha inimigos maiores a enfrentar do que as famílias que haviam lutado do lado errado da Coreia cinquenta anos antes. Como uma cicatriz de infância que desaparece sob as rugas da idade avançada, o estigma estava desaparecendo. Mesmo pela lei da Coreia do Norte, depois de passadas três gerações o sangue manchado se diluía. Mi-ran e o irmão caçula tinham sido admitidos na faculdade de magistério. A boa aparência da irmã mais velha tinha suplantado sua situação desfavorável de classe e ela casara bem; seu marido era um empregado civil do Exército e eles moravam numa base militar fechada, numa das poucas áreas das redondezas em que as florestas não tinham sido devastadas. Ela mantinha a família abastecida de cogumelos de pinho, uma mercadoria preciosa que eles podiam trocar por outros alimentos.

Ainda assim, Mi-ran tinha que aceitar certas limitações. Duvidava, por exemplo, de que ela própria ou qualquer outra pessoa de sua família viesse um dia a conseguir um visto de residência em Pyongyang. Se ela e Jun-sang se casassem, na melhor das hipóteses iriam morar em Chongjin. Ela se sentiria responsável pelo sacrifício dele. Quando olhava para ele, tão pálido e sério por trás dos óculos que tinha começado a usar na escola, ela se inquietava pensando em como ele se sairia ao voltar a Chongjin. Talvez ele acabasse como seus mentores, aqueles intelectuais famélicos que eram capazes de citar Tolstói de cor, mas não tinham a menor ideia de como se alimentar.

E havia os pais dele. Ela nunca os encontrara, mas ouvira falar deles. Teriam com certeza um ataque se Jun-sang tentasse se casar com ela. O pai dele talvez ameaçasse o suicídio; sua mãe fingiria ter adoecido. Jun-sang era um filho zeloso, acima de tudo. Nunca desobedeceria a seus pais.

As pessoas que vinham do Japão geralmente se casavam com seus similares, de todo modo. Eles arranjariam para ele uma moça que tivesse dinheiro japonês, ou então ele conheceria uma garota inteligente e sofisticada na universidade. O namorado romântico e leitor de poesia de Mi-ran estava simplesmente acima do seu patamar. "Encare os fatos", ela disse a si mesma.

Ela tentava imaginar como seria sua vida sem ele. Prosaica. Sem poesia. Casamento com um operário fabril ou com um mineiro como seu pai. Filhos. Viver para sempre na aldeia mineradora ou, na melhor das hipóteses, em Chongjin. Ela sentia os muros se fechando ao seu redor.

O emprego de professora tinha se tornado uma calamidade. Tinham sobrado apenas quinze alunos em sua classe, dos cinquenta que havia quando ela começou. Ela entrava desalentada toda manhã no prédio decrépito, pois os alunos desaparecidos projetavam uma sombra de profunda tristeza sobre a escola. As crianças já não riam como antes. Ninguém conseguia se concentrar nos estudos — nem os alunos, nem as professoras, que não eram pagas desde o ano que se seguiu à morte de Kim Il-sung. Quando Mi-ran perguntou à diretora quando os salários voltariam a ser pagos, a mulher deu risada.

"Talvez quando nos juntarmos de novo com a Coreia do Sul", gracejou.

Mi-ran pensou em seguir outra carreira. Talvez pudesse trabalhar no mercado ou encontrar um emprego numa das fábricas de roupas. Esforçara-se tanto para entrar na faculdade, no intuito de se tornar professora e ingressar na sociedade respeitada. Agora parecia que tudo tinha sido inútil.

A outra grande preocupação de Mi-ran era seu pai. Agora bem entrado nos sessenta anos, ele parecia estar encolhendo a olhos vistos. O corpo rijo e vigoroso de Tae-woo curvou-se com a idade e ficou muito magro. Isso constrangia a mãe de Mi-ran, que se orgulhava de sua própria habilidade em sustentar a família. Tae-woo passava seus dias zanzando pela casa, às vezes iniciando uma tarefa, como o conserto de uma mesa ou de um armário, depois esquecendo no meio do caminho o que estava fazendo. Antes tão calado, agora falava sem parar com quem estivesse na casa ou consigo mesmo. Falava de coisas que tinham seguido impronunciadas por quase meio século. Rememorava a infância na província de Chungchong do Sul e suas lindas irmãs. Gabava-se do pai e de certo antepassado remoto que era um *yangban*, um nobre. Seus olhos remelentos se umedeciam com essas divagações. Durante o casamento da terceira irmã de Mi-ran, ele fez algo que a família nunca tinha visto: ficou bêbado.

O pai de Mi-ran sempre se distinguira de outros homens norte-coreanos de sua geração por sua recusa em beber. Era, na verdade, uma espécie de mecanismo de defesa. Nos anos 1960 ele vira vários amigos — como ele próprio, ex-recruta sul-coreano — entrar em apuros por falar demais quando embriagados. Mas agora Tae-woo sentia que podia ser um pouco menos cuidadoso. A festa de casamento estava sendo realizada em sua casa. Foi servida a aguardente de milho feita em casa pela mãe de Mi-ran. Tae-woo emborcou três copos da potente bebida. Quando os convidados já estavam indo embora, ele começou a cantar uma música sentimental sul-coreana da sua infância, sem se preocupar com quem pudesse ouvir.

Eu costumava segurar a mão da minha mãe.
Então eu soltava para tentar pegar fruta e bolo.
Oh, agora sinto falta da mão da minha mãe.

O pai de Mi-ran morreu em 1997, aos 68 anos. Mi-ran não estava em casa, mas seu irmão estava com o pai. Ele relatou às irmãs que a última palavra do pai foi *mãe*.

No mês que antecedeu sua morte, Tae-woo tinha falado com mais lucidez do que nunca sobre sua família. Insistia para que seu único filho homem memorizasse os nomes de seus antepassados no registro da família, um livro em que as famílias coreanas inscreviam seu legado. Ele próprio tinha sido o único filho homem da família, de modo que seu filho agora daria prosseguimento à linhagem familiar.

Houve ainda outro último desejo que seria mais difícil de satisfazer. Tae-woo queria que sua família na Coreia do Sul fosse informada de sua morte. O pedido soou como os delírios de um moribundo.

Não obstante o quase meio século que se passara desde a Guerra da Coreia, não havia serviço postal entre as Coreias do Norte e do Sul, tampouco conexão telefônica. A Cruz Vermelha não tinha permissão para transportar mensagens. (Foi só em 2000 que ocorreram algumas reuniões familiares altamente coreografadas, mas só para uma parte das pessoas separadas pela Guerra da Coreia.) Mi-ran e os irmãos supunham que seus avós sul-coreanos tinham morrido havia muito tempo, mas não tinham nenhuma pista das irmãs de seu pai. Contatar parentes na Coreia do Sul parecia completamente impossível.

No ano que se seguiu à morte do pai de Mi-ran, sua irmã So-hee entrou correndo na casa. Estava sem fôlego, o rosto afogueado de excitação. Tinha acabado de falar com um amigo que admitia ter entrado e saído da China várias vezes. Ele conhecia gente lá que poderia ajudá-los a entrar em contato com a família do pai. Uma vez dentro da China, garantiu ele à irmã de Mi-ran, era só pegar um telefone e discar para a Coreia do Sul.

Por que eles não tentavam?

De início, Mi-ran e So-hee ficaram desconfiadas. Não se devia confiar nunca em quem não fosse da família. Esse era exatamente o modo como a polícia secreta atraía as pessoas para uma armadilha.

Depois de alguns dias de deliberação, decidiram que o amigo era sincero. Ele tinha parentes na China, bem como toda uma rede de contatos que podiam ajudar. Conhecia alguém com um caminhão que as levaria até a divisa; um policial de fronteira que sabia exatamente onde atravessar o rio e que poderia subornar as pessoas certas para que fizessem vista grossa; um primo com uma casa logo depois da fronteira, onde elas estariam a salvo. O plano era que Mi-ran e So-hee fossem juntas por alguns dias. Elas só contaram isso a uma pessoa, a irmã recém-casada, que jurou não abrir a boca. No entanto, ela não foi capaz de segurar um segredo tão grande. Acabou falando para a mãe, que fincou o pé em oposição ao plano.

"Moças solteiras não podem ir sozinhas à China", decretou. Já haviam circulado rumores de que mulheres norte-coreanas eram estupradas ou sequestradas para trabalhar na indústria do sexo, ou ainda assassinadas para que seus órgãos fossem vendidos. A mãe de Mi-ran não se deixava enganar.

Fizeram às pressas uma conferência familiar para discutir o que fazer. O irmão de Mi-ran insistia que, como homem da família, deveria ir sozinho. A mãe tampouco concordava com essa ideia. Ele tinha só 22 anos, era o caçula da família, seu único filho homem.

Finalmente chegaram a uma decisão. Mi-ran, So-hee e o irmão iriam, juntamente com a mãe. Seria uma viagem de família. A irmã recém-casada não quis ir, e eles não ousaram contar para a irmã mais velha, que morava com o marido e os filhos num complexo militar e nunca teria aprovado.

A família de Mi-ran nunca estivera entre as mais fiéis — sua mãe zombava das mulheres que espanavam os retratos dos líderes todos os dias —, mas tampouco se opunha ativamente ao regime. O mais ousado membro da família, como acabou se revelando, era o irmão de Mi-ran, Sok-ju, que, sem que os outros soubessem, vinha ouvindo a rádio sul-coreana com fones de ouvido à noite.

Os outros não se importavam muito com os eventos correntes; estavam todos ocupados demais trabalhando para pensar no mundo exterior.

Em comparação com outros norte-coreanos, a família de Mi-ran estava prosperando na nova economia. Sua mãe ainda operava o moinho de milho. Eles não passavam fome; não tinham problemas com a lei. Não tinham uma razão premente para deixar a Coreia do Norte. Mas a oportunidade se apresentou e, uma vez que eles a contemplaram, uma coisa levou à outra, o plano ganhou impulso e logo ficou tarde demais para recuar. As divagações de um moribundo tinham se tornado um imperativo que os empurrava em direção à fronteira.

Iriam para a China para contatar os parentes de seu pai na Coreia do Sul. Não tinham ideia de se conseguiriam localizar os parentes, nem se estes ficariam felizes em saber deles. Não ousavam pensar em *ir* de fato para a Coreia do Sul.

Todos os elementos do plano se encaixaram em poucas semanas. Em sua casa-gaita, com as paredes finas como papel e vizinhos xeretas, eles não podiam fazer nada que traísse a agitação que ocorria do lado de dentro. Tinham que manter a aparência externa de calma. Nada podia parecer diferente do corriqueiro. Eles não podiam vender pertences para levantar dinheiro para a viagem. Não podiam pregar tábuas nas janelas para proteger a casa.

Mi-ran tinha uma tarefa urgente nos preparativos para a viagem. Na noite anterior à partida, ela apanhou em seu armário de roupas um pacote cuidadosamente embrulhado. Continha todas as cartas que ela recebera de Jun-sang. Ela as guardara com todos os presentes que ele lhe dera ao longo dos anos. Seu pertence mais precioso, a tiara de cabelo em forma de borboleta, ornado com imitações de diamantes, ela deixaria para trás. As cartas tinham que ser destruídas. Ela rasgou uma por uma em pedacinhos antes de jogá-las no lixo. Não queria que ninguém soubesse da década em que ela e Jun-sang tinham passado obcecados um pelo outro. Ninguém sabia, exceto seu irmão e duas de suas irmãs. Agora mais do que nunca, era importante manter o romance em segredo.

Mi-ran disse a si mesma que seria apenas uma viagem curta para fazer a chamada telefônica, mas no fundo do coração ela sabia que talvez nunca voltasse — quer seus parentes sul-coreanos os acolhessem ou não. Depois que tivessem partido, seriam denunciados como traidores. "Ela recebeu uma educação graças à benevolência do partido e traiu a pátria", era quase capaz de ouvir o secretário do partido dizer. Não queria que seu delito respingasse em Jun-sang. Depois que ela partisse, a vida dele poderia prosseguir como antes. Ele poderia encontrar uma esposa adequada, entrar no Partido dos Trabalhadores e passar o resto da vida em Pyongyang como cientista.

"Ele vai me perdoar, vai compreender", disse para si mesma. "É para o bem dele."

Mi-ran partiu na manhã seguinte com uma pequena mochila nas costas. Montou em sua bicicleta e fez um gesto casual de até logo à mãe e ao irmão. O plano era cada um sair de casa separadamente para não chamar a atenção. Mais tarde no mesmo dia, sua mãe enfiaria a cabeça pela porta da casa de um vizinho para avisar que ficaria fora por uma ou duas semanas, ajudando a cuidar do bebê de uma de suas filhas casadas. Com isso ganhariam algum tempo antes que a polícia fosse notificada de que eles tinham desaparecido.

Eles se encontraram em Chongjin, onde a irmã de Mi-ran tinha um apartamento. Mi-ran e a irmã saíram juntas a pé para encontrar o homem do caminhão que as levaria até a fronteira chinesa. Mi-ran sentia-se anormalmente calma, como se cada movimento fosse puramente mecânico. Estava fazendo o que devia fazer, dissociada das consequências de seus atos. Mas, enquanto caminhava com So-hee, olhou por acaso para o outro lado da rua e seu coração parou.

Ela viu Jun-sang caminhando no sentido oposto, ou pelo menos lhe pareceu que era ele. Mi-ran tinha uma visão excelente, e mesmo à distância de seis pistas de tráfego ela podia jurar que era ele, embora estivessem em outubro, quando ele deveria estar enterrado em pesquisas na universidade. Seu primeiro instinto foi de atravessar a avenida e abraçá-lo, o que evidentemente ela não podia fazer em público, mas havia tanta coisa que ela precisava lhe contar. Queria que ele soubesse que ela o estimava, que lhe desejava tudo de bom e que devia agradecê-lo por tê-la incentivado a entrar na faculdade de magistério. Ela lhe diria que o entusiasmo dele pela vida lhe dera a coragem para fazer tudo o que quisesse, incluindo o que estava prestes a fazer. Ela lamentava se suas ações pudessem magoá-lo a curto prazo, mas... Interrompeu-se. Tão logo as palavras se formaram em sua cabeça, ela se deu conta de que tudo transbordaria e ela não conseguiria guardar o segredo. Se ele ficasse sabendo, isso comprometeria a família dela e a dele também.

Ela continuou andando no seu lado da avenida, olhando por sobre os ombros a cada poucos segundos, até que o homem que podia ou não ser Jun-sang desapareceu de seu campo de visão.

Seguiram em silêncio na carroceria do caminhão até Musan, a cidade mineradora para onde o pai de Mi-ran tinha sido enviado para trabalhos forçados depois da Guerra da Coreia. Era uma cidade-fantasma, com as minas e fábricas fechadas. Mas, sob a aparência inerte, o lugar fervilhava de contrabandistas. A cidade está situada perto de uma das passagens mais estreitas do rio Tumen e, junto com Hoeryong e Onsong, estava se tornando um dos centros de travessia ilegal da fronteira com a China. Era um negócio que prosperava, talvez o único na Coreia do Norte. O motorista do caminhão tinha se especializado em levar à fronteira gente sem passaporte ou visto de viagem. Tomar um trem estava fora de questão, já que a fiscalização de documentos era rigorosa.

Se alguém visse a família, não suspeitaria que eles estivessem fugindo de casa. Vestiam suas melhores roupas por baixo dos trajes de todo dia, na esperança de não parecer patéticos norte-coreanos quando chegassem à China. Sua indumentária também avaliava a história que usavam como fachada — iam comparecer ao casamento de um parente em Musan. Levavam bagagem apenas suficiente para uma excursão de fim de semana. Espremidos nas mochilas iam algumas fotos de família e frutos do mar secos — peixe, lula e caranguejo —, especialidades gastronômicas de Chongjin. A comida não era para seu próprio consumo, mas para suborno. Havia duas barreiras policiais ao longo da estrada de oitenta quilômetros até Musan. Poucos anos antes eles não teriam ousado rodar até Musan sem vistos; mas agora estavam em 1998, e quase tudo se podia comprar com comida.

A travessia da fronteira tinha sido cuidadosamente programada para uma noite sem lua, na hora exata em que os guardas muito provavelmente estariam dormindo. O local era nos arredores de Musan, onde os postos de vigia distavam duzentos metros um do outro. A hora e o local da travessia também tinham sido coordenados com um guia no lado chinês do rio, que estava esperando uma "encomenda" chegar depois da meia-noite.

Mi-ran viajava sozinha. A mãe, o irmão e a irmã tinham ido mais cedo, conforme o planejado. Era melhor que os membros da família atravessassem separadamente. Se fosse pega sozinha, a pessoa podia dizer que tinha se extraviado porque estava faminta, à procura de comida. Com um pouco de sorte, poderia pegar uma pena leve, talvez um ano num campo de trabalho. Se uma família inteira fosse pega, seria considerada uma deserção premeditada, e a punição seria muito pior. Qual seria, exatamente, Mi-ran não sabia, já que nunca conhecera ninguém que tivesse escapado. Esforçou-se para tirar tais pensamentos da cabeça.

Um guia a escoltou para fora de Musan, por uma estrada de terra que seguia em paralelo ao rio. Quando a estrada terminou num milharal, ele a deixou. Indicou-lhe que atravessasse o milharal e continuasse andando em direção ao rio.

"Vá em frente. Siga sempre em frente", disse-lhe o guia.

Àquela altura, a calma anormal de Mi-ran tinha evaporado. Seu corpo tremia de medo e de frio. O dia de outubro tinha sido quente como um verão indiano, mas a temperatura caiu para um frio outonal com o anoitecer. Apenas umas poucas folhas teimosas ainda pendiam dos galhos. A nudez das árvores deixava Mi-ran exposta. A colheita já tinha acontecido havia bastante tempo e, por mais que ela tentasse caminhar em silêncio, os talos secos do milharal estalavam sob seus pés. Tinha certeza de que alguém a estava observando, prestes a agarrá-la pelo cangote.

Sem luz para guiá-la, era difícil seguir as ordens de continuar sempre em frente. Qual caminho era exatamente em frente? Onde estava o rio, afinal de contas? Já deveria ter chegado a ele? Ela se perguntava se não teria feito um desvio no meio do milharal.

Então ela quase colidiu com um muro. Estava bem no meio do seu caminho, erguendo-se acima de sua cabeça e estendendo-se a perder de vista em cada uma das direções. Era de concreto branco, como o muro em torno de uma prisão ou de um complexo militar. Será que ela caíra numa armadilha? Agora tinha certeza de ter andado para o lado errado. Tinha que sair dali. E depressa.

Delineou seu caminho ao longo do muro branco. Seguindo-o com as mãos, percebeu que ele ficava cada vez mais baixo, até que ficou fácil escalá-lo. Agora ela estava entendendo. Era um muro de retenção da margem do rio. Desceu o barranco em direção à água.

O outono é a estação seca na Coreia, de modo que o rio estava especialmente baixo, chegando só até os joelhos, mas a água estava tão fria que suas pernas ficaram dormentes. Pareciam feitas de chumbo quando seus tênis se encheram de água. Ela esquecera as instruções de arregaçar as calças. Estava afundando no lodo. Levantava uma perna, depois a outra. Passo a passo ela avançava lentamente, esforçando-se para não escorregar e cair na água. "Siga sempre em frente", disse a si mesma, ecoando as palavras do guia.

De repente Mi-ran sentiu a água baixar até seus tornozelos. Subiu para a margem e, toda encharcada, olhou em volta. Estava na China, mas não enxergava nada. Não havia ninguém ali. Estava completamente sozinha na escuridão. Sua garganta estava apertada e seca, mas, mesmo que ela tivesse condições de gritar, não ousaria fazê-lo.

Agora sim ela estava em pânico. Olhou para trás, em direção a sua Coreia do Norte. Viu do outro lado o muro branco que tanto a confundira. Para além dele, o milharal adjacente à estrada onde o guia a deixara. Se conseguisse achar aquela estrada, poderia caminhar de volta a Musan. Dali poderia tomar um trem para Chongjin e no dia seguinte estaria em casa. Voltaria a seu emprego de professora. Jun-sang jamais saberia que ela quase tinha fugido. Seria como se nada daquilo tivesse acontecido.

Enquanto ponderava suas opções, escutou um farfalhar nas árvores. Em seguida a voz de um homem.

"*Nuna, nuna.*"

Era seu irmão que a chamava, usando a palavra coreana para "irmã mais velha".

Ela estendeu a mão para alcançar a dele e se afastou para sempre da Coreia do Norte.

15. Epifania

Conjuntos de apartamentos em Chongjin.

Na Universidade em Pyongyang, Jun-sang estava completamente à mercê dos caprichos do sistema postal para manter contato com amigos e familiares em sua cidade. Tinha vários correspondentes habituais além de Mi-ran. Sua mãe costumava lhe escrever com fragmentos de informação sobre os cães dela. Seu pai o estimulava a estudar com mais afinco: "Por amor a Kim Il-sung e ao Partido dos Trabalhadores, que tanto lhe deram" era a frase que arrematava suas cartas, para agradar aos censores que ele supunha que as liam. Durante os duros meses de inverno, quando se suspeitava que os empregados da ferrovia queimavam a correspondência para se manter aquecidos, Jun-sang ficava às vezes meses sem receber uma carta. Assim, ele não se preocupou quando várias de suas cartas a Mi-ran permaneceram sem resposta. Passou outubro, passou novembro; quando chegou dezembro sem nenhuma palavra dela, ele começou a se inquietar.

Ao chegar a Chongjin para as férias de inverno ele se preparou para perguntar ao irmão, com sua voz mais despreocupada, se ele por acaso tinha visto Mi-ran. Mas seu irmão se antecipou à pergunta, disparando: "Ela foi embora!".

"Embora? Embora para onde?" Jun-sang não conseguia aceitar o que estava ouvindo. Não percebera o menor indício de que Mi-ran estivesse planejando uma viagem. Ela sempre lhe dizia tudo o que estava fazendo, não dizia? Embora tivesse achado as cartas dela um tanto frias ao longo do verão, porque talvez ela estivesse meditando sobre a relutância dele em se comprometer com o casamento, ele não podia acreditar que ela partisse sem uma palavra. Pressionou o irmão por mais informações.

"Foram todos embora. Há um rumor de que foram para a Coreia do Sul." Era tudo o que seu irmão sabia.

Foi ao bairro dela para investigar. Primeiro só deu uma volta, como se estivesse realizando um reconhecimento; não conseguiu chegar mais perto. Seu estômago era um nó; sentia o sangue latejando no pescoço. Alguns dias depois voltou. Ficou plantado atrás do muro onde costumava esperá-la sair de casa durante todos aqueles anos de namoro secreto. Viu com seus próprios olhos: outra família estava morando na casa dela.

Ao longo daquelas férias e em visitas subsequentes a sua cidade, ele voltou outras vezes à casa. Não tanto para colher informações — ninguém sabia muita coisa além de boatos —, mas para fazer penitência. Que idiota ele tinha sido. Odiava a si mesmo; tinha sido de cabo a rabo o intelectual indeciso, sopesando cada atitude até ficar tarde demais. Demorara tanto para pedi-la em casamento que ela fora embora. Na verdade, ele tinha desejado pedir a ela que fugisse com ele para a Coreia do Sul, mas não tivera coragem. Ao longo do relacionamento deles, ele se imaginava como aquele que estava no comando. Ele era o homem, era três anos mais velho, tinha um diploma universitário. Trazia a ela poemas de Pyongyang e lhe falava sobre livros e filmes dos quais ela nunca ouvira falar. Mas no final das contas era ela a corajosa, e ele o covarde. Ninguém sabia com certeza, mas ele sentia em seu íntimo — ela estava na Coreia do Sul.

"Droga, ela foi antes de mim", disse para si mesmo.

Na verdade, ela fez isso antes de quase todo mundo.

No quase meio século decorrido entre o fim da Guerra da Coreia e a deserção de Mi-ran em outubro de 1998, apenas 923 norte-coreanos haviam fugido para a Coreia do Sul. Um número minúsculo, quando se leva em conta que, enquanto o Muro de Berlim esteve de pé, 21 mil alemães orientais, em média, fugiram para o Ocidente a cada ano.

A maioria dos norte-coreanos que desertavam eram diplomatas ou funcionários em viagem ao exterior. Hwang Jang-yop, um destacado acadêmico e funcionário de alto escalão que tinha sido um dos professores de Kim Jong-il, entrou na Embaixada da Coreia do Sul em Pequim quando voltava de uma viagem de negócios para casa. Ocasionalmente um soldado norte-coreano arriscava-se, contra todas as probabilidades, a atravessar furtivamente a zona desmilitarizada para desertar. Um punhado de pescadores fugiu de barco para a Coreia do Sul.

O regime norte-coreano tomou medidas extraordinárias para manter trancada sua população. Cercas foram erguidas ao longo das praias em Chongjin e em outras cidades costeiras no início dos anos 1990 para impedir as pessoas de navegar até o Japão. Quando norte-coreanos saíam do país em viagens oficiais de negócios, tinham que deixar no país seus cônjuges e seus filhos, que eram na prática mantidos reféns para garantir seu retorno. Os desertores tinham que ser capazes de conviver com a consciência de que sua liberdade vinha às custas de seus entes queridos, que provavelmente passariam o resto da vida em um campo de trabalho.

Isso mudou no final dos anos 1990. A fome e as mudanças econômicas na China deram aos norte-coreanos uma nova motivação para a fuga. Da fronteira, eles podiam ver reluzentes carros novos deslizando ao longo do ancoradouro do rio Tumen. Podiam ver com seus próprios olhos que a vida na China parecia boa.

As mesmas redes que tinham ajudado Mi-ran a cruzar o rio expandiram rapidamente suas operações. Mapearam novas rotas de travessia do Tumen, identificando os pontos mais estreitos e subornando os guardas de fronteira. Quem não sabia nadar podia pagar alguém para transportá-lo na travessia. Os números de desertores subiram exponencialmente. Em 2001, estimava-se que 100 mil norte-coreanos já haviam escapado para a China, entre os quais uma pequena percentagem acabou se refugiando na Coreia do Sul.

O tráfego fluía nos dois sentidos. Norte-coreanos desaguavam na China; mercadorias chinesas desaguavam na Coreia do Norte — não só alimentos e roupas, mas livros, rádios, revistas, até mesmo Bíblias, que eram ilegais. DVDs produzidos por indústrias piratas chinesas eram pequenos e baratos. Um contrabandista podia abarrotar um único baú com mil DVDs, com uma camada de cigarros em cima como propina para os guardas de fronteira. Também aparelhos de DVD feitos na China chegavam a custar só vinte dólares, o que estava ao alcance das posses de norte-coreanos que estavam ganhando dinheiro privadamente na nova economia. Grandes sucessos eram *Titanic, Con Air — A rota de fuga* e *Witness*. Ainda mais populares eram filmes e telenovelas melodramáticas e xaroposas da Coreia do Sul. As comédias de costumes sul-coreanas supostamente retratavam a vida das pessoas da classe trabalhadora, e os espectadores norte-coreanos prestavam especial atenção aos eletrodomésticos e à qualidade das roupas dos personagens. Pela primeira vez, norte-coreanos comuns podiam assistir, em sua própria língua, a dramas livres de mensagens sobre Kim Il-sung e Kim Jong-il. Era-lhes oferecido um vislumbre (ainda que idealizado e comercial) de um outro modo de vida.

O governo norte-coreano acusou os Estados Unidos e a Coreia do Sul de enviar livros e DVDs como parte de uma ação secreta para derrubar o regime. Vendedores de DVDs eram presos e algumas vezes executados por traição. Membros do Partido dos Trabalhadores davam palestras alertando as pessoas contra os perigos da cultura estrangeira:

> Nossos inimigos estão usando esses materiais feitos especialmente para embelezar o mundo do imperialismo e para difundir seu estilo de vida completamente podre e burguês. Se nos permitirmos ser afetados por esses materiais incomuns, nossa atitude revolucionária e nossa consciência de classe serão paralisadas e nossa absoluta adoração pelo marechal [Kim Il-sung] desaparecerá.

A informação na Coreia do Norte, porém, difundia-se menos por livros, jornais ou filmes do que pelo boca a boca. As pessoas que não tinham meios de assistir a DVDs estrangeiros ouviam falar deles por intermédio de outros. Espalhavam-se relatos inacreditáveis sobre a riqueza e o desenvolvimento tecnológico de países vizinhos. Dizia-se que os sul-coreanos tinham desenvolvido um carro tão sofisticado que só dava a partida se o motorista soprasse num bafômetro para provar que estava sóbrio (o que era mentira), e que os camponeses chineses comuns que viviam do outro lado da fronteira eram tão ricos que comiam arroz branco três vezes por dia (o que era verdade).

Um soldado norte-coreano relembraria mais tarde um companheiro a quem fora dado um cortador de unhas e que o exibia aos amigos. O soldado cortava algumas unhas, louvava a precisão e limpeza do resultado e se assombrava com a mecânica daquele item tão simples. Então ele se deu conta, angustiado: se a Coreia do Norte não era capaz de fazer um bom cortador de unhas como aquele, como poderia competir com as armas americanas?

Para um estudante norte-coreano, a revelação foi uma fotografia na mídia oficial mostrando um sul-coreano num piquete de grevistas. A foto tinha o intuito de ilustrar a exploração do trabalhador na sociedade capitalista; em vez disso, o estudante notou que o trabalhador "oprimido" usava uma jaqueta com zíper e tinha uma caneta esferográfica no bolso, dois verdadeiros luxos naquela época.

Um oficial naval norte-coreano estava num barco no mar Amarelo em meados dos anos 1990 quando o rádio acidentalmente captou uma transmissão sul-coreana. O programa era uma comédia de costumes em que duas moças brigavam por uma vaga no estacionamento de um conjunto habitacional. Ele teve dificuldade de absorver o conceito de um lugar com tantos carros que não havia espaço para estacioná-los. Embora já estivesse beirando os quarenta e fosse de uma patente bem alta, nunca conhecera alguém — muito menos uma moça — que possuísse um carro particular. Deduziu que o programa de rádio era uma paródia, mas depois de meditar sobre o assunto por alguns dias chegou à chocante conclusão de que sim, deviam existir tantos carros assim na Coreia do Sul.

Ele desertou alguns anos depois, assim como o soldado que descobriu o cortador de unhas e o estudante que viu a foto do grevista.

Nem mesmo em seus sonhos mais ousados a dra. Kim jamais imaginou que abandonaria a Coreia do Norte. Não que ela fosse ignorante ou desprovida de curiosidade a respeito do mundo — era uma leitora ávida e adorava histórias de terras exóticas e distantes —, mas, no que lhe dizia respeito, a Coreia do Norte era o melhor país de todos. Por que ir a qualquer outra parte?

Ao longo de sua infância, a dra. Kim ouvira seu pai falar sobre sua vida miserável na China antes de fugir para a Coreia do Norte, no início da década de 1960. Ela se sentia afortunada por ter nascido na Coreia do Norte e era especialmente grata ao governo por ter permitido que ela, a filha de um humilde operário da construção, cursasse gratuitamente a escola de medicina. Sentia que devia sua instrução e sua vida ao país. Sua maior ambição era ingressar no Partido dos Trabalhadores e pagar sua dívida para com a nação.

"Eu teria doado o meu coração se o partido me mandasse. Era patriota a esse ponto", ela diria mais tarde.

A dra. Kim estava fazendo horas extras em seu trabalho voluntário — como assistente do secretariado do partido — quando soube que o partido não tinha os mesmos sentimentos por ela.

No inverno que se seguiu à morte de Kim Il-sung, o trabalho voluntário da dra. Kim exigia que ela chegasse ao hospital às 7h30, antes de qualquer outro funcionário graduado do hospital, para que ela pudesse arrumar o bagunçado gabinete da secretária do partido, uma médica na faixa dos cinquenta anos, especialista em hepatite, que era tratada como camarada-secretária Chung. O gabinete da diretora era uma salinha com os indispensáveis retratos de Kim Il-sung e Kim Jong-il e paredes tomadas por arquivos. A velha mesa de madeira tinha gavetas que não fechavam direito, de modo que papéis caíam para fora e se esparramavam pelo chão. Jornais, porém, eram meticulosamente ordenados em cima da mesa. Não podiam ser jogados no chão para que não se corresse o risco de alguém pisar numa foto de Kim Jong-il ou de Kim Il-sung. A camarada-secretária Chung não era muito de ler nem de escrever; dependia completamente da dra. Kim para ler os editoriais do *Rodong Sinmun* e do jornal local *Hambuk Sinmun* e preparar discursos para ela. Em retribuição, a dra. Kim confiava que a camarada-secretária a recomendaria para uma filiação ao partido. Ousava mesmo imaginar que um dia ela talvez seguisse os passos de sua mentora e se tornaria, ela própria, secretária do partido.

Ao arrumar a bagunça, a dra. Kim notou que uma gaveta de um arquivo de madeira tinha sido deixada aberta. Sua curiosidade foi mais forte do que ela. Um grande envelope se destacava para fora do fichário. Ela o abriu e viu que continha uma lista de nomes que ela reconheceu como empregados do hospital, os quais seriam colocados sob vigilância extra. Comentários junto a cada nome indicavam o que é que os tornava suspeitos. Em geral tinha a ver com origem social e familiar — quem tinha pais ou avós que haviam sido religiosos praticantes, filhos de antigos proprietários de terras, gente cujas famílias tinham imigrado do Japão, gente com parentes na China.

Seu próprio nome estava na lista.

A dra. Kim ficou incrédula. Durante toda a sua vida, seu comportamento tinha sido impecável. Era uma perfeccionista por natureza e seguia um alto padrão de exigência. Como estudante, suas notas eram perfeitas. Sempre era a primeira a se apresentar como voluntária para trabalho extra e assistir a sessões ideológicas suplementares. Seu pai tinha vindo da China e ainda tinha parentes lá, mas a dra. Kim nunca os encontrara ou se correspondera com eles.

"Deve ser um engano", disse a si mesma.

Mas a verdade acabou por ficar evidente. A camarada-secretária Chung a estava ludibriando, explorando seu trabalho árduo e seu talento sem absolutamente nenhuma intenção de deixá-la entrar no partido. Pior ainda. A dra. Kim começou a suspeitar que estava de fato sendo vigiada. Sentia que os dirigentes do partido no hospital a observavam com interesse.

Suas suspeitas se confirmaram uns dois anos depois, quando ela recebeu uma visita surpresa no hospital de um agente da Segurança Nacional. O homem trabalhava para a Bowibu, a unidade policial que investigava crimes políticos. De início a dra. Kim pensou que ele tinha vindo investigar um paciente ou um colega dela, mas ele só fez perguntas sobre ela, sua família e seu emprego, até que finalmente chegou aonde queria. O propósito de sua visita era descobrir se ela estava planejando desertar.

"Deixar a Coreia do Norte?" A dra. Kim ficou indignada. Nunca sequer cogitara uma coisa daquelas. Evidentemente, ela ouvira rumores sobre pessoas que tinham partido, mas ela desprezava qualquer pessoa que não tivesse a perseverança para suportar a Árdua Marcha e que traísse seu país.

"Por que eu iria querer sair?", protestou ela.

O agente enumerou as razões. Ela possuía parentes na China. Seu casamento tinha desmoronado. O hospital não estava pagando salários.

"Você! Estamos de olho em você. Não fuja!", ele lhe disse asperamente antes de ir embora.

Mais tarde, ela repassou a conversa mentalmente. Quanto mais pensava no assunto, mais a argumentação do homem da Bowibu fazia sentido. Ele plantara a ideia e a dra. Kim achou que não conseguiria mais se livrar dela.

Sua vida na Coreia do Norte era uma lástima. Seu ex-marido tinha casado logo depois do divórcio dos dois. Seu filho de seis anos morava com seus sogros, como era típico nos divórcios coreanos; pela lei e pela tradição, os filhos pertencem à família do pai e são arrolados apenas no registro da família paterna. A dra.

Kim podia visitar o filho apenas em ocasionais fins de semana, quando então se afligia ao vê-lo tão pequeno e tão magro. Seu ex-marido e seus sogros não tinham muita comida em casa.

Ela também não estava se saindo muito melhor. Outros médicos completavam sua renda vendendo remédios ou fazendo operações, especialmente abortos. A dra. Kim não tinha nem o treinamento nem estômago para tais coisas. Em vez disso, ela fazia arremedos de refeições com os alimentos com que seus pacientes a presenteavam, mas depois de um tempo eles não tinham muito a dar.

A dra. Kim tinha deixado a pediatria em 1997. Não tinha mais condições de encarar os olhos de crianças famintas. Mudou para pesquisa, na esperança de que isso a poupasse de ter que lidar com gente morrendo, mas não havia condições para a realização de pesquisas. Depois do desjejum matinal, os médicos estavam preocupados em encontrar comida para a janta, e depois da janta preocupavam-se com o desjejum do dia seguinte. Ela começou a sair cedo do trabalho para vasculhar as montanhas à procura de ervas comestíveis. Às vezes cortava lenha para vender. Seu peso baixara para menos de quarenta quilos. Seus seios murcharam e ela parou de menstruar. A certa distância, parecia mais uma criança de doze anos do que uma mulher de pouco mais de trinta. Nos primeiros dias em que ficou sem comer, sentiu tanta fome que seria capaz de roubar comida de um bebê. Mas depois de uns quatro dias não sentiu senão uma sensação de que seu corpo não era dela, de que ela tinha sido erguida do chão e largada de volta. Estava profundamente exaurida. Não tinha forças para levantar de manhã. Deixou sua posição voluntária no secretariado do partido e, no início de 1998, parou por completo de ir ao trabalho. Tentou várias maneiras de conseguir dinheiro — vendeu álcool e carvão no mercado. Não lamentou o desperdício de sua formação médica. No auge da crise de escassez, estar viva já era o bastante.

Em uma de suas excursões ao mercado, ela topou com uma velha amiga. Elas tinham sido colegas de classe no colégio. Ambas eram garotas populares e espertas, que poderiam ter sido votadas como "muito provavelmente destinadas ao sucesso". Sua amiga tinha sido uma líder de classe. Elas conversaram educadamente sobre amenidades, dizendo uma à outra que estavam com boa aparência, embora estivessem ambas pálidas e esqueléticas. O marido e o filho de dois anos da outra tinham morrido, com apenas três dias de intervalo entre um e outro, conforme ela contou com naturalidade.

A dra. Kim tentou oferecer-lhe os pêsames.

"Oh, agora estou melhor. Menos bocas para alimentar", disse ela à dra. Kim.

A dra. Kim não conseguia saber ao certo se a amiga era insensível ou estava louca, mas sabia que, se ficasse mais tempo na Coreia do Norte, ficaria do mesmo jeito — isso se não morresse.

Antes de morrer, o pai da dra. Kim lhe dera uma lista com os nomes de parentes e seus últimos endereços conhecidos na China. Foi uma espécie de bilhete suicida — seu pai o escrevera com mão trêmula durante o delírio de sua inanição autoimposta. Na época, a dra. Kim ficara ofendida com a lista, mas de todo modo não a jogara fora. Ela desencavou a caixinha onde a guardara, desdobrou cuidadosamente o papel e leu os nomes.

"Eles a ajudarão", tinha dito seu pai.

A dra. Kim partiu sozinha para a China. Não tinha condições de contratar um guia nem de subornar os guardas de fronteira, portanto só podia contar com sua própria sagacidade e com seu instinto. Em março de 1999 já havia gente suficiente fazendo a viagem para que se pudesse conseguir informações nas cidades de fronteira sobre os melhores lugares para a travessia. A paisagem de início de primavera estava apenas começando a perder o gelo de um inverno excepcionalmente cruel, e o rio Tumen ainda estava congelado em alguns pontos. A dra. Kim foi para um trecho em que, segundo lhe informaram, era possível atravessá-lo caminhando sobre a superfície. A cada poucos passos ela jogava uma pedra pesada para testar a espessura do gelo. Ao menos no lado coreano, ele estava sólido. Ela deslizava um pé para a frente, depois o outro, delicada como uma bailarina. Tinha coberto metade do caminho quando sua pedra desapareceu num poço de neve derretida. Ela seguiu mesmo assim, e a água gelada chegou-lhe até a cintura. Foi abrindo caminho com as mãos como se rompesse icebergs.

A dra. Kim subiu cambaleando a margem do rio. Suas pernas estavam dormentes, envoltas em calças congeladas. Embrenhou-se no meio do mato até que a primeira luz do amanhecer iluminou os arredores de uma pequena aldeia. Ela não queria sentar e descansar — temia sucumbir à hipotermia —, mas sabia que não tinha forças para ir muito mais longe. Teria que arriscar e contar com a bondade dos moradores locais.

A dra. Kim contemplou uma estrada de terra que levava a casas de fazenda. A maioria delas tinha muros em volta, com portões de metal. Experimentou um deles; estava destrancado. Ela o abriu e espiou dentro da propriedade. No chão ela avistou uma pequena vasilha de metal com comida. Olhou mais de perto — era arroz, arroz branco, misturado com carne desfiada. A dra. Kim não era capaz de lembrar da última vez que ela vira uma tigela de puro arroz branco. O que uma tigela de arroz estava fazendo ali, simplesmente depositada no chão? Ela descobriu um instante antes de ouvir o latido do cachorro.

Até aquele momento, uma parte dela tinha a esperança de que a China fosse tão pobre quanto a Coreia do Norte. Ainda queria acreditar que seu país era o melhor lugar do mundo. As crenças que ela acalentara durante a vida toda se justificariam assim. Mas agora ela não podia negar o que lhe era lançado em plena cara: os cachorros na China comiam melhor do que os médicos na Coreia do Norte.

16. A noiva comprada

Esposas norte-coreanas de homens chineses, Tumen, 2003.

Não causaria surpresa a ninguém que Oak-hee deixasse a Coreia do Norte na primeira oportunidade. Desde quando era estudante de ginásio, a filha mais velha da sra. Song se manteve à parte da idolatria que consumia sua nação. Tão logo chegava em casa, vindo da escola, Oak-hee arrancava o lenço vermelho dos Jovens Pioneiros. Nem se deu ao trabalho de fingir chorar por ocasião da morte de Kim Il-sung, em 1994.

Ao longo dos anos, à medida que sua família ficava mais faminta, ela se tornou cada vez mais furiosa. Culpava o governo por gerir mal a economia e pela morte de seu irmão e de seu pai. A televisão norte-coreana tocava incessantemente uma canção chamada "A marcha dos camaradas" ("Vivemos num país socialista sem preocupação alguma com comida ou roupas. Vamos estufar o peito e encarar o mundo com orgulho") e exibia imagens patrióticas de bandeiras tremulando, e tudo isso Oak-hee achava ridículo.

"Nenhuma preocupação?", ela bufava ao desligar o televisor.

Mas a verdade era que a decisão inicial de Oak-hee de abandonar a Coreia do Norte tinha tanto a ver com o desejo de escapar de seu casamento quanto com o de escapar do sistema.

O casamento tinha sido tumultuoso desde o princípio. Oak-hee e Yong-su brigavam como outros casais por causa de sexo e dinheiro, e quando os tempos ficaram mais duros passaram a brigar também por causa de comida e de política. Yong-su sempre vencia. Se a discussão não estivesse se encaminhando a seu favor, ele soltava, como última palavra, uma bofetada que a fazia cambalear pelo quarto.

Apesar de suas bebedeiras, Yong-su conseguiu manter o emprego de cobrador de trem e o apartamento, graças à influência de sua família. O cargo de cobrador estava entre os mais cobiçados na ferrovia. Quando estava trabalhando nas rotas para a fronteira, Yong-su conseguia suplementar sua renda levando mercadorias para vender a comerciantes chineses. Ele pagava cinco wons por fios de cobre e ferro-velho a operários que os furtavam de suas fábricas ociosas e os revendia por 25 wons. De início Oak-hee se surpreendeu, pois o marido, no passado, tinha cultivado a imagem de uma espécie de autoridade partidária, embora tivesse sido rejeitado como membro do partido, e gostava de proferir sermões improvisados sobre os males do egoísmo e do capitalismo à esposa e a quem mais quisesse ouvir. Castigava-a por seus comentários petulantes sobre Kim Jong-il. Agora ele descartava seus escrúpulos anteriores.

"Quem faz o que o partido manda é estúpido. Só o dinheiro importa agora", ele disse a ela.

O esquema do ferro-velho fez de Yong-su um homem relativamente rico em tempos difíceis. De suas viagens à fronteira ele trazia para casa arroz e garrafas de shoyo; por um tempo, eles chegaram a ter estoques de milho no apartamento. Cada vez que Oak-hee sugeria que levassem alguma comida para seus pais e irmão famintos, porém, ele se enfurecia.

"Como você pode pensar em abrir mão da nossa comida numa época como esta?", bradava.

Yong-su não confiava que Oak-hee deixasse de ajudar sua família, por isso só deixava um mínimo de comida e de dinheiro no apartamento, ainda que seu trabalho o afastasse por dias a fio e os cronogramas da ferrovia fossem imprevisíveis. Em 1998, ele deixou Oak-hee, o filho de oito anos e a filha de seis sem nada para comer durante uma semana. Em 5 de junho, um feriado chamado de Dia das Crianças, o filho do casal deveria participar de um festival esportivo na escola. As crianças foram orientadas a levar uma lancheira para o almoço, mas a casa estava completamente vazia. Oak-hee saiu pela cidade tentando mendigar comida junto a seus parentes, porém ninguém tinha muita coisa para dar. Finalmente ela encontrou sua irmã vendendo biscoitos no mercado e pegou um punhado. Correu para a escola na hora do almoço e encontrou o filho em pé no parquinho, esperando, com os olhos cheios de lágrimas.

"Sinto muito, querido", ela lhe disse, estendendo-lhe um saquinho de biscoitos.

Yong-su, ex-músico, tinha uma voz agradável de cantor e um jeito encantador com as mulheres. Agora, com algum dinheiro no bolso, ele e seus amigos apanhavam mulheres e ficavam bebendo até tarde. Uma noite, quando Oak-hee e os filhos já estavam dormindo havia horas, ela ouviu Yong-su entrar cambaleando de bêbado no apartamento e em seguida os risos estridentes de uma mulher. Oak-hee não sabia se era uma amiga ou uma prostituta, mas não estava disposta a sair da cama para descobrir.

Depois disso, Oak-hee começou a tramar de verdade sua fuga. Entrar com um pedido de divórcio era possível para ela, mas isso significaria perder tudo. Embora o Partido dos Trabalhadores alardeasse que libertara as mulheres de seu papel subalterno na sociedade feudal tradicional, o sistema norte-coreano ainda estava organizado contra elas. Num divórcio, o homem mantinha a casa e os filhos — mesmo que tivesse sido opressor ou infiel. Oak-hee estaria numa situação especialmente desvantajosa por causa do status de classe de sua família e da ausência de um pai para negociar em seu favor. Ela imaginou que sua melhor esperança seria ir para a China ganhar algum dinheiro só dela. Se tivesse o bastante para conseguir seu próprio apartamento, poderia ter algum cacife para obrigar Yong-su a lhe dar a guarda dos filhos.

Uma noite Yong-su voltou para casa bêbado e de extremo mau humor. Bateu em Oak-hee, derrubando-a no chão, e lhe deu um chute tão forte que ela julgou ouvir uma costela quebrar. De repente houve uma batida na porta — era um viajante pedindo informações, o que acontecia com frequência, dada a proximidade entre a casa deles e a estação. Enquanto seu marido respondia, Oak-hee levantou do chão e se refugiou na cozinha. Esgueirou-se pela porta dos fundos e desceu os degraus vestindo apenas a camisola de dormir.

O relógio da estação mostrava que eram dez da noite. Era fim de agosto, a noite estava morna e agradável. Quando chegou longe o bastante e se certificou de que o marido não a seguia, ela parou para pensar em seus próximos movimentos. Geralmente, depois das brigas, ela corria para a casa da mãe, que colocava compressas mornas nos lábios partidos ou nos olhos roxos. Na manhã seguinte, quando ficava sóbrio, Yong-su chorava, pedia perdão e implorava que ela voltasse para casa, o que ela sempre acabava fazendo. Durante dez anos foi assim que eles viveram. Se era para mudar isso um dia, a hora era agora.

Oak-hee não ousou entrar na estação de Chongjin, onde os colegas de trabalho do marido poderiam reconhecê-la. Em vez disso, caminhou ao longo dos trilhos em direção ao norte pela noite morna até sair do centro da cidade e chegar à primeira estação dos arrabaldes, Suseong. Tantas pessoas agora estavam desabrigadas que ninguém dava muita atenção a uma mulher vestida apenas de camisola.

Ficou na estação durante dois dias. Suas costelas latejavam devido à pancada. Fome e desidratação deixaram-na com uma terrível dor de cabeça. Sentia-se tonta demais para ficar em pé. Viu uma multidão se formando junto à estação, as pessoas cada vez mais excitadas. Um trem ia partir para a cidade fronteiriça de Musan. Ela juntou a energia que lhe restava para engrossar a multidão que se lançava às portas e janelas do trem. As pessoas tomaram os assentos, depois lotaram os corredores, por fim ocuparam os banheiros e as passagens entre os vagões. Penduravam-se do lado de fora das janelas e deitavam-se agarrados ao chassi. O trem ficou tão abarrotado que o fiscal não podia passar para pegar os bilhetes ou checar os vistos de viagem. Oak-hee chegou a Musan depois de um dia de viagem. Sem documentos, sem dinheiro, sem comida, sem roupas.

Só o que tinha era o corpo de uma mulher de 32 anos relativamente saudável. Oak-hee nunca fora uma grande beldade. Sua mãe sempre a rotulara de a filha inteligente — sua irmã do meio era aquela que diziam parecer uma estrela de cinema —, mas Oak-hee resistira melhor do que muita gente à subnutrição. Baixinha e fornida como a mãe, tinha o tipo de físico que dava a impressão de excesso de peso. Seu nariz minúsculo a fazia parecer jovem, e seus dentes eram brancos e regulares. Mesmo que tivesse inclinação para isso, Oak-hee estava velha demais para se tornar uma prostituta, mas nisso ela nunca sequer chegou a pensar. Havia, no entanto, outra maneira um pouco mais palatável de as mulheres norte-coreanas se venderem.

Do outro lado do rio Tumen, milharais estendiam-se por quilômetros. As aldeias tinham comida em abundância, mas seu suprimento de mulheres é que era escasso. A preferência tradicional por filhos homens e a restrição do tamanho da família resultara numa taxa de natalidade assimétrica, de cerca de treze homens para cada dez mulheres. No final da adolescência, muitas jovens migravam para as cidades para ocupar postos de trabalho nas florescentes fábricas chinesas, que pagavam melhor que o trabalho na lavoura. Solteiros do interior, em particular os que tinham passado dos 35 anos e não dispunham de dinheiro nem de grandes encantos pessoais, tinham dificuldade em encontrar esposas. Recorriam a agenciadores de casamentos que cobravam cerca de trezentos dólares por seus serviços, ou mais, se entregassem mulheres bonitas e jovens. Mas beleza e juventude não eram pré-requisitos; mulheres saudáveis na faixa dos sessenta também tinham procura, para cozinhar e cuidar da casa de viúvos maduros.

As mulheres norte-coreanas tinham certa mística em relação aos chineses. Apesar do preço cobrado pela fome a seus corpos e sua aparência, julgava-se que as norte-coreanas estavam entre as mulheres mais lindas da Ásia. Homens sul-coreanos falavam sobre *buk nyeo, nam nam* — mulheres do Norte, homens do Sul —, o que, supostamente, era a combinação genética mais desejável. Os chineses achavam as norte-coreanas mais recatadas e obedientes que suas congêneres chinesas.

Oak-hee sabia tudo sobre o mercado chinês de casamentos. Quando uma mulher desaparecia misteriosamente de Chongjin, as pessoas cochichavam: "Aquela puta provavelmente se vendeu para os chineses".

A estação ferroviária de Musan era onde as negociações eram iniciadas. Uma mulher sozinha tinha apenas que ficar por ali até alguém abordá-la com uma oferta. O homem que abordou Oak-hee acabou se revelando um velho amigo do marido dela. O acordo que ele lhe ofereceu foi o seguinte: um guia a escoltaria em segurança na travessia do rio para a China. Ela receberia roupas, comida e um lugar para ficar até seu par aparecer. O agenciador encontraria para ela um homem respeitável com quem ela viveria como esposa, ainda que todos os envolvidos soubessem que o casamento não seria reconhecido pela lei chinesa. Em troca, ela concordaria em ficar com o homem escolhido. Ela não receberia nenhuma porcentagem do dinheiro.

Oak-hee aceitou, com uma condição. Insistiu em que o homem não falasse coreano. A maioria das norte-coreanas preferiam homens da população de origem coreana para poder se comunicar com eles, mas Oak-hee não.

"Nada de coreanos", disse ao agenciador. "Quero viver num novo mundo onde ninguém me conheça."

O homem escolhido para Oak-hee era um fazendeiro na faixa dos 35 anos. Era bem baixo — media 1,55 metro, o mesmo que ela. Tinha uma aparência obtusa que fez Oak-hee suspeitar que fosse levemente retardado, e era tão tímido que não conseguia olhá-la nos olhos. Não admira que não seja casado, ela pensou. Foram apresentados um ao outro num pequeno restaurante no lado chinês da fronteira. Outra norte-coreana que estava viajando com ela tinha sido vendida a um homem que era mais alto e mais animado; ele sorria e dava risadas com os outros homens que estavam arrumando esposas. Oak-hee sentiu uma pontada de inveja, mas lembrou a si mesma que aquela era a sua escolha — queria um homem que ela nunca pudesse vir a amar.

Dezenas de milhares de norte-coreanas foram vendidas a homens chineses. Segundo algumas estimativas, três quartos dos cerca de 100 mil refugiados norte-coreanos que viviam na China são mulheres, e mais da metade delas vivem em uniões arranjadas com chineses. São inúmeras as histórias das que eram espancadas, estupradas, mantidas acorrentadas, ou que trabalhavam como escravas. Oak-hee teve muito mais sorte. O homem dela, cujo nome era Minyuan, não tinha nem um pouco do charme de seu marido, mas tinha uma doçura que o fazia parecer quase inocente demais para este mundo. Na primeira vez que a levou para a cama, ele a carregou nos braços e lavou seus pés numa bacia de água morna. Cozinhava pratos especiais para ela e não a deixava lavar a louça. Os pais dele também caíram de amor por ela.

Oak-hee morou com o homem por mais de dois anos. Aprendeu chinês suficiente para que eles pudessem se comunicar. Estudou com atenção um livro de geografia para crianças com o intuito de se orientar. Tinha sido enviada mais de novecentos quilômetros a sudoeste de onde cruzara a fronteira, a Shandong, uma fértil província de cultivo de algodão e trigo a oeste de Qingdao. Ela decorou as rotas de ônibus da cidade. Estava todo o tempo maquinando sua fuga.

Ela ficou grávida duas vezes, mas abortou. Embora Minyuan quisesse muito um filho, ela o convenceu de que este seria infeliz. O governo chinês não reconhecia os casamentos com mulheres norte-coreanas, de modo que o filho do casal não seria registrado como cidadão e não teria condições de ir à escola.

"Já tenho dois filhos na Coreia do Norte. Tenho que voltar para eles um dia", ela disse. Minyuan concordou tristemente em silêncio.

Quando chegou a hora de Oak-hee partir, Minyuan a levou à rodoviária e lhe deu cem dólares. Ele chorou. Ela achou que ele fosse lhe implorar para ficar, mas ele não implorou. Não era tão obtuso quanto ela julgara de início. Só disse a ela: "Por favor, tome cuidado".

De fato, a jornada de Oak-hee seria perigosa. Em 2000, os chineses estavam fartos dos refugiados norte-coreanos. Em número excessivo, eles temiam que os forasteiros tirassem empregos dos cidadãos chineses e perturbassem o equilíbrio étnico do Nordeste da China. Defensores dos direitos humanos argumentavam que a China tinha uma responsabilidade moral e legal para com as pessoas que tinham vindo em busca de comida e segurança, mas os chineses insistiam que aqueles que tinham cruzado o rio eram "imigrantes econômicos" ilegais e não tinham direito à proteção determinada pela Convenção das Nações Unidas sobre o Estatuto dos Refugiados, da qual a China era signatária. Os chineses falavam de um acordo secreto anterior, firmado em 1986 com o ministro norte-coreano da Segurança do Estado, segundo o qual ambos os países deveriam cooperar contra as travessias ilegais da fronteira.

Os chineses lançavam campanhas periódicas para capturar desertores norte-coreanos. Instalavam barreiras nas estradas perto da fronteira e faziam verificações aleatórias de documentos de identidade. Depois de alguns meses na China, os norte-coreanos, como regra geral, engordavam e compravam novas roupas; não eram mais distinguíveis tão facilmente dos chineses. Por isso os chineses permitiam que a polícia norte-coreana entrasse no país para farejar seus compatriotas. Os próprios desertores eram recrutados como espiões para se infiltrar em lugares onde outros desertores se escondiam. Os chineses ofereciam quarenta dólares de recompensa a quem denunciasse mulheres norte-coreanas que viviam com homens chineses. As mulheres eram arrancadas de suas casas, de seus maridos de fato, de seus filhos. Os homens pagavam uma multa, mas mantinham a guarda dos filhos. Pelo menos 8 mil mulheres foram presas numa batida desse tipo em março de 2000. (Em 2009, a ofensiva contra desertores norte-coreanos continuava.)

Oak-hee permanecera a salvo na aldeia de seu marido chinês porque esta ficava suficientemente distante da fronteira norte-

-coreana para escapar da varredura policial. Mas, para ganhar dinheiro, ela teria que voltar à área da fronteira, onde havia gente que falava coreano e maiores oportunidades. Ela estava desesperada para conseguir dinheiro — era sua única chance de comprar sua independência e obter a guarda dos filhos. Bem alimentada e descansada, imaginava poder arranjar emprego num restaurante ou numa fábrica e em seguida montar seu próprio negócio. Tomou um ônibus para o norte, não para o lugar onde ela atravessou o rio, mas para Dandong, a maior cidade na fronteira sino-coreana.

Dandong era uma cidade florescente. Sua área à beira do rio Yalu cintilava de fachadas de vidro de prédios comerciais e de apartamentos em meio a um emaranhado de guindastes. Sua prosperidade era espantosa, sobretudo quando contrastada com a desolação da Coreia do Norte, do outro lado do rio. Dandong, no entanto, logo se mostrou uma escolha insensata da parte de Oak-hee. A principal ligação ferroviária entre Beijing e Pyongyang passava pela cidade, e muito do comércio oficial se desenvolvia sobre o rio, pela ponte da Amizade China-Coreia. As companhias estatais de comércio norte-coreanas tinham escritórios em Dandong. A cidade fervilhava de agentes de segurança disfarçados.

Oak-hee foi presa em janeiro de 2001 e transferida para o outro lado do rio, para uma delegacia de polícia da cidade de Sinuiju. Depois de dois anos na China, Oak-hee ficou chocada com o estado de seu país. A delegacia de polícia não tinha aquecimento algum no auge do inverno. Policiais e prisioneiros tremiam juntos de frio, solidários. Um policial escreveu as acusações contra ela num pedaço de madeira, pois não dispunha de papel. O timing dela, porém, foi feliz. Uma anistia era iminente, pelo aniversário de Kim Jong-il; milhares de prisioneiros de pouca importância estavam para ser soltos. Oak-hee ganhou a liberdade depois de apenas duas semanas.

Tão logo se viu livre, cruzou de novo o rio para a China.

Antes de sua prisão, Oak-hee tinha trabalhado numa fábrica de tijolos e depois num restaurante. Um dólar ou dois que ela ganhava por dia pareciam uma fortuna — era o equivalente a um mês de salário em Chongjin —, mas não significava grande coisa na China. Dessa vez, Oak-hee precisava de um trabalho que pagasse mais, mesmo que fosse mais arriscado. Ela decidiu trabalhar para um agenciador como aquele que arranjou seu casamento com o fazendeiro. Sua primeira tarefa exigia que ela entrasse escondida de novo na Coreia do Norte, procurasse uma criança que tinha sido deixada para trás e fizesse com ela a travessia do rio Tumen para reuni-la a sua família na China. Oak-hee topou o serviço.

Acreditava-se que a criança estava vivendo em Musan, o lugar de onde ela desertara na primeira vez. Ela conhecia bem a cidade e falava o dialeto local, por isso achou que poderia perambular por ali durante uns dias sem chamar muita atenção, mas estava enganada. Em seu primeiro dia em Musan, um policial a pinçou na multidão.

"Ei, você", ele gritou para ela. Depois de mais de dois anos morando na China, Oak-hee estava pálida e rechonchuda. Usava xampus e sabonetes perfumados. Tinha aparência e aroma diferentes de todo mundo em volta. Além disso, levava consigo um rádio transistor que comprara na China e que captava programas sul-coreanos. O policial confiscou o rádio e (depois de lhe pedir para mostrar a frequência das emissoras sul-coreanas e solicitar seus fones de ouvido) entregou-a à Bowibu.

Oak-hee foi posta numa sala de detenção com mais de cem outras pessoas que tinham sido capturadas. Elas receberam a ordem de se ajoelhar e permanecer imóveis. Guardas passavam entre as fileiras, golpeando qualquer um que se ajeitasse para aliviar a pressão sobre os joelhos. Depois de ser, ela própria, agredida, Oak-hee passou a mover só os olhos em volta. Ela examinou seus companheiros prisioneiros. Era capaz de dizer de imediato quem já tinha estado na China. Tinham a pele melhor, estavam mais bem vestidas e com aparência mais saudável, como ela própria. Os outros estavam esqueléticos, amarelados, muitas vezes descalços; provavelmente tinham sido pegos antes de conseguir atravessar o rio.

Oak-hee tomou como um bom sinal o fato de ambos os grupos estarem misturados. Suas chances de sobrevivência aumentavam se as autoridades não soubessem que ela vinha trabalhando para um agenciador. Tinha esperança, também, de que o policial que confiscara seu rádio o tivesse guardado para si, sem relatar a apreensão. As penas por deserção variavam, dependendo da posição de classe do desertor e do que ele andara fazendo na China. Um desertor que tivesse atravessado a fronteira em busca de comida pegava uma sentença mais leve do que um que tivesse morado e trabalhado do outro lado. Pessoas acusadas de agenciar mulheres, de contrabandear DVDs, de se encontrar com sul-coreanos ou de frequentar a igreja na China poderiam ser condenadas por "traição à pátria", o que era garantia de execução ou gulag.

Por fim, os guardas separaram as pessoas na sala de detenção de acordo com suas cidades de origem. Por sinal, muitos vinham de Chongjin. Os guardas não dispunham de algemas, então amarraram os prisioneiros em grupos de três, atando seus polegares com cordões plásticos de sapatos. O laço era tão apertado que interrompia a circulação, deixando os polegares azuis. Os prisioneiros foram escoltados até um trem especial, onde foram espremidos para caberem três em cada banco de dois. Oak-hee viu um homem no corredor se empenhando para tirar alguma coisa do bolso. Tinha conseguido manter a posse de seu isqueiro. Usou-o para derreter os cordões plásticos, e os três homens saíram atabalhoadamente por uma janela antes que os guardas pudessem reagir. As mulheres não ousavam se mexer, exceto quando uma delas tinha que ir ao banheiro; nesse caso, todas as três iam juntas, atadas pelos polegares.

Quando o trem parou, com um ruído estridente, Oak-hee se deu conta de que estava na estação de Chongjin. Era setembro de 2001, quase três anos depois do dia em que ela fugira de casa de camisola. Agora ela voltava em desonra, amarrada pelos polegares como um prisioneiro acorrentado a uma turma de trabalhos forçados.

"*Baka, baka*" — cabeça baixa, cabeça baixa, gritavam os guardas enquanto os prisioneiros desciam do trem.

Oak-hee estava mesmo querendo manter a cabeça baixa. E se seu marido ou algum de seus colegas de trabalho a vissem? Os prisioneiros foram obrigados a atravessar a sala de espera da estação, o saguão onde a mãe de Oak-hee vendia biscoitos, e passar quase embaixo da janela do apartamento dela. No passado, ela própria assistira àquele espetáculo pela janela, esquadrinhando a multidão de prisioneiros para ver se reconhecia alguém.

Foram conduzidos pela avenida principal de Chongjin, em meio a uma multidão de curiosos, e depois cruzaram duas pontes, passando pelo distrito industrial e pelas planícies pantanosas, o único lugar da cidade com arrozais. Dobrando em direção ao oceano, chegaram a um complexo cercado por muros de concreto e arame farpado. O lugar era conhecido como Centro de Detenção Nongpo, construído durante a ocupação japonesa para aprisionar combatentes da resistência coreana. Durante os anos 1970 e 1980, foi usado para encarcerar malandros que se esquivavam do trabalho. O próprio nome Nongpo inspirava pavor. Agora o local estava lotado de pessoas flagradas quando tentavam deixar o país.

As prisioneiras ocupavam três grandes celas, tão superlotadas que as mulheres tinham que dormir de lado no chão, em fileiras. Aquelas que não se encaixavam tinham que dormir nos banheiros. A cada poucos dias chegavam novos prisioneiros, geralmente uns cem de cada vez. Os guardas despiam e revistavam as recém-chegadas, separando as obviamente grávidas e encaminhando-as para abortar, não importava o quanto a gravidez estivesse avançada. A presunção era de que os pais dos bebês eram chineses.

Em Nongpo, as mulheres superavam os homens à razão de duas para cada um, o que refletia a proporção de gênero da população de desertores. Ao conhecer as outras mulheres, Oak-hee se espantou com a similaridade das histórias delas com a sua. Muitas tinham abandonado os maridos e os filhos, ponderando, para justificar seus atos, que elas poderiam trazer dinheiro e comida de volta para suas famílias. Oak-hee tinha repugnância por aquelas mulheres, assim como tinha por si mesma. Nunca se perdoara por ter abandonado os filhos.

"Que vacas nós nos tornamos. A fome nos fez tão malvadas", pensou.

Dispunha de tempo de sobra para refletir no campo de prisioneiros. Longas horas de trabalho escravo eram seguidas por longas noites de sessões de autocrítica e palestras. As prisioneiras eram escassamente alimentadas e sofriam brutalidades ocasionais. No esquema geral, Nongpo provavelmente era melhor que outros campos prisionais. Nas tardes de sábado, as mulheres tinham permissão para tirar água de um poço no pátio para se banhar. Elas tiravam piolhos das cabeças umas das outras. Em todo o tempo que passou lá, Oak-hee só viu uma mulher ser espancada brutalmente. Num acesso de fúria, ela tentou escalar um dos muros do campo. Foi mais um rompante do que uma tentativa de fuga para valer, já que ela não tinha chance alguma de ter êxito, mas os guardas a puxaram para baixo e a chutaram e socaram até deixá-la semiconsciente, enquanto as outras prisioneiras assistiam.

No conjunto, as mulheres em Nongpo pareciam a Oak-hee estar menos aterrorizadas do que enfurecidas. Quando realizavam seus trabalhos forçados — fabricar tijolos, capinar os campos —, seus rostos se fixavam numa careta de ressentimento. "Durante toda a vida nos contaram mentiras. Nossas vidas são mentiras. Todo o sistema é uma mentira", pensava Oak-hee, e tinha certeza de que as outras pensavam o mesmo.

Até as autoridades do campo de prisioneiros tinham desistido da reeducação. Apenas fingiam acreditar, lendo sem entusiasmo os discursos fornecidos pelo Partido dos Trabalhadores. Todos pareciam compartilhar a mentira.

Um dia, quando as mulheres estavam colhendo milho, o diretor do campo apareceu para fazer uma preleção no próprio milharal. Era o blá-blá-blá habitual. Ele as instou a se armarem com a ideologia de Kim Il-sung contra as tentações do capitalismo e a se comprometerem com sua nação.

Então pediu para que levantassem as mãos: quem aqui promete não fugir de novo para a China? As mulheres permaneceram agachadas no mais emburrado silêncio. Oak-hee olhou em volta. Nem sequer uma mulher levantou a mão.

Depois de um silêncio incômodo, o diretor da prisão tomou a palavra. "Bem, se vocês forem de novo para a China, que da próxima vez não sejam pegas."

Na verdade, Oak-hee já estava maquinando seu próximo movimento. Um dia ela foi designada para capinar as hortas de verduras do lado de fora dos muros de concreto do complexo, mas dentro da cerca perimetral de arame farpado. Oak-hee avistou uma mulher idosa pastoreando cabras do outro lado da cerca. Olhando em volta para se certificar de que não havia nenhum guarda por perto, Oak-hee falou com a mulher através da cerca. Propôs-lhe um trato: Oak-hee daria suas roupas de baixo à mulher se esta dissesse à sua mãe onde ela estava. Roupas íntimas são escassas na Coreia do Norte e a de Oak-hee era nova, tendo sido comprada recentemente na China. A mulher concordou.

Oak-hee se agachou e tirou a calcinha. Enrolou-a até transformá-la numa bola de pano, inseriu nela um bilhete com o endereço da mãe e entregou à mulher por cima da cerca.

17. Abra os olhos, feche a boca

Comemoração da Copa do Mundo, Seul, 2002.

A sra. Song não se surpreendeu ao saber que Oak-hee estava em Nongpo. Ela sempre achara que mais cedo ou mais tarde sua filha iria parar na prisão. Não tinha notícias de Oak-hee desde que ela fugira de seu marido três anos antes, mas a sra. Song deduzira que ela estava na China com as demais rameiras e traidoras. Se ela havia traído a pátria, merecia estar na cadeia. Mas uma filha é uma filha. A sra. Song não podia deixar sua primogênita definhar no mais famigerado centro de detenção de Chongjin.

Depois de tantos anos sobrevivendo no limite, a sra. Song tinha engolido muitos de seus escrúpulos. Tinha também aprendido a malandragem das ruas. Descobrira havia muito tempo que, mediante propinas, era possível se livrar de quase todos os problemas. Desde que a pessoa não fosse pega amaldiçoando Kim Jong-il, ela podia escapar de uma sentença de morte se tivesse dinheiro suficiente. Então ela foi ao mercado negro e comprou dez pacotes de cigarros a cinquenta wons cada. E foi interrogando pessoas até encontrar o gabinete nacional de segurança encarregado de Nongpo, ao mesmo tempo resmungando entredentes que sua filha cabeçuda tinha lhe custado a renda de uma semana.

Poucos dias depois, Oak-hee apareceu em sua porta e desabou nos braços da mãe.

A sra. Song estremeceu ao vê-la. Era outubro, ainda fazia frio, e Oak-hee estava quase nua e descalça. Seus sapatos tinham sido cortados pelos guardas de segurança em Nongpo, que achavam que ela podia estar escondendo dinheiro nas solas. Ela rasgara as mangas da camisa para usar seus trapos como absorvente menstrual improvisado. Dera as roupas íntimas. O que restava de suas roupas estava em farrapos. Seus cabelos fervilhavam de piolhos. Mas quando a sra. Song lhe deu um banho, pôde ver que Oak-hee estava mais saudável do que antes de deixar o país. Mesmo depois de semanas comendo apenas mingau e os grãos crus do milho que ela colhia nos campos, Oak-hee ostentava um bom tônus muscular. Sua pele estava rosada, vívida.

Oak-hee falou sem parar. Num jorro de energia ensandecida, falou de tudo o que havia na China — o arroz branco que eles comiam no desjejum, no almoço e no jantar, os mercados, as modas. Seu discurso era em parte relato de viagem, em parte arenga política. A sra. Song e suas duas filhas mais novas se reuniram à sua volta para ouvir.

"Como é a vida na Coreia do Sul?", elas perguntaram.

Oak-hee não sabia em primeira mão, mas assistira a um bocado de televisão sul-coreana enquanto estivera na China.

"A Coreia do Sul é um país rico. Nem mesmo os chineses

podem sonhar com a riqueza da Coreia do Sul", contou-lhes Oak-hee. "Juro que irei à Coreia do Sul antes de morrer."

Sentadas no chão com as pernas cruzadas, as irmãs de Oak-hee seguiam seu relato ora fascinadas, ora horrorizadas. A irmã do meio, casada com um guarda de segurança da ferrovia, era a mais pudica das três. Seus grandes olhos se arregalavam cada vez mais à medida que Oak-hee prosseguia. De modo hesitante, pois sempre se sentira intimidada por Oak-hee, ela interrompeu.

"Mas nosso general se empenhou tão arduamente por nós...", disse, apontando para os retratos de pai e filho que sua mãe acabara de espanar naquela manhã.

"Vocês não percebem? Nosso general transformou todos vocês em idiotas", disparou Oak-hee.

A irmã caçula, Yong-hee, divorciada que morava com a mãe, foi mais receptiva à opinião de Oak-hee, mas se preocupava com a franqueza da irmã. A família já passara por dissabores suficientes; não precisava de mais problemas. Embora a casa da sra. Song não fosse geminada, alguém poderia estar ouvindo do lado de fora.

"Tome cuidado. Vamos ter cautela com aquilo que dizemos, está bem?", ela alertou Oak-hee.

Depois que a mãe e as irmãs ouviram o suficiente de suas histórias, Oak-hee começou a falar com outras pessoas. As *ajummas* que moravam na vizinhança estalaram a língua em desaprovação, mas mostraram-se curiosas do mesmo jeito. Apareceram à tarde para dar as boas-vindas a Oak-hee e se reuniram à sua volta para ouvi-la.

"Abram os olhos. Verão que o nosso país inteiro é uma prisão. Somos dignos de pena. Vocês não conhecem a realidade do resto do mundo."

Toda vez que uma imagem de Kim Jong-il aparecia na televisão, Oak-hee tinha um acesso de fúria. "Mentiroso! Impostor! Ladrão!", ela gritava para a tela.

A sra. Song finalmente perdeu a paciência. A língua solta de Oak-hee punha a família em risco — era desleal. Se não fosse sua própria filha falando daquele jeito, a sra. Song teria se sentido obrigada a denunciá-la, de acordo com suas obrigações ao *inminban*. Apesar de tudo o que havia acontecido, a sra. Song continuava sendo uma crente.

"Cale a boca. Você é uma traidora de seu país", a sra. Song gritou para a filha.

Oak-hee se espantou — sua mãe raramente erguia a voz —, mas não estava disposta a se calar. Retrucou em tom de escárnio.

"Por que você me deu à luz neste país horrível?", gritou. "Quem você ama mais? Kim Jong-il ou eu?"

Mãe e filha brigavam sem parar. Depois de quarenta dias na casa da mãe, Oak-hee estava suficientemente recuperada de seu padecimento no campo de prisioneiros para ir embora de novo. Disse à mãe e às irmãs que aprendera com seus erros e tentaria de novo ganhar dinheiro na China. Só que dessa vez não seria pega. A sra. Song emprestou a contragosto mais dinheiro a Oak-hee. Estava doente de preocupação, mas ao mesmo tempo aliviada ao ver a filha partir.

Oito meses se passaram sem uma palavra de Oak-hee. Então, em junho, uma mulher bateu à porta da sra. Song dizendo ter notícias de sua filha. A sra. Song se preparou para o pior. Oak-hee deve ter voltado para a prisão, pensou. Ela teria que comprar sua liberdade de novo. Mas não, a mulher disse que Oak-hee estava trabalhando perto da fronteira com a China e estava se saindo muito bem. Queria reembolsar sua mãe e tinha algumas roupas e presentes para a família, mas temia ser presa se voltasse para Chongjin. Será que a sra. Song não poderia ir visitá-la em vez disso?

A sra. Song hesitou. Não conhecia aquela mulher. Não viajava desde o acidente de 1995 que ocasionara tantos infortúnios à família. Ela realmente não precisava do dinheiro; seu negócio com os biscoitos ia muito bem. O mercado de Songpyeon agora tinha barracas para os ambulantes e um telhado. Ela pagava aluguel e tinha uma licença. Sentia-se como uma verdadeira mulher de negócios. Tinha se casado de novo também — ou quase isso. Era mais um arranjo com um viúvo idoso que precisava de alguém para ajudá-lo a cuidar da casa, mas o homem era bondoso e estava relativamente bem de vida. A sra. Song vivia mais confortavelmente do que nunca. Não tinha razão alguma para fazer uma viagem arriscada até a fronteira com a China, mas ainda estava aborrecida pelos quinhentos wons que gastara para tirar Oak-hee da prisão. A mulher desconhecida prometeu à sra. Song que ela não precisaria tomar o trem — Oak-hee tinha providenciado um carro particular. A sra. Song ficou impressionada. Acabou aceitando.

Num dia quente e chuvoso de junho de 2002, a sra. Song partiu para Musan. Fez uma mala suficiente para apenas uma noite. Passaria a noite e voltaria na manhã seguinte. Mas quando chegou lá não havia sinal de Oak-hee. A sra. Song só fora informada de que Oak-hee estava trabalhando na fronteira. A mulher não especificara em qual lado da fronteira, mas agora estava claro: Oak-hee estava na China.

"A senhora vai ter que ir à China para pegar o dinheiro e as roupas. Sua filha está a sua espera", disse a mulher. Apresentou a sra. Song a um homem que ela disse ser seu marido. "Não se preocupe. Ele cuidará de tudo."

A sra. Song já tinha chegado tão longe. Como poderia voltar atrás? Tomaram outro carro e seguiram na estrada até Hoeryong, outra cidade de fronteira. Então esperaram escurecer.

Quando chegaram ao rio, eram 22 horas e ainda chovia. O rio estava cheio, avançando sobre as margens e transformando-as num lodo escorregadio. A sra. Song mal podia distinguir onde terminava a terra e começava o rio. Dois homens de uniforme da guarda de fronteira norte-coreana tinham se juntado a eles. Um deles a pôs sobre as costas como se fosse uma criança e o outro segurou o braço do primeiro para lhes dar equilíbrio ao atravessarem cambaleando o rio. Tropeçaram algumas vezes e quase caíram. A sra. Song tinha certeza de que iria cair e ser levada pela correnteza. Como a maioria dos norte-coreanos de sua geração, a sra. Song não sabia nadar. Mas antes que o grito que se esboçava dentro dela viesse à tona e expressasse seus desejos — *levem-me de volta, quero ir para casa* —, eles já estavam subindo na outra margem do rio. Um guia deu algum dinheiro aos guardas de fronteira e em seguida desapareceu nas águas para atravessar de novo rumo à Coreia do Norte. A sra. Song e o outro guia abriram caminho na escuridão da China. Ao longo da noite escalaram um morro, e quando amanheceu estavam entrando num vilarejo.

Então entraram num táxi, coisa que a sra. Song nunca fizera antes. Automóveis, caminhões, motonetas e carroças dividiam as ruas estreitas que levavam ao mercado. Soavam buzinas. Eram oito horas da manhã e as lojas estavam abrindo as portas. As portas de ferro corrugado que protegiam as vitrines se enrolavam com o ruído estridente de metal sobre metal. Os lojistas difundiam música pelas grandes caixas de som voltadas para a rua. Música ruidosa, horrível, pensou a sra. Song. Tinha vontade de tapar os ouvidos com as mãos. Se aquilo era o capitalismo, ela não estava gostando. Barulhento demais. Como é que Oak-hee era capaz de viver num lugar tão terrível?

O guia da sra. Song parou para comprar ovos, salsicha e pé de porco para o desjejum deles. Saíram da cidade e seguiram por uma estrada de terra até um grupo de casas que formavam uma aldeia. Entraram numa das casas. O guia apresentou a sra. Song ao dono da casa e à sua filha adolescente. Eram coreanos de origem com cidadania chinesa e falavam praticamente o mesmo dialeto da sra. Song. Mostraram o lugar para ela. A casa não tinha nada digno de nota — paredes de tijolos vermelhos, telhas de barro, uma cerca de madeira que formava um pátio dianteiro —, mas estava atulhada de todo tipo de utensílios: um aparelho de som, um purificador de água, um televisor colorido, uma geladeira. O homem não parava de abrir a porta da geladeira e tirar coisas diversas para comer e beber. Cerveja, frutas, *kimchi*. Quando eles depositaram a comida que o guia tinha trazido, passou a haver na mesa mais coisas para comer do que a sra. Song jamais tinha visto fora de um banquete de casamento. Tudo o que ela poderia desejar estava ali, tudo menos Oak-hee.

"Onde está minha filha?", perguntou a sra. Song.

O homem olhou para ela e murmurou alguma coisa ininteligível. A sra. Song perguntou de novo, dessa vez de modo mais incisivo.

"Ela saiu para procurar trabalho", respondeu ele. A sra. Song não sabia se devia acreditar nele. Seus anfitriões eram gentis, talvez gentis demais: a sra. Song achou que estavam escondendo alguma coisa, mas estava exausta demais para insistir. Dormiu um sono agitado. Quando acordou e não viu sinal de Oak-hee, foi tomada por uma terrível suspeita: "Fui sequestrada".

A sra. Song não sabia se devia tentar fugir. Para onde iria? Não sabia nem sequer onde estava. O guia original tinha ido embora. Será que devia confrontar seus anfitriões, expondo suas suspeitas? E o que teria acontecido a sua filha? A dupla continuava a lhe garantir que Oak-hee tinha se atrasado e logo estaria de volta. No dia seguinte finalmente Oak-hee telefonou. A ligação estava cheia de chiados, soando como se ela estivesse muito longe.

Ela tentou assegurar à mãe que estava tudo bem, que ela a veria em breve, que ela precisava descansar.

"Mas, afinal, onde é que você está?", perguntou a sra. Song, desconfiada.

"Em Hanguk", respondeu Oak-hee.

A sra. Song nunca ouvira falar do lugar.

"Onde fica isso? É perto de Shenyang?", perguntou a sra. Song, referindo-se a uma das maiores cidades do Nordeste da China, a uns quinhentos quilômetros de onde ela estava.

"Mais longe. Amanhã eu lhe telefono para explicar."

Os norte-coreanos chamavam seu país de Chosun e seu vizinho inimigo de Nam Chosun, literalmente Coreia do Sul. Os sul-coreanos usavam um nome inteiramente diferente para seu país. Chamavam-no de Hanguk.

No telefonema seguinte, Oak-hee esclareceu que estava de fato na Coreia do Sul. A sra. Song não podia acreditar. Estava tão furiosa que tremia de raiva. Temeu estar sofrendo um ataque cardíaco. De todas as coisas ruins que Oak-hee fizera em sua vida, das travessuras de infância a sua detenção num campo de prisioneiros, passando por sua boca suja, aquela era a gota d'água. Ela passara para o lado do inimigo. Pagara àquelas pessoas para tapear sua mãe e levá-la à deserção. A sra. Song nunca sentira tanta raiva na vida.

"Sua traidora! Você não é mais minha filha", ela gritou ao telefone antes de desligá-lo com violência.

Nos três dias que se seguiram, Oak-hee telefonou várias vezes. A sra. Song se recusava a atender suas chamadas. Até que acabou cedendo.

Oak-hee soluçava ao telefone.

"Mãe, eu amo a senhora. Quero que venha morar comigo aqui." Oak-hee lhe contou um pouco sobre sua vida. Tinha um emprego. O governo sul-coreano lhe dera dinheiro para se instalar, quando ela chegou.

"Se é tudo tão maravilhoso em Seul, por que você está chorando?", perguntou a sra. Song.

A sra. Song imaginava que os sul-coreanos, fantoches dos bastardos imperialistas ianques, tinham corrompido sua filha com dinheiro. Uma vez que tivessem extraído informações suficientes de Oak-hee, eles a torturariam e a matariam. Era isso o que a sra. Song tinha ouvido a respeito do tratamento da Coreia do Sul aos desertores norte-coreanos. Ela não tinha razão alguma para deixar de acreditar nisso.

"Não é assim, mãe", protestou Oak-hee. "Estou chorando porque sinto sua falta. Quero a senhora aqui."

A sra. Song não quis ouvir. Disse a Oak-hee que queria voltar à Coreia do Norte tão logo se restabelecesse da viagem. Ela descansaria mais alguns dias para recuperar as forças.

Ficava à toa pela casa, cochilando, comendo e vendo televisão. A casa tinha uma enorme antena parabólica que captava a televisão da Coreia do Sul. As telenovelas sul-coreanas eram muito populares, e a sra. Song logo foi fisgada por uma chamada *Chinelo de vidro*, sobre duas irmãs órfãs separadas na infância. Quando não estava passando a novela, ela zapeava pelos canais à procura de jogos de futebol.

A Copa do Mundo de 2002 estava sendo sediada em conjunto pela Coreia do Sul e pelo Japão. Desde 1988, quando a Coreia do Sul sediara as Olimpíadas, não havia tantas transmissões de Seul. A sra. Song não estava interessada em futebol, mas ficava intrigada com os vislumbres da Coreia do Sul que ela captava no pano de fundo. Não podia deixar de notar os automóveis, os arranha-céus, as lojas. Durante os intervalos comerciais, havia propagandas de telefones celulares e outras coisas das quais a sra. Song nunca ouvira falar.

Quando a seleção sul-coreana venceu a Polônia, empatou com os Estados Unidos e venceu Portugal, a Itália e a Espanha, chegando à semifinal — a primeira seleção asiática a conquistar a proeza —, milhões de pessoas invadiram as ruas para comemorar. Vestiam camisetas vermelhas e levavam cornetas com luzinhas vermelhas da torcida organizada, os Diabos Vermelhos. Lá estavam eles, coreanos como ela, falando a mesma língua, mas parecendo tão belos, tão felizes e tão livres.

Era difícil, para a sra. Song, acreditar em qualquer coisa que visse na televisão. Sabia muito bem, por sua vida inteira na Coreia do Norte (sem falar dos 25 anos em que fora casada com um jornalista), que as imagens podiam ser manipuladas. As palestras do Partido dos Trabalhadores a tinham alertado para o fato de que transmissões televisivas estrangeiras eram concebidas para solapar os ensinamentos de Kim Il-sung e Kim Jong-il. ("Os fantoches sul-coreanos sob o controle da CIA norte-americana são perniciosamente coniventes com o uso desses materiais feitos especialmente para embelezar o mundo do imperialismo", dizia um desses discursos.) Ela suspeitava (corretamente) que seus generosos anfitriões estavam sendo pagos por Oak-hee para doutriná-la e convencê-la a ir à Coreia do Sul.

Mas não era possível que tudo fosse maquiagem. Ela não tinha como questionar o que via com seus próprios olhos na China — a comida abundante, os automóveis, os eletrodomésticos.

Seus anfitriões tinham um forno elétrico automático que desligava sozinho quando o arroz ficava pronto. Muitos dos aparelhos a deixavam confusa, mas o fogão automático era uma fonte inesgotável de fascinação. Muito tempo antes, ela possuíra um forno de preparar arroz, nada parecido com este de agora. Tinha sido confiscado pela polícia porque não se podia usar eletricidade para cozinhar.

A cada manhã, quando ouvia o apito do forno de arroz, avisando que o desjejum estava pronto, a sra. Song ficava maravilhada com a tecnologia. Era verdade, ela pensava, a Coreia do

Norte estava anos, talvez décadas, atrás da China. E quem saberia o quanto estava atrasada com relação à Coreia do Sul? Ela se perguntava o que seu finado marido teria pensado de tudo o que ela estava vendo ali na China. Embora não tivesse saído da casa desde que chegara, ela se sentia vivendo uma grande aventura simplesmente ao explorar a cozinha e ligar a televisão. Teria gostado de compartilhar aquilo com o marido. Pensava em Chang-bo especialmente quando estava comendo. Como aquele homem gostava de comer! Teria gostado tanto da salsicha. Os olhos dela marejavam ao pensar nisso. Então os pensamentos a levavam ao filho. Suas lembranças estavam tão manchadas pela culpa e pela vergonha que ela não conseguia sequer falar sobre ele. Tão forte, tão bonito — que tragédia tê-lo perdido aos 25 anos. Quanta vida ele tinha deixado de viver. Quanto todos eles tinham perdido, ela, suas filhas, trancados na Coreia do Norte, se matando de trabalhar. Para quê? Faremos o que o partido mandar. Morreremos pelo general. Nada temos a invejar. Seguiremos nosso próprio caminho. Ela acreditara em tudo aquilo e desperdiçara sua vida. Ou talvez não. Estava mesmo tudo acabado? Ela estava com 57 anos, ainda com boa saúde.

Eram esses pensamentos que passeavam por sua cabeça certa manhã, enquanto a tênue luz da aurora penetrava pelas frestas no seu quarto. Ao aguçar a consciência, ouviu o trinado do forno de arroz na cozinha. Levantou-se de um salto. Aquele era o seu toque de despertar. Estava pronta para partir.

18. A terra prometida

A sra. Song no mercado em Seul, 2004.

Numa manhã de terça-feira, no final de agosto de 2002, a sra. Song afivelou o cinto no assento de um voo da Asiana Airlines de Dalian a Incheon, o aeroporto internacional na Coreia do Sul. Estava viajando com outro nome e portando um passaporte falso. Conhecia apenas uma outra pessoa no avião — um rapaz sentado a poucas fileiras de distância. Ele tinha ido ao quarto de hotel dela às seis da manhã para lhe dar o passaporte, que fora roubado de uma sul-coreana mais ou menos da mesma idade e tivera a foto original extraída com uma gilete e substituída por uma da sra. Song. Se fosse interrogada, ela deveria dizer que era uma turista sul-coreana que passara um fim de semana prolongado em Dalian, um balneário litorâneo muito popular, perto do rio Amarelo e da fronteira com a Coreia. Para sustentar sua historinha, a sra. Song estava vestida de roupas novas que teriam parecido bizarras na Coreia do Norte — jeans estilo capri e reluzentes tênis brancos. Carregava uma mochila esportiva. Seus protetores tinham perfurado suas orelhas para colocar brincos — coisa que as mulheres não faziam na Coreia do Norte — e seu cabelo tinha sido cortado curto e encaracolado numa permanente, estilo favorito das sul-coreanas de certa idade. A sra. Song passara duas semanas na China sendo engordada e arrumada para não parecer uma refugiada. A única coisa que poderia denunciá-la era seu sotaque gutural norte-coreano. Foi aconselhada a não jogar conversa fora. Para evitar ser envolvida numa conversa com outro passageiro, foi orientada a permanecer em seu assento durante os oitenta minutos do voo.

Ela se sentou perfeitamente imóvel, as mãos entrelaçadas sobre o colo. Não estava nem de longe tão nervosa quanto se poderia esperar nas circunstâncias. Sua serenidade vinha da convicção de estar fazendo a coisa certa. Estava em paz com sua decisão de desertar. Na manhã em que acordara na fazenda ao som do apito do forno de arroz, sua confusão se dissipou. Tinha decidido aceitar o convite de Oak-hee para ir à Coreia do Sul. Queria ver com seus próprios olhos o mundo que vislumbrara na televisão. Suas filhas, seus netos, teriam sua chance — a situação na Coreia do Norte não poderia durar para sempre —, mas ela não tinha assim tantos anos pela frente. Agarraria aquela oportunidade, mas primeiro queria voltar a Chongjin para se despedir devidamente de suas filhas mais novas. Queria explicar sua decisão e lhes dar o dinheiro que Oak-hee deixara para ela na China — quase mil dólares. "Não posso deixar suas irmãs pensarem que morri", disse a Oak-hee. Ela foi contra, temendo que sua mãe perdesse a coragem ou que suas irmãs mais novas a dissuadissem, mas a sra. Song insistiu.

Sua estada em Chongjin se prolongou por um mês, porque o rio Tumen transbordou durante a estação das chuvas; mas mesmo assim ela não hesitou nem por um momento. Manteve um sentido de propósito que a sustentou durante os momentos mais arriscados de sua deserção. Os contrabandistas que Oak-hee contratara para levá-la à Coreia do Sul se espantaram ao ver aquela doce vovozinha com um passaporte falsificado embarcar num voo internacional sem se desmanchar em suor frio.

Sair da China embarcando naquele avião foi a parte mais perigosa da jornada. Se as autoridades chinesas da imigração detectassem seu passaporte falso, ela seria presa e deportada para a Coreia do Norte, onde iria parar num campo de prisioneiros. Apenas um obstáculo restava depois que o avião aterrissou na Coreia do Sul. Seu passaporte não seria convincente o bastante para enganar os sul-coreanos, que logo descobririam que ele fora dado como roubado. Na verdade, o rapaz no avião o recuperaria antes da aterrissagem e desapareceria na multidão.

"Faça de conta que não me conhece", disse-lhe ele. Ela teria que esperar no banheiro das mulheres até que ele estivesse a salvo fora do aeroporto. Então ela iria ao guichê da imigração e contaria a verdade.

Ela era Song Hee-suk, de 57 anos, de Chongjin. Tinha perdido metade da família durante a crise de escassez e agora estava buscando uma nova vida para si e para sua filha na Coreia do Sul. Não havia mais nada a esconder.

No artigo III de sua Constituição, a Coreia do Sul se apresenta como o governo legítimo de toda a península coreana, o que significa que todos os seus habitantes — inclusive os norte-coreanos — são automaticamente cidadãos. O direito dos norte-coreanos à cidadania foi garantido pela Suprema Corte em

1996. A realidade, no entanto, é mais complicada. Para poder exercer o direito de cidadania, os norte-coreanos têm que chegar à Coreia do Sul por seus próprios meios. Um norte-coreano não pode reivindicar o direito na Embaixada sul-coreana em Beijing ou num dos vários consulados. Por uma lealdade residual a seu aliado comunista e também para evitar que milhões de norte-coreanos atravessem a fronteira, a China não permite que os pleiteantes a asilo se apresentem nessas representações diplomáticas. Os chineses estão cientes de que um êxodo de desertores da Alemanha Oriental, através da Hungria e da Tchecoslováquia em 1989, forçou a abertura do Muro de Berlim e o colapso do governo alemão oriental.

O governo sul-coreano também mantém de bom grado o número de refugiados em níveis administráveis. Uma avalanche de refugiados vindos para o Sul seria um grande fardo financeiro e social.

Aqueles que conseguem entrar no país usam vários subterfúgios. Quando dispõem de dinheiro ou contatos, conseguem passaportes falsos e voam para a Coreia do Sul. Uma alternativa é sair da China para países vizinhos, como a Mongólia ou o Vietnã, onde as embaixadas não são tão restritivas quanto a aceitar refugiados. Um pequeno número tem entrado em embaixadas europeias ou escritórios das Nações Unidas na China para pedir asilo.

Apenas uma pequena fração dos 100 mil ou mais norte-coreanos na China consegue passar para a Coreia do Sul. Em 1998, foram só 71 norte-coreanos que requisitaram cidadania sul-coreana; em 1999, o número subiu para 148; em 2000, houve 312 desertores; e em 2001, 583. Em 2002, 1139 norte-coreanos foram acolhidos. Desde então, entre mil e 3 mil têm chegado a cada ano.

Na época em que a sra. Song chegou, as autoridades da Coreia do Sul estavam habituadas a norte-coreanos que apareciam sem aviso e sem documentos no aeroporto. A chegada dela em Incheon desencadeou um alvoroço de atividade, mas nenhum pânico.

A sra. Song se sentiu desorientada no momento em que saiu do avião. Estivera num aeroporto só uma vez antes — ao embarcar no avião naquela manhã na China — e não tinha sido nada parecido com aquilo. O aeroporto de Incheon, de 5,5 bilhões de dólares, tinha sido inaugurado no ano anterior, não muito longe da praia onde desembarcaram as tropas do general Douglas MacArthur, em 1950. É um dos maiores aeroportos do mundo, um colosso de vidro e aço. A luz do sol atravessava as paredes de vidro dos longos corredores de desembarque. As pessoas avançavam sem esforço por uma esteira rolante. A sra. Song não sabia para onde ir, então acertou o passo com outros passageiros, enquanto mantinha uma distância segura do homem que a escoltara. Quando os outros passageiros formavam fila diante do balcão da imigração, ela se enfiou no banheiro feminino, que lhe pareceu tão confuso quanto o resto do aeroporto. Não conseguiu descobrir como dar a descarga no vaso sanitário. As torneiras das pias abriam e fechavam automaticamente, sem ninguém encostar nelas. Ela espiou para fora do banheiro para ver se o homem já tinha ido, mas o avistou pelas costas, esperando para passar pela imigração, de modo que ficou parada. Ajeitou a permanente do cabelo e renovou a maquiagem, contemplando no espelho aquele rosto pouco familiar que a encarava de volta.

Em sua segunda averiguação, o homem tinha desparecido de vista. Ela saiu, hesitante, à procura de um oficial de segurança para abordar. Praticamente trombou com um homem muito alto, cujo distintivo e foto de identificação estavam à altura dos olhos da sra. Song. Ela se curvou diante dele, como quem implora a uma autoridade, e proferiu sua frase decorada.

"Estou vindo da Coreia do Norte. Solicito asilo aqui", disse ela.

O homem era um faxineiro. Parecia espantado, mas sabia o que fazer.

"Quantos vocês são?", perguntou, sabendo que os desertores, em sua a maioria, chegavam em grupos. Ela lhe contou que estava sozinha. Ele a conduziu a uma sala contígua ao balcão de imigração. Foram feitos alguns telefonemas e em questão de minutos chegaram agentes do Serviço Nacional de Inteligência (sni), o equivalente sul-coreano da cia.

O interrogatório da sra. Song durou quase um mês. Ela foi transferida do aeroporto para um alojamento instalado pelo serviço de inteligência para os refugiados recém-chegados. Não tinha permissão para sair do prédio, mas Oak-hee podia visitá-la. A primeira tarefa do sni era se assegurar de que a sra. Song não era nem uma espiã nem uma fraude, já que agentes norte-coreanos disfarçados, cuja missão era monitorar a população de desertores, tinham sido presos ao longo dos anos. O sni também suspeitava de chineses falantes de coreano que posavam de norte-coreanos para obter a cidadania sul-coreana e receber auxílios que chegavam a 20 mil dólares. A sra. Song era interrogada durante duas horas a cada manhã, e depois disso precisava escrever um resumo daquilo que tinha sido discutido. Pediram-lhe que detalhasse a localização dos principais pontos de referência de Chongjin — as sedes do Partido dos Trabalhadores, os gabinetes de segurança, as fronteiras do *gu* e do *dong*, os distritos e bairros em que todas as cidades coreanas são organizadas. A bem da verdade, ela até gostava das sessões de interrogatório: davam-lhe a chance de refletir sobre sua vida. À tarde, ela tirava uma soneca e via televisão. Os confortos mais singelos a deleitavam — a geladeira cheia de caixinhas de suco gratuitas, cada qual com seu próprio canudinho atado.

Mais tarde ela recordaria sua estada no SNI como as primeiras férias verdadeiras da sua vida. Depois delas, começaria o trabalho duro.

Não é fácil, para gente que ganhava menos de um dólar por mês, integrar-se à 13ª maior economia do mundo. A renda per capita da Coreia do Sul, de cerca de 20 mil dólares por ano, é catorze ou quinze vezes maior que a da Coreia do Norte.

Uma boa parte da propaganda dos dois lados da zona desmilitarizada é dedicada a mostrar o quanto os coreanos do Norte e do Sul são a mesma coisa — *han nara*, um povo, uma nação —, mas depois de sessenta anos de separação as diferenças entre as pessoas são significativas. A Coreia do Sul é um dos países mais avançados tecnologicamente do mundo. Enquanto a maioria dos norte-coreanos nem sabe da existência da internet, a Coreia do Sul tem uma porcentagem de casas com banda larga superior à dos Estados Unidos, do Japão e da maior parte da Europa. A Coreia do Norte ficou congelada cultural e economicamente durante o último meio século. A língua não é mais a mesma; a versão sul-coreana agora está salpicada de palavras emprestadas do inglês. Também fisicamente os dois povos se diferenciaram. O rapaz sul-coreano médio de dezessete anos, alimentado com milk-shakes e hambúrgueres, é doze centímetros mais alto que um refugiado norte-coreano da mesma idade. Os norte-coreanos falam e comem como os sul-coreanos faziam nos anos 1960.

À medida que o número de refugiados aumentava, nos anos 1990, o governo sul-coreano foi ficando cada vez mais preocupado com sua integração bem-sucedida na sociedade. Os institutos de pesquisa da nação encarregaram equipes de psicólogos e sociólogos, historiadores e educadores para traçar um plano. Embora o número de refugiados fosse pequeno (no final de 2008, havia 15 057 num país de 44 milhões de habitantes), um dia poderia haver milhões, se a Coreia fosse reunificada. "Se esse grupo relativamente pequeno de desertores norte-coreanos não consegue se adaptar, nossas perspectivas para a reunificação são sombrias", disse Yoon In-jin, um sociólogo sul-coreano envolvido nos estudos. "Se eles tiverem êxito em construir uma nova vida aqui, teremos esperança de integração. Por esse motivo, temos que fazer todos os esforços para ajudá-los de modo que possamos aprender com suas tentativas e seus erros."

Os sul-coreanos estudaram vários modelos históricos. Observaram em Israel escolas para os judeus recém-chegados da antiga União Soviética e do Norte da África, gente que tinha exercido seu direito de retornar ao Estado judeu, mas sabia pouco de sua língua e cultura. Também estudaram os problemas dos alemães orientais em sua adaptação à vida na Alemanha reunificada.

Em 1999 eles abriram o Hanawon, num campus isolado situado oitenta quilômetros ao sul de Seul. Uma espécie de cruzamento entre uma escola técnica e casa de reabilitação, o centro ensina os norte-coreanos a se virar por conta própria na Coreia do Sul. Eles aprendem, por exemplo, a usar um caixa automático e a pagar uma conta de luz. Aprendem o alfabeto romano para poder ler propagandas que usam fragmentos do inglês. Os norte-coreanos também precisam *desaprender* muito do que lhes foi ensinado antes — sobre a Guerra da Coreia e o papel dos norte-americanos na Segunda Guerra Mundial. Os refugiados têm aulas sobre direitos humanos e aprendem a mecânica da democracia.

Na sala de aula tudo fazia sentido, mas, uma vez fora dos limites do Hanawon, a sra. Song podia ficar terrivelmente confusa. Sua classe foi levada a uma excursão para comprar roupas. Foram ao cabeleireiro. Foram a uma praça de alimentação, onde cada um recebeu dinheiro para comprar seu próprio almoço.

Todos compraram macarrão instantâneo; ninguém foi capaz de descobrir o que eram os outros pratos.

Às vezes, quando a sra. Song deixava o campus, sentia-se quase atordoada de excitação. Havia tanto ruído, tantas luzes, que ela era incapaz de se concentrar. Seus olhos se moviam rapidamente entre as enormes telas animadas afixadas nos prédios — algumas de seis metros de altura — e os outdoors. Não era capaz de entender a maioria dos cartazes. HDTV, MTV, MP3, MP4, XP, TGIF, BBQ — tudo isso lhe parecia um código impossível de decifrar. Mas as pessoas em si eram o que mais a intrigava. Sabia que eram compatriotas coreanos, mas pareciam inteiramente outra raça. As garotas usavam aquelas saias curtas e botas altas feitas de couro verdadeiro. Muitos tinham cabelo tingido — rapazes e garotas com cabelo vermelho e amarelo, como os estrangeiros. Usavam plugues de plástico nas orelhas, com fios que se perdiam em seus bolsos. O mais chocante era ver rapazes e garotas andando de braços dados e até mesmo se beijando nas ruas. A sra. Song olhava em volta, mas ninguém mais parecia dar bola. Um dia ela foi a uma estação de metrô em Seul, onde ficou observando as multidões de pessoas subindo as escadas rolantes, percorrendo os corredores, fazendo baldeação entre as linhas. Ela se perguntava como eles sabiam o caminho a tomar.

A sra. Song passou três meses no Hanawon. No final de sua estada, houve uma cerimônia de formatura. Ela ganhou um subsídio de 20 mil dólares para se estabelecer. E a partir daí era com ela.

Quando conheci a sra. Song, em 2004, ela já estava fora da Coreia do Norte havia dois anos. Eu estava entrevistando pessoas de Chongjin para o *Los Angeles Times*. Combinamos de nos encontrar no escritório do jornal em Seul. Abri a porta e vi uma mulher franzina, imaculadamente vestida, que exalava confiança. Usava um grande anel de jade e uma camiseta polo cor-de-rosa enfiada numa bem passada calça bege. Tudo nela, de seus alegres tons pastel a seu cabelo perfeitamente coberto por uma touca, sugeria uma mulher no controle de sua vida.

Depois de deixar o Hanawon, a sra. Song arranjou um emprego de governanta. Estava acostumada a trabalhar em tempo integral na Coreia do Norte e pressentiu que ficaria deprimida se ficasse ociosa em sua nova vida. Decidiu não morar com Oak-hee, mas arranjar seu próprio apartamento, por isso alugou um estúdio num arranha-céu em Suwon, cidade trinta quilômetros ao sul de Seul, na qual os aluguéis eram mais baratos. Vivendo frugalmente e continuando a trabalhar, ela logo pôde se dar ao luxo de viajar — algo que no passado estava fora do alcance de seus sonhos. Juntou-se a grupos de excursão voltados para mulheres maduras e explorou cada canto da Coreia do Sul. Chegou até a voltar à China — dessa vez como turista. Viajou à Polônia com um grupo de refugiados norte-coreanos que foram falar numa conferência de direitos humanos. Fez amizades. Até namorou um pouco. Adorava ir ao mercado para experimentar novas comidas — manga, kiwi, papaia. Gostava de comer fora. Não chegou a gostar de pizza nem de hambúrguer, mas passou a amar o estilo sul-coreano de cozinhar carne de vaca e de porco e de grelhá-la na mesa.

A cada seis meses, mais ou menos, a sra. Song e eu nos encontrávamos para almoçar ou jantar. Quando eu fazia artigos sobre a Coreia do Norte, encontrava nela uma comentarista particularmente confiável. Não era de modo algum uma apologista do regime norte-coreano — "Aquele bastardo nojento!", ela disse uma vez, a propósito de Kim Jong-il, na única ocasião em que a ouvi usar esse tipo de linguagem —, mas não era tão amargurada quanto a maioria dos desertores que conheci. Havia coisas da

Coreia do Norte de que ela sentia falta — a camaradagem entre vizinhos, o serviço de saúde gratuito antes de o sistema desmoronar. Sentia nostalgia de sua vida de jovem mulher casada. Seus olhos se anuviavam e seu rosto redondo amolecia quando ela falava do finado marido.

"Quando vejo uma boa refeição como esta, isso me faz chorar", desculpou-se a sra. Song uma noite quando estávamos sentadas diante de uma tigela fumegante de *shabu-shabu*, carne de vaca cortada em fatias finas cozidas em caldo e mergulhadas em um molho de gergelim. "Não consigo deixar de pensar nas últimas palavras dele: 'Vamos a um bom restaurante pedir uma bela garrafa de vinho'."

Quando se tratava do filho, ela era totalmente incapaz de falar. Se eu puxava o assunto, ela desviava os olhos. Oak-hee me contou mais tarde que a mãe nunca se perdoara por rejeitá-lo quando ele se apaixonou pela mulher mais velha e por não ter sido capaz de sustentá-lo.

Mas isso era o passado, um lugar onde a sra. Song em geral escolhia não frequentar. Ela desfrutava sua liberdade e estava determinada a aproveitar ao máximo os anos que lhe restavam. Estava explodindo de curiosidade. "Eu me sinto muito mais jovem e muito mais ousada", ela me contou. A mesma quantidade de perguntas que eu fazia sobre a Coreia do Norte, ela me fazia sobre os Estados Unidos e outros lugares por onde eu viajara. Ela chegava aos nossos encontros cheia de energia e entusiasmo, sempre vestindo uma roupa nova e alegre. Depois de tantos anos se sacrificando pelos outros, ela agora cuidava de si mesma. Quando começou a apresentar uma barriguinha — para seu próprio espanto, depois de tantos anos de privações —, entrou em dieta. Ela agora usava maquiagem. Um dia, quando tomei o trem para Suwon a fim de me encontrar com ela, avistamos uma à outra de lados opostos da apinhada sala de espera. Tão logo nos aproximamos o bastante para nos ouvirmos, ela gritou, incapaz de conter por mais tempo sua excitação: "Olhe para mim. Arrumei os olhos!".

Tinha feito cirurgia plástica para acrescentar uma pequena dobra em suas sobrancelhas e dar-lhe uma aparência mais caucasiana. Era a experiência sul-coreana suprema. A sra. Song tinha chegado.

Com toda a sua ansiedade para desertar, Oak-hee não estava tão feliz na Coreia do Sul quanto sua mãe. Oak-hee era uma pessoa mais perturbada, inquieta para encontrar defeitos nela mesma e nos outros. Era sempre surpreendente ver mãe e filha juntas: seus rostos em forma de coração e seus corpos compactos eram tão parecidos, e suas personalidades tão fundamentalmente diferentes. Oak-hee se vestia de preto — jeans pretos, blusas pretas brilhantes, botas pretas de salto alto. Com seus óculos de armação angulosa de metal e suas sobrancelhas depiladas, o efeito era severo. A sra. Song e sua filha eram afetuosas, acariciando o cabelo uma da outra e se abraçando como se tivessem acabado de se reencontrar, mas ainda discutiam a respeito de política. Durante um almoço, um amigo meu que trabalhava para uma agência de auxílio perguntou se elas achavam que a ajuda humanitária estava alcançando os destinatários pretendidos na Coreia do Norte. Oak-hee achava que a ajuda estava sendo desviada por quadros do Exército e do partido, e servia apenas para fortalecer o poder de Kim Jong-il sobre a Coreia do Norte.

"Mas pelo menos salva algumas vidas...", disse a sra. Song.

Oak-hee a interrompeu. "Vocês estão fortalecendo um regime malévolo."

A sra. Song comprimiu os lábios numa linha fina e não falou mais pelo resto do almoço.

Oak-hee frequentemente parecia envolta numa capa de amargura. Tivera problemas de dinheiro desde que chegara à Coreia do Sul, na verdade até mesmo antes de sair da China. Tinha resvalado para um submundo de chineses e coreanos que ganhavam a vida no obscuro universo da falsificação, do contrabando e da agiotagem. Em geral, porém, o que faziam era traficar gente. Introduziam clandestinamente mulheres na China atravessando o rio, e elas forneciam passaportes roubados para outros entrarem na Coreia do Sul. Quando Oak-hee deixou a Coreia do Norte pela última vez, não tinha dinheiro para ir da China à Coreia do Sul. Um dos contrabandistas concordou em lhe fornecer um passaporte e uma passagem de avião, em troca de 14 mil dólares do subsídio que ela receberia do governo sul-coreano. Assinaram o acordo com suas impressões digitais, já que nenhum dos dois sabia o verdadeiro nome do outro.

Na semana que se seguiu à saída dela do Hanawon, o contrabandista telefonou para o celular de Oak-hee. Ela acabara de comprá-lo — telefones celulares eram, invariavelmente, a primeira compra de um refugiado — e não conseguia imaginar como ele a encontrara ou descobrira seu número. Ele insistia que ela precisava pagar sua dívida imediatamente.

"Estou em Seul. Encontro você em frente ao seu apartamento", ele lhe disse.

Oak-hee entrou em pânico. O subsídio para se instalar era menor do que ela havia imaginado. Refugiados na faixa dos vinte e dos trinta anos recebiam quantias menores do que pessoas mais velhas porque presumivelmente tinham mais condições de trabalhar. Ela já pagara 3 mil de caução pelo aluguel de um apartamento. Concordou em encontrar com o contrabandista em frente a uma delegacia de polícia. Depois de uma negociação considerável, ela o convenceu a aceitar uma comissão menor, 8 mil dólares, praticamente o dinheiro que lhe havia restado.

Depois disso, Oak-hee arranjou emprego numa casa funerária, na esperança de pôr suas finanças em ordem. Talvez conseguisse, se não tivesse sido colhida por uma terrível saudade.

Sentia falta de sua mãe. O tempo todo Oak-hee tinha ruminado a ideia de trazer sua mãe, e depois que chegou à Coreia do Sul isso se tornou uma obsessão. Ela ficara surpresa ao ver como as pessoas mais velhas eram bem tratadas ali.

"Na Coreia do Norte, eles não querem saber de quem é velho demais para trabalhar", disse ela. "Livram-se da pessoa o mais rápido possível. Na Coreia do Sul, vi velhos cantando e dançando. Pensei em minha mãe e em quanto ela trabalhou duro a vida toda. Achei que ela merecia viver um pouco."

Sabendo que a sra. Song não seria convencida facilmente a deixar a Coreia do Norte, Oak-hee recorreu à mesma gangue. Juntos, eles elaboraram o plano para atrair a sra. Song a cruzar a fronteira para a China. Oak-hee temia que sua mãe pudesse ir parar num campo de prisioneiros se alguma coisa desse errado, e queria que ela fosse conduzida pela rota mais segura e menos assustadora. Deserções eram arranjadas como pacotes turísticos, e a sra. Song foi de primeira classe. Seu pacote incluía o carro particular que a levou de Chongjin até a fronteira, as propinas aos guardas de fronteira norte-coreanos que a carregaram nas costas na travessia do rio e o passaporte sul-coreano roubado. "Eu poderia ter feito por um preço menor", explicou Oak-hee, "mas eu queria que ela viajasse como uma vip."

Oak-hee se afundou nas dívidas. Passou a fazer hora extra na casa funerária, mas isso não foi suficiente para cobrir os pagamentos. Tentou pensar em outros meios de ganhar dinheiro. Era uma mulher de trinta anos cuja única experiência profissional tinha sido exortar as pessoas a trabalhar mais duro por Kim Il-sung — uma habilidade dificilmente vendável na Coreia do Sul.

Voltou-se para o negócio do caraoquê. As chamadas *norae-bang*, literalmente salas de canções, são concebidas para que os fregueses, geralmente homens, relaxem por meio do canto. Os clubes oferecem quartos privados com aparelhos de som, microfones, monitores de vídeo, refrigerantes e lanches. A verdadeira atração, porém, são as acompanhantes que cantam junto, dançam, servem drinques e se entregam a um leve flerte — ou mais. O papel de Oak-hee nesse negócio era recrutar moças, levá-las e trazê-las dos clubes e garantir que elas não se envolvessem em encrencas com os fregueses. O território dela era a área em torno de Suwon. A maior parte dos clientes dos bares de caraoquê era de trabalhadores da construção que moravam em alojamentos temporários e não tinham outra coisa para fazer à noite. Oak-hee tinha umas vinte garotas sob seus cuidados, todas elas norte-coreanas. Em sua maioria tinham vinte e poucos anos e haviam sido recrutadas logo ao sair do Hanawon.

"Elas vêm para a Coreia do Sul e não têm nenhuma qualificação", explicou Oak-hee. "Aprendem rapidamente que, empregando-se num escritório ou numa fábrica, ganharão novecentos dólares por um mês de trabalho. Aqui elas podem levantar cem dólares numa única noite", disse ela numa tarde em que a acompanhei em suas rondas. Ela dirigia uma van Hyundai com o chão repleto de maços de cigarro amassados e fitas cassete de salmos. Eram dezessete horas, e Oak-hee estava apenas começando seu trabalho. Ela seguiu o tráfego pesado da hora do rush para fora de Suwon, então saiu da via expressa e tomou uma estrada de duas pistas ladeada por campos e estufas. Em cidadezinhas ao longo do caminho ela apanhava mulheres, algumas das quais pareciam ginasianas brincando de se vestir vistosamente com suas sandálias de salto agulha. Embora sua atividade seja considerada ilegal pela polícia, Oak-hee insistia que suas garotas não eram prostitutas. "Não as obrigo a fazer nada. Eu lhes digo: 'Tudo o que vocês têm a fazer é cantar e dançar e tirar dinheiro dos fregueses'." O negócio era mais fácil ali do que na cidade grande. "Eles têm mais coisas a fazer em Seul do que aqui. Em Seul, os homens de terno pagam pelos drinques e ficam esperando alguma coisa das garotas. Estes trabalhadores da construção são toscos, mas ingênuos."

O emprego pagava bem o bastante para permitir que Oak-hee trouxesse suas duas irmãs, a um custo de dezenas de milhares de dólares. A caçula veio com a filha de cinco anos. A irmã do meio trouxe o marido e os dois filhos pequenos. Ambas as irmãs agora também trabalhavam no negócio do caraoquê.

Os únicos membros da família que Oak-hee não foi capaz de tirar da Coreia do Norte eram os que ela mais amava — seus próprios filhos. O sentimento de culpa a torturava por causa disso. "Sacrifiquei meus filhinhos para me salvar", ralhava consigo mesma. A última vez que a vi foi no verão de 2007; seu filho estava com dezoito anos, e sua filha, com dezesseis. Ela não os via desde a noite de 1998 em que fugiu de Chongjin de camisola. No entanto, ela lhes mandava regularmente dinheiro por intermédio de agentes na China que cobravam uma comissão e contatavam um contrabandista para atravessar a fronteira com ele. Pouco depois de ter deixado a Coreia do Norte, um serviço telefônico ilegal começou a funcionar em cidades próximas o bastante da fronteira para captar sinais de celulares chineses. Como resultado, Oak-hee passou a poder falar com seu ex-marido a cada poucos meses. Ele viajava a Musan para usar um telefone chinês contrabandeado, mas não a deixava falar com os filhos. Ele também recusou sua oferta de levá-los para a Coreia do Sul porque desconfiava, com razão, que ela não mandaria mais dinheiro se ficasse com os filhos.

"Tive um sonho com minhas crianças uma noite dessas", ela me contou na noite em que fazia a ronda dos clubes. "Eu estava segurando a mão do meu filho. Carregava minha filha nas costas.

Todos estávamos correndo, tentando escapar da Coreia do Norte. Havia um homem alto vestindo um uniforme de fiscal de trem, caminhando em nossa direção. Não tenho certeza, mas acho que era meu marido e que tentava nos deter." Acordou e se deu conta de que estava a um mundo de distância deles.

19. Estrangeiros em sua terra

Kim Hyuck, 2004.

As qualidades mais valorizadas na Coreia do Sul — altura, pele clara, riqueza, diplomas prestigiosos, roupas de grife, inglês fluente — são precisamente aquelas que faltam aos refugiados recém-chegados, o que explica a baixa autoestima encontrada em geral entre os norte-coreanos no Sul, como Oak-hee. Os sul-coreanos não estavam em situação muito melhor cinquenta anos atrás, mas os norte-coreanos os fazem lembrar de um passado que eles gostariam de esquecer. Os refugiados também pressagiam um futuro assustador, com bons motivos — os sul-coreanos temem que o colapso do regime de Kim Jong-il faça com que seu país seja assolado por 23 milhões de pessoas necessitadas de comida e abrigo. Embora a correção política decrete que todos os coreanos anseiam por seus irmãos separados ("a reunificação é nosso desejo, até mesmo nos nossos sonhos", as crianças sul-coreanas cantam devidamente nas escolas), alguns encaram a perspectiva com temor. Institutos de estudos em Seul produzem regularmente relatórios estimando o custo da reunificação, com cifras que vão de 300 bilhões a 1,8 trilhão de dólares. Gente jovem, nascida muito depois do fim da Guerra da Coreia, é menos sentimental a respeito da outra metade da Coreia. Eles preferem ignorar a ditadura empobrecida e munida de armas nucleares que os espreita. No borrão de suas vidas atarefadas, trabalhando um número de horas maior do que o de qualquer nação desenvolvida, jogando duro, dirigindo seus Hyundais em alta velocidade e ouvindo seus iPods em alto e bom som, é fácil esquecer.

Apesar de todo o apoio proporcionado pelo governo, os refugiados podem sentir a piedade, o medo, a culpa e o constrangimento com que os sul-coreanos os encaram. A recepção ambígua faz parte daquilo que os faz se sentir forasteiros em sua pátria.

A dra. Kim não tinha intenção alguma de escapar para a Coreia do Sul. Quando ela atravessou o rio Tumen, em 1999, seu único destino era a China. Seu plano era encontrar os parentes cujos nomes e últimos endereços conhecidos seu pai tinha rabiscado antes de morrer. Ela imaginava que eles a ajudariam a encontrar algum tipo de trabalho. Poderia comer o bastante para recuperar as forças e então guardar dinheiro para buscar seu filho. Mais tarde, ela pretendia retornar a Chongjin e ao seu trabalho no hospital. Apesar da fome torturante e de suas desavenças com o Partido dos Trabalhadores, ela ainda se sentia em dívida com o país que proporcionara sua instrução.

A resolução da dra. Kim acabou se enfraquecendo durante suas primeiras horas na China, quando ela viu a tigela de arroz e carne destinadas ao cachorro. A cada dia que passava havia uma nova observação que aumentava sua indignação diante das mentiras que lhe haviam enfiado goela abaixo. Tudo o que ocorria a empurrava para cada vez mais longe da pátria e das crenças que um dia acalentara, até que para ela se tornou impossível voltar.

Quando ela empurrou o portão da casa de fazenda, o cão começou a latir furiosamente, despertando seus donos. Eram coreanos étnicos, uma mulher idosa e seu filho adulto. Eles sabiam, pela roupa congelada e pela fisionomia emaciada da dra. Kim, que ela era uma refugiada recém-chegada. Convidaram-na a entrar, deram-lhe roupas secas e uma refeição quente. Aqueles estranhos poderiam ter recebido várias centenas de dólares se a tivessem vendido como noiva — tinha 34 anos e era razoavelmente atraente —, mas em vez disso cuidaram dela durante duas semanas e a ajudaram a encontrar os parentes de seu pai. Também aí ela encontrou uma espantosa generosidade. Os parentes que ela nunca vira a aceitaram imediatamente como um dos seus.

De início, a dra. Kim não encontrou problema algum em se misturar com outras pessoas de origem coreana. Aprendeu um pouco de chinês. Arranjou emprego num restaurante preparando quentinhas para trabalhadores. Mas no ano 2000 a polícia chinesa tinha redobrado os esforços para prender desertores norte-coreanos. A dra. Kim foi pega três vezes. A cada uma delas seus parentes subornaram oficiais para obter sua soltura. Depois da última detenção, a dra. Kim decidiu que era perigoso demais permanecer no Nordeste da China. Tomou um trem para Beijing para procurar um emprego. Fazendo-se passar por uma coreana étnica de Yanbian, respondeu a um anúncio que procurava uma babá que falasse coreano.

A empregadora da dra. Kim era uma mãe trabalhadora, uma professora sul-coreana que tinha ido à China com seu filho de cinco anos para um ano sabático. A dra. Kim simpatizou com a professora e abraçou a oportunidade de morar num apartamento confortável e ajudar a educar uma criança. Ela se mostrou uma babá e governanta extremamente competente. Quando foi chegando o final do ano acadêmico, a professora lhe propôs que continuasse com a família quando esta retornasse para a Coreia do Sul. Muitas famílias ricas sul-coreanas empregavam chinesas de origem coreana como babás.

A dra. Kim sentiu que não tinha escolha senão confessar. Desembuchou a história de sua vida — o divórcio e a perda da guarda do filho, o suicídio de seu pai depois da morte de Kim Il-sung, os anos de penúria, as crianças morrendo no hospital.

"Oh, meu Deus. Você é médica!", disse a professora. As mulheres se abraçaram e choraram juntas. "Se soubesse, eu a teria tratado de modo diferente."

"Se você soubesse, trabalhar para você teria sido impossível para mim. E eu precisava do emprego."

A confissão deu um rápido fim à carreira da dra. Kim como babá, mas a professora se mostrou fiel à sua palavra. Prometeu levar a dra. Kim à Coreia do Sul de qualquer maneira. Poucos meses depois de sua partida, ela pôs a dra. Kim em contato com um agente.

Em março de 2002, a dra. Kim chegou ao aeroporto de Incheon, eufórica com a perspectiva de começar uma nova vida. Mas esse sentimento não durou muito. A dra. Kim foi convencida por um homem que conheceu na igreja a investir a maior parte dos 20 mil dólares de seu subsídio de refugiada numa operação de vendas diretas na qual ela supostamente mascatearia sabonetes e cosméticos a conhecidos. A dra. Kim não aprendera o suficiente em seu mês de orientação para reconhecer uma falcatrua; a proposta de vendas acabou se revelando um esquema de pirâmide, e ela perdeu quase todo o estipêndio pago pelo governo. Em seguida sofreu outro revés: descobriu que a Coreia do Sul não reconhecia sua formação médica. Se ela quisesse praticar a profissão, teria que começar tudo de novo, matriculando-se numa escola de medicina e pagando-a do seu próprio bolso, pois na sua idade já não podia se candidatar a uma bolsa do governo. A dra. Kim ficou amargurada. Sete anos de faculdade e oito de prática da medicina tinham sido em vão. Ela oscilava da autopiedade à raiva de si mesma. Sentia uma culpa residual por ter abandonado a Coreia do Norte. Nutriu fantasias de suicídio.

Quando conheci a dra. Kim, em 2004, perguntei-lhe se estava arrependida de ter imigrado para a Coreia do Sul.

"Eu não teria vindo se soubesse o que sei agora", respondeu ela, a única desertora que conheci a admitir isso, embora eu desconfie que outros sentissem mais ou menos a mesma coisa. Não pude deixar de notar que a dra. Kim ainda parecia uma norte--coreana. Usava o cabelo puxado para trás e atado com uma fita preta de veludo e pintava os lábios arqueados com um matiz de vermelho saído de um filme em tecnicolor dos anos 1960. Ela me lembrava os membros do Partido dos Trabalhadores que eu via no centro de Pyongyang.

Quando a reencontrei, alguns anos depois, ela havia se reinventado completamente. Mal reconheci a mulher que entrou no restaurante chique japonês em Seul no verão de 2007. Usava cabelo solto e cuidadosamente despenteado até a altura dos ombros, vestia calça jeans e das suas orelhas pendiam longos brincos de pérolas.

"Cansei daquele visual norte-coreano cafona", ela me disse.

Parecia muito mais jovem, como uma estudante, e de fato o era. Depois de anos brigando com o Conselho de Medicina sul-coreano, resolveu engolir o sapo e, aos quarenta anos, começou um curso médico de quatro anos. Estava morando num alojamento com colegas de classe quase vinte anos mais novos. Seus estudos, segundo me contou, eram difíceis, não porque sua forma-

338

ção na Coreia do Norte a tivesse deixado despreparada, mas porque a escola de medicina sul-coreana usava uma terminologia em inglês que lhe era totalmente estranha. A única língua estrangeira que ela estudara era russo. Porém, parecia rejuvenescida pela experiência. Depois de se formar, ela planejava retomar sua carreira médica, dessa vez especializando-se em geriatria. Sua mãe morrera em estado lastimável com Alzheimer. A dra. Kim sonhava em abrir uma clínica de repouso, talvez até uma rede de clínicas. Esperava que um dia, quando o regime norte-coreano tivesse caído, ela pudesse levar de volta para Chongjin ideias sul-coreanas de tratamento dos idosos. Talvez fosse uma ideia impraticável, mas a ajudava a superar a cisão entre suas identidades passada e presente e a aliviar a culpa pelo que ela deixara para trás.

A triste verdade é que os refugiados norte-coreanos são, com frequência, gente difícil. Muitos foram levados a deixar seu país não apenas porque estavam passando fome, mas porque não conseguiam se encaixar em casa. E frequentemente seus problemas seguiam atrás deles, mesmo depois de cruzada a fronteira.

Isso vale especialmente para Kim Hyuck. Quando ele chegou à Coreia do Sul, aos dezenove anos, continuou sendo o que sempre fora — pobre, baixinho, desabrigado e sem parentes ou conexões que o ajudassem a se arrumar na vida.

Hyuck foi solto do campo de trabalho Kyohwaso nº 12 em 6 de julho de 2000. Estava tão fraco por conta da desnutrição que mal conseguia andar cem metros sem parar para descansar. Alojou-se na casa de um amigo enquanto planejava seus próximos movimentos. Inicialmente, Hyuck planejara retomar o trabalho como contrabandista, embora tomando mais cuidado para não ser pego, mas o campo de prisioneiros despedaçara sua autoconfiança. Aos dezoito anos, Hyuck já perdera a ilusão de invulnerabilidade que permite aos adolescentes ser tão destemidos em face do perigo. Não queria ser preso de novo; não queria ser espancado. Estava cansado de correr. Não havia nada para ele na Coreia do Norte; e se escapasse para a China seria caçado. Decidiu que sua única chance era fugir para a Coreia do Sul. Não tinha a menor ideia de como chegaria lá, mas ouvira rumores sobre missionários sul-coreanos que ajudavam jovens desabrigados como ele. Assim, quando cruzou o Tumen pela última vez, na noite de Natal de 2000, saiu à procura de uma igreja.

País mais cristão da Ásia depois das Filipinas, a Coreia do Sul enviava missionários para difundir os evangelhos e prestar ajuda humanitária pela Ásia, África e Oriente Médio. Em contraste com a ambivalência que a maioria dos sul-coreanos mostra em relação aos refugiados, os missionários são fervorosos quanto ao martírio dos norte-coreanos. Milhares de missionários sul-coreanos — às vezes coadjuvados por seus colegas coreanos americanos — acorreram ao Nordeste da China, onde trabalham discretamente, para não provocar as autoridades chinesas, dirigindo igrejas pequenas e não registradas, que funcionam em residências particulares.

À noite, suas cruzes vermelhas de néon brilham lugubremente em áreas escuras da zona rural. Outras casas seguras para norte-coreanos são conhecidas apenas pelo boca a boca. Uma vez que o Alto Comissariado para Refugiados das Nações Unidas e as principais organizações não governamentais não podem violar abertamente as leis chinesas contra o asilo a norte-coreanos, os missionários preenchem uma importante lacuna proporcionando comida e abrigo a refugiados.

Hyuck descobriu o endereço de uma igreja em Shenyang, a maior cidade do Nordeste da China. A igreja era dirigida por um empresário sul-coreano que possuía uma fábrica de móveis e, segundo rumores, tinha as conexões e o dinheiro para providenciar uma transferência segura para a Coreia do Sul.

"Quero aprender sobre o cristianismo", mentiu Hyuck.

Hyuck se submeteu à rotina local. Ele e um punhado de outros desertores levantavam-se às cinco da madrugada e rezavam. Então havia o desjejum, exercícios, estudo da Bíblia, jantar e então mais rezas antes de irem todos para a cama, às 21 horas. Era assim todo dia, exceto nos fins de semana, quando ocasionalmente eles jogavam futebol. Como outros norte-coreanos de sua idade, Hyuck nunca ouvira falar de Jesus Cristo. As igrejas em Chongjin tinham sido fechadas décadas antes de ele nascer; pessoas mais velhas que ainda praticavam a religião o faziam privadamente. Tudo o que lhe tinham dito sobre cristianismo vinha de suas cartilhas da escola elementar, nas quais os missionários apareciam como os vilões de sempre, fingidos e cruéis. Hyuck ainda era cínico em relação ao cristianismo. Sentia que a igreja sul-coreana o estava obrigando a engolir sua propaganda em troca de comida e abrigo. No entanto, sentia-se um tanto culpado por enganar os missionários fazendo de conta que era um crente. Pouco a pouco, sua atitude foi se suavizando. Depois de um tempo, ao murmurar as palavras das orações ele passou a sentir um conforto que não desfrutava desde sua mais remota infância, quando recitou um poema sobre Kim Il-sung e tinha algo maior do que si mesmo em que acreditar.

Só que agora, ao pronunciar "*Uri Abogi*", nosso pai, ele queria dizer Deus, não Kim Il-sung, e quando falava do filho queria dizer Jesus, não Kim Jong-il.

Depois de cinco meses na igreja, o líder sugeriu a Hyuck que era hora de ele ir embora. A igreja estava sob constante vigilância da polícia chinesa e temia pela segurança dos refugiados. O homem deu a Hyuck mil yuans (cerca de 125 dólares) e lhe pediu que conduzisse um grupo de refugiados até a fronteira com a Mongólia. Dali, eles podiam tentar chegar à Coreia do Sul.

Se a viagem de avião da sra. Song com passaporte sul-coreano falsificado foi uma deserção de primeira classe, a rota da Mongólia equivalia à terceira classe. Mas, para alguém sem dinheiro, era a melhor opção a seguir. Diferentemente dos chineses, os mongóis permitiam que a Embaixada sul-coreana em Ulan Bator, a capital da Mongólia, aceitasse desertores norte-coreanos. Na verdade, quando norte-coreanos conseguiam atravessar clandestinamente a fronteira da China com a Mongólia, eles eram detidos pela polícia de fronteira mongol e deportados... para a Coreia do Sul. Ser preso na Mongólia era, em essência, uma passagem grátis de avião para Seul. Como resultado, a Mongólia se tornou uma importante escala no que tinha se tornado uma verdadeira estrada clandestina que levava norte-coreanos para a Coreia do Sul.

Hyuck e os outros refugiados tomaram um trem para Erenhot, a última cidade da China antes da fronteira com a Mongólia, um posto avançado desértico com mais camelos e ovelhas do que gente. Havia seis norte-coreanos ao todo, incluindo uma criança de três anos e um menino de dez cujo pai já estava na Coreia do Sul. O plano deles era se conectar numa casa segura com outro grupo de norte-coreanos que estavam vindo de Dalian num trem separado. Uma das pessoas do outro grupo conhecia o terreno e os conduziria na travessia da fronteira.

Mas deu tudo errado. Quando ainda estava no trem, Hyuck recebeu um telefonema apavorado informando que o outro grupo tinha sido preso. O seu grupo não tinha escolha — era tarde demais para voltar atrás. Não podiam ir para a casa segura porque ela provavelmente estava sob vigilância. Tinham que jogar fora seus celulares para que eles não denunciassem sua localização à polícia. Hyuck e os outros adultos confabularam. Tinham sido instruídos sobre a rota e dispunham de um mapa desenhado à mão. Decidiram que iriam para a fronteira mongol de qualquer maneira.

Os refugiados se esconderam perto da estação de trem de Erenhot até as 21 horas, esperando que se apagasse a luz de um longo dia de verão para poderem prosseguir na escuridão. Suas instru-

342

ções eram seguir a principal via férrea que se dirigia para Ulan Bator, ao norte, usando os trilhos como guia, mas mantendo distância deles para não serem vistos. Uma vez que tivessem chegado a um trecho deserto da fronteira, deveriam se esgueirar por baixo da cerca de arame de mais de dois metros de altura para entrar na terra de ninguém que separava os dois países.

Apenas oito quilômetros separavam a estação ferroviária de Erenhot da primeira cerca da fronteira, e esta ficava a menos de dois quilômetros da primeira torre de vigilância mongol, onde eles deveriam se entregar às autoridades. Eles deveriam ser capazes de percorrer essas distâncias a pé antes do raiar do dia, mas o deserto era desorientador à noite — com apenas estrelas para guiá-los e um padrão que se repetia indefinidamente de cardo, pedra e areia da cor de café turvo. Os adultos discutiam sobre o caminho a seguir.

Eles deveriam caminhar a leste ou a oeste dos trilhos da ferrovia? Escolheram o leste, o que se revelou um erro crucial. A fronteira seguia na direção nordeste e depois fazia uma curva abrupta para o norte; eles estavam caminhando em paralelo com a fronteira sem se aproximar de um lugar para cruzá-la. Só quando raiou o dia eles se deram conta do equívoco. As temperaturas do deserto de Gobi subiam para mais de 35ºC. Já era final de tarde quando mudaram de direção, encontraram as cercas de arame da fronteira e se esgueiraram através delas. Seus sapatos estavam em frangalhos por causa do terreno duro, e seus pés sangravam. Estavam queimados de sol. Os seis litros de água que haviam trazido tinham acabado. Hyuck e os outros se revezavam carregando a criança de três anos, mas, quando o menino de dez começou a esmorecer, não puderam fazer outra coisa senão arrastá-lo. Finalmente encontraram uma cabana abandonada, perto de um pequeno lago. Uma das mulheres ficou com o menino enquanto Hyuck foi pegar água. Ao voltar, ouviu a mulher berrando. O menino estava morto.

A polícia de fronteira da Mongólia encontrou os norte-coreanos ao anoitecer. A presença do menino morto complicou terrivelmente a condução do caso. O legista tinha que confirmar que ele morrera de desidratação e que não houvera crime. Durante as dez semanas pelas quais se arrastou a investigação, Hyuck e os outros adultos ficaram detidos numa prisão mongol. Foi um início nada auspicioso para a vida de Hyuck no mundo livre.

Hyuck chegou à Coreia do Sul em 14 de setembro de 2001, num voo vindo de Ulaanbaatar com uma dúzia de outros desertores. Ele quase desmaiou quando um agente da imigração, no aeroporto de Incheon, carimbou o passaporte temporário que ele havia recebido na Mongólia e disse a Hyuck: "Bem-vindo à Coreia".

A exemplo do que ocorreu com muitos refugiados, porém, a alegria de Hyuck durou pouco. Seu interrogatório foi especialmente exaustivo por causa do tempo que ele passou no campo de prisioneiros. O governo sul-coreano estava cada vez mais alerta para os criminosos na população refugiada. Então, justo quando ele achou que seria liberado, foi mandado para o campo de Hanawon, para passar um mês.

A personalidade de Hyuck era um empecilho tão grande na Coreia do Sul como havia sido na do Norte. Ele tinha o pavio curto. Não tolerava a autoridade. Não conseguia ficar quieto. Sua estatura também o colocava em desvantagem numa sociedade obcecada pela altura. Suas pernas eram subdesenvolvidas e sua cabeça, grande demais para o corpo — um traço físico típico de gente que foi privada de comida durante seus anos de formação. Quando não é devidamente nutrido, o corpo dirige seus recursos para a cabeça e o tronco em detrimento dos membros. Na literatura sobre a fome, a síndrome é chamada de "retardo". Um estudo de 2003 do Programa Mundial de Alimentos e da Unicef descobriu que 42% das crianças norte-coreanas eram permanentemente lesadas dessa maneira.

Na época de nosso primeiro encontro, em 2004, Hyuck estava morando em Buyeo, uma cidade provinciana a umas duas horas de Seul. Não havia outros refugiados por ali, ninguém para ajudá-lo a se estabelecer. Ele disse que seus nervos não aguentavam o barulho e os congestionamentos de uma grande metrópole. Estava sem dinheiro, tendo perdido quase imediatamente os 20 mil dólares do auxílio de refugiado. Dera o dinheiro a um agente que alegava poder encontrar o irmão mais velho de Hyuck. Depois de mais de um ano sendo tapeado, Hyuck concluiu que o irmão provavelmente estava morto. "Meu irmão tinha 1,80 metro de altura. Não havia como ele ter sobrevivido", ele me contou. Uma vantagem de ser baixo era precisar de menos comida.

Hyuck flutuava de emprego em emprego. Entregou sorvete por um tempo antes de descobrir que um empregado sul-coreano da mesma empresa estava recebendo salário mais alto, e se demitiu num acesso de ira. Fez um curso para ser mecânico de automóveis e trabalhou como estagiário por alguns meses, mas isso também não vingou. Decidiu então que seu verdadeiro destino na vida era ser pugilista profissional, mas quando procurou uma academia de boxe em Seul, foi rejeitado por ser baixo demais. Isso feriu seu ego e o fez temer que nunca seria capaz de arranjar uma namorada.

Estava desesperadamente solitário. Tinha grandes dificuldades em se relacionar com novas pessoas. Se os sul-coreanos eram simpáticos com ele, achava-os condescendentes. Embora odiasse o regime norte-coreano, ficava na defensiva quando os sul-coreanos o criticavam. Essa era uma situação comum entre os refugiados.

As regras básicas de etiqueta na Coreia do Sul o desconcertavam. Os norte-coreanos não têm o costume de conversar amenidades com estranhos e ficam espantados com quem o faz. Cada vez que Hyuck deixava a segurança de seu próprio apartamento, era surpreendido por vizinhos que o cumprimentavam casualmente. Desviava os olhos ou fazia cara feia em retribuição.

"Eu não sabia que quando alguém troca algumas palavras com a gente, espera-se que a gente responda. Não entendia que é assim que se acaba construindo uma amizade com os vizinhos, ou que talvez aquelas pessoas pudessem me ajudar." Mais tarde Hyuck riria do que lembrava como sendo suas gafes sociais durante seus primeiros anos na Coreia do Sul.

Quando o revi, em 2008, ele se mudara para Seul e se matriculara numa faculdade, na esperança de se formar em história e administração de empresas. Estava com 26 anos. Embora lamentasse não ter namorada, tinha muitos amigos, incluindo um primo de Musan que desertara havia pouco. O processo de mostrar o caminho das pedras para alguém mais verde do que ele próprio aumentava a autoconfiança de Hyuck. Ele me contou que tinha conhecido recentemente um homem que possuía, perto da universidade, uma escola particular que ensinava inglês. Eles simplesmente travaram uma conversa na rua. Em vez de fugir do homem, Hyuck lhe contou que era um refugiado norte-coreano, e o homem o convidou para estudar de graça na escola.

Agora ele tinha chegado.

20. Reencontros

Jun-sang no mercado de ambulantes em Myong-dong, carregando um exemplar de 1984, Seul, 2007.

O sangue manchado que condenara Mi-ran a uma vida marginal na Coreia do Norte acabou se tornando seu maior recurso logo que ela cruzou a fronteira. Os laços familiares com a Coreia do Sul se mostraram inestimáveis. Diferentemente de outros refugiados, renascidos sozinhos num estranho mundo novo, Mi-ran tinha parentes esperando para recebê-la.

Sob a límpida eficiência da vida moderna na Coreia do Sul, as tradições confucianas mantinham sua influência. O pai de Mi-ran, como único filho homem, era o guardião da linhagem familiar, e depois da sua morte seus descendentes assumiram esse papel.

Quando a família de Mi-ran atravessou o rio Tumen para a China, em 1998, a primeira coisa que fizeram foi telefonar para o gabinete municipal de Seosan, na província de Chungchong do Sul, onde o pai dela tinha nascido. Todo mundo tinha se mudado do vilarejo décadas antes como parte da migração em massa para as cidades. O vilarejo em si quase desaparecera quando a terra foi inundada para a construção de uma represa. Mas na Coreia o lar é o lugar onde o pai da pessoa nasceu, não importando se alguém ainda vive lá ou não. O gabinete municipal tinha os endereços de duas irmãs mais novas de Tae-woo, ambas ainda vivas e morando perto de Seul, e prontificou-se a encaminhar uma carta a elas. O irmão de 23 anos de Mi-ran, embora fosse o mais novo da família, foi encarregado de escrever a carta, na qualidade de único homem. Escreveu em linguagem formal: "Estou escrevendo como único filho homem de seu irmão. Desejo informar-lhes que ele se foi deste mundo no ano passado, no município de Kyongsong, na província de Hamgyong do Norte". Incluiu o endereço e o número de telefone de uma casa em Yanji, uma cidadezinha perto da fronteira, onde estava alojado.

Poucas semanas depois eles receberam um telefonema de uma das irmãs. Ela se mostrou cética. Quase meio século havia transcorrido sem sequer um telefonema, uma carta, nem mesmo um rumor de que seu irmão sobrevivera à Guerra da Coreia. Em 1961, oito anos depois do fim da guerra, o Ministério da Defesa sul-coreano registrou-o como tendo morrido em combate em 1953. Até onde a família sabia, ele morrera sem deixar filhos aos 21 anos. Seu nome estava na lápide dos mortos da guerra no Cemitério Nacional. Como as irmãs poderiam saber se aquilo não era um golpe, uma tentativa grosseira de extorquir dinheiro delas? A irmã de Mi-ran, que atendera o telefonema, contou à tia um pouco do que sabia. Pequenos fragmentos da memória familiar, aniversários e apelidos. As parentes sul-coreanas sugeriram um teste de DNA. Mi-ran e seus irmãos concordaram.

A reunião de família durou duas semanas. Ambas as tias

foram à China com parentes diversos, dez pessoas ao todo. Tão logo bateram os olhos uns nos outros, perceberam que o teste de DNA tinha sido desnecessário.

"Não parávamos de nos encarar. Ficávamos espantados com a semelhança das nucas, do formato das mãos, do modo como andávamos e falávamos", disse Mi-ran.

"As irmãs de meu pai julgavam até então que tinham perdido toda a sua linhagem, porque meu pai era o único filho homem", relembrou o irmão de Mi-ran. "Quando as irmãs de meu pai vieram para a China e eu as vi, meu corpo começou a tremer. Eram mulheres, mas se pareciam exatamente com ele."

Não tinha mais volta. A mãe de Mi-ran desejara retornar a Chongjin para ver as duas filhas que haviam ficado para trás e os netos, mas eles temiam que o governo norte-coreano descobrisse que eles tinham se encontrado com parentes de um Estado inimigo enquanto estavam na China — o que por si só era um crime capital. Eles não tinham outro lugar para ir senão a Coreia do Sul.

Suas tias foram ao consulado sul-coreano em Shenyang para pedir que os parentes norte-coreanos fossem levados para Seul — era o mínimo que se podia fazer pela viúva e pelos filhos de um veterano sul-coreano mantido prisioneiro por tanto tempo —, mas o consulado empacou diante do pedido. Kim Dae-jung, que mais tarde ganharia o prêmio Nobel da paz, assumira a presidência da Coreia do Sul em fevereiro de 1998 e lançara a "política do raio de sol" para aliviar as tensões com a Coreia do Norte. As relações entre a Coreia do Sul e a China também eram delicadas. As autoridades temiam que acolher a família de Mi-ran pudesse ter consequências diplomáticas adversas.

Os parentes, felizmente, tinham os meios de resolver a questão por conta própria. As irmãs dirigiam um pequeno hotel, e um de seus filhos possuía uma casa de banhos na periferia de Seul. Ele ficou voando de um lado para outro entre a China e a Coreia do Sul, preparando documentos falsos plausíveis para os familiares norte-coreanos. Conseguiu um para Mi-ran com uma prima da mesma idade. A fotografia dela foi arrancada e substituída pela de Mi-ran. Uma tia "perdeu" o passaporte, de modo que ele pudesse ser usado pela mãe de Mi-ran. Eram atos ilegais e, na verdade, um dos primos mais tarde cumpriria um mês de prisão por falsificação de passaporte, mas eles funcionaram. Mi-ran, a irmã, o irmão e a mãe chegaram em segurança à Coreia do Sul em janeiro de 1999.

Com família para acolhê-la, Mi-ran não foi vista como estrangeira, mas como uma sul-coreana que tinha passado seus primeiros 25 anos de vida em outro lugar. Era norte-coreana o bastante para ser uma novidade, mas não o suficiente para assustar os sul-coreanos. Com 1,60 metro de altura, ela era imponente para uma norte-coreana e de altura respeitável para uma sul-coreana. Ainda tinha as maçãs do rosto elevadas e o notável nariz românico que paralisara Jun-sang quando ele a avistou no cinema. Ela possuía aquela mística que as mulheres norte-coreanas têm para os homens sul-coreanos. Boa aparência, relações familiares, postura e sua inteligência natural faziam toda a diferença. Logo foi aceita num programa de graduação em educação. Ela era articulada, capaz de contar uma história num estilo narrativo claro, e era frequentemente convidada a dar palestras e entrevistas sobre o sistema escolar norte-coreano.

Pouco antes de fazer trinta anos, foi apresentada a um rapaz robusto cujo sorriso aberto e óculos redondos transmitiam simpatia. Ele tinha um bom emprego como funcionário civil do Exército. Com o incentivo de ambas as famílias, eles se casaram. No final de 2004, ela deu à luz um filho. Eles comemoraram o primeiro aniversário do menino no tradicional estilo coreano, com um almoço para cerca de cem amigos e parentes. O andar superior de um bufê na zona leste de Seul foi enfeitado com balões azuis e brancos. Mi-ran, o marido e o bebê vestiram-se de multicoloridos *hanbok*, o traje usado em ocasiões cerimoniais. A roupa de Mi-ran era feita de uma seda tremeluzente de cor marfim, com fitas bordadas de vermelho e preto em torno do decote. Estava radiante e serena, uma anfitriã encantadora. Tinha realizado o sonho coreano — na verdade, o sonho de muitas mulheres que eu conheci: o marido bonito, o bebê, o diploma superior praticamente garantido.

Em seus trajes e em seu modo de falar, era indistinguível de uma sul-coreana. Tinha perdido o acento gutural, que é um traço revelador de um norte-coreano. Ela e o marido compraram um apartamento em Suwon, a cidade-satélite de famílias em ascensão que não têm condições de comprar uma moradia de 1 milhão de dólares em Seul. Ela morava num conjunto residencial que era uma floresta de blocos de concreto idênticos, cada prédio diferenciado apenas pelos números impressos nos lados. No que diz respeito a esse tipo de condomínio, não era um lugar ruim. Os prédios eram novos e claros, as fachadas tinham uma agradável cor creme. O sol entrava por uma janela panorâmica na sala do apartamento de segundo andar de Mi-ran. Ele era claro e espaçoso por dentro, com um quarto separado para o bebê, um escritório com um computador Samsung na escrivaninha e uma cozinha com bancada e utensílios modernos.

Quando fui visitá-los, ela preparou o almoço enquanto o filho, agora um gordinho que dava seus primeiros passos incertos, via desenhos na TV da sala.

"Se ele tivesse nascido na Coreia do Norte, eu teria que alimentá-lo com arroz-doce, se tivesse condições de pagar por isso", disse ela.

Conversamos sobre as voltas que sua vida tinha dado. Ela se equilibrava entre as exigências concorrentes de seus estudos na faculdade e de sua família. Seus sogros esperavam que ela fosse uma esposa coreana tradicional. O cuidado com o filho era caro; ela achava difícil terminar seu trabalho. Estava tendo aulas de aeróbica num esforço para perder o peso adquirido na gravidez. Sua pele frequentemente tinha pruridos provocados pelo estresse. Seus problemas não pareciam muito diferentes dos de todas as outras mães trabalhadoras que eu conhecia.

Bem no fundo, entretanto, Mi-ran era a mesma pessoa que tinha ocupado o mais baixo degrau da sociedade norte-coreana, a mulher descendente de sangue manchado. Ela havia sido formatada por uma doutrinação completa e depois sofrera a dor da traição; passara anos sob o temor de dizer o que pensava, de abrigar pensamentos ilícitos. Tinha se endurecido para caminhar entre os corpos dos mortos sem afrouxar o passo. Aprendera a comer seu almoço até o último grão de milho ou de arroz sem parar para sofrer pelas crianças a quem dava aulas e que logo morreriam de fome. Era atormentada pela culpa. A culpa e a vergonha são os denominadores comuns entre os refugiados norte-coreanos; muitos se odeiam pelo que tiveram que fazer para sobreviver.

No caso de Mi-ran, a culpa não era meramente uma abstração. Só quando já fazia mais de dois anos que nos conhecíamos ela me contou o que havia acontecido às irmãs deixadas para trás. Durante o verão de 1999, cerca de seis meses depois que os membros desertores da família chegaram à Coreia do Sul, a polícia de Segurança Nacional tinha prendido ambas as irmãs quase ao mesmo tempo, em casa. A irmã mais velha de Mi-ran, Mi-hee, a beldade da família que se casara com um oficial do Exército e que fora tão generosa fornecendo comida durante a fase de penúria, e a outra irmã, Mi-sook, tinham levado vidas sem mácula; eram leais aos pais, aos maridos e aos filhos, bem como a Kim Jong-il. Foram levadas no meio da noite — exatamente o mesmo roteiro do pesadelo recorrente de Mi-ran, exceto que os filhos foram deixados com os maridos, que foram instruídos a requerer o divórcio. As irmãs foram presumivelmente levadas a um dos campos de trabalho para prisioneiros sentenciados a penas longas. Dada a gravidade da escassez de comida em 1999, era provável que estivessem mortas.

O destino das irmãs pesava enormemente sobre a família, obscurecendo cada momento feliz. Embora Mi-ran tivesse dado à luz um bebê saudável e seu irmão, Sok-ju, tivesse sido aceito numa universidade da Austrália, a família não conseguia se regozijar. Parecia especialmente injusto. Refugiados que chegaram alguns anos depois tinham condições de mandar dinheiro, e seus parentes na antiga pátria viviam livres de retaliação e melhor que o norte-coreano médio. Talvez as irmãs tenham recebido um tratamento especialmente duro porque a família de Mi-ran foi uma das primeiras a partir e também por causa de sua origem de classe pobre. A mãe de Mi-ran, a mulher de disposição férrea que segurou as pontas durante a fase de penúria, desmoronou depois de chegar à Coreia do Sul. Embora tivesse apenas 62 anos quando chegou, sua saúde e seus nervos começaram a se debilitar. Ela contratou um xamã, um vidente tradicional, que lhe informou que as duas filhas estavam vivas, mas isso apenas aumentou sua agitação.

A mãe de Mi-ran se voltou para a religião. Quando menina em Chongjin, em tempos pré-comunistas, ela frequentara uma igreja, e agora redescobria a fé da sua infância. Rezava constantemente, suplicando perdão por ter traído suas meninas.

Não sendo ela própria uma crente, Mi-ran não dispunha desse consolo. Sua culpa perturbava seu sono e invadia uma agenda que era tão ocupada que supostamente não deixava tempo para pensar. Suas irmãs tinham pagado o preço supremo para que ela pudesse dirigir um Hyundai.

Ela pensava também no namorado que deixara para trás.

Dava a ele o crédito por tê-la incentivado a resistir ao destino imposto por seu berço desfavorável, por ter lhe dado autoconfiança como mulher e como professora. Ele nunca falara uma palavra contra o regime norte-coreano, mas a ensinara a pensar por si mesma, o que, no final, deixou sua mente aberta e clara.

Mi-ran falava frequentemente de Jun-sang quando nos conhecemos. Eu suspeitava que ela gostava de relembrar seu primeiro amor — algo de que não podia falar com a mãe e certamente não com o marido. Quando ela recordava o modo como Jun-sang a viu no cinema, ou como eles caminhavam à noite na escuridão, as palavras lhe saíam como as de uma colegial excitada fuxicando com uma amiga.

"Você consegue imaginar? Três anos até pegar na mão, seis anos até dar um beijo? Nem propriamente um beijo, só uma bicada na bochecha."

Brincamos que os amores não correspondidos, ou, nesse caso, não consumados, são os únicos que duram para sempre. Parecia que ela sentia saudades não tanto de seu ex-namorado, mas da antiga inocência dela própria.

Perguntei-lhe se sabia o que tinha acontecido com Jun-sang.

"Imagino que esteja casado a essa altura." Sua voz fraquejou e ela deu de ombros com afetado desinteresse. Ela me disse que não lamentava não estar mais junto com ele — pois amava seu marido —, porém lastimava ter deixado a Coreia do Norte sem ter tido a chance de se despedir. Relembrava aquele último dia em Chongjin, quando achou que o tinha visto do outro lado da rua, mas não ousara abordá-lo por medo de estragar seus planos de fuga.

"Sabe, ele e eu tínhamos uma ligação especial. Penso que algum dia nos encontraremos de novo."

Tivemos essa conversa em meados de outubro de 2005, pouco depois da festa de primeiro aniversário de seu filho. Três semanas mais tarde, Mi-ran telefonou, e sua excitação era palpável através do aparelho. Anunciou a novidade:

"Ele está aqui!"

Encontramo-nos para um café uma semana depois num Starbucks de Seul, a poucas quadras do meu escritório.

Pelo modo como Mi-ran o descrevera, eu tinha imaginado um homem alto e bonito, maior que a vida. Em vez disso, ali estava um sujeito magricela de jeans e óculos. E no entanto havia algo de extraordinário nele. Seus dentes resplandeciam de brancura como os de um astro de cinema. Suas bochechas lisas e suas narinas amplas lhe davam uma aparência tártara e me faziam lembrar Rudolf Nureyev. Quando nossos cappuccinos ficaram prontos, ele saltou da mesa para apanhá-los no balcão. Movia-se com agilidade; estava à vontade em seu corpo. Mi-ran, por sua vez, estava visivelmente nervosa. Vestia uma saia curta de sarja de Nimes e usava mais maquiagem que o habitual.

Estive a ponto de comentar que ele parecia surpreendentemente à vontade para alguém que acabara de chegar de um país sem cafés, mas a verdade, que se revelou em seguida, é que Jun-sang já estava na Coreia do Sul havia quase um ano. Quando soube — por um agente do Serviço Nacional de Inteligência que ele conheceu durante seu interrogatório — que Mi-ran estava casada, Jun-sang decidiu que seria melhor para ambos que ele não tentasse encontrá-la. Não era por falta de interesse. Na verdade, ele tinha ficado arrasado com a partida dela, muito mais do que ela imaginara. A deserção dela desencadeou nele uma grande crise de autoconfiança. Ele se atormentou com o absurdo da situação. Por que eles tinham sido tão reservados um com o outro? Como podiam ambos ter nutrido desejos de fuga sem contar um ao outro? Para piorar, ele se sentia covarde por não ter desertado antes. Seu orgulho estava ferido, não porque ela o tivesse deixado, mas porque ela se mostrara a mais corajosa dos dois.

"Eu sempre tinha achado que estava à frente dela no meu raciocínio, mas me enganei", admitiu ele. Mi-ran interrompeu, por um momento, para consolar o ego dele. "Eu também tinha dúvidas e desconfianças quanto ao governo naquela época, mas ele tinha mais informação do que eu sobre o mundo exterior." Ela sorriu para ele e deixou-o continuar sua história.

Depois que Mi-ran partiu, ele se afundou em seu trabalho no instituto de pesquisa e recebeu a oferta de um emprego fixo e de uma chance para ingressar no Partido dos Trabalhadores. Seus pais e irmãos o incentivaram. Era o máximo que se podia conseguir na Coreia do Norte. Sua vida em Pyongyang era confortável. Seu quarto alugado era aquecido e ele tinha o suficiente para comer. Mas resistiu a se assentar. Não namorava as garotas da universidade que poderiam ser noivas convenientes. Não comparecia às palestras suplementares que teriam fortalecido suas chances de entrar no partido. Toda noite, depois do trabalho, ele voltava para casa e fechava bem as cortinas para poder assistir à televisão sul-coreana.

Em 2001, Jun-sang pediu permissão para deixar o emprego no instituto. Contou ao chefe e aos colegas que seus pais estavam mal de saúde e que ele, como filho mais velho, precisava cuidar deles, o que era uma explicação plausível. A verdade era que ele queria voltar a Chongjin, onde suas atividades seriam menos monitoradas e onde ele estaria bem mais perto da fronteira com a China. Teve empregos eventuais e trabalhou brevemente na clínica de repouso próxima de onde ele e Mi-ran costumavam caminhar à noite. Em vez de esbanjar seu dinheiro, passava a maior parte das noites em casa com os pais, ainda que isso significasse ter que suportar o silêncio reprovador do pai, resignado agora à decepção com o filho antes tão promissor.

Apesar de toda a determinação e planejamento, porém, as coisas não foram tão fáceis para Jun-sang quanto para Mi-ran.

Jun-sang passou três anos economizando dinheiro para sua fuga. Era uma pessoa metódica, que media as consequências de cada palavra e de cada gesto. Planejou meticulosamente cada detalhe, incluindo o que iria vestir na ocasião — uma camisa cara com uma estampa de bolhas que seu tio lhe mandara do Japão. Era chamativa demais para ser usada em Chongjin, e ele imaginou que, se a vestisse na China, ninguém pensaria que ele era um indigente da Coreia do Norte. Enfiou numa sacola plástica sua melhor calça japonesa e uma mochila. A travessia foi agendada para junho, quando o rio estava alto. Escolhera um dos trechos mais fundos, já que era menos vigiado. O agente que o estava escoltando na travessia trouxe consigo garrafas plásticas vazias para usar como boias. Jun-sang e outra desertora, uma mulher de quarenta anos, ficaram só de roupas de baixo, timidamente virando de costas um para o outro, embora estivesse escuro como breu. Jun-sang embrulhou as roupas em sacos plásticos para mantê-las limpas.

A água chegava ao seu queixo e a corrente estava mais forte do que ele imaginara. A água chegava até a cabeça da outra desertora; ela não sabia nadar. Jun-sang segurou com força a mão dela e enfrentou a corrente. De repente seus pés descalços tocaram a areia e ele escalou a margem com sua cueca ensopada. A mulher o seguiu. Ele estava na China. Olhou para trás, para o outro lado do rio, avistando a silhueta dentada das montanhas contra o céu, tocado pela primeira luz da manhã. Sentiu uma pontada de tristeza, mas não teve tempo para dar atenção a ela. Vestiu suas roupas, que tinham se molhado apesar do plástico, e seguiu o agente montanhas adentro, afastando-se do rio até perder de vista a Coreia do Norte.

Ele nunca pensara que pudesse fazer tanto frio em junho. Seus pés se esfolavam dentro dos sapatos molhados e se enchiam de bolhas. Quando finalmente alcançaram o vilarejo onde esperavam descansar e comer, aconteceu que um norte-coreano tinha sido pego roubando dias antes e os moradores locais estavam hostis aos refugiados. Então eles fugiram logo dali, temendo ser denunciados à polícia. A mulher que estava viajando com Jun-sang sugeriu que esticassem até o destino final dela, um vilarejo onde ela vivera um tempo com um agricultor chinês. Durante a caminhada, ela contou sua história a Jun-sang. Passara vários anos com o homem e eles tinham um filho de um ano. Ela havia sido presa sete meses antes e enviada a um campo de trabalho na Coreia do Norte. Agora estava ansiosa para voltar para o marido e o filho. Ela garantiu a Jun-sang que seu marido o hospedaria até que ele tivesse condições de seguir em frente.

A casa se revelou tudo menos um refúgio. Quando eles chegaram, o agricultor chinês chutou e estapeou a mulher e atacou Jun-sang com uma enxada, berrando furiosamente. À primeira vista, ele julgava que Jun-sang fosse amante dela.

Sozinho e perdido, Jun-sang andou sem rumo pelos campos. Por fim, avistou um riquixá puxado por uma bicicleta e saltou para dentro dele, repetindo a única palavra de chinês que o agente lhe ensinara — *shichang*, mercado. Desceu diante de um pequeno mercado ao ar livre e encontrou uma mulher vendendo *kimchi*. Devia ser coreana, pensou ele, e perguntou se ela conhecia alguém que pudesse contratá-lo. Os olhos dela oscilavam entre os óculos e a espalhafatosa camisa japonesa dele.

"Você parece um rapaz que nunca fez trabalho pesado", disse ela, em tom de negativa. Não obstante, depois de ganhar alguma confiança, ela o apresentou a um empresário de origem coreana que possuía uma fábrica de tijolos e ofereceu trabalho a ele.

Jun-sang passava os dias carregando bandejas de tijolos tão quentes que podiam chamuscar suas sobrancelhas se ele chegasse muito perto. À noite, no dormitório dos operários, ele escrevia num caderno que havia comprado. Foi a primeira vez que ele manteve um diário — na Coreia do Norte era perigoso demais registrar pensamentos sinceros no papel. Ele escreveu sobre a época da universidade. Escreveu poemas. Depois do dia de trabalho alienador na fábrica, o diário servia para lembrar as razões de ter deixado sua casa.

Ele passou dois meses na fábrica, economizando dinheiro para realizar seu objetivo de chegar à Coreia do Sul. Tomou um ônibus para Qingdao, que tinha uma grande comunidade comercial sul-coreana e um posto consular.

Os consulados sul-coreanos na China eram bem vigiados justamente para manter afastadas pessoas como Jun-sang, mas ele achava que poderia arranjar um jeito de entrar se estivesse vestido adequadamente. Usou o dinheiro que lhe restava para comprar um terno e um novo par de óculos. Cheio de autoconfiança, apareceu no prédio, passou pelos guardas de segurança no térreo, entrou no elevador e apertou o botão para o sétimo andar, onde estava localizado o consulado. Mas os botões do sétimo e do oitavo andares só funcionavam com uma chave de segurança. Saltando no sexto andar, ele avistou outro guarda de segurança e entrou de volta no elevador. Por fim, desceu no nono andar e desceu correndo as escadas. Ao sair do prédio, pôde ouvir os guardas falando nervosamente pelos walkie-talkies.

Teve sorte de sair de lá sem ser preso.

Jun-sang não tinha mais dinheiro nem ideias. Pensou em voltar para a Coreia do Norte — e talvez tivesse feito isso se não descobrisse a internet.

Embora tivesse sido um estudante de elite numa das melhores universidades da Coreia do Norte, Jun-sang jamais usara a internet. Sua universidade tinha computadores decentes, compatíveis com IBM e com processadores Pentium 4, e ele navegara na "intranet" norte-coreana, um sistema fechado acessível apenas a universitários para pesquisar diversos documentos acadêmicos e uma enciclopédia censurada que a Coreia do Norte tinha comprado, mas o país continuava sendo um buraco negro da internet, um dos poucos no mundo que tinham escolhido ficar desconectados. Num clube de computadores em Chongjin, garotos podiam participar de jogos eletrônicos, nada mais.

Jun-sang ouvira falar da internet, e estando na China sua curiosidade se intensificou. Chegou a ter a vaga ideia de que ela poderia resolver seus problemas. Mas como se conectar? Na rodoviária de Qingdao, ele fazia hora, procurando ouvir alguém falar coreano, e então abordou um rapaz. O sujeito era um estudante sul-coreano em intercâmbio. "Sem problemas. Vou lhe ensinar a usar. É muito fácil", ele disse a Jun-sang, conduzindo-o a um cibercafé.

A web foi uma revelação para Jun-sang. A cada clique, o mundo se abria diante dele. Sentiu pela primeira vez a certeza de que havia feito bem em fugir para a China. Ali estava ele, formado numa das melhores universidades do país, a bem da verdade um dos norte-coreanos mais instruídos em computador, e no entanto sentia-se como uma criança começando a aprender. Escreveu, num programa de buscas sul-coreano, as palavras *direitos humanos na Coreia do Norte* e *desertores norte-coreanos*.

Nas várias semanas que se seguiram, Jun-sang ficou até tarde da noite no café, comendo macarrão instantâneo e lendo. Descobriu que outros desertores norte-coreanos haviam tido problemas semelhantes para chegar à Coreia do Sul e estudou as estratégias que eles usaram, o que funcionou e o que falhou. Instruiu-se sobre as leis sul-coreanas concernentes aos norte-coreanos e sobre as complicações diplomáticas que impediam a Coreia do Sul de aceitar refugiados em sua embaixada e em seus consulados na China. Estudou mapas da China, horários de voos e de trens, e se perguntou como encontraria uma saída.

Então, um dia ele leu a respeito de um pastor em Incheon que escrevera com muita compaixão a propósito da rota clandestina que trazia desertores através da Mongólia. Jun-sang, que criara um endereço eletrônico com a ajuda do estudante, redigiu às pressas uma mensagem: *Estou em Qingdao. Você pode me ajudar a chegar à Coreia do Sul?*

A rota de Jun-sang foi a mesma de Kim Hyuck. Àquela altura, centenas de outros haviam desertado através daquelas linhas, e os pontos de cruzamento da fronteira e casas seguras estavam todos bem mapeados. Jun-sang iria precisar de 2500 dólares para a viagem, que seu tio do Japão lhe mandou por telégrafo. Ele tomou o trem em Erenhot, então atravessou o terreno deserto da divisa com a Mongólia, onde a polícia de fronteira o entregou à Embaixada sul-coreana. Chegou à Coreia do Sul em outubro de 2004 e foi entregue ao Serviço Nacional de Inteligência para ser interrogado.

Então foi a vez de Jun-sang fazer perguntas. Não foi sua primeira questão, mas uma das primeiras: vocês podem me dizer como entrar em contato com Mi-ran? Ele sabia com certeza que ela estava na Coreia do Sul porque fizera uma busca por seu nome no cibercafé em Qingdao e lera uma entrevista dada por ela. O SNI ficava sempre de olho nos refugiados norte-coreanos e certamente teria informações sobre ela.

O agente do SNI hesitou. De acordo com as regras, refugiados não deveriam receber informações sobre outros refugiados, por temor de que algum deles fosse um espião norte-coreano.

"Não podemos revelar isso, a menos que você seja parente imediato. Sinto muito."

"Ela foi minha noiva, meu primeiro amor", apelou Jun-sang.

O agente era sentimental e se ofereceu para fazer investigações. No dia seguinte ele disse que lhe daria o telefone dela, mas julgou que Jun-sang deveria saber que ela estava casada.

Ele ficou aturdido. Olhando em retrospecto, Jun-sang admitia que tinha sido ridículo imaginar que ela estivesse solteira, e o cúmulo da arrogância pensar que ela estivesse esperando por ele. Mi-ran àquela altura tinha 31 anos. Fazia mais de seis anos que eles não tinham contato algum.

"Na época, honestamente, não passou pela minha cabeça que ela pudesse ter casado", relembrou Jun-sang.

Ele tentou se conformar. Lembrou-se de um poema do escritor húngaro do século XIX, Sandor Petofi, que ele tinha recitado ao atravessar o rio Tumen:

Liberdade e amor
Esses dois eu preciso ter.
Por meu amor sacrificarei
Minha vida.
Pela liberdade sacrificarei
Meu amor.

O poema o comovera muito tempo atrás, quando ele o lera em Pyongyang, e ele memorizara as palavras. Tinha sacrificado seu amor por Mi-ran para permanecer em Pyongyang. Nunca a pusera em primeiro lugar na sua vida. Tinha vindo à Coreia do Sul pela liberdade e nada mais.

Durante os meses seguintes, Jun-sang atravessou os mesmos ritos de passagem que os outros refugiados. Saiu do programa de orientação, arranjou um apartamento e um telefone celular e perambulou espantado por ruas e mercados, tentando não se sentir esmagado. Tinha apenas uns poucos amigos e às vezes lamentava não saber como encontrar Mi-ran. Depois que soube que ela estava casada, disse ao agente de Segurança Nacional que não queria o telefone dela.

"É melhor deixá-la em paz. Está casada", disse para si mesmo.

Uma noite ele foi ao apartamento de alguém que conhecera no Hanawon. Era um encontro informal de refugiados que ocasionalmente se reuniam para beber cerveja. Entre eles estava um rapaz pensativo que ele reconheceu imediatamente como o irmão mais novo de Mi-ran. Jun-sang costumava presenteá-lo com balas e doces para conquistar sua simpatia. Sok-ju era apenas uma criança na época e agora não tinha reconhecido Jun-sang.

Travaram um diálogo aquela noite e conversaram de novo em encontros subsequentes. Depois de um tempo, Sok-ju ficou desconfiado.

"Como você sabe tanto a respeito de mim e da minha família?", perguntou. Então, antes que Jun-sang pudesse dizer qualquer coisa, ele deu um tapa no joelho e respondeu sua própria pergunta: "Já sei, você é o sujeito que ficava rodeando minha irmã...".

Uma semana depois, Jun-sang caminhava pela calçada em frente a arranha-céus de apartamentos idênticos. Ele e Mi-ran tinham combinado de se encontrar numa estação de metrô na zona leste de Seul. Quando Sok-ju percebeu quem ele era, não restou a Jun-sang outra opção senão telefonar para ela. Tão logo ela se deu conta de que era Jun-sang ao telefone, ele pôde ouvir a indignação em seu tom de voz. "Por que você não me telefonou antes?", disse Mi-ran. "Poderíamos ter lhe dado ajuda."

Ele se sentiu um tolo. Estava na Coreia do Sul havia quase um ano, período em que andou a esmo, desesperadamente perdido e solitário. Poderia ter recorrido a um amigo, particularmente a uma velha amiga que o conhecia e compreendia de onde ele vinha. Embora se sentisse magoado, na condição de homem que levara o fora sem aviso prévio, ele acabou pedindo desculpas.

Agora ele consultava a hora a todo momento em seu celular — ninguém que ele conhecia usava relógio de pulso. Perguntava-se se não teria tomado a linha errada de metrô ou se estava esperando na saída errada da estação. Ainda se confundia com todas as linhas de metrô e suas sempre crescentes conexões a partir do centro de Seul, cada estação maior que a outra, com intermináveis corredores azulejados e múltiplas saídas indistinguíveis umas das outras. Aquela ficava num bairro novo de apartamentos onde Mi-ran disse que sua mãe morava. Jun-sang esquadrinhou a calçada para ver se reconhecia alguém na multidão que vinha em sua direção. Era um dia claro daquele breve e perfeito interlúdio entre o verão úmido e o inverno. As calçadas estavam apinhadas, principalmente de mulheres, já que era dia de semana e a maioria das mulheres sul-coreanas não trabalha depois de ter filhos. Jun-sang observava as mulheres de calças jeans apertadas, tagarelando com seus celulares com brinquedinhos felpudos pendurados. Algumas empurravam carrinhos de bebê que deviam custar tanto quanto bicicletas. Os carrinhos eram praticamente desconhecidos na Coreia do Norte — crianças que não sabiam andar eram atadas às costas das mães com longas tiras de pano. Jun-sang se perguntava se Mi-ran era como aquelas donas de casa folgadas. Num fugaz momento de pânico, temeu ter passado por ela sem reconhecê-la. Então ouviu seu nome e girou o corpo, aturdido.

"Faz tempo que está esperando?", disse Mi-ran, baixando o vidro do seu carro.

Jun-sang ainda era sensível ao imaginário hollywoodiano. Durante anos ele tinha antecipado seu reencontro com ela e não abrira mão totalmente da cena do casal correndo um em direção ao outro numa plataforma de trem envolta em brumas. Tinha imaginado todo tipo de cenário, mas eles nunca incluíam um carro — muito menos um carro com Mi-ran ao volante.

Ela estava parada na faixa de ônibus e se inclinou para abrir a porta do passageiro, acenando para que ele entrasse. Falou depressa, desculpando-se pelo atraso, culpando o trânsito, explicando que não conseguira lugar para estacionar. Mantinha os olhos na avenida, enquanto os dele não desgrudavam dela. Seus traços eram os mesmos — ele agora não acreditava que chegara a pensar que não a reconheceria. Talvez, porém, ela não estivesse tão radiante quanto ele a recordava, ou talvez sua beleza tivesse sido amplificada pelos anos de saudade. Sua pele traía o desgaste de ser mãe de uma criança de um ano; a maquiagem mal disfarçava algumas espinhas em torno do queixo. Ele detectava nela os sinais da *ajumma*. Estava vestida com uma saia de babados cor de damasco e uma blusa folgada de mangas curtas. A roupa era complicada, como sua vida; a simplicidade da meninice desaparecera havia muito tempo.

"Você está tão calma", ele rompeu o silêncio.

"Não, não. Estou nervosa por dentro", respondeu ela.

Rodaram até um restaurante tranquilo nos arredores da cidade. Começaram com perguntas educadas sobre as famílias, mas não havia assunto que não desembocasse em tragédia. Jun-sang não ousou perguntar sobre as irmãs dela. Ouvira falar que tinham sido presas. E ela não conseguiu perguntar sobre os pais dele, a quem talvez ele não voltasse mais a ver. Logo acabaram chegando ao assunto da partida abrupta de Mi-ran. À medida que falavam, ele sentia a raiva crescer.

"Você poderia ter tentado me mandar uma pista", disse ele.

Ela protestou que não estava segura na época de estar desertando — podia ser apenas uma excursão à China para encontrar parentes — e, mesmo sem acreditar plenamente nela, ele se sentiu melhor ao ouvir isso.

Ela ficou sabendo que ele não estivera em Chongjin em outubro de 1998, quando ela partiu — o vislumbre que ela pensou que teve dele na rua foi mero produto da sua imaginação.

"Se era para vir para a Coreia do Sul, por que você não veio mais cedo?", ela perguntou.

Jun-sang não soube o que responder. Àquela altura da conversa, Mi-ran estava chorando e o que estava subentendido em suas palavras era claro. Ela estava casada e tinha um filho. Era tarde demais.

Conforme os meses foram passando, a novidade de terem redescoberto um ao outro se exauriu. Quando conversávamos, um deles frequentemente soava exasperado com o outro. Jun-sang se queixava de modo rabugento que Mi-ran já não era tão linda como antes. Mi-ran prometera apresentá-lo a algumas mulheres, mas nunca o fazia. Quando eles se comunicavam, era por e-mail ou mensagem de texto no celular. A gratificação imediata da comunicação moderna matou um pouco da mágica entre eles. Seu relacionamento tinha florescido nas condições adversas da Coreia do Norte. As emoções, de algum modo, significavam mais quando eram escritas à mão em preciosos pedaços de papel e transportadas em trens vagarosos e sem combustível.

"Agora que posso telefonar para ele quando quiser ou mandar uma mensagem de texto, não estou tão interessada", admitiu Mi-ran. "Para mim é difícil entender agora por que passei tantos anos obcecada por esse sujeito."

A inversão no status social deles não ajudou. Na Coreia do Norte, Jun-sang tinha a melhor posição de classe, o dinheiro, os vistosos suéteres japoneses, a educação em Pyongyang. Agora ele se via sem dinheiro e sem contatos. Sua instrução norte-coreana era inútil na Coreia do Sul. Tudo o que aprendera sobre ciência e tecnologia era obsoleto. Não tinha nenhuma perspectiva imediata de uma boa carreira e era obrigado a viver de bicos, como entregar comida numa bicicleta motorizada. Durante suas entregas, um dia, foi atropelado por um táxi. Levantando do asfalto e não percebendo nenhum grande estrago em si mesmo nem na bicicleta, seguiu em frente. Quando voltou ao restaurante e contou o que acontecera, seu patrão caiu na gargalhada. Se Jun-sang não fosse um novato tão simplório, teria arrancado algum dinheiro de indenização do taxista.

Jun-sang deu de ombros. Não se deixava importunar pelas pequenas provocações dos sul-coreanos. Sua autoconfiança era muito profunda. Nunca sucumbia à autocomiseração e nunca expressava arrependimento por ter desertado, embora temesse não voltar a ver seus pais. Extraía enorme satisfação das mínimas liberdades de sua nova vida. Vestia-se de jeans precisamente porque não pudera fazer isso na Coreia do Norte. Deixou o cabelo crescer até os ombros. ("Sempre foi meu sonho ter o cabelo comprido. Eu achava que tinha de fazer isso antes dos quarenta para não parecer um fracassado", ele me disse.) Lia vorazmente. Na Coreia do Norte, tinha conseguido obter um arremedo de educação em ciências humanas, mas havia lacunas. Eu frequentemente lhe dava livros para ler. Seu favorito era uma tradução de *1984*. Ele achava espantoso o modo como George Orwell tinha compreendido tão bem a linha norte-coreana de totalitarismo.

Encontramo-nos para almoçar num dia de janeiro de 2010 no Lotte World, um enorme complexo de comércio e entretenimento no extremo sul de Seul. Era uma tarde de domingo pouco antes do Ano-Novo lunar e o lugar estava apinhado. Abrimos caminho na multidão, à procura de um local para conversar, até que encontramos lugares num sushi bar de mesa giratória, então a última moda na Coreia do Sul. Quando pegávamos nosso sushi na esteira de pratos, Jun-sang me contou que tinha voltado à escola para obter uma licença de farmacêutico, um meio razoavelmente rápido de se estabelecer numa nova profissão. Durante as férias escolares, ele instalou sistemas de ventilação num canteiro de obras no subúrbio. Aquilo parecia uma escolha estranha para alguém com a sua formação, ele admitia. Suspeitei que ele estaria fazendo alguma coisa diferente quando voltássemos a nos encontrar.

Refugiados norte-coreanos muitas vezes acham difícil se estabelecer. Não é fácil para alguém que escapou de um país totalitário viver no mundo livre. Os refugiados têm que redescobrir quem são num mundo que oferece possibilidades infinitas. Escolher onde morar, o que fazer, até mesmo que roupas vestir de manhã é um problema inclusive para quem está acostumado a fazer escolhas; pode ser algo inteiramente paralisante para pessoas que durante a vida toda haviam se submetido às decisões tomadas pelo Estado.

Os refugiados também se atormentam com a impermanência de sua situação. Muitos deles, se não a maioria, desejariam retornar à Coreia do Norte. A maior parte fugiu com a convicção de que o regime de Kim Jong-il estava à beira do colapso e que eles voltariam em poucos anos a uma Coreia do Norte livre. Era uma suposição razoável. Em meados dos anos 1990, na esteira da morte de Kim Il-sung e da dissolução da União Soviética, era praticamente um consenso na área da política externa que o fim era iminente. Quem visita Pyongyang e tira fotos dos monumentos imponentes, dos soldados marchando a passo de ganso e dos painéis socialistas kitsch invariavelmente se admiram de que o lugar tenha sobrevivido até o século XXI. "Veja enquanto não acaba" é como uma agência de viagens apregoa suas excursões à Coreia do Norte.

Se a persistência da Coreia do Norte é uma curiosidade para o resto do mundo, é uma tragédia para os norte-coreanos, mesmo para aqueles que conseguiram escapar. Jun-sang não tem chance alguma de ver seus pais, que estão entrando na faixa dos setenta, a menos que o regime desmorone enquanto eles estão vivos. Se isso acontecer, ele diz que gostaria de voltar à Coreia do Norte para fazer alguma coisa que ajude a reconstruir seu país. Desde o nascimento de seu segundo filho, uma menina, em 2007, Mi-ran vem se empenhando para conseguir um diploma em educação na esperança de poder desempenhar um papel na reforma do sistema escolar norte-coreano se o país se abrir. Ela sabe também que a única esperança para suas irmãs é conseguir manter-se vivas até o dia em que os campos de trabalho sejam abertos e prisioneiros políticos com penas longas ganhem a liberdade. Até lá, pouco podem fazer além de esperar.

Epílogo
À espera

Um ponto de ônibus na avenida principal de Chongjin, 2008.

Durante os cinco anos que passei em Seul como correspondente do *Los Angeles Times*, compareci a numerosos jantares com colegas jornalistas, diplomatas e acadêmicos. Invariavelmente a conversa caía na Coreia do Norte, com os participantes especulando sobre quando o regime de Kim Jong-il iria desabar.

A persistência do regime norte-coreano é um verdadeiro mistério para muitos observadores profissionais da Coreia do Norte. Durante os anos 1990, o colapso iminente era um consenso quase indiscutível. ("O colapso iminente da Coreia do Norte" era o título de um artigo opinativo do renomado estudioso da Coreia do Norte Nicholas Eberstadt, publicado em junho de 1990.) Contra todas as probabilidades, a Coreia do

Norte sobreviveu à queda do Muro de Berlim, ao esfacelamento da União Soviética, às reformas de mercado na China, à morte de Kim Il-sung, à crise de escassez de alimentos dos anos 1990 e a dois mandatos de George W. Bush na presidência dos Estados Unidos. Bush incluiu a Coreia do Norte no famigerado "eixo do mal" junto com o Irã e o Iraque, e insinuou que mandaria Kim Jong-il passear, como fez com Saddam Hussein. No entanto, em 2010, Bush tinha passado e Kim Jong-il ainda estava no poder, mesmo com a saúde debilitada. Último dos ditadores do século XX, era um anacronismo ambulante.

Kim governava seu país como se estivesse em plena Guerra Fria, produzindo propaganda bombástica em profusão, proibindo visitas da maioria dos estrangeiros, ameaçando inimigos reais e imaginários com mísseis e armas nucleares. A Coreia do Norte realizou dois testes nucleares, em 2006 e 2009. Quase duas décadas de diplomacia da parte de sucessivas administrações norte-americanas fracassaram no intento de produzir um acordo pelo qual a Coreia do Norte desistisse de seus programas de armamentos em troca do reconhecimento diplomático pelos Estados Unidos e de um acordo permanente sobre o resultado da Guerra da Coreia.

No momento da redação deste livro, as tensões com o Sul são maiores do que vinham sendo desde o início dos anos 1990. Em 26 de março de 2010, uma explosão despedaçou um barco de patrulha sul-coreano, o *Cheonan*, no mar Amarelo. Quarenta e seis marinheiros morreram. A Coreia do Sul anunciou em 20 de maio que investigadores encontraram evidências esmagadoras de que o barco foi atacado por um torpedo norte-coreano. Evitando retaliar mediante uso da força, a Coreia do Sul está cortando o que resta de sua ajuda econômica à Coreia do Norte. Em 2007, a eleição do conservador Lee Myung-bak à presidência sul-coreana pôs fim a uma década de intercâmbio econômico e cultural que era o orgulho da "política do raio de sol" de Kim Dae-jung. As excursões ao monte Kumgang, até então uma fonte importante de divisas para os norte-coreanos, foram suspensas em 2008 depois que a Coreia do Norte se recusou a pedir desculpas pela morte de uma turista sul-coreana, baleada aparentemente de modo acidental.

A disposição beligerante em Pyongyang anda de mãos dadas com a linha dura econômica. Décadas depois de o mundo comunista ter capitulado ao capitalismo, Kim Jong-il ainda tenta conduzir a economia do mesmo modo que seu pai fez nos anos 1950. O mínimo que se pode dizer é que ele está levando o país a um grande salto para trás, abolindo as reformas liberais que tinham permitido que pessoas como a sra. Song sobrevivessem.

Nos últimos anos, o Partido dos Trabalhadores emitiu uma sucessão de regras ridículas sem qualquer propósito evidente senão o de travar os mecanismos naturais da economia de mercado. Proibiram todos os ambulantes, com exceção de mulheres com mais de quarenta anos; todos os homens e mulheres mais jovens devem comparecer a seus empregos em fábricas estatais, não importando que as fábricas não tenham condições de pagar salários. Há crescentes restrições quanto ao que pode ser comprado e vendido. Uma polícia especial ronda os mercados e confisca todos os produtos ilegais. Junto com o arroz e o milho, também a soja foi banida do mercado, sob a alegação absurda de que poderia ser levada para a China e revendida ao inimigo sul-coreano. O partido decretou proibições contra artigos de perfumaria chineses (alegando que causam pústulas) e lanches e petiscos chineses (alegando que causam indisposições estomacais). As roupas mais modernas trazidas da China foram proibidas como demasiado espalhafatosas e antissocialistas.

Quando não havia uma desculpa plausível, o partido dizia simplesmente que as pessoas não deveriam comprar produtos "made in China" porque precisavam prestigiar as mercadorias norte-coreanas. "Espera-se que compremos produtos norte-coreanos, em vez de chineses. Mas a Coreia do Norte não faz coisa alguma — vem tudo da China —, de modo que não há nada para comprar", disse um frustrado empresário norte-coreano que entrevistei na China em 2009. "Nosso general quer nos levar de volta ao socialismo tal como este costumava ser."

Até recentemente, as pessoas conseguiam ludibriar a polícia, mantendo debaixo da mesa as coisas proibidas, ou escondendo seus utensílios antes de uma inspeção. Mas isso mudou no final de 2009, quando o Partido dos Trabalhadores acionou sua artilharia pesada. Em 30 de novembro, o partido anunciou que tornaria sem valor todo o dinheiro em circulação e emitiria novas cédulas. A razão oficial era coibir a inflação tirando dois zeros do won, que na época estava cotado a 3500 por dólar, com o objetivo de "fortalecer a moeda nacional e estabilizar a circulação monetária", conforme explicou uma autoridade do Partido dos Trabalhadores. Na verdade era um truque. O regime norte-coreano queria confiscar o dinheiro que tinha sido acumulado pelas pessoas que operavam no mercado. As novas regras impediam que as pessoas trocassem mais do que 100 mil wons pela nova moeda, o que significava que ninguém teria mais do que o equivalente a trinta dólares em seu nome.

O regime norte-coreano utilizara o mesmo estratagema monetário cinco vezes antes, a mais recente em 1992, mas dessa vez as pessoas que vinham atuando nos mercados tinham acumulado alguma poupança, de modo que o que existia de uma nascente classe média foi liquidado da noite para o dia.

"Não sei como explicar. Era como se a cabeça fosse explodir. Em um dia todo o seu dinheiro tinha evaporado. Teve gente que foi parar no hospital em estado de choque", disse-me uma garota de dezessete anos de Musan em março, quando eu estava no lado chinês da fronteira entrevistando recém-chegados da Coreia do Norte. A garota cruzara a fronteira três semanas antes.

Junto com a troca de moeda, o Partido dos Trabalhadores ordenou o fechamento de todos os mercados e proibiu o uso de moeda estrangeira. Dessa vez as pessoas ficaram tão furiosas que houve resistência. A polícia encarregada de fechar mercados entrou em choque com ambulantes. Em vez de devolver suas cédulas tornadas inválidas, algumas pessoas as jogaram nas latrinas, atiraram no mar ou espalharam pelas ruas — em parte para se livrar da evidência de que tinham acumulado dinheiro e em parte para expressar sua indignação. Um homem de Chongjin que queimou suas notas desvalorizadas foi executado por traição, por ter, no processo, posto em chamas o retrato de Kim Il-sung que aparecia em algumas cédulas.

Foi dito às pessoas que elas teriam condições de comprar tudo o que precisavam a preços muito reduzidos nos armazéns estatais; supostamente, o arroz, que antes custava 2500 wons, estaria disponível por 25 wons com a nova moeda. Mas os armazéns estatais não tinham nem arroz, nem milho, nem farinha, nem óleo de cozinha para vender.

Com os mercados fechados, só havia comida disponível com um punhado de ambulantes que vendiam em becos escondidos, e os preços eram exorbitantes. Um quilo de arroz atingia o equivalente a duas semanas de salário. Um simples ovo custava o salário de uma semana. Os preços às vezes dobravam ou triplicavam num único dia, e as taxas de câmbio flutuavam tão violentamente que o comércio exterior foi paralisado devido à confusão.

No intervalo de poucas horas, a taxa de câmbio no Hotel Koryo, onde a maior parte dos homens de negócios ficava em Pyongyang, oscilava entre 41 e 120 wons por euro. Dependendo da taxa que a pessoa obtinha, uma xícara de café no hotel custava qualquer coisa entre onze e 32 dólares. Quase todos os restaurantes e lojas de Pyongyang estavam fechados. Alguns dos poucos negócios estrangeiros funcionando na Coreia do Norte ameaçavam deixar o país. A economia, em suma, tinha entrado em colapso.

No final de dezembro de 2009, o Partido dos Trabalhadores foi obrigado a revogar sua proibição dos mercados, e em fevereiro seguinte emitiu um raro pedido público de desculpas do premiê Kim Yong-il (não confundir com Kim Jong-il), que teria admitido que a reforma monetária fora implementada sem "preparação suficiente" e que o partido lamentava ter causado "grande sofrimento ao povo". Para enfatizar o pedido de desculpas, o regime encontrou um bode expiatório no diretor de Planejamento e Finanças, Pak Nam-ki, um militante leal do partido, de 72 anos, que tinha sido fotografado frequentemente com Kim Jong-il. Segundo relatos, ele foi executado por um pelotão de fuzilamento num estádio de Pyongyang em meados de março.

Apesar de todos os lamentos, era impossível desfazer o estrago realizado. Comerciantes chineses relutavam em vender sem receber dinheiro adiantado, mas seus parceiros norte-coreanos não tinham dinheiro algum. Norte-coreanos que conheci em março perto da fronteira disseram que a comida estava mais escassa do que em qualquer momento dos anos 1990 em diante. O colapso da economia foi agravado por uma colheita pobre, o que era, em parte, resultado das decrescentes contribuições da Coreia do Sul em fertilizantes e sementes.

"A situação é intolerável. As pessoas estão passando fome de novo", ouvi de uma sexagenária falante de Musan, que se apresentou como Li Mi-hee. Ela atravessara a fronteira para a China em meados de dezembro, duas semanas depois da mudança monetária, mas falava regularmente com seu filho adulto que tinha um celular chinês ilegal. "Não é como nos anos 1990, quando a comida desapareceu gradualmente. De um dia para outro tudo desmoronou. Ninguém reclamava naquela época, mas agora as pessoas estão se queixando."

Um amigo meu que viaja regularmente à cidade norte-coreana de Rajin, uma zona de comércio especial ao norte de Chongjin, disse que os mercados não tinham arroz, nem verduras, nem frutas, nem milho, só uma pequena quantidade de farinha, quando ele esteve lá, no início de março. Uma autoridade para quem ele sempre traz uma garrafa de uísque escocês dessa vez aceitou o presente, mas decepcionado. "Na próxima vez traga arroz em vez de uísque."

O fiasco econômico não poderia ter vindo num momento mais delicado para o regime norte-coreano. Kim Jong-il está tentando empreender sua manobra mais ousada até agora: a instauração de seu filho caçula como seu sucessor. Kim Jong-un, que nasceu em 1982 ou 1983, é um enigma até mesmo para os padrões norte-coreanos — uma figura tão desconhecida, no momento em que escrevo, que provavelmente poderia caminhar pelas ruas de Pyongyang sem ser reconhecido. O Partido dos Trabalhadores começou a apresentar Kim Jong-un (ou pelo menos a ideia dele, já que nunca apareceu em público) no final de 2009, e quadros do partido em Pyongyang foram convocados para a celebração de seu aniversário, em 8 de janeiro de 2010. Espera-se que retratos dele sejam pendurados nas paredes junto aos de seu pai e de seu avô à medida que o ano for avançando.

A sucessão foi acelerada por conta do obviamente precário estado de saúde de Kim Jong-il. Um derrame em 2008 o deixou com um braço parcialmente paralisado, e segundo consta sofre de doença renal e, possivelmente, diabetes e câncer. Uma mulher de cinquenta anos de Hamhung que entrevistei em março durante minha viagem à fronteira disse que ouvira falar de Kim Jong-un numa palestra ideológica. "O que aprendi na sessão de instrução é que ele é muito jovem, com menos de trinta anos, e por ser tão jovem as pessoas dizem que ele será mais esperto e trará novas perspectivas." Outros se mostraram menos confiantes. "O que podemos esperar de Kim Jong-un, se seu pai governa tão mal o país que seu povo morre de fome?", disse Li Mi-hee, a mulher de Musan.

Quando a Coreia do Norte tem escassez de comida, o regime alimenta a população com mais propaganda. Em Pyongyang, jovens quadros do partido postam-se sob a luz baça da iluminação pública murmurando as palavras que precisam decorar do discurso de Ano-Novo de Kim Jong-il sobre seus planos de melhorar o padrão de vida do povo. Cartazes exortando as pessoas a trabalhar mais duro para desenvolver a economia mediante uma "batalha de 150 dias" são seguidos por uma nova campanha por uma "batalha de cem dias" exortando a sacrifícios ainda maiores em prol do país.

Diziam-lhes que seu trabalho duro seria recompensado em 2012, quando a Coreia do Norte celebraria o centenário de nascimento de Kim Il-sung. A linha de argumentação da propaganda era de que em 2012 a Coreia do Norte seria uma "nação forte e próspera". As pessoas, no entanto, estão céticas. "Eles dizem que as coisas vão melhorar, que as pessoas viverão bem em 2012, mas faço as contas — são apenas dois anos — e me pergunto como será possível melhorar se as pessoas estão morrendo de fome agora?", disse uma mulher de 28 anos, dos arredores de Pyongyang, que fugiu para a China em 2009.

Na época da minha última viagem à Coreia do Norte, no final de 2008, a campanha por 2012 já havia começado. Em Pyongyang, fiquei surpresa ao ver meia dúzia de novos edifícios em construção e outros cercados de andaimes, em restauro. O som de serras elétricas e britadeiras enchiam o ar. Não era nada, em comparação com outras capitais asiáticas onde a paisagem urbana está em perpétuo estado de reinvenção, mas mesmo assim era notável para Pyongyang, uma cidade que parece ter empacado nos anos 1960. Com exceção de alguns monumentos aos líderes, virtualmente nada de novo tinha sido construído em Pyongyang em décadas. Meu guia disse que 100 mil novas unidades de moradia seriam concluídas até 2012. O Grande Teatro de Pyongyang, que apresenta óperas revolucionárias, também está sendo restaurado. O mais antigo e mais elegante dos cinemas da cidade, o Cine Taedongmun, já passou por uma restauração. O mais espantoso é que a fachada do mais notório monstrengo de Pyongyang, o Hotel Ryugyong, em forma de pirâmide, com 105 andares, estava sendo restaurada. A construção dele tinha sido interrompida umas duas décadas antes, por falta de dinheiro. O conglomerado egípcio Orascom concordou em assumir o projeto como parte de um acordo de 400 milhões de dólares para instalar uma rede de telefonia móvel. A rede agora está funcionando e, embora os telefones só possam ser usados para ligações locais, isso significou um grande avanço da Coreia do Norte rumo ao século xxi.

A semana de setembro em que estive em Pyongyang foi de calor, e vi várias mulheres calçando ousadas sandálias de salto alto. Vi também pela primeira vez uma mulher de meia-idade que estava acima do peso — não chegava nem perto do padrão americano de obesidade, mas era uma visão estranha o bastante para que eu sacasse a câmera e tentasse fazer uma foto antes que ela virasse a esquina.

Diz-se com frequência que Pyongyang é uma cidade-vitrine, um cenário elaborado para iludir forasteiros. Um visitante estrangeiro topará com pessoas suspeitosamente bem vestidas, posando em várias situações improváveis — por exemplo, moças com bochechas brilhantemente rosadas em trajes tradicionais sentadas em bancos de concreto sob a estátua de Kim Il-sung, simulando estar lendo livros. Leva um momento para percebermos o que está errado no quadro. Uma vez vi uma delegação de soldados em uniformes impecáveis aproximar-se da estátua com uma coroa de flores. Quando eles se curvaram para demonstrar respeito, as calças se ergueram o bastante para revelar que não estavam usando meias. Tem havido uma escassez crônica de meias no Exército.

Em outra viagem que fiz a Pyongyang antes, em 2008, como parte da delegação que acompanhava a Filarmônica de Nova York, a cidade estava iluminada como se fosse Natal. Holofotes banhavam a praça Kim Il-sung e grinaldas de luzinhas brancas iluminavam as ruas principais. A delegação de mais de trezentas pessoas, entre músicos e jornalistas, ficou no Hotel Yanggakdo (geralmente apelidado de "Alcatraz" por sua localização numa ilha no rio, o que impede os turistas de sair para dar uma volta). Embora fosse fevereiro e estivesse gelado do lado de fora, os quartos eram tão superaquecidos que éramos obrigados a ficar só de camiseta. Uma sala de imprensa tinha sido instalada, com acesso à internet. O jantar foi um banquete de salmão, siri gratinado, cordeiro, faisão fatiado e bolinhos de chocolate de estilo vienense. A mesa do bufê do café da manhã era decorada com esculturas de gelo e melões entalhados e ocupada por uma generosa gama de alimentos — talvez um pouco bizarra, mas vistosa. Até mesmo os jornalistas mais cínicos entre nós ficaram com a impressão de que a Coreia do Norte estava em ascensão, recuperando-se firmemente da árdua marcha dos anos 1990.

Fomos logrados, claro. Era um lampejo, um breve interlúdio de luz no país sombrio e disfuncional que é a Coreia do Norte. Depois que a Filarmônica e sua comitiva partiram, a internet desapareceu. As luzes se apagaram. Na semana que se seguiu ao concerto, falei ao telefone com o representante do Programa Mundial de Alimentos da onu em Pyongyang, Jean-Pierre de Margerie, que me disse: "Tão logo vocês se foram, ficou de novo escuro como o breu".

O Programa Mundial de Alimentos, que tem a maior presença na Coreia do Norte entre as várias agências de ajuda, faz uma avaliação sombria da situação econômica ali. Uma pesquisa em 250 lares norte-coreanos, realizada no verão de 2008, constatou que dois terços deles ainda complementavam sua alimentação colhendo matos e ervas no campo. A maioria dos adultos não almoçava por falta de comida. Quando indagados sobre onde obteriam sua próxima refeição, os entrevistados respondiam que não sabiam ou ofereciam respostas vagas, como "Espero que meus parentes que vivem numa fazenda cooperativa me entreguem algumas batatas esta noite", de acordo com De Margerie. Alguns dos entrevistados choravam durante o questionário.

Agências da onu descrevem uma população que se mantém subnutrida há anos. "Professores relatam que as crianças carecem de energia e estão defasadas em seu desenvolvimento social e cognitivo. Trabalhadores são incapazes de fazer render seu dia de trabalho e levam mais tempo para cumprir suas tarefas", escreveu em outro relatório um grupo de agências de ajuda norte-americanas em 2008. Equipes hospitalares relataram que estão verificando aumentos de 20% a 40% em distúrbios digestivos causados por má nutrição.

Tão logo se sai de Pyongyang, a Coreia do Norte real fica visível, ainda que pelas janelas de ônibus ou carros em movimento veloz. Nem mesmo funcionários de agências de cooperação alocados em Pyongyang têm permissão para sair da cidade sem uma escolta. Em setembro de 2008, numa excursão a Nampo (a cidade da costa oeste onde Mi-ran viu seu primeiro cadáver), observei pessoas que pareciam desabrigadas dormindo na grama ao longo da avenida principal. Outras estavam de cócoras, de cabeça baixa, aparentemente sem outra coisa para fazer às dez horas da manhã de um dia de semana. Caminhando descalço pela calçada vinha um menino de uns nove anos de idade, vestindo uma jaqueta de uniforme que chegava até os joelhos. Foi a primeira vez que vi uma das famigeradas andorinhas errantes, os *kochebi*.

Ao longo dos quarenta quilômetros rodados entre Pyongyang e Nampo houve muitas evidências do quanto a população saudável da Coreia do Norte era recrutada para a produção de comida. Funcionárias de escritório de meia-idade eram conduzidas ao campo, levando a tiracolo, de um lado, suas bolsas femininas e, do outro, pás. À margem da estrada, pessoas idosas vasculhavam de joelhos o capim à procura de plantas comestíveis. O campo fedia a esterco humano, que ainda é utilizado em lugar de fertilizante químico. Havia poucos veículos motorizados nos campos. Caminhões arrotando fumaça pareciam ter sido modificados para usar lenha e sabugos de milho como combustível, em vez de gasolina. Pessoas carregavam enormes sacas às costas, caminhando arqueadas ao longo dos trilhos enferrujados de ferrovias que claramente não eram usadas havia anos.

Várias das pessoas cujas vidas acompanhei neste livro conseguem contatar ocasionalmente suas famílias em Chongjin por meio de telefones ilegais em Musan, Hoeryong e outras cidades de fronteira que captam sinais chineses. A maioria delas vem mandando dinheiro por intermediários na China e, pelo menos até a última reforma monetária, as famílias de desertores estavam entre as pessoas mais ricas de seus bairros. "Meu marido diz que agentes de segurança sempre chegam procurando alguma coisa. Aparecem até para fazer a barba, pois sabem que ele é o único que tem aparelho de barbear", Oak-hee me contou.

Mas a reforma monetária extinguiu o que essas famílias tinham conseguido poupar. "A vida era dura antes, mas ficou muito mais dura depois", disse a sra. Song quando a encontrei em janeiro de 2010, seis semanas depois da revalorização da moeda. Ela e outros como ela temiam que a instabilidade política na Coreia do Norte e o consequente desespero pudessem levar a retaliações contra as famílias dos desertores.

O fosso crescente entre ricos e pobres levou a uma elevação da criminalidade. Chongjin assistiu a numerosos homicídios horríveis. O marido da segunda filha da sra. Song trabalhou como vigilante da ferrovia até 2006, quando ele e a mulher foram para a Coreia do Sul a convite de Oak-hee. Na época de sua deserção havia tantos ladrões furtando comida dos armazéns da ferrovia que os guardas receberam armas carregadas e ordens de atirar para matar. Regras similares valem para os estreitos pedaços de terra ao longo dos trilhos, onde é produzido milho para as famílias dos ferroviários. Chongjin também tem um problema surpreendentemente grande com drogas por causa do acesso generalizado ao "ice", ou metanfetamina cristalizada, que é produzida em pequenas fábricas e vendida na cidade e na fronteira com a China. É ao mesmo tempo barata e inibidora do apetite, o que a torna uma droga condizente com o estilo de vida norte-coreano.

Chongjin não experimentou o breve surto de novas construções que observei em Pyongyang. Exceto por um par de postos de gasolina ao longo da avenida principal, nada de significativo foi construído no centro durante anos. O prédio mais novo é uma espalhafatosa estrutura cor-de-rosa erigida no final dos anos 1990 para abrigar uma exposição permanente de Kim-jongilia, uma flor batizada em homenagem ao Querido Líder. Fachadas ao longo da Estrada Nº 1 foram repintadas em tons pastel de verde e pêssego, mas as cornijas estão se despedaçando — um perigo constante para os pedestres que passam embaixo. Novos cartazes afixados em intervalos regulares ao longo da estrada alardeiam o último slogan do governo sobre a reconstrução da economia: *kyungjae jeonsun*, a linha de frente econômica. Alguns anos atrás, restaurantes particulares começaram a operar no interior de edifícios vazios que no passado abrigavam restaurantes ou empresas estatais, alguns deles com clubes de caraoquê, mas a maioria fechou desde então.

"Chongjin parece uma cidade que retrocede no tempo. Tudo se encontra dilapidado e parece que está piorando", disse Anthony Banbury, diretor regional para a Ásia do Programa Mundial de Alimentos, que visitou a cidade em 2008. "Na maioria das fábricas não há sinal de atividade. Não mais do que uma chaminé a cada oito ainda emite fumaça."

Desesperado por moeda estrangeira, o regime permitiu a entrada de um punhado de visitantes em Chongjin nos últimos anos, geralmente quando estão a caminho do monte Chilbo, um ponto turístico mais ao sul. Os estrangeiros não ficaram impressionados. Um amigo europeu que visitou a cidade em 2010 descreveu Chongjin como uma cidade de "incrível miséria". Equipes de trabalho que incluíam idosos e crianças estavam construindo uma avenida no centro da cidade; meu amigo observou-os trabalhando das cinco da manhã até tarde da noite, carregando pedras pesadas e despedaçando-as com martelos até se transformarem em cascalho. "É exatamente como assistir a um filme sobre trabalho forçado de prisioneiros", disse ele.

Eckart Dege, um geógrafo alemão que contribuiu generosamente com fotografias para este livro, testemunhou o mesmo tipo de trabalho manual numa viagem de 2008 na estrada para Kyongsong, onde Mi-ran e Jun-sang cresceram. "Havia milhares e milhares de pessoas transportando terra das montanhas em pás e despejando-a em pequenos montes, como se elas estivessem construindo as pirâmides", disse Dege. Dentro da cidade, ele também notou o número incomum de pessoas acocoradas numa posição que é quase emblemática da Coreia do Norte, joelhos dobrados contra o peito, equilibrando-se na parte da frente dos pés. "Em outros lugares do mundo as pessoas estão sempre fazendo alguma coisa, mas aqui elas simplesmente ficam de cócoras."

É um fenômeno norte-coreano que muita gente observou. Por falta de cadeiras ou bancos, as pessoas passam horas sentadas sobre os calcanhares, à beira das estradas, em parques, no mercado. Olham fixo para a frente, como se estivessem à espera — de um bonde, talvez, ou da passagem de um carro, de um amigo ou de um parente. Talvez não estejam esperando nada em particular, apenas esperando que alguma coisa mude.

Barbara Demick
julho de 2010

Agradecimentos

Minha mais profunda gratidão vai para os seis norte-coreanos cujos perfis foram traçados neste livro. Eles cederam generosamente seu tempo, suportaram perguntas indiscretas e reavivaram lembranças dolorosas, sem nenhum motivo senão o de ajudar a mim e aos leitores a compreenderem seu mundo. Sou grata também aos membros de suas famílias pela ajuda. Jinna Park merece um agradecimento especial por seu amor à linguagem e sua paciência para traduzir a maioria das entrevistas que entraram neste livro. O falecido dr. Jae Nam me apresentou as primeiras pessoas de Chongjin que conheci. Eu não poderia ter aprendido tanto sobre a Coreia do Norte sem a ajuda de uma mulher muito corajosa que vou chamar de K, que abriu mão de uma aposentadoria confortável nos Estados Unidos e que, apesar de sua idade avançada, trabalhou incansavelmente com seu marido em favor de refugiados norte-coreanos. Ela é uma das muitas pessoas cujos nomes deveriam ser mencionados aqui.

Além das pessoas apresentadas neste livro, houve muitos outros exilados norte-coreanos que ajudaram a preencher as lacunas a respeito de seu país: Joo Sung-ha de Dong-a Ilbo, que um dia escreverá seu próprio livro, Kim Do-seon, Kim Yong-il, Cho Myong-chol, Kim Hye-young e Kim Tae-jin.

Também contei com o trabalho de muitas organizações não governamentais dedicadas a questões norte-coreanas. A Bons Amigos, baseada em Seul, publica um excelente boletim sobre a Coreia do Norte. Lee Young-hwa, do Resgate do Povo Norte--Coreano, forneceu orientação e me indicou fotos e vídeos que enriqueceram as descrições de Chongjin. Outras fontes excelentes incluem Tim Peters, Michael Horowitz, Suzanne Scholte, Han Ki-hong do *Daily NK*, Sunny Han, reverendo Kim Young-shik, Chun Ki-won, Human Rights Watch e a Aliança de Cidadãos pelos Direitos Humanos na Coreia do Norte. A pesquisa de Do Hee-yun sobre prisioneiros de guerra e raptados me ajudou a apreender a história do pai de Mi-ran.

Entre as pessoas da comunidade de ajuda humanitária, desejo agradecer Katharina Zellweger, da Agência Suíça para o Desenvolvimento e a Cooperação; o agrônomo norte-americano Pil-ju Kim Joo; e, do Programa Mundial de Alimentos da onu, Jean-Pierre de Margerie, Gerald Bourke e Tony Banbury.

Especialistas em Coreia que foram extremamente generosos com seu tempo são Michael Breen e Scott Snyder, bem como Stephan Haggard, Marcus Noland, Nicholas Eberstadt, Bob Carlin e Leonid Pretov, Brian Myers, Daniel Pinkston, Donald Gregg, David Hawk e Brent Choi. Fui enormemente ajudada pelo pesquisador Andrei Lankov, cujos escritos são citados com frequência neste livro. Os colegas jornalistas Donald Macintyre e Anna Fifield mostraram-se tão obcecados quanto eu pela Coreia do Norte e dividiram comigo suas ideias e sua inspiração. Charles Sherman ofereceu constante incentivo a este projeto, assim como outros amigos e colegas em Seul, incluindo Jennifer Nicholson, Jennifer Veale, Scott Diaz, Sue-Lynn Koo, Patricio Gonzalez, Pascal Biannac-Leger, Lachlan Strahan e Lily Petkovska. Outros cujo trabalho na Coreia ajudou a formatar este livro foram Moon Il-hwan, Tim Savage, Paul Eckert, Jasper Becker, Choe Sang-hun, Kim Jung-eun, Donald Kirk e Bradley Martin, de quem o livro *Under the Loving Care of the Fatherly Leader* [Sob os cuidados amorosos do líder paternal] é citado frequentemente aqui. Chi Jung-nam e Lim Bo-yeon me acompanharam em muitas entrevistas com norte-coreanos.

Eu gostaria de agradecer às pessoas que forneceram fotos para este livro: Eckard Dege, um geógrafo que viajou a Chongjin e ao distrito de Kyongsong no outono de 2008; os fotógrafos Jean Chung e Eric Lafforgue; e os jornalistas Anna Fifield e Jonathan Watts. Jiro Ishimaru, da AsiaPress, me ajudou a rastrear fotografias de Chongjin tiradas por norte-coreanos sob grande perigo.

Entre aqueles cujas pesquisas entraram neste livro estão Lina Park Yoon, Park Ju-min, Hisako Ueno e Rie Sasaki. Howard Yoon foi de grande ajuda para formatar a proposta do livro.

Minhas amigas Julie Talen e Tirza Biron serviram de professoras de escrita, me ajudando a transformar um estilo aprendido em jornais diários em outro mais adequado a um livro. Sem Jim Dwyer, não sei se conseguiria publicar este livro. Margaret Scott e Terri Jentz conversaram comigo durante a concepção do livro e o processo de escrita. Outros que deram contribuições valiosas foram Gady Epstein, Molly Fowler, Ed Gargan, Eden Soriano Gonzaga, Lee Hockstader, Aliza Marcus, Ruth Marcus, Nomi Morris, Evan Osnos, Catherine Peterson, Flore de Preneuf, David Schmerler e Isabel Schmerler, Lena Sun, Jane von Bergen, Nicholas von Hoffman, Eric Weiner, Laura Wides-Munoz e Tracy Wilkinson. Muitos anos depois, ainda sou grata ao meu professor de redação da faculdade, o falecido John Hersey, que ensinou seus alunos de escrita de não ficção a buscar estruturas e modelos na obra de outros escritores. Seu próprio *Hiroshima* foi uma inspiração para mim, quando entrelacei as histórias das seis pessoas neste livro.

Tive a extrema sorte de encontrar como agente Flip Brophy, que saiu de uma forte gripe no Natal de 2006 para assumir este projeto e cujo apoio foi muito além do estrito dever profissional. Meus editores, Julie Grau e Celina Spiegel, compreenderam inteiramente o conceito do livro desde o primeiro dia. E Laura Van der Veer ajudou a pôr as peças no lugar.

Do *Los Angeles Times*, desejo agradecer Simon Li, que foi quem primeiro me contratou para cobrir a Coreia, e os editores Dean Baquet, John Carroll, Marc Duvoisin, Doug Frantz, Marjorie Miller e Bruce Wallace, que encorajavam o tipo de reportagem investigativa que me fazia ter orgulho de trabalhar para o jornal. Julie Makinen editou habilmente uma série de artigos sobre Chongjin que constituíram o germe deste livro. Mark Magnier, John Glionna, Valerie Reitman, Ching-ching Ni, Don Lee e David Pierson estavam entre os muitos colegas do *Los Angeles Times* que foram particularmente úteis.

Na Universidade de Princeton, onde passei a temporada 2006-7 como bolsista do Ferris Program no Conselho de Ciências Humanas, Carol Rigolot me deu um lugar para escrever na Henry House. Entre outros colegas, Lisa Cohen, Martha Mendoza, T. R. Reid e Rose Tang deram conselhos preciosos, junto com meus amigos da faculdade, Gary Bass, Maryanne Case, Gabe Hudson e Jeff Nunakawa.

Por fim, agradecimentos especiais a minha mãe, Gladys Demick, que, quando lhe contei que estava me mudando para a Coreia com seu único neto, ao invés de se queixar, respondeu: "Que oportunidade formidável!". Seu incentivo foi o alicerce da minha carreira. E a meu filho, Nicholas, que não pode se lembrar de nenhum momento em sua jovem vida em que ele não estivesse competindo com a Coreia do Norte pela minha atenção, e que deve ter me perguntado dezenas de vezes: "Ainda não acabou esse livro?" — posso finalmente responder sim.

Notas

Este livro é fundamentalmente uma história oral. Fiz o melhor que pude para confirmar os relatos de meus entrevistados mediante outras fontes e acrescentei informações obtidas em minhas próprias reportagens sobre a Coreia do Norte.

Fiz nove viagens à Coreia do Norte entre 2001 e 2008, três delas a Pyongyang e arredores; as outras foram para áreas logo ao norte da zona desmilitarizada, como o monte Kumgang, quando estava aberto aos turistas. No curso de minhas reportagens para este livro e para o *Los Angeles Times*, entrevistei aproximadamente cem desertores norte-coreanos, que, em sua maioria, vivem hoje na Coreia do Sul ou na China; mais ou menos metade deles era originalmente de Chongjin. Também examinei horas de vídeos feitos secretamente em Chongjin, alguns deles gravados pelos corajosos norte-coreanos Ahn Myong-chol e Lee Jun, que levavam câmeras escondidas em suas bolsas. Devo muito à organização Resgate do Povo Norte-Coreano, sediada em Osaka, por ter me permitido assistir ao material filmado, e a AsiaPress, por me conceder os direitos de reprodução dos stills. Além disso, uma excelente série de fotos de Chongjin e de Kyongsong feitas em 2008 pelo geógrafo alemão Eckart Dege mostrou-se muito útil para corroborar as descrições de meus entrevistados e para dar vida às paisagens e perspectivas.

1. DE MÃOS DADAS NO ESCURO [PP. 13-31]

O crédito pela expressão "Grande Vituperador" pertence ao especialista em Coreia do Norte Aidan Foster-Carter. "Great Vituperator: North Korea's Insult Lexicon", *Asia Times*, 26 de maio de 2001.

As ideias de Kim Jong-il sobre o cinema foram expostas em seu livro *On the Art of Cinema*. Pyongyang: Foreign Languages Publishing House, 1973. Seu amor pelos filmes se manifestou da forma mais extrema em 1978, quando ele providenciou o sequestro de sua atriz sul-coreana favorita, Choi Eun-hee, e de seu marido, Shin Sang-ok. Choi e Shin tinham se divorciado pouco tempo antes do sequestro — casaram-se de novo na Coreia do Norte atendendo à "sugestão" de Kim. Fizeram filmes para os estúdios norte-coreanos até 1986, quando fugiram para Viena. As memórias que eles escreveram juntos em 1987 sobre suas experiências é um dos poucos relatos em primeira mão a respeito de Kim Jong-il.

Para mais informações sobre o cinema na Coreia do Norte, ver Andrei Lankov, "The Reel Thing", em *North of the DMZ: Essays on Daily Life in North Korea*. Jefferson (NC): McFarland, 2007. Lankov cita um relatório de 1987 da rádio de Pyongyang atestando que o norte-coreano médio vai ao cinema 21 vezes por ano. Sociólogos sul-coreanos que entrevistaram refugiados descobriram que eles tinham ido ao cinema de quinze a dezoito vezes por ano. Os sul-coreanos vão ao cinema 2,3 vezes por ano em média, de acordo com Lankov.

Também escrevi sobre o cinema norte-coreano para o *Los Angeles Times* em 2008, quando acompanhei o Festival de Cinema de Pyongyang. "No Stars, No Swag, but What a Crowd!", *Los Angeles Times*, 11 de outubro de 2008.

2. SANGUE MANCHADO [PP. 32-54]

Os relatos da infância de Tae-woo vieram de entrevistas que realizei em 28 de fevereiro de 2008 com dois de seus amigos de infância que ainda moravam perto de Seosan, na Coreia do Sul.

O pano de fundo sobre a vida rural na Coreia do Sul antes da guerra foi extraído de Cornelius Osgood, *The Koreans and Their Culture*. Nova York: Ronald Press, 1951.

Dean Rusk escreveu sobre a fatídica divisão da Coreia em suas memórias *As I Saw It*. Nova York: W. W. Norton, 1990.

Para uma perspectiva sul-coreana sobre a guerra, uma fonte útil foi Bong Lee, *The Unfinished War: Korea*. Nova York: Algora Publishing, 2003.

O lugar onde Tae-woo foi capturado é conhecido alternadamente como Kumhwa ou Kimhwa. As descrições da área vêm das memórias de um ex-comandante das forças da ONU na Coreia: Matthew B. Ridgway, *The Korean War*. Nova York: Doubleday, 1967.

O soldado era o recruta de primeira classe dos Estados Unidos Gene Salay, que foi entrevistado pelo *Morning Call* (Allentown, Pensilvânia): "So This Is What It Feels Like to Die", entrevista a David Venditta, 27 de julho de 2003.

Uma fonte inestimável foram as memórias de outro soldado, chamado Huh Jae-suk, que escapou da Coreia do Norte em 2000.

Ele foi capturado por tropas chinesas em 1953, uma semana antes do pai de Mi-ran, no mesmo lugar, Kumhwa, e também trabalhou nas minas: Huh Jae-suk, *Nae ireumeun ttonggannasaekki-yeotta* [Meu nome era sujeira]. Seul: Won Books, 2008.

Informações e estatísticas sobre soldados sul-coreanos vêm do relatório do Subcomitê para a Ásia e o Pacífico do Comitê de Relações Internacionais da Câmara dos Deputados dos Estados Unidos: "Assuntos atuais de direitos humanos e sequestros internacionais", 27 de abril de 2006. O subcomitê ouviu extensivamente testemunhos de sul-coreanos que tinham sido prisioneiros de guerra na Coreia do Norte.

Entre muitas reportagens sobre esse assunto, particularmente útil foi "Hardly Known, Not Yet Forgotten, South Korean POWS Tell Their Story", Radio Free Asia, 25 de janeiro de 2007.

Entre outros livros sobre a Guerra da Coreia e a divisão das Coreias:

BLAIR, Clay. *The Forgotten War: America in Korea, 1950-1953.* Annapolis: Naval Institute Press, 1987.

HASTINGS, Max. *The Korean War.* Nova York: Simon & Schuster, 1987.

OBERDORFER, Donald. *The Two Koreas: A Contemporary History.* Nova York: Basic Books, 1997.

STUECK, William. *The Korean War: An International History.* Princeton (NJ): Princeton University Press, 1995.

As categorias relegadas à "classe hostil" na Coreia do Norte estão no "White Paper on Human Rights in North Korea", pp. 103-12, publicado em 2005 pelo Instituto Coreano pela Unificação Nacional, uma instituição financiada pelo governo sul-coreano. Foi preparado pela inteligência sul-coreana com base em testemunhos de refugiados. Kim Dok-hong, um dirigente partidário que acompanhou Hwang Jang-yop, até hoje a mais destacada autoridade do partido a ter desertado, contou-me numa entrevista de

2006 que as gravações eram mantidas num gigantesco depósito subterrâneo na província de Yanggang.

Descrições excelentes do sistema também podem ser encontradas nas seguintes obras:

HUNTER, Helen-Louise. *Kim Il-song's North Korea*. Westport (Connecticut): Praeger, 1999.

OH, Kongdan; HASSIG, Ralph C. *North Korea Through the Looking Glass*. Washington (DC): Brookings Institution Press, 2000.

SCALAPINO, Robert A.; LEE, Chong-sik. *Communism in Korea, Part II: The Society*. Berkeley: University of California Press, 1972.

O recrutamento de moças para trabalhar nas mansões de Kim Il-sung e Kim Jong-il era feito pela quinta divisão do Partido Central dos Trabalhadores. O relato mais crível do recrutamento de moças pelos *okwa* está nesta exaustivamente documentada história moderna da Coreia do Norte: Bradley Martin, *Under the Loving Care of the Fatherly Leader: North Korea and the Kim Dynasty*. Nova York: Thomas Dunne Books, 2004, pp. 198-202.

Sobre a migração do Japão para a Coreia do Norte, as estatísticas provêm de Yoshiko Nozaki, Hiromitsu Inokuchi e Kim Tae-young, "Legal Categories, Demographic Change and Japan's Korean Residents in the Long Twentieth Century", *The Asia-Pacific Journal: Japan Focus*, 10 de setembro de 2006.

A história pregressa da família de Jun-sang não é diferente da de Kang Chol-hwan, um ex-prisioneiro do gulag norte-coreano cuja família veio do Japão com sonhos semelhantes de construir uma nova pátria. Suas memórias são um dos mais conhecidos livros recentes sobre a Coreia do Norte: Kang Chol-hwan e Pierre Rigoulot. *The Aquariums of Pyongyang: Ten Years in the North Korean Gulag*. Nova York: Basic Books, 2002.

3. A FANÁTICA [PP. 55-80]

Chongjin é uma cidade com uma história oficial amplamente ficcional, devido ao desejo do governo de minimizar o papel dos japoneses em seu desenvolvimento. Sou grata a Andrei Lankov por ter me dado acesso a um ensaio não publicado, "The Colonial North", sobre aquela área remota. Kim Du-seon, um ex-funcionário do comércio de Chongjin que desertou em 1998, tornou-se o repositório informal na Coreia do Sul de informações sobre a cidade. Ele forneceu alguns detalhes de sua história e topografia.

A melhor fonte publicada sobre a história de Chongjin que encontrei é *Choson Hyangto Daebaekkwa*. Seul: Instituto para Assuntos da Paz, 2003.

Números precisos sobre população são difíceis de achar. O último censo norte-coreano foi realizado em 1993, e acredita-se que desde então a população declinou por causa das mortes durante a crise de escassez de alimentos, das deserções e da baixa taxa de natalidade. No momento em que escrevo, o Fundo Populacional e o Bureau Central de Estatísticas da ONU estão realizando um novo censo.

Informações sobre a ascensão de Kim Il-sung provêm de Dae-Sook Suh, *Kim Il-sung: The North Korean Leader*. Nova York: Columbia University Press, 1988.

O culto à personalidade que se desenvolveu em torno de Kim Il-sung é descrito com eloquência pelo historiador Charles Armstrong. Ele escreve: "O culto a Kim combinava imagens do familismo confuciano com stalinismo, elementos da adoração japonesa ao imperador e traços de cristianismo. O familismo confuciano, em particular a virtude da devoção filial (*hyo*), foi talvez o elemento mais distintamente coreano desse 'culto'". Charles K. Armstrong, *The North Korean Revolution, 1945-1950*. Ithaca: Cornell University Press, 2003, pp. 223-5.

Chongjin foi destruída em 65% por bombardeios aéreos durante a Guerra da Coreia, de acordo com um levantamento de danos causados por bombas preparado pela Força Aérea dos Estados Unidos na época do armistício. O general William Dean, na época um prisioneiro de guerra, descreveu as cidades que viu como "reduzidas a entulho ou a amplos espaços cobertos de neve". Conrad C. Crane, *American Airpower Strategy in Korea, 1950-1953*. Lawrence: University Press of Kansas, 2000, pp. 168-9.

Além de cinema, teatro, ópera e literatura, Kim Jong-il se apresentava como expert em jornalismo. Ver *The Great Teacher of Journalists: Kim Jong-il*. Pyongyang: Foreign Languages Publishing House, 1973.

Sobre as várias maneiras pelas quais os norte-coreanos espionam uns aos outros, ver Andrei Lankov, "Big Brother Is Watching", em *North of the DMZ*.

4. ESCURIDÃO [PP. 81-102]

Sobre a economia norte-coreana antes de 1990, o livro de Helen-Louise Hunter, *Kim Il-sung's North Korea*, contém informação abundante sobre os salários e auxílios que os norte-coreanos recebiam. A sra. Song me contou que as cifras correspondem ao que ela recorda.

O historiador Bruce Cumings escreve: "Um estudo interno da CIA reconheceu quase a contragosto várias realizações daquele regime: atenção compassiva às crianças em geral e aos órfãos de guerra em particular; 'mudança radical' na posição das mulheres; moradia genuinamente gratuita, assistência médica gratuita e medicina preventiva; e taxas de mortalidade infantil e de expectativa de vida comparáveis às dos países mais avançados, até a recente crise de escassez de alimentos". Bruce Cumings, *North Korea: Another Country*. Nova York: New Press, 2003, pp. ii-ix.

Bradley Martin, em *Under the Loving Care of the Fatherly Leader*, escreve: "Comparações feitas por analistas externos durante aquele período davam sustentação às afirmações de Kim. Um estudo mostra as Coreias do Norte e do Sul emparelhadas na época do armistício de 1953, com Produto Nacional Bruto per capita de 56 e 55 dólares, respectivamente. Em 1960, o Sul, com sessenta dólares, mal tinha avançado — enquanto o índice do Norte quase quadruplicara, chegando a 208 dólares. [...] Um artigo de 1965 de um acadêmico ocidental, intitulado "Milagre coreano", referia-se não à economia sul-coreana, mas à *norte-coreana*" (pp. 104-5).

Para mais informações sobre a economia norte-coreana, ver Nicholas Eberstadt, *The North Korean Economy: Between Crisis and Catastrophe*. New Brunswick (NJ): Transaction Publishers, 2007.

Os presentes para Kim Il-sung estão em exibição pública na Exposição da Amizade Internacional, um museu em Myohang, ao norte de Pyongyang. Quando o visitei, em 2005, dizia-se que havia 219 370 presentes para Kim Il-sung e outros 53 419 para Kim Jong-il. Ver uma matéria escrita por meu colega Mark Magnier no *Los Angeles Times*, Column One, "Nenhum presente é pequeno demais para eles: num museu-fortaleza, a Coreia do Norte exibe cada presente enviado aos Kims, de uma limusine dada por Stálin a brinquedinhos de plástico", 25 de novembro de 2005.

A citação da Agência Central de Notícias da Coreia do Norte foi difundida pela Reuters, 26 de setembro de 1992, "A Coreia do Norte nega com irritação notícias de tumultos por comida".

5. ROMANCE VITORIANO [PP. 103-22]

North of the DMZ, de Andrei Lankov (Parte 8: "Family Matters"), contém vários ensaios a respeito de sexo e namoro na Coreia do Norte.

No que diz respeito a tradições coreanas, o livro de Isabella Bird Bishop contém informações abundantes sobre atitudes em relação à mulher e à vida familiar. A edição original, de 1898, felizmente ainda está em catálogo. Isabella Bird Bishop, *Korea and Her Neighbors: A Narrative of Travel with an Account of the Recent Vicissitudes and Present Position of the Country.* Seul: Yonsei University Press, 1970, pp. 37, 345.

6. CREPÚSCULO DO DEUS [PP. 123-38]

Ver um excelente relato da morte de Kim Il-sung em Oberdorfer, *The Two Koreas*, pp. 337-45.

Para a descrição do período de luto, assisti a videotapes da cobertura da televisão norte-coreana tornados acessíveis pela biblioteca do Ministério Sul-Coreano da Unificação, em Seul. A matéria mais completa que encontrei na imprensa norte-americana é a de T. R. Reid, "Tumultuous Funeral for North Korean: Throngs Sob at Kim Il-sung's Last Parade", *Washington Post*, 20 de julho de 1994.

A referência clássica aqui é Charles Mackay, *Extraordinary Popular Delusions and the Madness of Crowds.* Nova York: Three Rivers Press, 1980. Publicado originalmente em 1841. [ed. bras.: *Ilusões populares e a loucura das massas.* Rio de Janeiro: Ediouro, 2001.]

7. DUAS GARRAFAS DE CERVEJA POR UM SORO [PP. 139-56]

Um estudo nutricional realizado por órgãos da ONU em 1998 constataram que 62% das crianças de menos de sete anos tinham um desenvolvimento retardado, como resultado da subnutrição. Em 2004, essa cifra tinha caído para 37%, em parte devido à intervenção humanitária.

Uma explosão de trem em 22 de abril de 2004 na cidade de Ryongchon feriu tanta gente que a Coreia do Norte permitiu uma rara entrada de agências estrangeiras de auxílio em seus hospitais para ajudar. Vários funcionários dessas agências que participaram do esforço compartilharam suas observações. Barbara Demick e Mark Magnier, "Train Victims' Suffering Is Compounded", *Los Angeles Times*, 28 de abril de 2004.

Sobre o reconhecimento pela Coreia do Norte, em 2005, de que havia escassez de alimentos: Kevin Sullivan, "North Korea Makes Rare Pleas After Floods Devastate Country", *Washington Post*, 22 de setembro de 1995.

As estatísticas aqui provêm de *The North Korean Economy*, de Nicholas Eberstadt, p. 31. Os dados econômicos da Coreia do Norte são sabidamente não confiáveis, como observa Eberstadt no capítulo "Nosso próprio estilo de estatística". Num relatório submetido às Nações Unidas em 1997, a Coreia do Norte registrou seu Produto Nacional Bruto per capita como sendo de 239 dólares. Os números de exportação também são fornecidos por Eberstadt em "The Persistence of North Korea", *Policy Review*, outubro/novembro de 2004.

Para mais material sobre os efeitos da má nutrição nas crianças e o sistema médico na Coreia do Norte:

Bureau Central de Estatísticas, Instituto de Nutrição Infantil, em colaboração com a Unicef e o Programa Mundial de Alimentos, *DPRK 2004 Nutrition Assessment: Report of Survey Results*.

"Medical Doctors in North Korea". *Chosun Ilbo North Korea Report*, 30 de outubro de 2000.

8. O ACORDEÃO E O QUADRO-NEGRO [PP. 157-77]

Sobre a propaganda norte-coreana no sistema escolar, ver Andrei Lankov, "The Official Propaganda in the DPRK: Ideas and Methods". Disponível em: < http://north-korea.narod.ru/propaganda_lankov.htm>.

As memórias recentemente publicadas de um desertor norte-coreano trazem boas descrições das escolas elementares norte-coreanas. Hyok Kang, *This Is Paradise! My North Korean Childhood*. Londres: Abacus, 2007, pp. 64-5.

Os exemplos utilizados em livros didáticos norte-coreanos vêm de livros usados que comprei em Tumen, na China, numa loja perto da fronteira em que desertores norte-coreanos frequentemente vendem seus pertences pessoais. Também examinei a coleção de livros didáticos na biblioteca mantida pelo Ministério da Unificação, em Seul. A cartilha com o poema que fala em matar soldados japoneses foi exibida na televisão japonesa em 2007.

A língua coreana usa sufixos nos nomes para indicar respeito, ou a falta dele. O final *nim* é cortês; *nom* é extremamente rude. Assim, a propaganda norte-coreana frequentemente se refere aos norte-americanos como *miguknom*, basicamente "bastardos americanos".

A exigência de que a escola de Mi-ran financiasse o Instituto de Pesquisa Kim Jong-il estava de acordo com uma determinação imposta pelo governo central nos anos 1990 para que as instituições levantassem seus próprios recursos. Até mesmo missões no exterior eram responsáveis por seu próprio financiamento, o que levou a inúmeros incidentes constrangedores, nos quais diplomatas norte-coreanos foram pegos contrabandeando drogas, dinheiro falso e, num caso, marfim, num esforço para levantar recursos.

Em Pyongyang, há dezenas de biografias de Kim Jong-il disponíveis, uma mais entusiasmada que a outra. Para um tratamento mais realista, ver Michael Breen, *Kim Jong-il: North Korea's Dear Leader*. Cingapura: John Wiley & Sons, 2004.

9. OS BONS MORREM PRIMEIRO [PP. 178-95]

Há vários estudos excelentes da crise de escassez de alimentos norte-coreana que forneceram dados úteis.

BECKER, Jasper. *Hungry Ghosts: Mao's Secret Famine*. 1996. Nova York: Henry Holt, 1998. Becker foi um dos primeiros jornalistas do Ocidente a escrever sobre a fome na Coreia do Norte. O pós-escrito de seu livro contém um capítulo dedicado ao país.

FLAKE, L. Gordon; SNYDER, Scott (orgs.). *Paved with Good Intentions: The NGO Experience in North Korea*. Westport (Connecticut): Praeger, 2003. Essa coletânea se concentra na intervenção humanitária na Coreia do Norte.

HAGGARD, Stephan; NOLAND, Marcus. *Famine in North Korea: Markets, Aid and Reform*. Nova York: Columbia University Press, 2007. Os autores desse competente estudo fizeram a tentativa mais sofisticada até hoje de quantificar o número de mortes causadas pela crise de escassez, estabelecendo-o entre 600 mil e 1 milhão. Hwang Jang-yop, a mais alta autoridade a desertar da Coreia do Norte, disse que estimativas internas situam esse número entre 1 milhão e 2,5 milhões.

NATSIOS, Andrew S. *The Great North Korean Famine*. Washington (DC): United States Institute of Peace Press, 2001.

SMITH, Hazel. *Hungry for Peace: International Security, Humanitarian Assistance, and Social Change in North Korea.* Washington (DC): United States Institute of Peace Press, 2005.

Andrew Natsios, que era vice-presidente da ONG World Vision durante a crise de escassez, escreve: "O grosso das remessas de comida só chegaram depois que as mortes tinham começado a diminuir" (p. 186). Jasper Becker trata extensivamente da retirada das agências de ajuda, em *Rogue Regime: Kim Jong-il and the Looming Threat of North Korea.* Nova York: Oxford University Press, 2005, pp. 213-7.

Amartya Sen, prêmio Nobel de economia, em seu famoso *Poverty and Famines: An Essay on Entitlement and Deprivation* (1981), apontou o vínculo entre penúria e regimes totalitários. Ele observou que crises de escassez são causadas não apenas por uma falta de comida, mas também por desigualdades na distribuição que não seriam possíveis numa sociedade democrática, porque os famintos destituiriam seus líderes pelo voto.

As afirmações de propaganda de que Kim Jong-il consumia comida simples são absurdas. Ao longo de toda a crise de escassez, Kim gastou enormes quantias do Tesouro Nacional com banquetes régios. Seus gostos epicuristas tornaram-se famosos por um ex-sushiman que, sob o pseudônimo Kenji Fujimoto, escreveu um livro de memórias em que descrevia suas voltas ao mundo para comprar ingredientes para Kim. Quando Kim viajou pela Rússia em 2001, remessas de lagostas vivas e vinho francês abasteciam o líder, de acordo com o livro de um alto funcionário russo, Konstantin Pulikovsky. Escrevi mais ou menos extensamente sobre os hábitos alimentares de Kim, "Rich Taste in a Poor Country: North Korea's Enigmatic Leader Kim Jong-il Demands the Finest Food and Drink", *Los Angeles Times*, 26 de junho de 2004.

10. MÃES DA INVENÇÃO [PP. 196-211]

O discurso de Kim Jong-il de dezembro de 1996, proferido na Universidade Kim Il-sung, foi transcrito originalmente pelo *Wongun Chosun* em Seul. Ele é citado com algum detalhe em Natsios, *The Great North Korean Famine*, p. 99.

O Programa Mundial de Alimentos também julga que biscoitos eram um meio conveniente e nutritivo de suplementar a dieta. Como parte de seus esforços de ajuda em Chongjin, a agência da ONU usou fábricas de lá para fazer biscoitos enriquecidos com micronutrientes que eram distribuídos às crianças de escola.

Os mercados da Coreia do Norte são mantidos fora da vista de visitantes estrangeiros. Um norte-coreano com uma câmera escondida gravou um longo vídeo do mercado de Sunam, em Chongjin, em 2004. O vídeo, que me foi fornecido por Lee Hwa-young, do Resgate do Povo Norte-Coreano, mostra comida em sacos de ajuda humanitária sendo oferecida à venda. Autoridades do Programa Mundial de Alimentos dizem que é possível que os sacos estivessem meramente sendo reutilizados.

Os preços de mercado citados neste capítulo provêm em grande parte do trabalho da entidade Bons Amigos: Centro para a Paz, os Direitos Humanos e os Refugiados, sediada em Seul. A organização, inspirada no budismo, tem fontes excelentes na Coreia do Norte e publica relatórios regulares sob o título 'North Korea Today', disponível em <http://goodfriends.or.kr/eng/>.

O mineiro de carvão era um dos temas de uma extensa série de artigos que escrevi sobre Chongjin, "Glimpses of a Hermit Nation", *Los Angeles Times*, 3 de julho de 2005, e "Trading Ideals for Sustenance", *Los Angeles Times*, 4 de julho de 2005.

11. ANDORINHAS ERRANTES [PP. 212-28]

Andrei Lankov escreve que as carteiras de identidade norte-coreanas foram concebidas para servir de algum modo como passaportes, restringindo as viagens pelo interior do país (*North of the DMZ*, pp. 179-80).

As referências a canibalismo foram extraídas de *Hungry Ghosts*, de Jasper Becker, pp. 211-9.

A descrição do funeral provém de *Great North Korean Famine*, de Andrew Natsios, p. 76.

12. DOCE DESORDEM [PP. 229-43]

O título deste capítulo foi tirado do poema de Robert Herrick "Sweet Disorder", em *A Selection from the Lyrical Poems of Robert Herrick*. Charleston (Carolina do Sul): BiblioBazaar, 2007, pp. 138-9.

As informações sobre o Código Criminal norte-coreano provêm de Yoon Dae-kyu, "Analysis of changes in the DPRK Criminal Code", Instituto de Estudos do Extremo Oriente, Universidade Kyungnam, 31 de janeiro de 2005. Partes do código também estão traduzidas no *White Paper on Human Rights in North Korea*, Seul, 2006.

Poucos desertores sobreviveram a longas penas nas prisões políticas que compõem o gulag norte-coreano, de modo que muito do que se sabe é baseado em espionagem por satélite e em rumores.

O mais detalhado relato da vida no gulag vem de *The Aquariums of Pyongyang*, de Kang Chol-hwan. Kang passou boa parte de sua infância em Yadok, o mais famigerado dos campos de prisioneiros políticos.

Estatísticas e um pouco da terminologia usada para as prisões provêm deste relato meticulosamente pesquisado sobre direitos humanos: David Hawk, *The Hidden Gulag*. Washington (DC): U. S. Committee on Human Rights, 2003.

Os 927 centros eram um cruzamento de abrigos de sem-teto e campos prisionais. Natsios estima que entre 378 mil e 1,9 milhão de norte-coreanos passaram pelos campos ao longo de um ano. (*The Great North Korean Famine*, pp. 74-5).

Ex-moradores de Chongjin divergem sobre quando ocorreram os expurgos do Sexto Exército. Kim Du-seon, o ex-funcionário do comércio, morava perto da base militar em Nanam e me contou numa entrevista em 26 de agosto de 2004 que o maior movimento de veículos militares foi no outono de 1995.

O incidente é mencionado no seguinte estudo digno de crédito sobre o Exército norte-coreano: Joseph S. Bermudez Jr. *The Armed Forces of North Korea*. Londres; Nova York: I. B. Tauris, 2001, p. 202.

A informação sobre estudantes executados por correr nus provém de *White Paper on Human Rights in North Korea*, p. 30.

13. RÃS NO POÇO [PP. 244-60]

Sobre os hábitos de leitura dos norte-coreanos e a literatura norte-coreana, ver Brian R. Myers, *Han Sorya and North Korean Literature: The Failure of Socialist Realism in the DPRK*. Ithaca (NY): Cornell East Asia Series nº 69, 1994.

A citação do estudo econômico russo é baseada nas recordações de Jun-sang. Não consegui localizar o livro original.

14. O RIO [PP. 261-76]

Reencontros familiares foram acordados na histórica reunião de cúpula entre Kim Jong-il e Kim Dae-jung em junho de 2000 e começaram dois meses depois. No momento em que escrevo, 16 212 coreanos participaram de encontros face a face e outros 3748 viram seus familiares por meio de transmissões de vídeo. Mais de 90 mil sul-coreanos permanecem numa lista de espera para participar de reuniões familiares. Os números da Cruz Vermelha sul--coreana foram transcritos no *Korea Herald* de 13 de maio de 2009.

O estudo mais abrangente que já vi sobre desertores norte--coreanos é o de Stephan Haggard e Marcus Noland (orgs.). *The North Korean Refugee Crisis: Human Rights and International Response.* Washington (DC): U. S. Committee for Human Rights in North Korea, 2006.

15. EPIFANIA [PP. 277-89]

Em outubro de 1998, apenas 923 norte-coreanos tinham fugido para a Coreia do Sul. Ver o relato de Yonhap News de 11 de outubro de 1998, citando dados do Ministério Sul-Coreano da Unificação.

As cifras de desertores alemães orientais estão citadas em Haggard e Noland, *The North Korean Refugee Crisis* (p. 54), e são creditadas a Albert O. Hirschman, "Exit, Voice and the Fate of the German Democratic Republic: An Essay in Conceptual History", *World Politics,* vol. 45, nº 2, 1993.

As informações sobre DVDs vêm de um contrabandista norte-coreano que entrevistei em Bangcoc, em maio de 2005. Ele disse que as pessoas levavam fitas de vídeo para o país nos anos 1990, mas que o advento do DVD impulsionou o negócio porque os discos eram finos o bastante para serem escondidos sob outras mercadorias.

A palestra foi publicada pela Chosun Workers' Party Press, em abril de 2005. Uma cópia me foi fornecida pela organização Resgate do Povo Norte-Coreano.

16. A NOIVA COMPRADA [PP. 290-305]

O número estimado de mulheres norte-coreanas vendidas aos chineses vem de Choi Jin-i, uma poeta e escritora norte--coreana que se refugiou na Coreia do Sul e participou, ela própria, de um casamento arranjado na China. Entrevistei também muitas mulheres em aldeias chinesas próximas da fronteira norte-coreana, "North Korea's Brides of Despair", *Los Angeles Times*, 18 de agosto de 2003.

Houve vários relatos excelentes sobre o fenômeno:

MUCIO, Norma Kang. *An Absence of Choice: The Sexual Exploitation of North Korean Women in China*. Londres: Anti-Slavery International, 2005.

Denied Status, Denied Education: Children of North Korean Women in China. Nova York: Human Rights Watch, 2008.

Revisões do Código Criminal norte-coreano em 2004 reduziram levemente as penas por cruzamento ilegal das fronteiras. Ver Haggard e Noland, *The North Korean Refugee Crisis*, p. 18.

O Centro de Detenção de Nongpo é descrito com alguma minúcia no relato de David Hawk, *The Hidden Gulag*. O relato inclui também uma foto de satélite das instalações do centro e de outros campos de prisioneiros. Ex-detentos disseram que é uma prática comum matar bebês nascidos das presas, porque seus pais eram chineses do grupo étnico Han. Oak-hee disse que não tinha notícia da ocorrência de infanticídio durante o período em que esteve lá. Ela acredita que possivelmente a prática tenha sido interrompida em 2001, antes de sua prisão.

17. ABRA OS OLHOS, FECHE A BOCA [PP. 306-16]

As informações sobre como os norte-coreanos veem outros desertores provêm de uma palestra intitulada "How to Thoroughly Crush the Schemes of the Enemies Who Disseminate Unusual Lifestyles", Chosun Workers' Party Press.

Sobre as várias "fugas planejadas" da Coreia do Norte, Blaine Harden, do *Washington Post*, escreveu, em 18 de novembro de 2007:

> Uma fuga barata através da China, via Tailândia, até Seul, que exige traiçoeiras travessias de rios, árduas caminhadas e várias semanas desgraçadas numa prisão tailandesa de imigração, pode custar menos de 2 mil dólares, de acordo com quatro agenciadores daqui. Uma fuga de primeira classe, completada por um passaporte chinês falsificado e uma passagem aérea de Beijing a Seul, sai por mais de 10 mil dólares. Do início ao fim, pode levar só três semanas.

18. A TERRA PROMETIDA [PP. 317-33]

Sobre a Constituição da Coreia do Sul e como ela se aplica à condição dos refugiados norte-coreanos, ver Haggard e Noland, *The North Korean Refugee Crisis*. Em sua conclusão, eles escrevem: "Se a postura da China foi pouco construtiva, a da Coreia do Sul poderia ser descrita como ambivalente, de um modo até vergonhoso" (p. 75).

Os dados sobre o número de refugiados norte-coreanos estabelecidos na Coreia do Sul provêm do Ministério Sul-Coreano da Unificação e são citados também no relato descrito acima (p. 54). Houve um notável aumento do número de refugiados acolhidos em 2008, o que talvez tenha resultado de um governo mais conservador em Seul. Os dois governos anteriores, sob Kim Dae-jung e Roh Moo-hyun, tomavam um grande cuidado para não desagradar Pyongyang.

O sociólogo Yoon In-jin foi entrevistado originalmente para minha reportagem "Fleeing to Culture Shock", *Los Angeles Times*, 2 de março de 2002.

Sobre o programa de reeducação do Hanawon, ver Norimitsu Onishi, "North Korean Defectors Take a Crash Course in Coping", *New York Times*, 25 de junho de 2006.

Os dados sobre a economia das duas Alemanhas foram extraídos de Werner Smolny e Matthias Kirback, "Wage Differentials Between East and West Germany", Universidade de Ulm e Centro de Pesquisa Econômica Europeia, Mannheim, 17 de março de 2004.

O livro mais interessante sobre a Coreia do Sul do pós-guerra é o de Michael Breen, *The Koreans*. Nova York: Thomas Dunne Books, 1998.

Antes de este livro ir para a gráfica, Oak-hee conseguiu trazer sua filha à Coreia do Sul, mas ainda estava em negociações para trazer também seu filho.

19. ESTRANGEIROS EM SUA TERRA [PP. 334-46]

Sobre o papel de ativistas cristãos na retirada de refugiados da Coreia do Norte:

MACINTYRE, Donald. "Running out of the darkness", *Time*, 24 de abril de 2006.

REITMAN, Valerie. "Leading his Flock of Refugees to Asylum: A Missionary Helps North Koreans Flee via China and Mongolia", *Los Angeles Times*, 27 de outubro de 2002. Os refugiados apresentados nessa reportagem feita em Erenhot, China, seguiram a mesma rota de Kim Hyuck através da Mongólia.

Sobre o papel da religião na Coreia do Norte, ver David Hawk, *Thank You, Father Kim Il-sung*. Washington (DC): U. S. Comission on International Religious Freedom, 2005.

Sobre a questão da altura, ver Sunyoung Pak, "The Biological Standard of Living in the Two Koreas", *Economics and Human Biology*, vol. 2, nº 3, 2004, pp. 511-8.

Escrevi um longo artigo sobre o tema do retardamento do crescimento: "A Small Problem Growing: Chronic Malnutrition Has Stunted a Generation of North Koreans", *Los Angeles Times*, 12 de fevereiro de 2004.

A diferença de estatura tem um papel central na dificuldade dos norte-coreanos de se adaptar à vida na Coreia do Sul. Don Oberdorfer escreve sobre um incidente em que dois diminutos soldados norte-coreanos, com dezenove e 23 anos, foram arrastados acidentalmente pela correnteza para águas sul-coreanas. Foi ouvida uma conversa entre eles num hospital militar, em que diziam que nunca se casariam com uma sul-coreana porque "elas são grandes demais para nós". Os soldados foram mandados de volta à Coreia do Norte atendendo a um pedido deles próprios (*The Two Koreas*, p. 314).

20. REENCONTROS [PP. 347-69]

O primo de Mi-ran foi preso e cumpriu uma curta pena de prisão por fraude pela falsificação de passaportes. Mas o governo sul-coreano ficou constrangido quando chegou ao país a notícia de que muitos ex-prisioneiros de guerra e suas famílias, depois de escapar da Coreia do Norte, tinham sido rejeitados por diplomatas sul-coreanos na China. Veteranos sul-coreanos se indignaram, e o Ministério da Defesa da Coreia do Sul pediu desculpas. Escrevi sobre um desses casos: "Fifty Years After Korean War's End, Ex-POW Returns Home", *Los Angeles Times*, 25 de dezembro de 2003.

Em 2005, 62 ex-prisioneiros de guerra sul-coreanos tinham escapado da Coreia do Norte atravessando o rio Tumen. Acreditava-se que várias centenas deles ainda viviam na Coreia do Norte.

A tradução do poema de Sandor Petofi "Szabadság Szerelem" por G. F. Cushing veio da Corvinius Library of Hungarian History: <http://www.hungarian-history.hu/lib/timeless/chapter23.htm>.

EPÍLOGO — À ESPERA [PP. 370-84]

Eberstadt expõe as razões por que estava errado a respeito do iminente colapso da Coreia do Norte em "The Persistence of North Korea", *Policy Review*, outubro/novembro de 2004.

As estatísticas econômicas são do Banco da Coreia, Seul.

As informações sobre o estado atual da economia norte-coreana vêm também das seguintes fontes:

Missão de Avaliação de Colheita e de Segurança Alimentar da Organização das Nações Unidas para Agricultura e Alimentação (FAO) e Programa Mundial de Alimentos (WFP) na República Democrática Popular da Coreia, 8 de dezembro de 2008.

Stephan Haggard, Marcus Noland e Erik Weeks, "North Korea on the Precipice of Famine", Erik Weeks Peterson Institute for International Economics, maio de 2008.

Sobre as agências norte-americanas de auxílio, ver "Rapid Food Security Assessment. North Pyongan and Changang Provinces, Democratic People's Republic of Korea", Mercy Corps, World Vision, Global Resource Services, Samaritan's Purse, junho de 2008.

Sobre tensões nos mercados em Chongjin: Centro para a Paz, Direitos Humanos e Refugiados, *North Korea Today*, nº 275, maio de 2009; "City of Chongjin Declares, 'Do Not Sell Any Itens Other Than Agricultural Products'", "Mass Protest Against Control Over Commercial Activities at Chungjin", *North Korea Today*, nº 206, abril de 2008.

Também sobre a atividade dos mercados, ver Kyungnam University, Institute for Far Eastern Studies, "New Restrictions on DPRK Market Trading", *NK Brief*, 15 de novembro de 2007. O instituto cita um documento interno do Partido dos Trabalhadores que obteve, no qual se expunha a necessidade de "um aperto duro nos mercados que se degradaram em canteiros de antissocialismo".

Créditos das fotos

Todas as fotografias são cortesia da autora, com as seguintes exceções:

Página 13: cortesia da NASA.
Página 32: foto do Exército dos Estados Unidos, cortesia da Harry S. Truman Library.
Página 55: cortesia do U. S. Naval Historical Center.
Páginas 81, 103, 123, 370: cortesias de Edkart Dege.
Página 139: cortesia de Gerald Bourke e Programa Mundial de Alimentos.
Página 196: Lee Jun/ ASIAPRESS.
Página 212: Ahn Chol/ ASIAPRESS.
Página 229: cortesia de Eric Lafforgue.
Página 244: cortesia de Jonathan Watts.
Página 261: cortesia de Anna Fifield.
Página 277: cortesia do Programa Mundial de Alimentos.
Página 306: cortesia de Chung Sung-Jun e Getty Images.
Página 317: cortesia de Jean Chung.

ESTA OBRA FOI COMPOSTA POR OSMANE GARCIA FILHO EM MINION
E IMPRESSA PELA RR DONNELLEY EM OFSETE SOBRE PAPEL PÓLEN SOFT DA
SUZANO PAPEL E CELULOSE PARA A EDITORA SCHWARCZ EM MAIO DE 2013